Alimentos saludables de la A a la Z

Una guía de posibilidades para comer sano, variado y muy sabroso

Erwin Möller

Alimentos saludables de la A a la Z

Una guía de posibilidades para comer sano, variado y muy sabroso

Grijalbo

ALIMENTOS SALUDABLES DE LA A A LA Z
Una guía de posibilidades para comer sano, variado y muy sabroso

© 1998, Erwin Möller

Diseño de colección: Vivian Cecilia González García

Segunda edición, 2006

D.R. 2006, Random House Mondadori, S.A. de C.V.
　　Av. Homero No. 544, Col. Chapultepec Morales,
　　Del. Miguel Hidalgo, C.P. 11570, México, D.F.

www.randomhousemondadori.com.mx

ISBN 968-5965-43-9

Impreso en México / *Printed in Mexico*

In memoriam
Helena Martínez Matilla
(1924-1988)
Maestra y amiga inolvidable

Presentación

*Más importante que saberlo todo,
es saber dónde localizar el dato
que estamos necesitando.*

ALBERT EINSTEIN

Cuando en 1970 el doctor Linus Pauling (1901-1995) llamó la atención del mundo hacia la vitamina C en su histórico libro *Vitamin C and the common cold,* hizo algo más que poner de moda las vitaminas. Dio inicio a una nueva era en la que el gran público tomó conciencia de la existencia de sustancias llamadas vitaminas. La tan criticada difusión que a partir de entonces se hizo en revistas y periódicos sobre las reales o supuestas propiedades de la vitamina C sirvió, al menos, para que la gente se percatara de que en los alimentos existen compuestos que son necesarios en pequeñísimas cantidades para conservar la salud, y que la carencia prolongada de las mismas puede enfermarnos o entorpecer el desarrollo de nuestros hijos. E inversamente, que su consumo adicional a la alimentación (en forma de complementos alimenticios) puede favorecernos en más de una manera.

Pero lo de las vitaminas era apenas el comienzo. Hoy en día, el destino nos alcanzó una vez más, y no sólo las vitaminas, sino el tema completo de la nutrición se ha vuelto importante, y sus términos van resultándonos cada vez más familiares... pero no por ello comprensibles. En los años sesenta se pusieron de moda palabras como *flúor, colesterol* y *coronarias.* En los setenta, tocó el turno al *ginseng,* el *ajo* y la *vitamina E.* En los ochenta acapararon la atención el *EPA,* el *selenio* y los *alimentos light.* En los noventa el *cromo,* la *melatonina* y la *pirámide nutricional* fueron tema de conversación casi obligado, y en los primeros años del nuevo siglo se escucharon cada vez más palabras como *ginkgo biloba, probióticos* y *equinácea.* Más lo que se acumule en las décadas por venir.

Nunca como ahora se habían descubierto tantas sustancias naturales valiosas, nuevas propiedades para los compuestos ya conocidos y múltiples formas de sacarle provecho a todo esto. La tradicional terapia herbolaria está cediendo su lugar a la fitoterapia, que es como se denomina actualmente al uso estrictamente científico de las plantas medicinales. A su vez, la medicina alopática está compartiendo ya algunas de sus atribuciones con la quimioprevención, que es como se llama al uso de frutas, verduras y alimentos integrales para tener una salud óptima y protegerse contra los males que están diezmando al hombre de hoy.

Pero este mismo hombre de hoy, que se interesa por la salud, quiere saber qué tanto hay de cierto en lo que lee en las revistas, en lo que se rumora y, sobre todo, en lo que argumentan los fabricantes de vitamínicos y sustancias naturales acerca de sus tan publicitados productos. Para su desaliento, con frecuencia no halla la manera de averiguarlo.

Consultar con profesionales de la salud puede resultar contraproducente, pues sus opiniones no siempre son acertadas e imparciales; suelen estar influidas por prejuicios ancestrales o por intereses creados. Guiarse por lo que dicen los fabricantes poco escrupulosos puede conducir a decepciones —en el mejor de los casos— o a consecuencias imprevisibles sobre la salud, en el peor de ellos. Consultar diccionarios o enciclopedias comunes a menudo produce búsquedas estériles: los términos o conceptos buscados son tan nuevos o rebuscados, que no están incluidos. O si lo están, la descripción es demasiado breve, ambigua o especializada.

Para la persona común —madres de familia, estudiantes, empleados, profesionistas, ejecutivos, deportistas—, tal búsqueda puede volverse una pesadilla. La obra que tiene en sus manos es la respuesta a todas esas inquietudes. Hace algunos años sentimos que había un gran hueco dentro de la divulgación nutricional en nuestro país, y en su momento ésta fue nuestra contribución para llenarlo. Ahora insistimos en ese mismo renglón, pero con mucha más información que la vertida originalmente. Hoy, como hace algunos ayeres, nos anima el espíritu de querer resolver dudas de manera rápida, sencilla y concisa.

Este libro puede funcionar como una obra de consulta para el lector interesado en conocer lo que come; como una guía para el consumidor de vitamínicos y complementos alimenticios; como una orientación para decidir si las virtudes que se le achacan a un producto comercial son ciertas o no; como una fuente de datos útiles a la hora de planear una alimentación más sana; como una fuente confiable para atletas, deportistas y fisicoculturistas, a la hora de decidir si un producto les conviene o no para mejorar su desempeño; como un manual para sugerir la complementación nutricional de determinados tratamientos médicos. Incluso, puede utilizarse como un prontuario para médicos, enfermeras, nutriólogos, naturópatas, fitoterapeutas, entrenadores y demás profesionales que deseen aumentar o poner al día sus conocimientos sobre nutrición.

Para todos estos lectores, hemos ampliado considerablemente la obra original, agregando la más nueva y confiable información. En ella les presentamos de manera resumida y explícita lo que se sabe de cierto sobre 100 fitonutrientes; 100 plantas con propiedades medicinales; 120 nutrientes; 130 complementos alimenticios; 220 alimentos comunes y 400 términos de nutrición y salud, con sus respectivos sinónimos. Todo ello complementado con más cuadros descriptivos.

Dada la importancia que ha cobrado la buena nutrición y el uso de complementos alimenticios en el fisicoculturismo, se han incorporado también varias docenas de complementos deportivos, incluyendo —por supuesto— lo más importante, efectivo y novedoso. Asimismo, se recopilaron numerosas hierbas medicinales chinas y ayurvédicas con sus nombres originales y sus propiedades.

Para extender todavía más la información sobre un determinado concepto, se agregaron innumerables referencias cruzadas. Y por si fuera poco, todos los términos tienen su equivalente en inglés, lo que permitirá identificarlos mejor cuando se consulte bibliografía en ese idioma. En pocas palabras, aquí encontrará el dato sobre alimentación que usted busca, al alcance de su mano.

A pesar de toda la información aquí condensada, consultar este libro es muy fácil. A un lado de cada entrada está su equivalente en inglés, seguida de la definición pertinente, expresada en palabras accesibles. Si existe suficiente información de interés, se agregan más datos sobre el concepto central, y cada orden de ideas va separado por dos barras diagonales. Además se incluye un índice analítico, indicando las páginas en donde se toca el tema, destacando con tipo negritas la página en donde se desarrolla específicamente el término, y cuando van acompañadas por una *c*, indica que hay un cuadro descriptivo del tema.

Los alimentos de origen animal inician con una breve explicación, seguida de su contenido nutricional, haciendo incapié en aquellos nutrientes que abunden. Si tienen alguna desventaja como colesterol elevado, por ejemplo, esto se menciona en la parte final del párrafo. Los alimentos de origen vegetal comienzan con una descripción botánica sencilla, y si los hay, se agregan datos sobre su origen y características. A continuación se da su contenido nutricional, sus desventajas —si las tiene— y por último, las aplicaciones que la medicina tradicional suele darles.

Las vitaminas empiezan con una descripción de sus propiedades, el año de su descubrimiento, los sinónimos con que se les conoce, el tipo de unidades en que se les dosifica (miligramos, microgramos, unidades internacionales, etc.) y la cantidad en que se les requiere diariamente (requerimiento mínimo diario). Continúa con manifestaciones carenciales y su posible sinergia (suma de efectos) al usarse junto con otros factores nutricionales. También se incluye una relación de padecimientos para los cuales el factor en cuestión puede ser útil, y no menos importante, se especifica su margen de seguridad para usarse durante el embarazo y la lactancia. Asimismo, se orienta al lector en cuanto a cuáles son las dosis recomendadas y normalmente utilizadas.

Con los aminoácidos se aclara de entrada si es o no esencial, y cuál es su importancia para el organismo. Se agregan datos complementarios, si los hay, y qué beneficios cabe esperar si se les ingiere en forma purificada y adicional a la alimentación diaria. Con otras sustancias orgánicas, como enzimas, fitonutrientes y nutrientes accesorios, se da una breve definición, se agregan datos útiles en caso de haberlos y se explica en qué pueden contribuir a mejorar la salud. También se mencionan las dosis usuales, su posible toxicidad contraindicaciones, además de las precauciones que deben tenerse con su uso.

De los minerales esenciales, se describen sus propiedades y su relativa abundancia en el cuerpo humano. Se detalla en qué tipo de unidades se les dosifica (miligramos o microgramos), qué alimentos son ricos en ellos, sus requerimientos mínimos diarios y sus manifestaciones carenciales. También se mencionan las formas de cómo se puede mejorar su absorción intestinal, si hay sinergia o antagonismo con otros nutrientes y las enfermedades que responden a su utilización como complemento alimenticio.

En los productos naturales y complementos alimenticios se detalla brevemente de qué producto se trata, su contenido nutricional (haciendo énfasis en las vitaminas y minerales esenciales que pudieran abundar), la dosificación utilizada comúnmente y su probable toxicidad. No menos importante, se explican cuáles son los beneficios que cabe esperar de su consumo y las precauciones que deben tenerse en cuenta. Por último, se detalla en qué padecimientos se les ha utilizado con buenos resultados.

Con las plantas medicinales, se hace una somera descripción botánica, se especifican qué partes de la planta se consideran útiles, qué principios activos contiene, cuáles son las principales propiedades que la tradición les adjudica y cuáles ha comprobado la ciencia. Se aclara, asimismo, si se trata de una planta de dudosa reputación, y su real o supuesta toxicidad.

En el renglón dedicado a definir términos nutricionales o especificar el significado de determinadas siglas, se da inicio con la explicación pertinente evitando en lo posible utilizar conceptos o palabras técnicas. Esto puede hacer que la definición no resulte muy ortodoxa o convincente para los expertos, pero —como se trata de una obra de divulgación— sacrificamos de manera consciente la precisión científica en aras de hacer todo más comprensible para el lego.

Pocas cosas hay más difíciles que darles gusto a todos, y ante esa disyuntiva, elegimos complacer al lector común Aquel que no tiene acceso a información elitista, pero que busca sinceramente aumentar sus conocimientos sobre uno de los renglones más importantes de la existencia: la nutrición. Si logramos satisfacer su mente, deleitar su corazón y conservar su interés, habremos visto coronado nuestro esfuerzo.

13

A

Acai (Ing. *Ecai*) Es el fruto comestible de una palmera (Euterpe oleracea) originaria del norte de Brasil. // Tiene un aspecto similar al de los capulines y su jugo se expende embotellado como un complemento nutricional. // Es rico en vitaminas, minerales, ácidos grasos esenciales y fibra dietética. // Contiene fitonutrientes como los esteroles, las antocianidinas y otros polifenoles de gran poder antioxidante. // Se dice que el jugo contiene 15-30 veces más antocianidinas que el vino tinto. Apenas 30 ml del mismo proveen una capacidad antioxidante de 3800 unidades ORAC. Véase ORAC.

Aceite (Ing. *Oil*) Denominación que se da a los lípidos que se mantienen líquidos a temperatura ambiente. // Existen aceites animales, vegetales y minerales, pero en la alimentación humana los más frecuentes son los aceites vegetales. // Los aceites minerales no tienen valor nutricional, son indigeribles y se utilizan como laxantes.

Aceite de árbol del té (Ing. *Tea tree oil*) Es el aceite extraído de las hojas del árbol del té (Melaleuca alternifolia), nativo de Australia. // Los aborígenes australianos lo han utilizado como un antiséptico local desde hace miles de años, y su uso moderno ha mostrado su utilidad en el tratamiento del acné, el pie de atleta, las infecciones por levaduras y la candidiasis vaginal. // Sus principios activos más importantes son el terpinen-4-ol y el cineol, sustancias que matan hongos y bacterias patógenos con gran efectividad, aun en las variedades resistentes. // Generalmente se usa diluido y externamente, ya que puede resultar muy irritante para personas sensibles o aplicado directamente en heridas.

Aceite de borraja (Ing. *Borage oil*) Es el aceite extraído de las semillas de la borraja (Borago officinalis). // Más que para cocinar, este aceite se utiliza como complemento alimenticio, por su riqueza en un ácido graso omega 6, el gamma linolénico, o GLA. // Es la fuente vegetal más rica en este ácido: aceite de borraja, 17-25% de GLA, frente al 7-10% del aceite de prímula. // Resulta muy útil en el tratamiento del síndrome premenstrual, las molestias de la menopausia y los quistes mamarios. También se ha empleado contra el eczema, el asma, el acné juvenil, el colesterol elevado, el sobrepeso, la artritis, la hipertensión arterial y las migrañas. // Su uso es muy seguro y —según la indicación— se recomiendan entre 3 y 9 cápsulas diarias de 500 mg divididas en tres tomas, con los alimentos.

Aceite de cártamo (Ing. *Saffron oil*) Es el aceite que se obtiene de las semillas del cártamo o alazor (Carthamus tinctorius), una planta de la familia de las Compuestas y originaria de Oriente. // Aunque es una de las fuentes más altas de ácidos grasos esenciales (especialmente ácido linoleico), el procesamiento a que se le somete lo empobrece nutricionalmente y lo rarifica (le introduce ácidos grasos perjudiciales para la salud). // Existe una variedad de este aceite rico en ácido oleico: hasta un 78%, contra el 20% del aceite de cártamo común. Esto lo hace similar al aceite de oliva. Véase ácidos grasos trans.

Aceite de emú (Ing. *Emu oil*) Es el aceite que se obtiene del tejido adiposo del emú (Dromiceius novaehollandae), un ave corredora de Australia parecida al avestruz. // Contiene ácido cis linoleico, ácido linoleico conjugado, ácido linolénico, ácidos grasos saturados y diversos factores aún no identificados. // Casi no se le utiliza con fines culinarios, sino más bien medicinales. Se dice que aplicado por vía tópica es un excelente regenerador de la piel, que acelera la cicatrización de heridas y quemaduras, y la recuperación de enfermedades cutáneas como la rosácea, el eczema y la soriasis.

Aceite de germen de trigo (Ing. *Wheat germ oil*) Es el aceite que se obtiene del germen de las semillas del trigo (Triticum aestivum), considerado el rey de los cereales. // Más que para cocinar, se usa sobre todo como complemento alimenticio, por su riqueza en vitamina E, octocosanol y tocotrienoles. // Es la mejor fuente natural de vitamina E que existe (190 UI/ 100 ml). Es asimismo fuente de ácidos grasos esenciales como el linoleico y el linolénico. Véanse Octocosanol, Vitamina E y Tocotrienoles.

Aceite de hígado de bacalao (Ing. *Cod liver oil*) Es el aceite extraído del pez del mismo nombre (Gadus morhua). // Abunda en vitaminas A y D, razón por la cual es la fuente comercial más común de las mismas. Empero, hay otro aceite más potente en este respecto: el de hígado del pez hipogloso (Hippoglossus hippoglossus), que contiene 100 veces más vitamina A y 60 veces más vitamina D. // La actividad vitamínica del aceite de hígado de bacalao es muy variable, pero se acepta que contiene unas 60 000 UI de vitamina A, 27 000 UI de vitamina D y 20 UI de vitamina E por cada 100 ml. // También es rico en ácidos grasos esenciales de cadena larga (23%), como el EPA y el DHA.

Aceite de hígado de tiburón (Ing. *Shark liver oil*) Es el aceite extraído de diversas especies de tiburones (Isurus spp.). // Su composición es similar a la del aceite de hígado de otros peces, como el bacalao, si bien su riqueza en vitaminas es menor: 50 000 UI de vitamina A y 23 000 UI de vitamina D por cada 100 ml. // Es fuente también de escualeno y de alquilgliceroles. Véase Aceite de hígado de bacalao.

Aceite de linaza (Ing. *Linseed oil*) Es el aceite extraído de las semillas del lino (Linum usitatissimum), también conocido como linaza. // Contiene ácido linoleico (60%), linolénico (20%), esteárico (8%) y oleico (4%). // Consumido como complemento alimenticio, el organismo puede convertir el ácido linolénico de este aceite en ácidos grasos de cadena larga como los contenidos en el aceite de pescado.

Aceite de melaleuca (Ing. *Melaleuca oil*) Véase Aceite de árbol del té.

Aceite de oliva (Ing. *Olive oil*) Es el aceite extraído de los frutos del olivo (Olea europea), de origen europeo. // Existen diversas calidades de este aceite: aceite refinado (color amarillo), aceite virgen (verde pálido), aceite extravirgen (verde oscuro); el mejor es este último. // Es más bien pobre en ácidos grasos esenciales, pero una magnífica fuente de ácidos grasos monoinsaturados (hasta 80%). Como es el único extraído en frío y sin procesar, resulta más recomendable para cocinar que los aceites comunes. // Contiene fitonutrientes valiosos como el ácido elenólico, la oleuropeína, el cetilmiristoleato, el escualeno y el cicloartanol. // En medicina tradicional se le considera emoliente, laxante y colagogo. Véase Extracto de hojas de olivo.

Aceite de pescado (Ing. *Fish oil*) Es el aceite extraído de los hígados de diversas especies marinas como el bacalao, el arenque, el tiburón, el hipogloso, el salmón y el atún. // Por su riqueza natural en vitaminas A y D, así como en ácidos grasos omega 3 (como el EPA y el DHA), se les expende como complemento alimenticio. // Si desea evitarse su olor y sabor, se puede consumir en cápsulas. Véanse Aceite de hígado de bacalao y Ácidos grasos omega 3.

Aceite de prímula (Ing. *Evening primrose oil*) Es el aceite extraído de las semillas de la prímula (Oenothera biennis), también conocida como onagra o hierba del asno. // Este aceite y el de borraja son las únicas fuentes naturales apreciables de GLA y por ello se utilizan exclusivamente como complementos alimenticios. // En medicina tradicional se le considera como calmante, antiespasmódico. // Recientemente, se ha revelado muy útil en el tratamiento del síndrome premenstrual, las molestias de la menopausia y los quistes mamarios. // También se ha empleado contra el eczema, el asma, el acné juvenil, el colesterol elevado, el sobrepeso, la artritis, la hipertensión arterial y las migrañas. // Su uso es muy seguro y —según la indicación— se recomiendan entre 3 y 9 cápsulas diarias de 500 mg (ingeridas con alimentos).

Aceite de zanahoria (Ing. *Carrot oil*) Es el aceite extraído de las semillas de la zanahoria (Daucus carota). // Es rico en betacaroteno, y otros carotenoides valiosos (alfa y gammacaroteno). Se expende encapsulado.

Aceites de comer (Ing. *Cooking oils*) Aquellos aceites de origen vegetal que se utilizan con fines culinarios. // Los principales son el de oliva, de soya, de maíz, de cártamo, de girasol, de canola, de cacahuate, de ajonjolí y de algodón. // Salvo el de aceite de oliva virgen, todos los demás se expenden refinados, lo cual les reduce su potencial nutricional y los hace poco sanos. Pueden conservar residuos de solventes peligrosos para la salud, o haber sufrido transformaciones químicas (oxidación, conversión cis-trans) que los torna inseguros para su consumo. Véanse Aceites prensados en frío, Ácidos grasos trans y Grasas hidrogenadas.

Aceites prensados en frío (Ing. *Cold pressed oils*) Son aquellos aceites vegetales que en su proceso de extracción no fueron sometidos a temperaturas elevadas ni expuestos a solventes químicos. // La inmensa mayoría de los aceites para cocinar comerciales están procesados y refinados. Esto significa que durante su extracción fueron sometidos a temperaturas de 180° C o solubilizados con sustancias como el n-hexano. Posteriormente son filtrados, blanqueados, desodorizados y sujetos a tratamientos que les destruyen vitaminas y fitonutrientes, y rarifican sus ácidos grasos esenciales. // El único aceite vegetal prensado en frío disponible en México es el aceite de oliva extravirgen. Véanse Ácidos grasos trans y Grasas hidrogenadas.

Aceites vegetales (Ing. *Vegetal oils*) Son los lípidos de origen vegetal, generalmente constituidos por mezclas de ácidos grasos (entre los que predominan los poliinsaturados). Por esta razón se mantienen en estado líquido a temperatura ambiente. // Se extraen de las semillas de las plantas oleaginosas (algodón, cártamo, soya, etc.) y se utilizan como ingredientes de las recetas de cocina, como aderezo o para freír alimentos. // Los más comunes son los aceites de ajonjolí, algodón, cacahuate, canola, cártamo, girasol, maíz, oliva y soya. // Son untuosos, insolubles en agua y más ligeros que ella. Recién ex-

Los aceites vegetales y sus características

Aceite	Grado de insaturación	Contenido de ácido lioleico
Cártamo	96%	78%
Almendras	95%	17%
Girasol	92%	75%
Oliva	90%	15%
Ajonjolí	87%	44%
Soya	85%	50%
Maíz	83%	59%
Germen de trigo	82%	55%
Cacahuate	80%	31%
Coco	9%	3%

traídos (y sin refinar) tienen sabores, colores y aromas intensos, pero el procesamiento industrial los despoja de tales características (y de numerosos nutrientes, como la lecitina, el betacaroteno y la vitamina E). // La gran mayoría están formados por mezclas de triglicéridos y ácidos grasos, entre los cuales predominan los insaturados. En el aceite de coco y el de palma, en cambio, predominan los ácidos grasos saturados. Tienen un poder energético muy alto: 9 calorías por gramo. // Generalmente se les tiene por más sanos que las grasas de origen animal; pero debe evitarse su consumo frecuente o exagerado, ya que pueden estimular la producción de prostaglandinas indeseables o de radicales libres dentro del organismo. Su consumo habitual no garantiza una reducción en el colesterol elevado, o una protección contra la arterioesclerosis o los infartos. // El abuso en la ingestión de aceites vegetales (a través de frituras o alimentos grasosos) eleva las necesidades corporales de vitamina E (hasta en un 500-700%). Véanse Grasas insaturadas y Grasas saturadas.

Aceitunas (Ing. *Olives*) Son el fruto (drupa) del olivo, un árbol de la familia de las Oleráceas (Olea europaea), de cuya pulpa se extrae el aceite de olivo. // Se produce en distintas variedades: verde, negra, gordal, sevillana, gigante, pero todas tienen un valor nutricional semejante. // No abundan en macronutrientes, excepto las grasas (19 g/100 g), y son muy pobres en betacaroteno (300 UI/100 g). Son, en cambio, buena fuente de fibra dietética (4 g/100 g). // No destaca en ninguna vitamina, y de los minerales, los más importantes son el hierro (5 mg/100 g) y el sodio (2100 mg/100 g). // Su consumo frecuente no resulta muy recomendable, por el exceso de sodio. Véase Aceite de oliva.

Acemanán (Ing. *Acemannan*) Carbohidrato (polisacárido) presente en la sávila, que es un potente inmunomodulador. // Existe en forma de complemento y se ha utilizado en el tratamiento de ciertas formas de cáncer y en el sida. // No es recomendable durante el embarazo o la lactancia. Su seguridad a largo plazo no ha sido evaluada. La dosis usual es de 800 mg diarios, en una sola toma. Véase Sávila.

Acerola (Ing. *Acerola*) Es el fruto (baya) de una planta arbustiva (Crataegus acerolus), que crece en el Caribe y la región mediterránea; también se le conoce como cereza acerola. // Es la fuente natural más rica en vitamina C (1100 mg/100 g). Además, contiene niacina (1 mg/100 g), ácido pantoténico (2.3 mg/100 g) y potasio (190 mg/100 g). // Resulta muy difícil conseguirla fresca, pero se vende en forma de jugo concentrado, en cápsulas y en polvo (para preparar bebidas refrescantes).

Acetil carnitina (Ing. *Acetylcarnitine*) Derivado químico de la carnitina, también conocido como acetil-L-carnitina o ALC. // El cuerpo humano puede producirlo (aunque no siempre en cantidades adecuadas). También existe en cantidades limitadas en el pescado, la leche y las carnes rojas. // Usado como complemento, estimula la producción de energía en el nivel cerebral, mejora los reflejos, el raciocinio y la concentración. Favorece la comunicación entre las neuronas y la síntesis de dopamina, un importante neurotransmisor. Fomenta una mejor comunicación entre los dos hemisferios cerebrales. Mejora la agudeza mental y protege al cerebro contra la degeneración senil. Ayuda a mantener controlado el ácido glutámico en el metabolismo cerebral. Disminuye los depósitos de lipofuscina (un tóxico celular). Normaliza el colesterol y mantiene elevados los niveles de testosterona. // Da mejores resultados si se combina con la fosfatidilserina. Esta combinación se ha utilizado con éxito en el tratamiento del mal de Alzheimer. // No se ha evaluado su seguridad durante el embarazo y la lactancia. // La dosis recomendada es de 250-500 mg diarios, en 2-3 tomas. Se han llegado a utilizar desde 750 hasta 1 500 mg diarios, durante periodos cortos. Véase Carnitina.

Acetilcolina (Ing. *Acetylcholine*) Importante neurotransmisor en el nivel nervioso y cerebral, que el organismo produce a partir de la colina y con la participación de los ácidos glutámico y pantoténico. // Es necesaria para la concentración, la memoria y la retención. Por ello, estas funciones mejoran al consumir los precursores de la acetilcolina, como colina, lecitina (una fuente de colina), ácido pantoténico y ácido glutámico. // Empero, los resultados más rápidos se obtienen ingiriendo a la vez lecitina de soya, ácido pantoténico y deanol.

Acetil-L-carnitina (Ing. Acetyl-L-carnitine) Véase Acetil carnitina.

Ácido alfa cetoglutárico (Ing. *Alpha ketoglutaric acid o AKG*) Véase AKG.

Ácido alfa linolénico (Ing. *Alpha linolenic acid o ALA*) Véase Ácido linolénico.

Ácido alfa lipoico (Ing. *Alpha lipoic acid*) 1) Ácido graso azufrado que participa en el metabolismo de los carbohidratos (como coenzima de la piruvato deshidrogenasa). Funciona estrechamente con la tiamina, y también se le conoce como ácido lipoico o ácido tióctico. 2) Nutriente accesorio que estimula la producción de energía en todas las células. Es un antioxidante (liposoluble e hidrosoluble). Protege y reactiva a otros antioxidantes nutricionales como las vitaminas C, E y el glutatión. // Resulta efectivo para normalizar los niveles sanguíneos de glucosa (imita la acción de la insulina y ayuda a vencer la resistencia a ésta). Favorece la actividad neuronal y protege al cerebro contra la excitotoxicidad que acompaña a los males de Parkinson y de Alzheimer. Actúa como antitóxico y se le ha usado para tratar el envenenamiento por hongos. // Al ácido alfa lipoico se le ha utilizado en el tratamiento de la diabetes, la prediabetes, diversos males hepáticos, la fibromialgia y las secuelas del infarto cardiaco y cerebral. // Funciona como vitamina para diversas especies animales, y durante un tiempo también se le consideró como tal para el ser humano. Se le retiró de tal categoría al descubrirse que el organismo puede producirlo. // Sus fuentes principales son la levadura de cerveza, el hígado de res, el germen de trigo, los cereales integrales y las verduras. // Aunque normalmente el cuerpo lo sintetiza en cantidades suficientes, puede haber un déficit que haga necesario recibirlo como complemento alimenticio. // Se le considera seguro, y la dosis recomendada es de 50-100 mg diarios, en 1-2 tomas, con alimentos. En fisicoculturismo se han llegado a utilizar más de 500 mg diarios, pero se pueden producir náuseas, mareos e hipoglucemia.

Ácido algínico (Ing. *Alginic acid*) Carbohidrato complejo presente en diversas algas marinas, entre ellas el kelp. // Aunque resulta indigerible, se le considera un fitonutriente, ya que tiene un alto poder de absorción de grasas y toxinas a nivel intestinal. Se ha utilizado en el tratamiento de la colitis. Véase Kelp.

Ácido araquidónico (Ing. *Arachidonic acid o ARA*) Ácido graso poliinsaturado

Ácido araquidónico

Las mejores fuentes

Aceite de avellanas	1.6 g
Avellanas	0.9 g
Mero	0.3 g
Arenques	0.3 g
Sardinas	0.2 g
Mantequilla	0.2 g
Leche entera de vaca	0.2 g
Yema de huevo	0.2 g

X 100 g o ml

(C20:4 n-6), considerado anteriormente esencial (lo es condicionalmente, como en ciertas afecciones o durante la primera infancia). Su fuente más rica es el cacahuate. // En 1956 se halló que el organismo puede sintetizar ácido araquidónico a partir del ácido linoleico (siempre y cuando no haya carencias de zinc y piridoxina). // En los alimentos se le halla en semillas oleaginosas y en las grasas de origen animal. La yema de huevo contiene una cantidad importante. // Este ácido es el precursor directo de la serie 2 de prostaglandinas (a las que a veces se califican de "malas" por favorecer el dolor, la inflamación y los coágulos sanguíneos). Véanse Prostaglandinas y Eicosanoides.

Ácido ascórbico (Ing. *Ascorbic acid*) Nombre químico de la vitamina C. Véase Vitamina C.

Ácido aspártico (Ing. *Aspartic acid*) Es uno de los 20 aminoácidos presentes en los alimentos y que también forman a las proteínas corporales. No se le considera un aminoácido esencial, ya que el organismo lo puede sintetizar. // No obstante, cuando se le utiliza purificado como complemento alimenticio puede rendir beneficios como ayudar a combatir la fatiga y aumentar el desempeño físico. // Actúa como un agente antitóxico, protegiendo al sistema nervioso del amoniaco circulante, y estimula la producción de neurotransmisores.

Ácido cafeico (Ing. *Caffeic acid*) Fitinutriente presente en los tés verde y negro, el tomillo, el propóleo, la guanábana y el salvado de trigo. // Es un antioxidante y protege a los ácidos nucleicos de los carcinógenos químicos. Inhibe el crecimiento tumoral.

Ácido cetoisocaproico (Ing. *Ketoisocaproic acid*) Derivado químico del aminoácido leucina, también conocido como KIC. Se utiliza como complemento alimenticio en fisicoculturismo. // Aumenta el tamaño de los músculos y ayuda a mantener la masa muscular. // La dosis usual es de 4-6 g diarios, en 1-3 tomas.

Ácido cis-linoleico Véase ácido linoleico.

Ácido clorogénico (Ing. *Chlorogenic acid*) Fitonutriente presente en el té verde, la cebolla, el jitomate, el chayote, las fresas, las guayabas, las ciruelas, el tejocote y la piña. // Es antioxidante e interfiere con la producción interna de carcinógenos.

Ácido colosólico (Ing. *Colosolic acid*) Fitonutriente extraído de las hojas de la banaba (Lagerstroemia speciosa). // Clínicamente se ha visto que ayuda a regular la glucosa sanguínea, por lo que resulta de utilidad en el tratamiento de la diabetes. // La dosis usual del extracto estandarizado (al 1%) es de 150 mg diarios, en 2-3 tomas.

Ácido dihomo gammalinolénico (Ing. *Dihomogammalinolenic acid*) Ácido graso poliinsaturado de cadena larga (C20:3 n-6), al que también se conoce como DGLA por sus siglas en inglés. // Químicamente es un ácido graso omega 6, y constituye un intermediario metabólico en la transformación del ácido gamma linolénico en las prostaglandinas de la serie 1. A partir de una vía metabólica diferente, también se derivan de él las prostaglandinas de la serie 2. // Del equilibrio del DGLA con el ácido araquidónico dentro de las células depende que la producción de prostaglandinas se incline hacia la serie 1 o la 2. // No está presente en los alimentos, pero el cuerpo puede sintetizar su propio DGLA. Y su producción se dispara si se reciben los ácidos gamma linolénico y EPA como complemento alimenticio. // El DGLA solo está presente en forma limitada en los complementos.

Ácido docosahexaenoico (Ing. *Docosahexaenoic acid*) Ácido graso poliinsaturado de cadena larga (C22:6 n-3) al que también se conoce como DHA por sus siglas en inglés. // Químicamente es un

DHA y EPA

Las mejores fuentes

Aceite de pescado
Salmón
Anchoas
Arenques
Marlín
Macarela
Atún
Truchas
Sardinas
Cazón
Ostiones
Camarones

ácido graso omega 3 y, a partir de él, el organismo sintetiza un grupo muy importante de prostaglandinas, la serie 3. // El cuerpo puede fabricar su propio DHA (a partir del ácido linolénico), pero para ello necesita suficiente zinc, magnesio y las vitaminas B_3, B_6 y C. Interfieren en su síntesis el alcohol, el azúcar, la grasa saturada y las grasas trans. // En los alimentos comunes es bastante escaso, pero pequeñas cantidades están presentes en mariscos y pescados marinos (salmón, arenque, macarela, etc.). Solo abunda en el aceite de pescado. // El DHA forma parte de la membrana celular, en especial de las neuronas y las células de la retina (conos y bastones). Es indispensable para una buena fluidez en la membrana neuronal. Por sí mismo o a través de sus derivados, ayuda a regular el colesterol y actúa como un vasodilatador natural que mejora la circulación y bloquea la formación de coágulos peligrosos. Coadyuva con la función de la in-

sulina, previene y reduce los procesos inflamatorios y estimula al sistema inmunológico. Contribuye a disminuir los dolores originados por la angina de pecho. Bajos niveles sanguíneos de este ácido son un factor de riesgo para desarrollar el mal de Alzheimer. // El DHA ha sido utilizado en el tratamiento del síndrome premenstrual, contra la hipertensión, en el control de la formación de coágulos que pudieran originar infartos, embolias o tromboflebitis, para mejorar la circulación, para tratar el dolor y la inflamación ocasionados por la artritis, y en el tratamiento del acné, el eczema y la soriasis. También es útil contra la depresión, la dislexia y el trastorno por déficit de atención (TDA). // Para beneficiarse al máximo con el DHA, evítese consumir en exceso grasas animales o hidrogenadas (manteca vegetal). // Su uso es bastante seguro, si bien su consumo habitual prolonga el tiempo de coagulación. Por esta razón no se recomienda usarlo junto con anticoagulantes. La dosis usual es de 250-750 mg diarios, repartidos en 2-3 tomas e ingerido junto con alimento.

Ácido eicosapentaenoico (Ing. *Eicosapentaenoic acid o EPA*) Ácido graso poliinsaturado de cadena larga (C20:5 n-3), al que también se conoce como EPA por sus siglas en inglés. // Químicamente es un ácido omega 3 y, a partir de él, el organismo produce un grupo muy importante de prostaglandinas, la serie 3. // El cuerpo puede fabricar su propio EPA (a partir del ácido linolénico), pero para ello necesita suficiente zinc, magnesio y las vitaminas B$_3$, B$_6$ y C. Interfieren en su síntesis el alcohol, el azúcar, la grasa saturada y las grasas trans. // En los alimentos comunes es bastante escaso, pero pequeñas cantidades están presentes en mariscos (ostiones, camarones) y pescados marinos (salmón, arenque, macarela, etc.). Solo abunda en el aceite de pescado. // El EPA forma parte de la membrana celular, y por sí mismo o a través de sus derivados, ayuda a regular el colesterol y actúa como un vasodilatador natural que mejora la circulación y bloquea la formación de coágulos peligrosos. Mejora la función de la insulina, previene y reduce los procesos inflamatorios y estimula al sistema inmunológico. Contribuye a disminuir los dolores originados por la angina de pecho. // El EPA ha sido utilizado en el tratamiento del síndrome premenstrual, contra la hipertensión, en el control de la formación de coágulos que pudieran originar infartos, embolias o tromboflebitis, para mejorar la circulación, para tratar el dolor y la inflamación ocasionados por la artritis, y en el tratamiento del acné, el eczema y la soriasis. // Para beneficiarse al máximo con el EPA, evítese consumir en exceso grasas animales o hidrogenadas (manteca vegetal). // Su uso es bastante seguro, si bien su consumo habitual prolonga el tiempo de coagulación. Por esta razón no se recomienda usarlo junto con anticoagulan

tes. La dosis usual es de 500-1500 mg diarios, repartidos en 2-3 tomas e ingerido junto con alimento.

Ácido esteárico (Ing. *Stearic acid*) Ácido graso saturado (C18:0) presente en muchos aceites vegetales y grasas animales: manteca de cacao (30%), aceite de semilla de algodón (25%), nuez del brasil (24%), aguacate (20%), nuez de la india (18%). // El organismo puede producirlo, de manera que no se le considera una grasa esencial. Su consumo en la dieta no afecta el colesterol sanguíneo.

Ácido elágico (Ing. *Ellagic acid*) Fitonutriente presente en la cereza, la fresa, la frambuesa, el arándano, la mora azul, la zarzamora, la granada y las uvas rojas y negras. // Es un poderoso antioxidante que protege a los ácidos nucleicos de los carcinógenos químicos (incluidas las nitrosaminas). También inhibe la reproducción de las células cancerosas (les produce apoptosis). // Se ha utilizado en el tratamiento de diversas formas de cáncer.

Ácido fítico (Ing. *Phytic acid*) También conocido como hexafosfato de inositol, ácido inositohexafosfórico o IP6, es una sustancia orgánica compleja que contiene fósforo e inositol. // Está presente sobre todo en los cereales y las leguminosas. Las fuentes más comunes en la alimentación son la avena, las lentejas, el salvado de trigo, el arroz integral, los frijoles, la soya, el chocolate, la maicena y los cereales para el desayuno. // El ácido fítico se combina con los minerales comúnmente presentes en los alimentos y forma fitatos (de calcio, zinc, hierro, etc.) insolubles, lo que los hace inaprovechables, sin embargo ejerce un efecto inmunomodulador de importancia. Véanse Fitatos e IP6.

Ácido fólico (Ing. *Folic acid*) Vitamina hidrosoluble, miembro del complejo B, y a la que también se conoce como vitamina B_9, folato, folacina y ácido pteroilglutámico. // Se descubrió en 1935, se dosifica en microgramos y su forma activa es el ácido tetrahidrofólico. // Su requerimiento mínimo diario en adultos es de 400 mcg y de 100 mcg en los niños. // Resulta esencial para la producción de la sangre y para el crecimiento y división de todas las células del organismo. Actualmente se considera indispensable para el desarrollo embrionario y fetal del ser humano (su carencia suele

Ácido fólico

Las mejores fuentes

Soya	690 mcg
Avena	390 mcg
Frijoles	310 mcg
Arroz	170 mcg
Espinacas	80 mcg
Brócoli	50 mcg
Carne de res	40 mcg
Nueces	30 mcg
Huevos	30 mcg
Plátanos	30 mcg
Leche de vaca	11 mcg
Papas	10 mcg

X 100 g o ml

vincularse con defectos congénitos como la espina bífida y la anencefalia). Algunas de sus funciones van asociadas a las de la vitamina B_{12}, especialmente en la producción de ácidos nucleicos (ADN y ARN) y en el metabolismo de las proteínas. También es indispensable (junto con las vitaminas B_6 y B_{12}) para mantener controlada la producción corporal de la homocisteína. // Su carencia puede provocar anemia (megaloblástica), fatiga, depresión, aborto espontáneo, pérdida del cabello, afecciones cutáneas, trabajo de parto difícil, reducciones en la libido. // No se le conoce toxicidad, siempre y cuando se ingiera junto con el resto del complejo B, especialmente la vitamina B_{12} (si se recibe suficiente ácido fólico pero no B_{12}, el primero puede encubrir los síntomas de la carencia de la segunda). // El ácido fólico es más efectivo si se usa junto con la vitamina C y el resto del complejo B. // Puede resultar útil en el tratamiento de la úlcera gástrica, transtornos menstruales, úlcera varicosa, depresión y anemia. // Los requerimientos de ácido fólico se elevan si se ingieren los siguientes medicamentos: aspirinas (ácido acetilsalicílico) o salicilatos, colestiramina, fenitoína, isoniazida, piramidona y trimetoprim.

Ácido folínico (Ing. *Folinic acid*) Es la forma metabólicamente activa del ácido fólico, también conocida como factor citrovórum. // El organismo hace la conversión del ácido fólico en folínico en el hígado, con la ayuda de la vitamina C.

Ácido gamma aminobutírico (Ing. *Gamma aminobutiric acid*) 1) Derivado químico (metabolito) del ácido glutámico o de la glutamina. 2) Importante neurotransmisor cerebral, también conocido como GABA (por sus siglas en inglés). Es necesario para la memoria, la retención y el buen ánimo. // Usado como complemento alimenticio, ejerce un efecto calmante sobre las neuronas; actúa como un sedante y ansiolítico natural. // Su uso es seguro, pero no debe emplearse durante el embarazo y la lactancia. Tampoco debe combinarse con el alcohol. Si se usa junto con sedantes medicamentosos puede causar somnolencia. // La dosis recomendada es de 500-750 mg diarios, en 1-2 tomas, entre comidas. Las megadosis (1000+ mg diarios) pueden desencadenar ataques de pánico, náuseas y vómitos.

Ácido gamma hidroxibutírico (Ing. *Gamma hidroxybutiric acid* o *GHBA*) Compuesto similar al ácido gamma aminobutírico, usado como somnífero y auxiliar para el control del peso. También se le conoce como gamma hidroxibutirato, 4-hidroxibutirato o GHB, y exhibe algunas de las propiedades de dicho neurotransmisor. // Se usa en fisicoculturismo para estimular el desarrollo muscular pues se dice que actúa como liberador de la hormona humana del crecimiento. // Su seguridad para otros usos que no sean los medicamentosos no ha sido evaluada, y su empleo debería llevarse a cabo bajo control médico.

Ácido gamma linolénico (Ing. *Gamma linolenic acid* o *GLA*) Ácido graso poliinsaturado de cadena larga (C18:2 n-6), al que también se conoce como GLA (por sus siglas en inglés). // Químicamente es un ácido graso omega 6, y a partir de él, las células producen las series 1 y 2 de prostaglandinas. // El organismo puede fabricar su propio GLA a partir del ácido linoleico, pero para ello necesita suficiente zinc, magnesio y la vitaminas B_3, B_6 y C. // Lo mejor es obtener el GLA ya preformado, a través de complementos alimenticios como los aceites de borraja o de prímula. // El GLA ayuda a quemar el exceso de grasa, a controlar la formación de coágulos, a incrementar la actividad de los glóbulos blancos, a mitigar las molestias del síndrome premenstrual, a reducir el colesterol y los triglicéridos elevados, a tratar el dolor e inflamación de la artritis, a inhibir el desarrollo de las células malignas y en el tratamiento del acné, el eczema y la soriasis. // Su uso es seguro, y la dosis recomendada es de 1000-3000 mg diarios, repartida en 2-3 tomas, y acompañada de alimento.

Ácido glutámico (Ing. *Glutamic acid*) Es uno de los 20 aminoácidos presentes en los alimentos y que también forma parte de las proteínas corporales. // No es un aminoácido esencial, porque el organismo lo puede sintetizar. // Empero, cuando se le utiliza en su forma purificada como complemento alimenticio, ayuda a mejorar la memoria y eleva la capacidad de concentración. En el ámbito escolar esto se traduce en una elevación del rendimiento estudiantil. // También resulta útil en caso de agotamiento nervioso, depresión y trabajo mental excesivo. // Su uso es seguro, pero no debe emplearse durante el embarazo y la lactancia. // La dosis usual es de 500-1500 mg diarios, repartidos en 1-3 tomas (entre comidas).

Ácido hidroxicítrico (Ing. *Hidroxycitric acid o HCA*) Véase Garcinia cambogia.

Ácido láurico (Ing. *Lauric acid*) Ácido graso saturado de cadena media (C12:0). // Sus mejores fuentes en los alimentos son de origen animal: mantequilla, leche entera, crema de leche, aceite de coco y aceite de palma. // Su característica principal es que, una vez ingerido, ayuda a combatir microorganismos patógenos, en especial diversos virus como el de Epstein-Barr, el Cocksackie, el citomegalivirus, y los del herpes 1, 2 y 6. // La forma más común de utilizarlo con este fin es como monolaurato de glicerol. Su uso es muy seguro, con dosis de entre 600 y 1800 mg diarios, divididos en tres tomas e ingerido con alimentos.

Ácido linoleico (Ing. *Linoleic acid*) Ácido graso poliinsaturado de cadena media (C18:2 n-6), también conocido como ácido cis linoleico. // Es uno de los ácidos grasos esenciales para el ser humano; el otro es el ácido linolénico. // Químicamente es un ácido graso omega 6,

Ácido linoleico

Las mejores fuentes

Aceite de cártamo	77.0 g
Aceite de girasol	60.0 g
Aceite de maíz	55.0 g
Aceite de soya	52.0 g
Aceite de avellana	48.0 g
Aceite de germen de trigo	44.0 g
Aceite de ajonjolí	42.0 g
Aceite de algodón	35.0 g
Semillas de girasol	30.0 g
Avena	29.0 g
Aceite de cacahuate	25.0 g
Margarina	23.0 g
Semillas de ajonjolí	20.0 g
Cacahuates	12.5 g

X 100 g o ml

y a partir de él, las células producen las series 1 y 2 de prostaglandinas (pero para ello necesitan suficiente zinc, magnesio y la vitaminas B_3, B_6 y C). // La serie de pasos que desembocan en la formación de prostaglandinas a partir del ácido linoleico a menudo están bloqueados por el consumo inmoderado de grasas saturadas o grasas trans, de alcohol o de azúcar, y por el tabaquismo, el estrés y las infecciones virales. // Por ello, lo mejor es consumir su principal intermediario, el GLA, a través de complementos alimenticios. // La carencia de ácido linoleico limita el crecimiento en los niños y produce eczema en los adultos. En ambos, dicha carencia favorece la producción de prostaglandinas de la serie 2 (las mediadoras en el dolor y la inflamación).

Ácido linoleico conjugado (Ing. *Conjugated linoleic acid o CLA*) Ácido graso poliinsaturado (C18:2 n-6) presente sobre todo en alimentos de origen animal (carnes rojas, leche, mantequilla). Químicamente es una variante (isómero) del ácido linoleico. // Protege contra los males cardiovasculares, estimula el sistema inmunológico y ayuda en la pérdida de peso. Favorece la eliminación del tejido adiposo a la vez que estimula el desarrollo muscular. Es un inhibidor del crecimiento tumoral, por lo cual se utiliza en el tratamiento no medicamentoso de diversas formas de cáncer. // Su uso es seguro, y la dosis recomendada es de 2-4 g diarios, repartidos en 2-3 tomas (junto con los alimentos).

Ácido linolénico (Ing. *Linolenic acid*) Ácido graso poliinsaturado (C18:3 n-3) también conocido como ácido alfa linolénico o ALA (por las siglas en inglés de ácido alfa linolénico). Química-

---

Ácido linolénico

Las mejores fuentes

Aceite de ajonjolí	67.0 g
Aceite de linaza	42.0 g
Semillas de ajonjolí	32.0 g
Semillas de linaza	21.0 g
Aceite de soya	7.0 g
Aceite de avellana	6.0 g
Aceite de algodón	4.1 g
Avena	3.6 g
Soya	1.3 g
Aceite de cártamo	1.0 g
Trucha	1.0 g
Yema de huevo	0.9 g
Frijoles bayos	0.7 g
Arenques	0.3 g

X 100 g o ml

---

mente es un ácido graso omega 3. // Es el nutriente progenitor de las prostaglandinas de la serie 3, y en la ruta que se sigue para producirlas, el ácido linolénico se convierte en DHA y en EPA. Este paso a menudo se halla bloqueado por carencias de zinc, magnesio, vitamina B_6 o por exceso de alcohol, azúcar, grasas saturadas o grasas trans. // La solución es consumir el EPA y el DHA preformados, a través de pescados como sardinas, arenques y salmón, o complementos como el aceite de pescado. // Su deficiencia limita el crecimiento en los niños. // Sus mejores fuentes alimentarias son nueces, cacahuates, almendras, germen de trigo, semillas de girasol, semillas de linaza y aceite de linaza.

Ácido lipoico (Ing. *Lipoic acid*) Véase Ácido alfa lipoico.

Ácido málico (Ing. *Malic acid*) 1) Compuesto orgánico (alfahidroxiácido) que desempeña un importante papel en la producción corporal de energía. 2) Fitonutriente presente en las frutas, especialmente en las manzanas, las peras, las uvas y los arándanos. // Utilizado como complemento alimenticio, ayuda a incrementar la energía, mejora la resistencia física (capacidad aeróbica) y puede ser parte del tratamiento contra la fibromialgia (síndrome de fatiga crónica). // La dosis recomendada para combatir la fatiga y mejorar la resistencia es de es de 200-400 mg diarios (una hora antes de comer y una hora antes de cenar). Como parte del tratamiento contra la fibromialgia, se han utilizado 1200-2400 mg diarios en 3 tomas, con alimentos. Los resultados son mejores si se combinan con 300-600 mg diarios de magnesio.

Ácido nicotínico (Ing. *Nicotinic acid*) Es uno de los nombres de la vitamina B_3. Sinónimos: niacina, vitamina PP. // La vitamina B_3 se presenta en la naturaleza en dos formas (niacina o ácido nicotínico, y niacinamida o nicotinamida), que se consideran equivalentes e intercambiables. Sin embargo, se ha puesto en claro que el ácido nicotínico, antes de ser convertido en nicotinamida, cumple con funciones propias dentro del organismo: en megadosis elevadas (1-3 g diarios) ejerce un efecto reductor del colesterol elevado, lo que la niacinamida no exhibe. // Utilizado como complemento y en megadosis (100 mg o más), produce enrojecimiento y bochorno en la piel del rostro y las manos. Esta reacción, que es pasajera e inofensiva, se debe a la producción local de histamina y no se presenta en ninguna dosis con la niacinamida. Véase Vitamina B_3.

Ácido oleico (Ing. *Oleic acid*) Ácido graso monoinsaturado (C18:1 n-9) presente en muchos aceites vegetales y grasas animales. De hecho, se le considera el ácido graso más abundante en la naturaleza. // El organismo puede producirlo, de manera que no se le considera una grasa esencial. // Como parte de

Ácido oleico

Las mejores fuentes

Aceite de oliva	75.0 g
Aceite de almendras	69.0 g
Aceite de cacahuates	54.0 g
Manteca de cacao	38.0 g
Almendras	37.5 g
Aceite de maíz	35.0 g
Nueces de brasil	34.5 g
Aceite de algodón	30.0 g
Aceite de soya	27.0 g
Mantequilla	27.0 g
Cacahuates	27.0 g
Aceite de ajonjolí	21.0 g
Aceite de cártamo	20.0 g
Aceite de germen de trigo	15.0 g

X 100 g o ml

la dieta, su principal función es la de proveer energía. Es el ácido graso que más abunda en la dieta mediterránea. No aumenta ni disminuye el colesterol sanguíneo, y actualmente se le considera la grasa alimentaria más sana. // Sus principales fuentes alimentarias son el aceite de oliva (80%), aceite de avellanas (78%), aceite de aguacate (70%), aceite de almendras (70%), aceite de girasol (67%), aceite de canola (58%), aceite de cacahuate (58%), avellanas (47%), manteca de puerco (41%), aceite de ajonjolí (40%), margarina (39%) y aceite de semilla de calabaza (35%).

Ácido orótico (Ing. *Orotic acid*) Compuesto orgánico que participa en la biosíntesis de los ácidos nucleicos (ADN y ARN). También conocido como factor del suero (de donde se le aisló originalmente). // Se le consideró una vitamina, la B_{13}, hasta que se descubrió que el cuerpo humano puede producirla. // No obstante, su uso como complemento alimenticio puede acarrear beneficios. Se le ha utilizado (en megadosis de hasta 4000 mg diarios) con éxito en el tratamiento de la hepatitis crónica, la esclerosis múltiple y la gota.

Ácido palmítico (Ing. *Palmitic acid*) Ácido graso saturado (C16:0) presente en muchos aceites vegetales y grasas animales: manteca de puerco (30%), mantequilla (27%), aceite de semilla de algodón (25%), aceite de pescado (18%) y aceite de oliva (12%). // El organismo puede producirlo, de manera que no se le considera una grasa esencial. Su consumo en la dieta puede aumentar el colesterol sanguíneo.

Ácido palmítico en posición beta Véase Beta palmitato.

Ácido pangámico (Ing. *Pangamic acid*) Nutriente accesorio también conocido como dimetilglicina, que funciona en

Ácido pangámico

Las mejores fuentes

Salvado de arroz	200 mg
Maíz	150 mg
Levadura de cerveza	130 mg
Avena	100 mg
Germen de trigo	70 mg
Salvado de trigo	35 mg
Centeno	30 mg
Hígado de cerdo	22 mg
Cebada	12 mg
Leche de vaca	10 mg

X 100 g

el organismo como antioxidante y donador de grupos metilo. Originalmente fue identificado como una vitamina (la B_{15}), y actualmente se le considera un nutriente accesorio. // Se dosifica en miligramos, y aunque el organismo no puede sintetizarlo, su ausencia en la dieta no produce síntomas de carencia (razón por la cual no se le reconoce como vitamina). // Es un antioxidante, un agente lipotrópico y un factor antitóxico que protege contra el esmog, el humo de tabaco y otros contaminantes. // Utilizado como complemento alimenticio, la terapia con este ácido (en megadosis de hasta 300 mg diarios) eleva las defensas y produce buenos resultados en la diabetes, el asma y en diversos padecimientos nerviosos y cardiovasculares. Es muy efectivo contra la epilepsia y en ciertos casos de autismo. // En deportistas y fisicoculturistas, el ácido pangámico mejora el rendimiento, aumenta la fuerza y mejora la resistencia a la falta de oxígeno. // Su uso es seguro, y la dosis recomendada (en personas sanas) es de 30-60 mg diarios (repartidos en 1-2 tomas). Para deportistas o pacientes diversos, la dosis usual es de 100-300 mg diarios, repartidos en 1-3 tomas.

Ácido pantoténico (Ing. *Pantothenic acid*) Vitamina hidrosoluble, perteneciente al complejo B. También conocida como vitamina B_5 y pantotenato (antiguamente se le llamó factor antidermatitis de la mejilla). // Fue aislado en 1939 y su forma activa es la coenzima A. Se dosifica

Ácido pantoténico

Las mejores fuentes

Jalea real	35.0 mg
Levadura de cerveza	11.0 mg
Arroz integral	8.9 mg
Semillas de girasol	5.5 mg
Soya	5.2 mg
Lentejas	4.8 mg
Yema de huevo	4.2 mg
Maíz	4.2 mg
Chícharos	3.6 mg
Alfalfa	3.3 mg
Trigo	3.2 mg
Cacahuates	2.8 mg

X 100 g

en miligramos. // El requerimiento mínimo diario para los adultos es de 10 mg y de 5 mg para los niños. El embarazo, la lactancia, el estrés y las alergias aumentan tales necesidades. // La carencia de ácido pantoténico no ocasiona un cuadro específico, pero si es muy aguda, produce un intenso ardor en la planta de los pies. Carencias menos marcadas pueden desencadenar dolores o calambres musculares, trastornos gástricos, susceptibilidad a infecciones, hipoglicemia y un descenso en las defensas corporales. // Al igual que otras vitaminas del complejo B, el ácido pantoténico es necesario para el metabolismo de carbohidratos, grasas y proteínas. Es imprescindible para la síntesis de colesterol, de los esteroides y de los ácidos grasos. Se le requiere para un buen funcionamiento de las glándulas suprarrenales, y protege contra los efectos del estrés, las radiaciones, los contaminantes ambientales y los fármacos.

Es muy eficaz para combatir las alergias e infecciones (colabora con la producción de anticuerpos). // Esta vitamina es más efectiva si se ingiere con las demás vitaminas B y con la vitamina C. // Se le ha utilizado en el tratamiento de infecciones diversas, alergias, úlcera gastroduodenal, afecciones nerviosas, artritis y como un factor antiestrés. // Su uso es bastante seguro: se han empleado megadosis terapéuticas de hasta 1000 mg diarios durante seis meses, sin producirse reacciones adversas.

Ácido paraaminobenzoico (Ing. *Paraminobenzoic acid*) Nutriente accesorio también conocido por las siglas (en inglés) PABA. // Es una vitamina para ciertos microorganismos, y erróneamente se le clasificó como tal para el ser humano (vitamina Bx o vitamina H_2). También se le conoce como factor antiencanecimiento del cabello. // Algunos autores lo siguen incluyendo dentro del complejo B, y otros lo consideran un nutriente accesorio (esto último es lo más adecuado). // Se dosifica en miligramos, es hidrosoluble y se le descubrió en 1942. // Sus mejores fuentes alimentarias son la levadura de cerveza, el hígado de res, el hígado de pollo, la melaza de caña, el germen de trigo, los huevos y las lentejas. // Su carencia no produce síntomas en el ser humano, pero sí en los demás mamíferos (anemia, encanecimiento prematuro del pelo). // Su uso es seguro, pero las megadosis (200 mg o más) pueden producir náuseas, malestar gástrico, salpullido e incluso afectar al hígado. // Aplicado tópicamente, el PABA funciona como un filtro solar, aumentando la resistencia a las quemaduras solares; por ello se le encuentra con frecuencia en bronceadores y filtros solares. // El PABA se ha utilizado en el tratamiento del asma, el vitiligo, la esclerodermia, la depresión, la enfermedad de Peyronie, algunos trastornos nerviosos, problemas de las articulaciones y padecimientos autoinmunes (lupus, soriasis, tiroiditis). // Aunque se le considera seguro, debe evitarse en el embarazo y la lactancia. Las dosis oscilan entre 400 mg y varios gramos diarios. Se han llegado a utilizar 15-20 gramos diarios, pero es mejor evitar las megadosis (el exceso de PABA puede interferir con el funcionamiento hepático). // Su uso está contraindicado si se padece enfermedad acidopéptica o se está siguiendo terapia con sulfas, ya que estas últimas y el PABA son antagonistas.

Ácido p-cumárico (Ing. *P-coumaric acid*) Ácido paracumárico. Fitonutriente presente en el jitomate, el tomate verde, la zanahoria, la lechuga, la calabaza, las espinacas, la fresa, la grosella roja, el arándano agrio, el apio y la alfalfa. // Es un anticarcinógeno (interfiere con la producción interna de carcinógenos).

Ácido picolínico (Ing. *Picolinic acid*) Sustancia orgánica muy similar al ácido nicotínico, pero que no exhibe propiedades vitamínicas. Es un componente normal del metabolismo. // Por su fa-

cilidad para penetrar en las células se utiliza para formar sales (picolinatos) con minerales de difícil absorción y retención. Esto mejora bastante la biodisponibilidad de sustancias como el picolinato de cromo.

Ácido piroglutámico (Ing. *Pyroglutamic acid*) Derivado químico del ácido glutámico. // Es un producto semisintético, que se usa como complemento. Se dice que mejora la memoria y la concentración. // Aún no se ha establecido su inocuidad. La dosis usual es de 500 a 1000 mg diarios, entre comidas.

Ácido pirúvico (Ing. *Pyruvic acid*) Sustancia orgánica naturalmente presente en el organismo como intermediario de los procesos metabólicos (ciclo de Krebs), y al que también se conoce como piruvato. // Usado como complemento, este ácido ayuda a producir energía y favorece el incremento de la masa muscular. En fisicoculturismo, puede reducir la fatiga y mejorar el rendimiento hasta en un 20%. // Ayuda a normalizar el colesterol, los triglicéridos y la presión arterial elevados. Asimismo, acelera la tasa del metabolismo basal y ayuda en la reducción de la grasa corporal. // Para adelgazar, generalmente se recomiendan 4-6 g diarios divididos en 2-3 tomas. Para aumentar el volumen muscular, se usan 5-10 g diarios en 1-2 tomas. Para atletas de alto rendimiento se pueden necesitar entre 80 y 100 mg por kg de peso corporal // A las dosis indicadas, su uso es seguro, pero no se ha evaluado su inocuidad durante el embarazo y la lactancia. Además, se han reportado molestias gastrointestinales al emplear megadosis (30-100 g diarios).

Ácido retinoico (Ing. *Retinoic acid*) Es un derivado químico del retinol (vitamina A), que se forma en el organismo en pequeñas cantidades durante el metabolismo de esta última y de algunos carotenoides como el betacaroteno. // Actúa como una hormona esteroidea, que incrementa la síntesis de proteínas. En forma purificada, más que aplicaciones nutricionales, las tiene dermatológicas y terapéuticas: se le ha utilizado en el tratamiento del acné, la soriasis y el cáncer (de piel y la leucemia). // En medicina se le utiliza en vez del retinol porque es menos tóxico que éste.

Ácidos grasos (Ing. *Fatty acids*) Son los ácidos orgánicos que resultan de la digestión normal de las grasas. Están constituidos de carbono, hidrógeno y oxígeno. // Al combinarse con glicerina forman los lípidos simples o triglicéridos. Se hallan presentes, libres o combinados, en todo tipo de grasas y aceites comestibles. // Químicamente se les divide en saturados e insaturados (o no saturados). Estos últimos, a su vez, se dividen en monoinsaturados y poliinsaturados. // La saturación depende de si la molécula de ácido graso puede o no aceptar todavía más hidrógeno: un ácido graso saturado no acepta

Principales ácidos grasos

Ácido graso	Aceites en que se halla presente
Acético	Vinagre
Butírico	Mantequilla
Caproico	Mantequilla
Caprílico	Grasas animales (sebo, manteca, etc.)
Cáprico	Grasas animales (sebo, manteca, etc.)
Láurico	Aceite de coco
Mirístico	Mantequilla, aceite de pescado
Palmítico	Grasas animales y vegetales
Esteárico	Cacahuates, grasas animales

ni un hidrógeno más, en tanto que uno insaturado puede aceptar uno o más pares de hidrógeno. Si sólo puede aceptar un par de hidrógenos, se trata de un ácido graso monoinsaturado; si puede aceptar dos o más, es un ácido graso poliinsaturado. // Esta propiedad de los ácidos grasos tiene profundas repercusiones sobre la salud. Véanse Ácidos grasos omega 3 y Ácidos grasos omega 6.

Ácidos grasos esenciales (Ing. *Essential fatty acids* o *EFA*) Aquellos ácidos grasos que el organismo no puede sintetizar, y que le son necesarios para sus funciones vitales. Se reconocen dos: el ácido linoleico y el ácido linolénico. // Hasta 1956 se creyó que el ácido araquidónico también era esencial para el ser humano, pero se halló que puede

Ácidos grasos esenciales

Las mejores fuentes

Aceite de girasol	77 g
Aceite de cártamo	60 g
Aceite de maíz	54 g
Aceite de soya	52 g
Aceite de germen de trigo	44 g
Semillas de girasol	30 g
Avellanas	29 g
Ajonjolí	20 g
Nueces	14 g
Cacahuates	12 g
Almendras	11 g
Germen de trigo	5 g

X 100 g

sintetizarlo. En la primera infancia y bajo ciertas condiciones (desnutrición, padecimientos diversos) se vuelve condicionalmente esencial. // Inicialmente se catalogó a los ácidos grasos esenciales como una vitamina, la F (de *fat*), pero diversos criterios obligaron a retirarle dicha categoría. // Su requerimiento mínimo diario en adultos es de 3-4 cucharadas soperas de los aceites que constituyen sus mejores fuentes (véase Aceites vegetales). En los niños, 1-2 cucharadas diarias resultan suficientes. Estos requerimientos se elevan si se abusa de las grasas saturadas y del alcohol. // Una de sus funciones más importantes es estructural: en combinación con las proteínas, forman las membranas celulares. Esta función es particularmente importante en embriones, fetos y bebés, cuyo cerebro está desarrollándose. // No menos importante, es su papel como precursores de los eicosanoides: a partir de los ácidos linoleico y linolé-

nico se forman prostaglandinas, prostaciclinas, tromboxanos, lipoxinas y ácidos hidroxilados (todos ellos sumamente importantes para controlar las funciones vitales). // Los ácidos grasos esenciales son necesarios para la salud de la piel, de las mucosas y de glándulas como la tiroides y las suprarrenales. Junto con la vitamina D, ayudan a regular el metabolismo del calcio y del fósforo. Combaten el exceso de colesterol y de triglicéridos, y aumentan la eficacia de la insulina. Disminuyen la tendencia de las plaquetas a formar coágulos peligrosos. // La carencia de estos ácidos puede ocasionar caspa, eczema, orzuela, uñas quebradizas, cálculos biliares, trastornos menstruales, afecciones renales y mayor susceptibilidad a las infecciones. // No se les conoce toxicidad, pero no se recomienda recibir complementos de ácidos grasos esenciales o sus derivados (omega 3 o 6) si se están recibiendo anticoagulantes. // Los ácidos grasos esenciales resultan más efectivos si se ingieren junto con las vitaminas A, C, D y E. // Se les ha empleado contra el acné, el eczema, la diabetes, la artritis, el colesterol y los triglicéridos elevados, la obesidad, el síndrome premenstrual y la hipertrofia prostática benigna.

Ácidos grasos insaturados (Ing. *Unsaturated fatty acids*) Aquellos ácidos grasos que pueden aceptar en su molécula dos o más pares de hidrógenos adicionales. // Estos ácidos grasos suelen ser líquidos a temperatura ambiente, abundan en

Principales ácidos grasos insaturados

Ácido graso	Aceites en que se halla presente
Oleico	Oliva, cacahuate y maíz
Linoleico	Linaza, maíz, soya y algodón
Linolénico	Linaza y soya
Araquidónico	Linaza y cacahuate

las grasas vegetales y de sus mezclas resultan los aceites comestibles. // Los hay monoinsaturados (como el ácido oleico) y poliinsaturados (como el linoleico y el linolénico). Véase Grasas insaturadas.

Ácidos grasos omega 3 (Ing. *Omega 3 fatty acids*) Ácidos grasos poliinsaturados de cadena larga cuya primera insaturación comienza en el carbono 3 de la cadena. // Su cabeza de serie, el ácido alfa linolénico, resulta indispensable para el ser humano. A partir de ellos el organismo sintetiza eicosanoides de la serie 3. // Ejemplos de estos ácidos son el linolénico (que está presente en el aceite de linaza), el EPA y el DHA (que se hallan en pescados y mariscos). // El ser humano puede sintetizar los intermediarios entre el ácido linolénico y los eicosanoides, pero con frecuencia diversas limitantes (malnutrición, ingestión excesiva de grasas saturadas o grasas trans, tabaquismo, etc.) evitan que el organismo lo haga en cantidades suficientes. De ahí la utilidad de recibirlos a través de complementos alimenticios.

// El EPA da origen a la serie 3 de las prostaglandinas y a otros importantes eicosanoides.

Ácidos grasos omega 6 (Ing. *Omega 6 fatty acids*) Ácidos grasos poliinsaturados de cadena larga cuya primera insaturación comienza en el carbono número 6 de la cadena. // Su cabeza de serie, el ácido linoleico, resulta indispensable para el ser humano. A partir de ellos el organismo sintetiza eicosanoides de las series 1 y 2. // Ejemplos de estos ácidos son el linoleico (que está presente en la mayoría de los aceites de comer), el dihommo linolénico (intermediario metabólico) y el gamma linolénico o GLA (que se halla en los aceites de borraja y de prímula). // El ser humano puede sintetizar los intermediarios entre el ácido linoleico y los eicosanoides, pero con frecuencia diversas limitantes (malnutrición, ingestión excesiva de grasas saturadas o grasas trans, tabaquismo, etc.) evitan que el organismo lo haga en cantidades suficientes o bien que produzca en exceso los ácidos inconvenientes (como el araquidónico). // De ahí la utilidad de recibir intermediarios recomendables (como el ácido gamma linolénico) a través de complementos alimenticios. // Según la vía metabólica que siga, el GLA puede dar origen a la serie 1 o a la serie 2 de las prostaglandinas, así como a otros importantes eicosanoides.

Ácidos grasos omega 7 (Ing. *Omega 7 fatty acids*) Ácidos grasos monoinsaturados de cadena media, cuya insaturación se encuentra en el carbono 7 de la cadena. // Su principal representante es el ácido palmitoleico, que se encuentra en el aceite de coco y en el de palma. No resulta indispensable para el ser humano. // A partir del ácido palmitoleico el organismo sintetiza otros integrantes de la familia omega 7.

Ácidos grasos omega 9 (Ing. *Omega 9 fatty acids*) Ácidos grasos monoinsaturados de cadena media, cuya insaturación se encuentra en el carbono 9 de la cadena. // Su principal representante es el ácido oleico, que se encuentra en el aceite de oliva, en las almendras, el aguacate, los cacahuates y las nueces pecanera y de macadamia. No resulta indispensable para el ser humano.

Ácidos grasos saturados (Ing. *Saturated fatty acids*) Aquellos ácidos grasos que ya no pueden aceptar más pares de hidrógeno en su molécula. // También se les denomina ácidos grasos no esenciales, ya que el organismo puede sintetizarlos. // Algunos de ellos son líquidos a temperatura ambiente, pero los más frecuentes en la alimentación humana son sólidos a temperatura ambiente (ácidos palmítico y esteárico). // Se les halla sobre todo en grasas animales, pero también están presentes en las vegetales. Las que más abundan en ellos son el aceite de coco (91%), la mantequilla (64%), el aceite de palma (54%), la manteca de cerdo (40%), el

aceite de semillas de algodón (28%) y la margarina (22%).

Ácidos grasos trans (Ing. *Trans fatty acids*) Ácidos grasos originalmente insaturados, a los que se les adicionaron uno o más pares de hidrógeno en su molécula de manera artificial (mediante calor y presión). Generalmente ocurre en el curso de la fabricación de la manteca vegetal. // Se les llama así por la forma geométrica que adopta su molécula una vez hidrogenada (originalmente tenía la forma *cis*, que se vuelve *trans*). // Son formas rarificadas de los ácidos grasos que suelen ser inconvenientes y hasta tóxicas para el ser humano. Una vez en el organismo, sabotean el metabolismo de las grasas, interfieren con la función de las membranas celulares, obstaculizan la producción de eicosanoides, perturban las reacciones inmunológicas y elevan los niveles sanguíneos de lipoproteína (a). Se les ha ligado a diversos trastornos y enfermedades. // Se hallan presentes en la manteca vegetal, en los aceites hidrogenados o parcialmente hidrogenados, en muchas frituras, en las margarinas y en los alimentos que las contienen. Véase Grasas trans.

Ácidos nucleicos (Ing. *Nucleic acids*) Sustancias orgánicas complejas, portadoras de la herencia. Se les llama así, porque normalmente están en el interior del núcleo de las células. // Al menos los hay de dos tipos: el ácido

Ácidos nucleicos

Las mejores fuentes

Levadura de cerveza	5000 mg
Sardinas	600 mg
Frijoles	475 mg
Lentejas	475 mg
Hígado de pollo	400 mg
Garbanzos	350 mg
Chícharos	300 mg
Alubias chicas	300 mg
Salmón	300 mg
Hígado de res	250 mg
Hígado de cerdo	250 mg
Ostiones	250 mg

X 100 g

desoxirribonucleico o ADN, y el ácido ribonucleico, o ARN. // Aislados de sus fuentes alimentarias principales (como la levadura de cerveza), los ácidos nucleicos se expenden como complementos de la alimentación. Empero, no hay un consenso sobre si es o no necesario ingerirlos adicionalmente a los que provee la dieta. Algunos autores aducen que en el ser humano aumentan la energía, mejoran las funciones cerebrales y disminuyen el ritmo del envejecimiento. // En animales de experimentación, los ácidos nucleicos han producido mejorías notables y elevado su margen de vida hasta en un 110%. // Salvo en los pacientes con gota o con niveles elevados de ácido úrico, el uso de los ácidos nucleicos se considera seguro. La dosis usual es de 1000-2000 mg diarios, en 2-4 tomas e ingeridos con alimentos.

Ácido tióctico Véase Ácido alfa lipoico.

Achicoria (Ing. *Chicory*) Planta herbácea de la familia de las Compuestas (Cichorium intybus), también conocida como almirón o lechuguilla. // Da grandes flores azules y sus hojas se pueden consumir en ensalada. De sus raíces amargas se obtiene un sucedáneo del café. // En medicina tradicional se le considera tónica, diurética, laxante y galactógena.

Adaptógenos (Ing. *Adaptogens*) Especies vegetales, o sus principios activos, que incrementan la resistencia inespecífica frente a influencias internas y externas (generalmente el estrés o el exceso de trabajo físico y mental). // Ejemplos de vegetales adaptógenos son la maca, la ashwaganda, la rodhiola, el Leuzea carthamoides y las diversas variedades de ginseng.

Afrodisiaco (Ing. *Aphrodisiac*) Que estimula el deseo sexual.

Agar (Ing. *Agar*) Sustancia gelatinosa que se obtiene de diversas especies de algas marinas (rodofíceas), entre ellas la Gelidium amansii y la G. cartilagineum. También se le conoce como agar-agar. // Se emplea como sustituto de la grenetina (de origen animal) para fabricar gelatinas. // Su contenido de ciertas gomas, como la agarosa y la agaropectina, le permite hincharse al contacto con el agua y aumentar varias veces su volumen en el intestino. Por esta razón, suele utilizarse para combatir el estreñimiento y como auxiliar en el control de peso.

Agripalma (Ing. *Motherwort*) Planta herbácea de las familia de las Labiadas (Leonorus cardiaca), originaria de Asia. // Se utiliza para tratar la taquicardia, las palpitaciones y las arritmias. Mejora la circulación en el nivel cardiaco y resulta útil en caso de angina de pecho. También ayuda a controlar la ansiedad y los altibajos emocionales. // En medicina tradicional se le considera diurética, sedante, emanagoga, antiespasmódica y tónico cardiaco. // Sus principios activos son la leonurina y los saponósidos. // Su umbral de toxicidad se alcanza con facilidad; lo mejor es emplearla bajo control médico.

Aguacate (Ing. *Avocado*) Es el fruto de un árbol de la familia de las Lauráceas (Persea americana), originario de México. // Es rico en grasa (16.4 g/100 g) y fibra dietética (1.6 g/100 g). Esta grasa es de tipo monoinsaturado, la más recomendable para la salud. No abunda en vitaminas; sólo contiene un poco de ácido fólico (57 mcg/100 g) y vitamina C (14 mg/100 g). Pero compensa este déficit con fitonutrientes importantes como el glutatión, el ácido lipoico y la manoheptulosa. // En cuanto a los minerales, el potasio destaca por su abundancia: 604 mg/100 g.

Agua (Ing. *Water*) Macronutriente esencial en la alimentación, de fórmula H_2O. Es un nutriente indispensable, ya que su carencia total produce la muerte en cuestión de días. // Dentro del organismo, el agua permite la digestión y la absorción intestinal, transporta nutrientes en los fluidos corporales, ayuda a eliminar desechos, actúa como solvente de sustancias útiles, provee un medio para que se lleven a cabo incontables reacciones químicas, permite regular la temperatura corporal, lubrica los ojos y las mucosas, y permite que la sangre y la linfa fluyan. // El contenido corporal de agua varía con la edad, el sexo, la hidratación, algunos padecimientos y la proporción de grasa de los tejidos. // En adultos sanos se recomienda consumir 2-2.5 litros de agua diariamente.

Agua potable (Ing. *Edible water*) Aquella agua considerada segura para consumo humano desde el punto de vista químico y microbiológico. // Aunque las normas varían, generalmente debe ser transparente, incolora, inodora, insípida y baja en sales (menos de 5%). No debe tener sustancias orgánicas en suspensión, ni microorganismos patógenos (no más de 2 UFC/100 ml de coliformes totales y 0 UFC/100 ml de coliformes fecales).

Ají Otro nombre para los Chiles.

Ajo (Ing. *Garlic*) Es el bulbo de una planta herbácea de la familia de las Liliáceas (Allium sativum). Se utiliza ampliamente como condimento o remedio casero. // No es particularmente rico en macronutrientes, vitaminas o minerales, salvo el selenio (52 mcg/100 g) y el potasio (530 mg/100 g). // A cambio, ofrece más de 200 principios activos, la mayoría de ellos azufrados. Entre los fitonutrientes más valiosos que contiene están el ajoeno, el metil ajoeno, la alicina, la aliina, la cicloaliina, el alilmercaptano, la S-alil cisteína, la S-alil mercapto cisteína y múltiples sulfuros de alilo y de dialilo. // Exhibe numerosas propiedades medicinales: antioxidante, antitóxico, diurético, expectorante, antitusivo, hipotensor, antihelmíntico, antibiótico, antiviral y antimicótico. Inclusive se comporta como un antiagregante plaquetario (controla la formación de coágulos peligrosos, inhibiendo la sobreproducción del tromboxano B$_2$). // Salvo en las personas sensibles, la ingestión de ajo o de sus extractos se considera segura. Empero, evítese su ingestión durante la lactancia; su sabor aparece en la leche. // Como complemento, existe en forma de cápsulas, tabletas y grajeas (algunas de ellas desodorizadas). La dosis usual es de 2-6 cápsulas al día, dividida en 1-3 tomas (con alimentos).

Ajoeno (Ing. *Ajoene*) Fitonutriente azufrado presente en el ajo, que actúa como antioxidante y anticoagulante (evita la formación de coágulos anormales).

Ajonjolí (Ing. *Sesame*) Son las semillas de una planta herbácea de la familia de las Pedaliáceas (Sesamum indicum). // Aparte de sus usos culinarios, se le cultiva sobre todo por el aceite que produce, y que es rico en ácidos grasos esenciales como el ácido linoleico. // Tiene una respetable cantidad de fibra dietética (6.3 g/100 g), de proteínas (18 g/100 g), de tiamina (1 mg/100 g) y de niacina (5.2 mg/100 g). // Su abundancia en minerales es impresionante: calcio (1160 mg/100 g), fósforo (620 mg/100 g), potasio (725 mg/100 g) y hierro (10.5 mg/100 g). Véase Vitamina T.

AKG Siglas en inglés de alfa-cetoglutarato, un derivado natural (metabolito) del aminoácido glutamina. // Usado en fisicoculturismo actúa como anabólico, es decir, favorece la producción de proteína muscular. // Se le considera seguro, y la dosis usual es de 3-4 g diarios, en 2-4 tomas.

AKIC Siglas en inglés de cetoisocaproato de arginina.

ALA Siglas en inglés de ácido alfa linolénico.

Alanina (Ing. *Alanine*) Es uno de los 20 aminoácidos presentes en los alimentos y que forman parte de las proteínas corporales. No se le considera esencial, ya que el organismo lo puede sintetizar. La forma en que lo utiliza el cuerpo humano es la L-alanina. // Empleado como complemento alimenticio, ayuda a normalizar la glucosa sanguínea. En fisicoculturismo, ayuda a preservar la masa muscular. // Se le considera seguro, y la dosis recomendada para estabilizar la glucosa sanguínea es de 500-1000 mg diarios, en 1-2 tomas (entre comidas). Con fines deportivos, se pueden utilizar 1-3 g diarios, en 1-3 tomas.

Albahaca (Ing. *Sweet basil*) Planta herbácea de la familia de las Labiadas (Ocimum basilicum), muy popular como condimento. // En medicina tradicional se le utiliza como tónico, diurético, estimulante, carminativo y emenagogo.

Albaricoque (Ing. *Apricot*) Otro nombre del chabacano o damasco.

ALC Siglas de acetil-L-carnitina. Véase Acetilcarnitina.

Alcachofa (Ing. *Artichoke*) Planta herbácea de la familia de las Compuestas (Cynara scolymus L.) que se utiliza como alimento, pero cuyas propiedades medicinales cada vez ganan más reconocimiento. No contiene cantidades apreciables de macronutrientes, pero sí de niacina (1 mg/100 g), ácido pantoténico (2.5 mg/100 g) y vitamina K (0.5 mg/100 g). De los minerales, sólo destaca el potasio (430 mg/100 g). // En medicina tradicional se le considera colagoga, colerética, hepatoprotectora, febrífuga, antiespasmódica, hipoglucemiante (en diabéticos) e hipocolesterolemizante. // Sus principios activos más importantes son la cinarina, la cinaropicrina, la luteolina, la grosheimina y los ácidos cafeico, clorogénico y quínico. // Su uso medicinal es muy seguro, sin

embargo está contraindicada en caso de obstrucción de las vías biliares.

Alcaravea (Ing. *Caraway*) Planta herbácea de la familia de las Umbelíferas (Carum carvi), que se usa como condimento. // En medicina tradicional se le considera diurética, estimulante y carminativa.

Alcaucil (Ing. *Artichoke*) Otro nombre para la alcachofa.

Alegría (Ing. *Amaranth*) Nombre popular del amaranto.

Alfa caroteno (Ing. *Alpha carotene*) Fitonutriente que pertenece a la familia de los carotenoides; está estrechamente relacionado con el betacaroteno. // Se halla en el mismo tipo de vegetales que el betacaroteno: zanahoria, mango, durazno, chabacano, calabaza, acelga, lechuga, berro y espinaca. // Es un poderoso antioxidante (diez veces más poderoso que el betacaroteno), un inmunomodulador (estimula la producción de células asesinas naturales o NK) y protege contra diversas formas de cáncer. // En forma de complemento alimenticio, la dosis usual es de 3-5 mg diariamente, con alimentos.

Alfa cetoglutarato (Ing. *Alpha ketoglutarate*) Véase AKG.

Alfa cetoglutarato de ornitina (Ing. *Ornitine alpha ketoglutarate*) Véase OKG.

Alfa-GPC (Ing. *Alpha-GPC*) Siglas (en inglés) de alfa gliceril fosforilcolina. Sustancia lípida derivada de la lecitina de soya que puede actuar como un liberador de HGH. // Se utiliza como un complemento alimenticio que eleva los niveles de la hormona del crecimiento humano, especialmente entre los fisicoculturistas. // Su uso es seguro, y la dosis usual es de 200-600 mg diarios, en dos tomas y de preferencia antes de las sesiones de entrenamiento.

Alfalfa (Ing. *Alfalfa*) Planta herbácea de la familia de las Papilonáceas (Medicago sativa), también conocida como mielga. // Su uso principal es como forraje, pero los seres humanos la consumen bajo la forma de germinados y como parte de licuados (con piña). Deshidratada y pulverizada, se usa como complemento nutricional, merced a su gran poder alimenticio. // No abunda en macronutrientes, pero es rica en clorofila, betacaroteno y vitamina K, así como en magnesio, calcio y fósforo. // Todo en ella es comestible: las hojas, las semillas y los germinados. Frescas o desecadas, las hojas sirven para preparar un té muy agradable que es digestivo y estimulante. // En medicina tradicional se le considera antianémica, remineralizante y antihemorrágica (por su riqueza en vitamina K). Se ha utilizado en el tratamiento de la anemia, el estreñimiento, la gastritis, las úlceras gastrointestinales, la hipertensión, el asma y el eczema. // Exhibe un efecto estrogénico y se ha encontrado que ayuda a combatir los trastornos de la menopausia, a prevenir la osteoporosis (por su contenido en isoflavones) y a normalizar el colesterol sanguíneo. // Entre sus principios activos se encuentran las soyasapogenoles (de la A a la E), la genisteína, la daidzaína, la formononetina, el cumestrol y diversos triterpenos. // Su uso se considera seguro, sin embargo deben evitarla los pacientes de enfermedades autoinmunes (como la artritis y el lupus eritematoso) y quienes estén en tratamiento con anticoagulantes o estrógenos. Sus semillas y germinados contienen un alcaloide, la L-canavanina, que puede producir anemia en algunas personas.

Alfa tocoferol (Ing. *Alpha tocopherol*) Una de las cuatro sustancias orgánicas naturales llamadas tocoferoles: alfa, beta, gamma y delta tocoferoles. Todas ellas exhiben actividad de vitamina E, pero el alfa tocoferol (químicamente, d-alfa tocoferol o RRR-alfa tocoferol) es el más potente de los cuatro: 1 mg de d-alfa tocoferol = 1.49 UI de vitamina E. // A la variedad sintética de alfa tocoferol se le conoce como dl-alfa tocoferol (1 mg de dl-alfa tocoferol = 1 UI de vitamina E). // En los complementos nutricionales el alfa tocoferol puede estar presente en cualquiera de esas versiones: d-alfatocoferil acetato (natural); d-alfa tocoferil succinato (natural); dl-alfa tocoferil acetato (sintético); dl-alfa tocoferil succinato (sintético) y tocofersolán (natural). Véanse Vitamina E y Tocotrienoles.

Algarrobo (Ing. *Carob*) Árbol de la familia de las Papilonáceas (Ceratonia siliqua), cuyo fruto —la algarroba— contiene una pulpa muy agradable y nutritiva. // Con la harina hecha de esta pulpa se fabrica un sucédaneo del chocolate, libre de cafeína.

Algas marinas (Ing. *Seaweed*) Grupo de vegetales pluricelulares de agua salada, algunos de gran tamaño. Algunas de ellas son comestibles, y las hay de color verde, rojo y pardo. Deshidratadas y pulverizadas, se expenden como complemento alimenticio. // Las más utilizadas como alimento (sobre todo en Oriente) son el kelp, el nori, el kombu, el dulse, el agar y el musgo irlandés (carragahen). // El extraordinario contenido nutricional del kelp (especialmente en minerales esenciales) es representativo del que exhiben las demás algas marinas comestibles. Véase Kelp.

Alholva (Ing. *Fenugreek*) Véase Fenogreco.

Alimento chatarra (Ing. *Junk food*) Término coloquial con el que se designa a aquellos comestibles y bebidas de consumo popular y mal balanceados nutricionalmente hablando. Generalmente aportan un exceso de calorías (bajo la forma de grasa, azúcar y harinas) y carecen de vitaminas y minerales esenciales en cantidades suficientes. // Su consumo habitual desequilibra aún las buenas dietas, y puede terminar por producir trastornos o malnutrición.

Alimento funcional (Ing. *Functional food*) Alimento cuya composición nutricional le permite ofrecer beneficios a la salud más allá de la nutrición básica (término acuñado en 1998 por el Comité Científico de la Alimentación Humana de la Unión Europea).

Alimentos de diseño (Ing. *Engineered foods*) Nombre dado en Estados Unidos a una serie de complementos alimenticios cuya composición nutricional (carbohidratos/proteínas/grasas) se diseñó especialmente para fisicoculturistas, y que con frecuencia son de liberación prolongada. // Uno de los primeros alimentos de diseño en el mercado fue el MET-Rx.

Alimentos naturales (Ing. *Natural foods*) Aquellos comestibles que aún se encuentran en el estado en que los produjo la naturaleza, o lo más cerca posible de tal estado. // Entre los alimentos naturales podemos contar a la leche cruda (no recomendable por insalubre) y aun la leche hervida, mas no las leches comerciales que han sido pasteurizadas, homogenizadas y descremadas. // Es natural el jugo de caña, pero no la melaza, ni el mascabado ni el azúcar refinada. // Son naturales los jugos de frutas, frescos o envasados sin procesamiento o adición alguna, mas no los jugos o néctares concentrados o reconstituidos, adicionados con azúcar o aditivos químicos.

Alimentos orgánicos (Ing. *Organic foods*) Aquellos que han sido obtenidos a la antigua, sin participación de la química o la tecnología. // Los vegetales (frutas, verduras, granos, semillas) se producen en terrenos fértiles, no abonados con fertilizantes químicos ni rociados con pesticidas o herbicidas. // A los vegetales orgánicos se les deja madurar en la planta y no se les cosecha verdes y se les madura a fuerza (como sucede con plátanos y papayas); no se les añaden ceras o aceites para que luzcan relucientes (como se hace con las manzanas); no sufren blanqueado (como se hace con el apio); no se les colorea artificialmente (como ocurre con las naranjas), ni se les irradia con isótopos nucleares para aumentar su vida de anaquel (como suele hacerse con las papas). // La leche, la carne y los huevos orgánicos proceden de animales alimentados en forma natural, sin productos "balanceados", antibióticos u hormonas, como se hace comúnmente para engordarlos rápida y excesivamente.

Alimentos procesados (Ing. *Processed foods*) Aquellos comestibles que han sufrido transformaciones físicas o químicas para aumentar sus cualidades de preservación, para hacerlos más atractivos a la vista, al gusto o al olfato. // Tras sufrir el procesamiento, generalmente la presentación del alimento mejora, pero su calidad nutricional o su potencial toxicológico empeora. // Ejemplos de alimentos procesados son, entre otros muchos, el pan blanco, el azúcar refinada, el café instantáneo, la leche condensada, las carnes frías, los néctares de frutas, los quesos fundidos y la manteca vegetal.

Alimentos transgénicos (Ing. *Transgenic foods*) También conocidos como alimentos modificados genéticamente o AMG, son aquellos que proceden de plantas o animales a los que se ha introducido uno o más genes de otra especie. // Aunque declarados inofensivos para el ser humano en forma casi unánime, existen fundadas sospechas de que algunos de ellos podrían ocasionar problemas de salud (daños orgánicos, alergias, debilitar el sistema inmunológico, retrasar el crecimiento y favorecer diversas formas de cáncer).

Alitame (Ing. *Alitame*) Edulcorante sintético que es 2000 veces más dulce que la sacarosa. // Es más dulce que el aspartame, resistente al calor y no contiene fenilalanina. Empero, no se ha popularizado por su costo. Véase Edulcorantes.

Almejas (Ing. *Clams*) Moluscos bivalvos (Tapes spp.) que sirven de alimento tanto crudos como cocidos (desde el punto de vista de la higiene son preferibles estos últimos). // Aunque no contienen mucha proteína, ésta es de alta calidad. Son fuente importante de mucopolisacáridos y contienen buena cantidad de vitaminas del complejo B, de hierro (4 mg/100 g) y de potasio (150 mg/100 g).

Almendras (Ing. *Almonds*) Son las semillas de un árbol de la familia de las
Rosáceas (Prunus amygdalus), utilizadas como alimento desde la antigüedad.
// Según la variedad botánica, pueden
ser dulces o amargas; las primeras son
comestibles y muy apreciadas, y vene-
nosas las segundas. // De las almendras dulces se extrae un aceite muy popular en repostería y cosmética, rico en
ácidos grasos monoinsaturados. // Son
ricas en grasa (16.5 g/100 g) y tienen algo
de fibra dietética (0.7 g/100 g). No abundan en vitaminas: niacina (1 mg/100 g),
riboflavina (0.3 mg/100 g). // De los
minerales, sobresalen el potasio (644 mg/
100 g), el fósforo (504 mg/100 g), el calcio (235 mg/100 g), el magnesio (270
mg/100 g) y el hierro (4.6 mg/100 g).

Almidón (Ing. *Starch*) Carbohidrato
complejo presente en pastas, harinas,
semillas, tubérculos y vegetales feculen-
tos. Durante el curso de la digestión se
desdobla en glucosa. // Es fuente de
energía gradual y sostenida, sobre todo
en su estado natural. Una vez procesado
(como en la harina blanca), se le despoja
de vitaminas y minerales necesarios para
su metabolización, y su consumo inmoderado favorece la obesidad, la diabetes de tipo II, el colesterol y los triglicéridos elevados y diversos trastornos
más. Véase Índice glicémico.

Almidón animal (Ing. *Animal starch*)
Otro nombre para el glucógeno.

Áloe vera gel (Ing. *Aloe vera gel*) Nombre que se da al gel mucilaginoso que
se obtiene de la sávila. // Este gel se
puede aplicar directamente de la planta
a la piel, para aliviar raspones, heridas
leves y quemaduras (de fuego o solares). También se utiliza en medicina tradicional para desinflamar hemorroides
externas. Véase Sávila.

Altramuz (Ing. *Lupine*) Planta de la familia de las Papilonáceas (Lupinus sp.)
que produce una semilla comestible similar a la soya y de semejante poder nutricional // Es rico sobre todo en fibra
dietética, proteínas, vitaminas del Complejo B (en especial ácido fólico), vitamina E y minerales (hierro, cobre, zinc
y manganeso).

Aluminio (Ing. *Aluminium*) Mineral no
esencial para la salud, de número atómico 13. // Abunda en los alimentos: está
presente en el agua potable, en los pol-
vos de hornear, en los refrescos y cerve-
zas enlatados, en los geles antiácidos, en
algunos analgésicos (como el Bufferin)
y en la comida casera, ya que suele coci-
narse en ollas, sartenes y utensilios hechos con este metal. // Se ha calculado
que a través de todos estos medios ingerimos unos 20 mg diarios de aluminio,
el cual, en opinión de algunas autoridades sanitarias, es demasiado. // Por sí
mismo el aluminio no es tóxico, pero
interfiere con la absorción de minerales
esenciales (como el calcio y el magnesio).
Además, tiende a acumularse en los teji-

dos, especialmente el nervioso y cerebral, en donde es sospechoso de favorecer el mal de Alzheimer (una forma de demencia senil).

Amaranto (Ing. *Amaranth*) Planta herbácea de la familia de las Amarantáceas (Amarantus sp.), también conocida como alegría. Sus hojas, flores y granos se utilizan como alimento en nuestro país desde tiempos prehispánicos. // Su semilla es rica en proteínas completas (15.8 g/100 g) y carbohidratos (63 g/100 g). // Contiene vitaminas del complejo B: tiamina (0.4 mg/100 g), riboflavina (0.2 mg/100 g) y niacina (2.5 mg/100 g). // Sus minerales más importantes son el potasio (310 mg/100 g), el fósforo (452 mg/100 g), el calcio (490 mg/100 g) y el hierro (3.2 mg/100 g).

Amargón (Ing. *Dandelion*) Otro nombre del Diente de león.

Amigdalina (Ing. *Amygdalin*) Otro nombre para el laetrile o vitamina B_{17}.

Aminoácidos (Ing. *Aminoacids*) Sustancias orgánicas nitrogenadas que combinadas entre sí —como los eslabones de una cadena— dan origen a las proteínas. // Nutricionalmente hablando, hay 20 aminoácidos importantes, por hallarse en los alimentos y por formar parte de las proteínas corporales: glicina, alanina, valina, leucina, isoleucina, serina, treonina, cisteína, metionina, ácido aspártico, ácido glutámico, argi-

nina, lisina, hidroxilisina, histidina, fenilalanina, tirosina, triptófano, prolina e hidroxiprolina. // El cuerpo humano adulto puede sintetizar 12 de ellos (los niños pequeños, sólo 11). Los restantes debe recibirlos preformados, a través de alimentos o complementos. A éstos se les conoce como aminoácidos esenciales. A los demás, aminoácidos no esenciales. // Entre sus funciones dentro del organismo, están el formar parte de las proteínas corporales, aportar energía (si se necesita) y ser precursores de numerosos metabolitos. // Ya existen complementos nutricionales que ofrecen aminoácidos aislados y purificados, los cuales al recibirse en forma de polvo, tabletas o cápsulas, producen una serie de beneficios tanto en personas sanas como en pacientes de diversas enfermedades. // Existe una serie de aminoácidos que sólo participan como intermediarios del metabolismo y no forman parte de las proteínas. Algunos de ellos son de importancia biológica considerable: ornitina, citrulina, beta alanina, homocisteína, taurina, sarcosina y ácido gamma amino butrírico. Véanse de manera individual cada uno de los Aminoácidos.

Aminoácidos azufrados (Ing. *Sulphur aminoacids*) Aquellos aminoácidos que tienen azufre incorporado en su molécula: cisteína, cistina y metionina. // De ellos, sólo la metionina es un aminoácido esencial, pero los tres son fuente de azufre orgánico, y utilizados como complemento, actúan como factores antitóxicos y antioxidantes nutricionales. // Existe otro aminoácido azufrado (sulfónico) importante, la taurina, pero ésta no forma parte de las proteínas corporales (se utiliza para producir las sales biliares).

Aminoácidos esenciales (Ing. *Essential aminoacids*) Aquellos aminoácidos que el cuerpo humano no puede sintetizar y que, por lo tanto, debe recibir diariamente con los alimentos. También llamados aminoácidos imprescindibles o indispensables. // En los adultos estos aminoácidos son: fenilalanina, leucina, isoleucina, valina, metionina, treonina, lisina y triptófano. // Los niños pequeños necesitan un aminoácido adicional, la histidina (que también puede ser condicionalmente esencial para algunos adultos), y los bebés requieren de taurina. Algunos autores incluyen a la arginina como esencial para los niños, pero ya se ha demostrado clínicamente que no lo es. // La presencia o ausencia de estos ocho aminoácidos hace que no todas las proteínas alimenticias sean iguales. Las que los contienen en cantidad suficiente se conside-

ran proteínas completas o de primera clase, y las que no los contienen (a veces un solo aminoácido hace la diferencia) son las proteínas incompletas o de segunda clase. Véase Aminoácido limitante. // Por lo general, las proteínas completas se hallan en alimentos de origen animal, y las incompletas en alimentos de origen vegetal, aunque hay excepciones. Véase Proteínas completas. // El consumo insuficiente de proteínas completas (y, por lo tanto, de aminoácidos esenciales) suele producir fatiga crónica, pérdida de peso, falta de energía e irritabilidad. En los niños suele haber problemas de desarrollo y aprendizaje. Véanse Aminoácidos, Aminoácidos ramificados y Aminoácidos semiesenciales.

Aminoácidos ramificados (Ing. *Branched-chain aminoacids* o *BCAAs*). Grupo de aminoácidos que incluye a la leucina, la isoleucina y la valina. Los tres son considerados aminoácidos esenciales. // El nombre *ramificados* proviene de los grupos químicos que tienen adicionados a su cadena principal. // Están presentes en las principales fuentes de proteína, especialmente en la leche, los lácteos y las carnes. Bajo la forma de complementos, sus mejores fuentes son la proteína del suero y las claras de huevo deshidratadas. // Generalmente se les recomiendan a los fisicoculturistas como anabólicos inofensivos, para contrarrestar el desgaste muscular (son anticatabólicos), elevar los niveles de

Los aminoácidos esenciales

Fenilalanina
Leucina
Isoleucina
Metionina
Lisina
Treonina
Valina
Triptófano

46

hormona del crecimiento y reducir los niveles de ácido láctico muscular. Asimismo, son útiles para estimular la producción corporal de glucógeno y de glutamina y para retardar la fatiga. Por todo ello, también son recomendables para los demás deportistas de alto rendimiento. // Las dosis promedio que se utilizan bajo dichas condiciones son de 5 gramos diarios de leucina, 4 gramos de valina y 2 gramos de isoleucina. // Pueden resultar de utilidad en los pacientes posoperatorios (para acelerar su recuperación) y en el tratamiento del mal de Lou Gehrig (esclerosis lateral amiotrófica) y de la encefalopatía hepática. Véanse Leucina, Isoleucina y Valina.

Aminoácidos semiesenciales (Ing. *Semiessential aminoacids*) Aquellos que resultan imprescindibles para la salud bajo condiciones especiales (infancia, estrés excesivo, fisicoculturismo, recuperación posoperatoria, etc.). // Ejemplos de aminoácidos semiesenciales son la histidina y la arginina.

Amla (Ing. *Indian gooseberry*) Planta herbácea de la familia de las Euforbiáceas (Emblica officinalis) de origen hindú. También se le conoce como amalaki o zarramonera. // Se utiliza en la medicina ayurvédica como reconstituyente para enfermos o convalecientes, y para tratar la anemia, la diabetes, la gastritis y afecciones visuales como el glaucoma. // Sus principios activos son la fi-

lemblina, el emblicol y el ácido filémblico. // El jugo de su fruto es rico en principios antioxidantes que ayudan a prevenir las cataratas. También ha probado efectividad en el tratamiento de diversos tipos de ametropía (fallas en el enfoque visual, como la miopía o la hipermetropía). // No se ha establecido su inocuidad durante el embarazo y la lactancia. Generalmente se usan 250 mg del extracto una o dos veces al día, durante 6-12 meses.

Anabólico (Ing. *Anabolic*) Que favorece el crecimiento o el desarrollo corporal. En particular, que estimula la producción corporal de proteínas (y con ello, el volumen muscular).

Anabólicos (Ing. *Anabolics*) Nombre genérico de compuestos o productos que estimulan el desarrollo muscular. // Los hay de la más diversa naturaleza: hormonales (testosterona, insulina, HGH); nutrientes (cromo, taurina, vitamina B_{12}); fitonutrientes (crisina, beta ecdisterona); fitofármacos (rodhiola, leuzea carthamoides) y medicamentos, generalmente de tipo esteroide (nandrolona, metenolona, eritropoyetina).

Analgésico (Ing. *Analgesic*) Que alivia los dolores.

Ananás (Ing. *Pineapple*) Otro nombre para la piña.

Anemia ferropriva (Ing. *Ferropenic anemia*) También llamada anemia ferropénica, es aquella ocasionada por la deficiencia de hierro. // Es la enfermedad carencial más común en el mundo. Véase Hierro.

Anemia perniciosa (Ing. *Pernicious anemia*) 1) Enfermedad autoinmune que se caracteriza por la presencia de anticuerpos contra el factor intrínseco (por ende, la vitamina B_{12} no se puede absorber en el intestino). 2) Es la anemia ocasionada por la deficiencia alimentaria de vitamina B_{12}. En ambos casos se caracteriza por glóbulos rojos anormales y degeneración de las neuronas. // Es típica de los vegetarianos mal informados, en quienes los síntomas de esta anemia están enmascarados por el ácido fólico de los vegetales. // Si no se corrige a tiempo, la anemia perniciosa puede originar daños permanentes, como parálisis, psicosis y aun la muerte. Véase Vitamina B_{12}.

Aneurina (Ing. *Aneurin*) Otro de los nombres de la tiamina.

Angélica Véase Dong quai.

Anís (Ing. *Anise*) Planta herbácea de la familia de las Umbelíferas (Pimpinela anisum), también llamado anís verde. // Sus frutos contienen un aceite esencial rico en anetol y estragol, de aroma muy agradable. Se usa como condimento, para preparar infusiones y como ingrediente de licores. // En medicina tradicional se emplea como digestivo,

carminativo, antiespasmódico y estimulante. // Su uso es seguro, pero no se debe ingerir su aceite esencial o los licores de anís durante el embarazo y la lactancia.

Anís estrella (Ing. *Star anise*) Planta herbácea de la familia de las Iliáceas (Illicium anisatum), también conocido como anís de China. // Su aceite esencial, de aroma agradable, abunda en anetol. Su uso es eminentemente medicinal y se utiliza como digestivo, carminativo, antiespasmódico, antiséptico y emenagogo. // Tanto las infusiones de anís estrella como su aceite esencial se deben evitar durante el embarazo y la lactancia.

Antagonistas nutricionales (Ing. *Nutritional antagonists*) Sustancias que destruyen, neutralizan, inactivan, vuelven insolubles o inaprovechables a diversos nutrientes. // Algunos antagonistas son sustancias naturalmente presentes en los alimentos, como la avidina de la clara del huevo. Otros son aditivos químicos como el ácido fosfórico de los refrescos de cola, que interfiere con la vitamina D. Otros más son incluso nutrientes: el zinc y el cobre son antagonistas; también lo son el calcio y el fósforo, y el hierro ferroso inactiva a la vitamina E.

Antianémico (Ing. *Antianemic*) Que previene o combate la anemia.

Antiasmático (Ing. *Antiasthmatic*) Que ayuda a combatir el asma.

Antibiótico (Ing. *Antibiotic*) Que ayuda a combatir bacterias patógenas.

Anticatabólico (Ing. *Anticatabolic*) Que disminuye o bloquea la destrucción de músculo (término usado en el fisicoculturismo). // Ejemplos de anticatabólicos son los aminoácidos ramificados, la fosfatidilserina, la glutamina, la evodiamina, la proteína del suero, la proteína láctea y el AKIC.

Anticelulítico (Ing. *Anticellulite*) Que contribuye en el tratamiento de la celulitis (piel de naranja).

Anticoagulante (Ing. *Anticoagulant*) Que inhibe la formación de coágulos sanguíneos.

Antidiabético (Ing. *Antidiabetic*) Que contribuye en el tratamiento de la diabetes.

Antidiarreico (Ing. *Antidiarrhoeic*) Que ayuda a controlar la diarrea.

Antiemético (Ing. *Antiemetic*) Que inhibe o impide las náuseas y el vómito.

Antiespasmódico (Ing. *Antiespasmodic*) Que previene o alivia los espasmos.

Antiflatulento (Ing. *Antiflatulent*) Que ayuda a combatir los gases intestinales.

Antiflogístico (Ing. *Antiflogistic*) Que alivia el dolor y la inflamación.

Antigotoso (Ing. *Antigoutous*) Que ayuda a combatir la gota.

Antigripal (Ing. *Antigripe*) Que ayuda a combatir la gripe o resfriado común.

Antihelmíntico (Ing. *Antihelmintic*) Que extermina o ayuda a expulsar los parásitos intestinales.

Antimicótico (Ing. *Antimicotic*) Que ayuda a combatir los hongos patógenos.

Antimigrañoso (Ing. *Antimigrainous*) Que alivia o previene los dolores de la migraña.

Antioxidante (Ing. *Antioxidant*) Toda sustancia que inhibe, bloquea o previene ciertas reacciones químicas destructivas conocidas como oxidaciones. // Estas oxidaciones también se dan en el nivel biológico (generalmente desencadenadas por radicales libres), y se les culpa de favorecer más de 60 trastornos y padecimientos, sobre todo males cronicodegenerativos como el cáncer, los infartos, las embolias, la hipertensión, la artritis, la diabetes de la madurez e incluso el envejecimiento prematuro. // Las sustancias que inhiben este tipo de oxidaciones (y neutralizan los radicales libres) se conocen como antioxidantes nutricionales.

Antioxidantes nutricionales (Ing. *Nutritional antioxidants*) Aquellos nutrientes que exhiben capacidad antioxidante. //

Están presentes en los alimentos o se les halla en complementos alimenticios. Los más conocidos son las vitaminas C y E, así como numerosos fitonutrientes: carotenoides, flavonoides, polifenoles, fitatos, monoterpenos, proantocianidinas, antocianósidos, catequinas, epigalocatequinas, tocotrienoles, curcuminoides y algunos compuestos azufrados del ajo y la cebolla. // Los minerales cobre, manganeso, zinc, hierro y selenio no son antioxidantes por sí mismos, pero activan a diversas enzimas que sí los son.

Antipalúdico (Ing. *Antimalarial*) Que ayuda a combatir el paludismo o malaria.

Antirreumático (Ing. *Antirheumatic*) Que ayuda en el tratamiento del reumatismo.

Antiséptico (Ing. *Antiseptic*) Que destruye gérmenes y previene infecciones.

Antitumoral (Ing. *Antitumor-like*) Que inhibe el crecimiento de los tumores.

Antitusivo (Ing. *Anticough*) Que ayuda a combatir la tos.

Antiulceroso (Ing. *Antiulceric*) Que ayuda a combatir la úlcera gástrica y duodenal.

Antivitaminas (Ing. *Antivitamins*) Sustancias orgánicas presentes en algunos alimentos que antagonizan con diversas vitaminas. // No suelen abundar, y ejemplos de ellas son la avidina y la tiaminasa (que por fortuna se inactivan con el calor).

Antiviral (Ing. *Antiviral*) Que ayuda a combatir los virus.

Antocianidinas (Ing. *Anthocyanidins*) Véase Antocianósidos.

Antocianósidos (Ing. *Antocianosides*) Grupo de fitonutrientes pertenecientes al grupo de los flavonoides a los que también se conoce como antocianidinas. // Están presentes en el arándano azul, la mora azul, la grosella roja, la frambuesa, la zarzamora, la fresa y el capulín. // Son antioxidantes, vasodilatadores, antiinflamatorios, y protegen los vasos sanguíneos, la retina y el colágeno de las articulaciones.

Aperitivo (Ing. *Aperitive*) Que despierta el apetito y promueve la digestión.

Apio (Ing. *Celery*) Planta herbácea de la familia de las Umbelíferas (Apium graveolens), muy apreciada por las pencas carnosas que sostienen a sus hojas. // No abunda en nutrientes y tiene una pizca de fibra dietética (0.6 g/100 g), niacina (0.3 mg/100 g) y ácido pantoténico (0.42 mg/100 g). Destacan, en cambio, el potasio (340 mg/100 g) y fitonutrientes como las furanocumarinas, los glucaratos y el 3-n-butil ftalido. // En medicina tradicional se le considera diurético, aperitivo, carminativo y expectorante.

ARA Siglas (en inglés) de ácido araquidónico.

Arabinogalactanos (Ing. *Arabinogalactans*) Carbohidratos (polisacáridos) que pueden clasificarse dentro de las fibras solubles y muy especialmente como prebióticos. // Originalmente se les utilizó en la industria alimentaria como estabilizantes, emulsificantes y endulzantes. // Ingeridos como complemento, exhiben propiedades antivirales e inmunomoduladoras (estimulan la producción de las células asesinas naturales o NK). // Están presentes (en cantidades modestas) en una serie de alimentos comunes, como las manzanas, las peras, las zanahorias, los jitomates, los cocos y los cereales integrales. Con mucho, su fuente más abundante es la madera del alerce (Larix occidentalis), a partir de la cual se extraen para producir complementos. // Las dosis usuales son de 1.5-3 g diarios, divididos en 1-2 tomas, con alimentos.

Arándano (Ing. *Blueberry*) Es el fruto de una planta herbácea de la familia de las Ericáceas (Vaccinium myrtillus), también llamado mirtilo o arándano azul, para diferenciarlo del arándano agrio o *cranberry* (Vaccinium macrocarpon). // Demasiado agrio para degustarse crudo, el arándano preferentemente se utiliza para preparar jaleas, mermeladas y rellenos de pasteles. // No abunda en macronutrientes ni en fibra dietética o vitaminas, excepto la niacina (1.2 mg/100 g) y la vitamina C (27 mg/100 g). // De los minerales, sólo destaca el potasio (186 mg/100 g). Sin embargo, abunda en fitonutrientes como el ácido elágico, el ácido fenólico, los antocianósidos, las cumarinas, el resveratrol, las catequinas y la mirtilina. // En medicina tradicional se le considera astringente, diurético y antidiarreico. Su consumo no es recomendable para pacientes con enfermedad ácido péptica.

Arándano agrio (Ing. *Cranberry*) Es el fruto de una planta herbácea de la familia de las Ericáceas (Vaccinium macrocarpon), también conocido como arándano rojo. // Al igual que el arándano azul, no abunda en macronutrientes ni en fibra dietética o vitaminas, excepto la niacina (1.8 mg/100 g) y la vitamina C (32 mg/100 g). // De los minerales, sólo destaca el potasio (210 mg/100 g). Sin embargo, es buena fuente de fitonutrientes como el ácido elágico, el ácido fenólico, el ácido p-cumárico, los flavonoides, las cianidinas, los antocianósidos, el resveratrol, las catequinas, la quercetina y la rutina. // En estudios clínicos, el extracto de arándanos ha probado ser hasta 10 veces más efectivo que los antibióticos medicamentosos en el tratamiento de infecciones urinarias. También hay evidencia de que ayuda a prevenir los cálculos renales. // En medicina tradicional se le considera astringente, diurético y antiséptico urinario. // La dosis usual es de 400 ml diarios del jugo (no endulzado), en dos tomas. O bien, 800 mg del extracto seco, en dos tomas, con alimentos. 400 mg diarios de este último es una buena medida preventiva contra las infecciones del tracto urinario. // Su consumo no es recomendable para pacientes con enfermedad ácido péptica.

Árbol de la felicidad (Ing. *Happiness tree*) Es un vegetal silvestre originario de China (Camptotheca acuminata) cuyas hojas y corteza se utilizan para tratar el cáncer. // Contiene varios compuestos activos con actividad antitumoral, pero el más potente es la camptotecina. // Quedan menos de 4000 ejemplares y se le considera en riesgo de extinción.

Árbol del té Véase Aceite de árbol del té.

Arenque (Ing. *Herring*) Uno de los peces marinos más abundantes (Clupea arengus), que se consume profusamente en Europa, fresco, enlatado o ahumado. // Es rico en proteínas completas (20.4 g/100 g) y en grasa (15 g/100 g), buena parte de la cual son ácidos grasos esenciales. // No es alto en vitamina A, pero sí en vitamina D (900 UI/100 g), riboflavina (0.3 mg/100 g), niacina (3.2 mg/100 g), piridoxina (0.45 mg/100 g) y vitamina B_{12} (10 mcg/100 g). // De los minerales, contiene una buena cantidad de fósforo (272 mg/100 g), calcio (100 mg/100 g), potasio (317 mg/100 g) y sodio (130 mg/100 g). // Es una de las mejores fuentes dietéticas de EPA y DHA.

Arginina (Ing. *Arginine*) Uno de los 20 aminoácidos presentes en los alimentos y que forman a las proteínas corporales. // Aunque no es un aminoácido esencial —ya que el organismo lo puede sintetizar—, bajo ciertas condiciones (estrés, enfermedades infecciosas, quemaduras, problemas de erección) la producción corporal puede resultar insuficiente. // Actúa como un agente antitóxico, facilita la división celular, favorece la producción de hormonas como la insulina, el glucagon, el factor de crecimiento parecido a la insulina y la hormona del crecimiento. Estimula el sistema inmunológico (aumenta el conteo de células T y células asesinas naturales o NK). Podría ayudar a prevenir el cáncer. // Además, es un precursor metabólico del óxido nítrico (por esta última razón, favorece erecciones más rígidas y duraderas). Un complemento de arginina puede producir buenos resultados en algunos casos de disfunción eréctil e infertilidad masculina. // A través del óxido nítrico, la arginina también exhibe un efecto anabólico (bloquea la pérdida muscular en pacientes encamados y favorece el crecimiento muscular en deportistas). // Complementos de arginina se han utilizado para tratar quemaduras, heridas, fracturas, úlceras (varicosas y diabéticas) y osteoporosis. // Las dosis usuales son de 2-

5 g diarios, en 1-3 tomas, con el estómago vacío. En fisicoculturismo se utilizan hasta 10-20 g diarios. Para mejores resultados, hay que comenzar con dosis bajas (1-2 g diarios) e irlas aumentando gradualmente. // Su uso es bastante seguro, a excepción de personas que sufran de los diversos tipos de herpes (labial, corporal o genital), quienes deberán evitarla, pues estimula la replicación viral. Tampoco es recomendable para los artríticos o los diabéticos (disminuye la eficacia de la insulina). // Utilizadas como liberadoras de la HGH, lo mejor es no combinar la arginina con la ornitina. // Para asegurarse de obtener los beneficios buscados, los complementos de arginina deben ingerirse con agua, teniendo el estómago vacío y no ingiriendo ningún alimento en la hora previa y la posterior a la toma. Dan mejor resultado si se acompañan de vitamina C, ácido lipoico y lisina. Véase Ornitina.

Arroz (Ing *Rice*) Nombre común de diversas especies herbáceas (Oryza sativa) de la familia de las Gramíneas. Se le considera uno de los siete cereales clásicos de la humanidad. // El arroz blanco (pulido o descascarillado) ve muy menguado su poder nutricional (especialmente en fibra dietética, vitaminas y minerales) y sólo aporta en cantidades apreciables carbohidratos (24.2 g/100 g) y sodio (374 mg/100 g). // El arroz integral, en cambio, ofrece proteínas (7.6 g/100 g), fibra dietética (1.4 g/100 g), tiamina (0.4 mg/100 g), riboflavina (0.1 mg/100 g), niacina (2.7 mg/100 g), potasio (123 mg/100 g) y fósforo (221 mg/100 g).

Ashwaganda (Ing. *Ashwaganda*) Arbusto de la familia de las Loganiáceas (Whitania somnifera), también conocido como orovale, whitania y ginseng hindú. // Se le ha utilizado desde tiempos inmemoriales en la India para tratar la artritis, la infertilidad y la disfunción eréctil. Por extensión, se dice que permite obtener erecciones más firmes y duraderas. // Al igual que el ginseng, es un tónico general que mejora el desempeño físico y mental, y permite hacer mejor frente al estrés. Se ha utilizado como auxiliar en el tratamiento del cáncer. También hay evidencia de que aumenta la agudeza mental y podría ser un neuroprotector. // Sus principios activos son los whitanólidos y diversas lactonas esteroides. // En la medicina ayurvédica se le considera diurético, antioxidante, antiinflamatorio, inmunomodulador, adaptógeno y afrodisiaco. // No se recomienda su uso durante el embarazo y la lactancia, ni por periodos prolongados. Tampoco es recomendable para quienes sufren la enfermedad ácido péptica. La dosis usual es de 1000-2000 mg diarios del extracto seco estandarizado, en 2-3 tomas.

Asparagina (Ing. *Asparagine*) Aminoácido presente en los alimentos y no esencial para el ser humano. Es un intermediario en el metabolismo. // Químicamente se deriva del ácido aspártico (es su amida).

Aspartame (Ing. *Aspartame*) Edulcorante no calórico —también conocido como aspartamo—, descubierto en 1965 y 180 veces más dulce que la sacarosa. Se expende bajo los nombres comerciales de Canderel y Nutrasweet. // Químicamente es la combinación de dos aminoácidos: el ácido aspártico y la fenilalanina. La presencia de este último es la causa de que se prohíba su consumo a quienes padecen fenilcetonuria. // Durante su metabolización también se producen pequeñas cantidades de metanol (alcohol de madera), que pueden afectar la vista en personas sensibles. Véase Edulcorantes.

Astaxantina (Ing. *Astaxanthin*) Fitonutriente del grupo de los carotenoides, de color rojo y que no está presente en los alimentos comunes. // Se le considera un antioxidante más potente que otros carotenoides, como la zeaxantina, la luteína y el betacaroteno. // En la naturaleza se presenta en forma libre o ligado a ácidos grasos, lo que facilita su absorción y asimilación. // Es un potente antiinflamatorio, capaz de prevenir la activación de los genes proinflamatorios (inhibe la producción de la enzima COX-2, la prostaglandina E2 y el factor nuclear kappa B). Bloquea la actividad de la enzima 5-alfa reductasa, que estimula la hiperplasia benigna de la próstata.

Puede proteger la piel y la retina del ojo de los daños producidos por la luz ultravioleta (UVA y UVB). Es un inmunomodulador; bloquea la reproducción de las células malignas y protege contra ciertas formas de cáncer (como los de próstata, pulmón y vejiga). Muestra actividad antiviral (especialmente contra los virus del herpes). // Ya existe en forma de complemento nutricional, el cual se extrae a partir del alga unicelular Haematococcus pluvialis.

Astrágalo (Ing. *Astragalus*) Planta herbácea de la familia de las Leguminosas (Astragalus membranaceus), de origen chino. // En medicina tradicional china su raíz deshidratada se considera un tónico general y se usa extensamente para tratar la fatiga, la falta de apetito, los trastornos respiratorios, la infertilidad y la diarrea. // Diversos estudios científicos han demostrado su utilidad como un inmunomodulador en el tratamiento de la gripe, el herpes y el mal de Alzheimer (favorece la producción de interferón, de células T y de células asesinas naturales o NK). Se le considera un agente antiviral muy activo y se le ha utilizado con éxito en el tratamiento del cáncer. // Su uso es bastante seguro y entre sus principios activos se cuentan los astragalósidos del I al VII, así como glicósidos triterpenoides y polisacáridos. // La dosis recomendada es de 6-15 g de astrágalo deshidratado y molido (dividido en tres tomas), o 1000-1500 mg diarios del extracto seco, en 2-3 tomas.

Astringente (Ing. *Astringent*) Que provoca la contracción de los tejidos.

ATP (Ing. *ATP*) 1) Siglas en inglés de trifosfato de adenosina (*adenosin triphosphate*), una sustancia orgánica muy rica en energía y presente en todas las células vivas. 2) Es la fuente principal de energía del organismo. Se produce a partir de la oxidación de carbohidratos, grasas y proteínas. // Ya existe en forma de complemento nutricional y se utiliza para incrementar el aporte de energía, sobre todo a los músculos. Se dice que también ayuda a deshacerse de excedentes de grasa corporal. // Se le considera inofensivo, y la dosis usual para deportistas es 125-250 mg diarios, en una o más dosis y tomados con agua y el estómago vacío. Para lograr mayor progreso en fuerza y desarrollo muscular, se sugiere ingerirlo 6.5 horas antes de entrenar.

Atún (Ing. *Tunny fish*) Pez marino comestible de aguas templadas (Thunnus thynnus), cuya carne es muy apreciada. // Se le consume preferentemente enlatado, en aceite o en agua. Este último resulta más sano, ya que el aceite que se le añade al atún no es el propio, sino aceites vegetales baratos, como el de algodón (que aportan exceso de calorías y de ácidos grasos omega 6). // Es muy rico en proteínas completas (25 g/100 g) y bajo en grasa (a menos que se le consuma enlatado en aceite). Su grasa natural es rica en EPA y DHA. //

En cuanto a vitaminas, contiene riboflavina (0.2 mg/100 g), piridoxina (0.9 mg/100 g) y es una de las mejores fuentes de niacina (13.5 mg/100 g). No abunda en vitamina D (235 UI/100 g). // De los minerales, ofrece fósforo (190 mg/100 g) y potasio (229 mg/100 g). // Evítese consumirlo ahumado, por el riesgo que significa la presencia de sustancias potencialmente carcinógenas.

Avellanas (Ing. *Hazel nuts*) Son las semillas oleaginosas de un árbol originario de Asia (Corylus spp.), muy populares sobre todo en repostería. // Contienen regular cantidad de proteínas incompletas (12 g/100 g) y bastante grasa (62 g/100 g); son ricas en ácidos oleico y linoleico y fibra dietética (2.8 g/100 g). // De las vitaminas, ofrece tiamina (0.45 mg/100 g), riboflavina (0.35 mg/100 g), niacina (0.7 mg/100 g), ácido pantoténico (1.1 mg/100 g) y vitamina E (28 mg/100 g). // Los minerales que destacan son el fósforo (340 mg/100 g), el potasio (700 mg/100 g), el calcio (210 mg/100 g), el hierro (3 mg/100 g) y el cobre (1.4 mg/100 g).

Avena (Ing. *Oats*) Planta herbácea de la familia de las Gramíneas (Avena sativa) y uno de los siete cereales clásicos de la humanidad. Es el ingrediente básico del muesli. // La avena es baja en macronutrientes, pero alta en fibra dietética (1.9 g/100 g). // Es buena fuente de vitaminas B, como la tiamina (0.19 mg/100 g), ácido pantoténico (0.6 mg/100

g) y ácido fólico (80 mcg/100 g). // No es muy rica en minerales y los más abundantes son el sodio (219 mg/100 g) y el potasio (61 mg/100 g). // Contiene un alcaloide, la avenina, que —en grandes dosis— actúa como un excitante y un liberador de la testosterona. Por esta razón los extractos de avena se utilizan como afrodisiacos. Generalmente se les denomina "avena sativa". // En forma de extracto, generalmente se utilizan 200-300 mg diarios, en 1-2 tomas.

Avidina (Ing. *Avidine*) Proteína presente en la clara del huevo, la cual vuelve inutilizable a la biotina. // Esto puede prevenirse consumiendo las claras cocidas, ya que el calor inactiva la avidina.

Avitaminosis (Ing. *Avitaminosis*) Trastorno o afección que resulta de la carencia (o absorción defectuosa) de alguna vitamina. No confundir con hipervitaminosis. // Algunas avitaminosis tienen nombres específicos. Por ejemplo, a la avitaminosis A se le llama xeroffalmia; a la avitaminosis B_1, beriberi; a la avitaminosis B_3, pelagra, y a la avitaminosis C, escorbuto.

Axeroftol (Ing. *Axerophtol*) Otro nombre para la vitamina A, también conocida como retinol.

Azafrán (Ing. *Saffron*) Planta herbácea de la familia de las Iridáceas (Crocus sativus) que tradicionalmente se utiliza en la cocina para teñir el arroz de amarillo. // En medicina tradicional se usa como sedante del sistema nervioso, para tratar el insomnio, los retrasos mentales y las molestias de la dentición.

Azúcar (Ing. *Sugar*) Nombre común de la sacarosa, a la que también se conoce como azúcar blanca, refinada o de mesa. Es un carbohidrato (disacárido) que se extrae de la caña y de la remolacha. // Existe en al menos dos presentaciones (azúcar blanca o refinada, y azúcar morena o mascabado) y es el endulzante más empleado en el mundo, en todo tipo de alimentos, bebidas y jarabes. // La azúcar blanca se halla tan refinado (es 99.9% pura), que ya no contiene las vitaminas ni los minerales necesarios para metabolizarla, y los roba a los demás alimentos, desbalanceando la dieta y favoreciendo la malnutrición. // El abuso en el consumo de la azúcar puede conducir, según diversos autores, a males y trastornos como la caries, la obesidad, la hipertensión, la arterioesclerosis, la diabetes de tipo 2, la hipoglucemia, el colesterol elevado y el síndrome metabólico.

Azúcar morena (Ing. *Brown sugar*) También conocida como mascabado, es la azúcar que no ha sido refinada completamente, por lo que aún conserva el color y parte de los nutrientes originales de la melaza de donde procede. // Actualmente mucha de la azúcar morena que se expende es sacarosa refinada a la que se ha teñido con melaza. //

Nutricionalmente hablando, no es superior a la azúcar blanca y presenta sus mismas desventajas.

Azúcares (Ing. *Sugars*) Nombre genérico de los carbohidratos, a los que también se conoce como hidratos de carbono o glúcidos. // Algunos autores prefieren llamar azúcares exclusivamente a los carbohidratos de sabor dulce.

Azufre (Ing. *Sulphur*) Mineral esencial para la salud, de número atómico 16. // Lo obtenemos a través de los aminoácidos azufrados y resulta sumamente importante para la piel, el pelo y las uñas.

La proteína que los forma (la queratina) es rica en amioácidos azufrados como la metionina y la cisteína. // Muchas otras sustancias de importancia biológica contienen azufre: insulina, heparina, glutatión, ácidos biliares, tiamina y biotina. // Además, este elemento es vital para el funcionamiento hepático y la secreción de bilis. // Sus mejores fuentes alimentarias son las proteínas procedentes de la yema de huevo, el germen de trigo, la soya, el hígado de res y de pollo, y la levadura de cerveza. El MSM y la S-adenosil metionina son dos complementos que también aportan azufre al organismo.

B

Bacalao (Ing. *Codfish*) Pez marino comestible que habita en el océano Atlántico (Gadus morhua) y cuya carne y aceite tienen gran demanda a nivel mundial. Se le consume fresco, seco (salado) o congelado. // El bacalao seco es excepcionalmente rico en proteínas (64 g/100 g) y sodio (2700 mg/100 g). De las vitaminas, tiene un poco de niacina (5 mg/100 g) y vitamina D (800 UI/100 g). En cuanto a minerales, abunda en fósforo (345 mg/100 g) y potasio (260 mg/100 g). // Su exceso de sodio lo hace un alimento poco sano, pero el remojado previo al guiso lo despoja de una buena cantidad de sal. Por desgracia, el agua también arrastra vitaminas.

Bacopa moniera (Ing. *Bacopa monniera*) Planta herbácea de la familia de las Leguminosas (Bacopa monniera), originaria de la India. // Su uso en la medicina ayurvédica como un tónico cerebral es muy antiguo. Empero, también se le utiliza como tranquilizante, diurético, antidepresivo y en el tratamiento del asma y la epilepsia. // Actúa como un adaptógeno que ayuda a proteger al cerebro de los efectos del estrés (estimula la producción de los neurotransmisores calmantes). También se dice que ayuda a regenerar las dendritas cerebrales. // Contiene alcaloides similares a los de la estricnina, por lo que se recomienda que su uso sea bajo vigilancia médica.

Banaba (Ing. *Banaba*) Véase Ácido colosólico.

Bardana (Ing. *Burdock*) Planta herbácea de la familia de las Compuestas (Arctium lappa) nativa de Europa y Asia, cuya raíz se ha usado tradicionalmente como un alterativo o purificador de la sangre. // Actualmente ha cobrado notoriedad en el tratamiento del cáncer, pero los reportes científicos sólo le confieren validez en el tratamiento del acné, la soriasis y la artritis reumatoide. // Entre sus principios activos se cuentan los poliacetilenos, la inulina y algunos principios amargos. Se considera bastante segura, a excepción de cuando hay un embarazo, ya que podría estimular el útero.

Batata (Ing. *Sweet potato*) Otro nombre del camote.

BCAA's Siglas en inglés de aminoácidos de cadena ramificada (*Branched chain aminoacids*).

Berberina (Ing. *Berberine*) Alcaloide presente en el sello de oro. // Tiene propiedades antibióticas, antivirales y antimicóticas muy potentes. En laboratorio, ha resultado eficaz contra muy

diversas especies de gérmenes patógenos, como la Escherichia coli, la Salmonella typhi, el vibrión del cólera, la Candida albicans, la Chlamydia, la Giardia lamblia y la Entamoeba histolytica. Véase Sello de oro.

Berenjena (Ing. *Eggplant*) Fruto de una planta de la familia de las Solanáceas (Solanum melongena) que se consume cocido como verdura. // No es particularmente rica en macronutrientes, pero tiene algo de fibra dietética (0.9 g/100 g). Tampoco abunda en vitaminas, a excepción de la niacina (0.5 mg/100 g). Es rica, en cambio, en fitonutrientes como el alfa y el gammacaroteno, los glucaratos, los esteroles, las cumarinas y los inhibidores de las proteasas. De los minerales, sólo destaca el potasio (150 mg/100 g).

Bergamotina (Ing. *Bergamotine*) Flavonoide extraído de la bergamota (un cítrico). // Inhibe temporalmente al citocromo P450 en el intestino e hígado, lo que contribuye a mejorar la asimilación de nutrientes y medicamentos. // Utilizada como complemento alimenticio debe usarse con precaución, porque podría aumentar excesivamente la potencia de medicamentos y sustancias potencialmente tóxicas, como el alcohol.

Beriberi (Ing. *Beriberi*) Enfermedad carencial de la vitamina B_1 o tiamina. // Se caracteriza por pérdida del apetito, disminución de la memoria, falta de concentración, trastornos respiratorios y digestivos, fatiga, depresión, atrofia muscular e hipertrofia cardiaca. // En su forma avanzada, se distinguen dos tipos de beriberi: la forma húmeda, con edema, insuficiencia cardiaca y síntomas cardiovasculares, y la forma seca, con neuropatía periférica y atrofia muscular. // Todos los síntomas citados ceden con rapidez ante la administración de la tiamina.

Berro (Ing. *Watercress*) Planta perenne acuática de la familia de las Crucíferas (Nasturtium officinale). // Aunque se le cultiva, también crece silvestre en los ríos. Se le consume sobre todo en ensaladas crudas (evítese hacerlo si no está bien desinfectado, pues a menudo se le riega con aguas negras). // Es bajo en macronutrientes y vitaminas: niacina (0.9 mg/100 g), pero particularmente rico en betacaroteno (4900 UI/100 g) y otros fitonutrientes, como el alfa caroteno, el ácido fenólico, las cumarinas, los monoterpenos y los poliacetilenos. // En cuanto a los minerales, el berro es rico en calcio (150 mg/100 g), potasio (289 mg/100 g) y hierro (1 mg/100 g).

Betabel (Ing. *Beet*) Planta herbácea de la familia de las Quenopodiáceas (Beta vulgaris), muy conocida por su raíz voluminosa, roja y dulce. // Es más bien pobre en macronutrientes y tiene modestas cantidades de vitaminas y fibra dietética (0.7 g/100 g). // Lo mismo se aplica a los minerales, con excepción del potasio (208 mg/100 g).

Betacaroteno (Ing. *Betacarotene*) 1) Otro nombre de la provitamina A. 2) Fitonutriente que pertenece a la familia de los carotenoides. // Se le halla en frutas y vegetales: zanahoria, durazno, chabacano, mango, calabaza, jitomate, lechuga, espinaca, brócoli, berro y escarola. // La vitamina A o retinol sólo existe como tal en el reino animal. En los vegetales se presenta como betacaroteno, una sustancia que el organismo desdobla en retinol (dos moléculas del primero por cada molécula del último). En los diabéticos esta conversión es muy ineficiente. // Existen otros carotenos cuya actividad vitamínica A es algo menor, como el alfacaroteno y el gammacaroteno. // A todos ellos se les dosifica tanto en UI como en miligramos. Para efectuar interconversiones entre estas unidades, recuérdese que 1 mg = 1666 UI, y que 1000 UI = 0.6 mg. // Además de su función vitamínica, el betacaroteno es un poderoso antioxidante nutricional que

Betacaroteno

Las mejores fuentes	
Perejil	18 000 UI
Diente de león	12 000 UI
Zanahoria	9 000 UI
Espinacas	7 200 UI
Calabaza	6 000 UI
Berros	4 500 UI
Calabacitas	3 600 UI
Brócoli	3 150 UI
Melón	3 000 UI
Duraznos	2 430 UI
Pimientos	2 070 UI
Mangos	1 800 UI

X 100 g

actúa sinérgicamente con las vitaminas C y E y el mineral selenio. // A diferencia del retinol, el betacaroteno carece de toxicidad en dosis elevadas, pero evítese mezclarlo con el alcohol (este último interfiere con la absorción del primero). // El betacaroteno también estimula el sistema inmunológico (fomenta la producción de macrófagos y linfocitos B y T), lo que se traduce en protección contra diversas formas de cáncer. // En forma de complemento alimenticio, elíjase el betacaroteno natural. Se le considera seguro (una forma no tóxica de vitamina A). Las dosis recomendadas son 5000-15 000 UI (3-9 mg) diarios, en una sola toma, con alimentos.

Beta ecdisterona (Ing. *Beta ecdysterone*) Fitonutriente perteneciente al grupo de los esteroles. // Se extrae de plantas y se utiliza como un anabólico natural e inofensivo. En fisicoculturismo ayuda a mantener la masa muscular. // La dosis usual es de 30-120 mg diarios, en 1-4 tomas.

1,3-Beta glucano (Ing. *1,3-Beta glucan*) 1) Carbohidrato complejo (polisacárido) análogo al almidón y similar al 1,6-D-glucano. 2) Fitonutriente inmunomodulador, antioxidante, reductor del colesterol y los triglicéridos elevados, y protector contra las radiaciones. Desencadena la respuesta inmune en su etapa inicial, a nivel de los macrófagos, y fomenta la producción de estos últimos. Puede reducir, hasta en 80%, la pro-

ducción de radicales libres posterior a una irradiación (rayos X, estudios médicos, viajes aéreos, quemaduras solares). // Sus mejores fuentes son la levadura de cerveza, los salvados de avena, de arroz y de trigo, y los cereales integrales. // En forma de complemento se ha utilizado —con muy buenos resultados— en el tratamiento de infecciones graves. // Las dosis usuales son 1-3 gramos diarios (en 1-3 tomas), pero se han llegado a utilizar hasta 6 gramos al día. Para obtener mejores resultados, empléese simultáneamente vitamina C.

Beta-hidroxi beta-metilbutirato Véase HMB.

Betaína (Ing. *Betaine*) Véase Clorhidrato de betaína.

Beta palmitato (Ing. *Beta palmitate*) Un tipo de grasa (triglicérido) en la que el ácido palmítico ocupa la posición beta en la molécula. También conocido como ácido palmítico en posición beta, es una de las formas en que se presenta la grasa en la leche materna. // El recién nacido la digiere fácilmente, y actualmente existen leches maternizadas a las que se ha agregado beta palmitato para hacerlas más semejantes a la leche humana. // Su presencia en estos productos aumenta la absorción de las grasas, el calcio y el magnesio.

Beta sitosterol (Ing. *Beta sitosterol*) Fitonutriente del grupo de los esteroles que se halla presente en numerosos vegetales como un precursor del ergosterol (ajonjolí, semillas de girasol, semillas de calabaza, germen de trigo, soya y cereales integrales). // Químicamente es muy similar al colesterol y una vez ingerido puede reducir la absorción de este último, abatiendo sus niveles en sangre. // Ya existe en forma de complemento alimenticio.

Bicarbonato de sodio (*Sodium bicarbonate*) Sal ácida del carbonato de sodio. // En fisicoculturismo se utiliza como potenciador del rendimiento y para combatir el aumento de acidez en los tejidos. // Empero, recientes descubrimientos sugieren que este compuesto no produce tales beneficios. Tras una hora de ejercitarse al 80% de su potencial máximo, no se verificaron menores niveles de ácido láctico en los músculos de los atletas participantes.

Biodisponibilidad (Ing. *Bioavailability*) Término usado en farmacología y nutrición que describe la facilidad con que los fármacos o los nutrientes pueden absorberse y por lo tanto ser utilizados por el organismo. // A mayor biodisponibilidad, mejores serán los efectos de una sustancia en particular.

Bioflavonoides (Ing. *Bioflavonoids*) Fitonutrientes que pertenecen al grupo de los flavonoides y que abundan en los cítricos. También se les conoce como vitamina C_2 o complejo flavonoi-

Bioflavonoides
Las mejores fuentes
Trigo sarraceno
Frutos cítricos
Pimientos
Chabacanos
Uvas
Té verde
Moras
Ciruelas
Polen
Cerezas
Cilantro
Melón

X 100 g

deo. // Los descubrió el doctor Albert Szent-Györgyi en 1937, quien además los bautizó como vitamina P (denominación que se abandonó al hallarse que su deficiencia no producía males carenciales). // Los bioflavonoides se dosifican en miligramos y casi siempre están presentes en los alimentos ricos en vitamina C. // Los bioflavonoides más conocidos son la rutina, la hesperidina, la quercetina, la tangeritina, la senisetina, la miricetina y el eriodictiol. Muchos de ellos son fitonutrientes con un gran poder terapéutico. // Puesto que no son esenciales para el ser humano, no tienen requerimiento mínimo diario. // Como nutrientes accesorios, exhiben funciones muy importantes: incrementan la eficiencia de la vitamina C, en especial en el mantenimiento de los capilares, son antioxidantes nutricionales hidrosolubles y muestran un potente efecto antiinflamatorio. Fortifican al sistema inmunológico y ayudan a combatir infecciones. Disminuyen el dolor en la artritis, venas varicosas y hemorroides. Ayudan a combatir las alergias y el asma, y reducen el riesgo de padecer cataratas y males cardiovasculares. // Su bajo consumo suele vincularse con fragilidad capilar (hemorragias bajo la piel, moretones, propensión a las várices y las hemorroides, y sangrado en las encías al cepillarse). // Usados como complemento, los bioflavonoides son más efectivos si se combinan con vitamina C y son muy seguros en su uso (empero, no deben consumirse si se sufre hipotiroidismo o se está recibiendo medicamentos para la tiroides). // La dosis usual es de 400-600 mg diarios, en 1-3 tomas, con alimentos. Véanse Flavonoides, Hesperidina, Quercetina y Rutina.

Biotina (Ing. *Biotin*) Vitamina hidrosoluble, del complejo B. Se le conoce también como vitamina B_8, vitamina H, coenzima R y factor bios II. // Se le descubrió en 1941, se dosifica en microgramos y su forma activa es la biocitina. // Su requerimiento mínimo diario aún no ha sido determinado, pues la biotina es sintetizada por la flora intestinal. Su ingestión diaria a través de los alimentos se calcula en 50-300 mcg, que complementan la producción intestinal. // La biotina es indispensable para el metabolismo de carbohidratos, grasas y proteínas; interviene directamente en la síntesis de estas últimas. Ayuda al mecanismo de la respiración

Biotina

Las mejores fuentes

Levadura de cerveza ...	200 mcg
Hígado de pollo	145 mcg
Harina de soya	63 mcg
Yema de huevo	54 mcg
Hígado de res	45 mcg
Nueces	37 mcg
Riñones	35 mcg
Cacahuates	31 mcg
Sardinas	21 mcg
Almendras	17 mcg
Avena	15 mcg
Huevo entero	15 mcg
Germen de trigo	15 mcg
Champiñones	15 mcg

X 100 g

celular, a la producción de ácidos nucleicos y favorece el crecimiento del cabello. Ayuda a estabilizar los niveles de la glucosa sanguínea. Protege al sistema nervioso, las glándulas suprarrenales y la piel. // No se le conoce toxicidad, aun en megadosis (10 mg diarios). // La biotina es más efectiva si se ingiere junto con las demás vitaminas B (especialmente la B_{12}, el ácido fólico y el ácido pantoténico) y con la vitamina C. // La biotina puede ser útil en el tratamiento de la dermatitis seborreica, la alopecia (caída del cabello) y otros trastornos del cuero cabelludo. También ayuda en caso de diabetes, hipoglucemia, eczema, fatiga crónica, depresión, insomnio, las uñas frágiles y como protector contra el síndrome de muerte infantil súbita. // La carencia de biotina puede ocasionar pérdida del apetito, dolores musculares, depresión, insomnio, dermatitis, elevación del colesterol y caída del cabello. // La clara de huevo cruda contiene una sustancia, la avidina, que inactiva a la biotina. El problema se resuelve evitando ingerir la clara de huevo cruda.

BMOV Siglas de bis (maltolato) oxo-vanadio (IV), un compuesto orgánico del vanadio que se utiliza como complemento alimenticio. // Según estudios clínicos, resulta más efectivo y seguro como fuente de vanadio que el sulfato de vanadilo. // Su mayor biodisponibilidad permite utilizar dosis muy pequeñas (menos de 1 mg diario), lo que también reduce la toxicidad potencial. // Al menos en animales de laboratorio, el BMOV ha ayudado a prevenir males cardiacos y cataratas.

Bocio (Ing. *Goiter*) Hipertrofia (agrandamiento) de la glándula tiroides ocasionada por la deficiencia de yodo (menos de 40 mcg diarios en los adultos). // Es la enfermedad carencial de este último elemento. Véase Yodo.

Boldo (Ing. *Boldo*) Planta herbácea de la familia de las Buxáceas (Pneumus boldo), de origen sudamericano. // Tiene un bien ganado prestigio para tratar males hepáticos y biliares, así como trastornos urinarios. // En medicina tradicional se le considera digestivo, laxante, analgésico, colagogo, colerético y antiséptico. // Sus principios activos son la boldina y la isoboldina. // La dosis usual es de tres tazas diarias de la infusión. En tintura, 10-40 gotas diarias, en 1-3 tomas, por periodos cortos. No es aconsejable durante el embarazo y la lactancia, ni deben emplearlo los pacientes con cálculos biliares, padecimientos hepáticos graves u obstrucción del conducto hepático.

Boniato (Ing. *Sweet potato*) Otro nombre para el camote.

Boro (Ing. *Boron*) Mineral probablemente esencial para la salud, de número atómico 5. // Aunque aún no se le reconoce como imprescindible de manera unánime, se sabe que favorece la absorción y la retención del calcio, el magnesio y el fósforo, todo lo cual estimula el metabolismo óseo y fortalece los huesos. Hay evidencia de que contribuye a regular la producción de estrógenos y que resulta útil sobre todo alrededor de la menopausia (ayuda a mantener el balance de calcio en los huesos y combate los bochornos). En esta última función, parece que actúa en sinergia con la vitamina D. En ambos sexos eleva la producción de DHEA y de testosterona. También parece ser necesario para la producción de energía y para el buen funcionamiento cerebral (mejora el poder de concentración). // Se dosifica en miligramos, y los investigadores sugieren la ingestión diaria de un miligramo de boro en los adultos y un tercio o menos de esta cantidad en los niños. // No se han detectado síntomas carenciales del boro, pero el cuerpo reacciona favorablemente a su uso como complemento, especialmente en el tratamiento de la osteoporosis, la osteoartritis y la artritis reumatoide. También ayuda a reducir la formación de cálculos renales. En la mujer modula la producción de estrógenos, por lo cual resulta útil durante la menopausia. // Sus mejores fuentes alimentarias son las frutas, en especial manzanas, peras y uvas (con todo y cáscara) y los vegetales de hoja. // Usado como complemento, hasta 3 mg diarios no producen ningún efecto secundario, pero algunos expertos advierten no pasar de 1 mg diario en mujeres que hayan padecido cánceres de seno, de útero o de ovario, ya que sospechan que la función estrogénica del boro podría favorecer una reincidencia.

Borraja (Ing. *Borage*) Planta herbácea de la familia de las Boragináceas (Borago officinalis), utilizada en Europa como verdura y en ensaladas, pero en México es más conocida por sus propiedades medicinales. // Crece de manera silvestre, pero también se le cultiva para aprovechar el aceite de sus semillas, que es rico en ácido gamma linolénico (17-25%). // En medicina tradicional se le considera depurativa, diurética, emenagoga, sudorífica, expectorante y antiinflamatoria. Su aceite se ha utilizado para corregir desarreglos menstruales, aliviar el síndrome premenstrual y para tratar los trastornos de la menopausia. También funciona contra los quistes mamarios benignos. // El aceite es seguro en

su uso como complemento alimenticio, pero la planta debe evitarse durante el embarazo y la lactancia. Véanse Aceite de borraja y Prímula.

Boswelia (Ing. *Boswellia*) Árbol de la familia de las Burseráceas (Boswellia serrata), originario de la India. También se le conoce como incienso hindú. // La resina que exuda se ha utilizado tradicionalmente en la medicina ayurvédica para tratar la disentería, los males pulmonares y la artritis. // Recientemente se ha verificado que es antiinflamatoria (inhibe a los leucotrienos, sustancias proinflamatorias) y puede dar grandes resultados contra el asma, la colitis ulcerosa, la bursitis, la artritis reumatoide y la osteoartritis. Asimismo, ayuda a normalizar los niveles de colesterol y de triglicéridos. // Sus principios activos son los ácidos boswélicos. // Se le considera segura, pero debe evitarse durante la gestación y la lactancia. En personas sensibles puede ocasionar náuseas o diarrea. // La dosis recomendada es de 500-1500 mg diarios del extracto estandarizado (al 37.5% de ácidos boswélicos) en 1-3 tomas, durante 8-12 semanas. También existe en forma de ungüento.

Brécol (Ing. *Broccoli*) Otro nombre para el brócoli.

Brócoli (Ing. *Broccoli*) Planta herbácea de la familia de las Crucíferas (Brassica oleracea var. botrytis), muy apreciada por sus cualidades nutricionales. // Lo que se consume son sus flores, cuando están inmaduras. // No abunda en macronutrientes, pero aporta fibra dietética (1.5 g/100 g) y betacaroteno (2500 UI/100 g). // Tiene riboflavina (0.2 mg/100 g), niacina (0.8 mg/100 g), ácido fólico (54 mcg/100 g), ácido pantoténico (1.2 mg/100 g) y vitamina C (90 mg/100 g). // Es casi tan rico en calcio como la leche (90 mg/100 g) y es buena fuente de potasio (267 mg/100 g). // Por si fuera poco, es muy rico en fitonutrientes valiosos, como el sulforafano, isotiocianatos, FEITC, I3C (indol-3-metilcarbinol), ditioltionas, glutatión, glucosinolatos, luteína, betaína, iberina y cianhidroxibuteno.

Bromelina (Ing. *Bromelain*) Enzima proteolítica presente en la piña (Ananas comosus). Una vez purificada se usa como un auxiliar digestivo, especialmente para digerir mejor las proteínas de los alimentos. // A pesar de su peso molecular elevado, ésta y otras enzimas digestivas pueden ser absorbidas por vía intestinal, y una vez dentro del sistema, actúan como antiinflamatorias y antitumorales. Asimismo, tiene propiedades inmunomoduladoras (especialmente contra el herpes), es un antiasmático y un anticoagulante ligero. // Puede ser útil como auxiliar en el tratamiento de la enfermedad celiaca, la fibrosis quística, la insuficiencia pancreática, las infecciones urinarias, la artritis reumatoide, las lesiones musculares y los males cardiovasculares. // Es muy segura, aun en dosis altas, pero no se recomienda su uso en personas con problemas de malabsorción o dificultad para digerir las grasas. Tampoco debe ingerirse junto con clorhidrato de betaína (un auxiliar para la digestión). // La dosis recomendada es: como cardioprotector (500 mg diarios, con la comida); como digestivo (500-1000 mg junto con las comidas); como antiinflamatorio (1000-1500 mg diarios, con los alimentos).

Broncodilatador (Ing. *Bronchodilator*) Que amplía el diámetro de los bronquios.

Brusco (Ing. *Butcher's broom*) Planta herbácea de la familia de las Liliáceas (Ruscus aculeatus) que crece silvestre en Europa y cuyos frutos son tóxicos. // Desde siglos atrás se le ha utilizado para tratar várices y hemorroides. // En medicina tradicional se le considera aperitiva, diurética y diaforética. // Actualmente ya existe en forma de extracto, y a sus principios activos, las ruscogeninas, se les ha comprobado una actividad antiinflamatoria y vasodilatadora. // También resulta eficaz contra la insuficiencia venosa, por lo que se le utiliza en el tratamiento de las várices y las hemorroides. // No se use durante el embarazo, la lactancia o en hipertensos. La dosis usual de la decocción es de 2-3 tazas diarias.

C

Cabra montesa (Ing. *Horny goat*) Planta herbácea de la familia de las Cariofiláceas (Epimedium sagittatum), de origen chino. // De acuerdo con la medicina tradicional china, es la planta afrodisiaca más eficaz de Oriente. Actualmente forma parte de la formulación de diversos productos comerciales. // Aunque existen referencias anecdóticas que confirman que fomenta la libido y aumenta la potencia sexual masculina, no hay suficiente evidencia científica que lo respalde.

Cacahuates (Ing. *Peanuts*) Son las semillas de una planta de la familia de las Leguminosas (Arachis hipogea), también conocidas como maní, y que se utilizan como alimento y forraje. // Su aceite tiene demanda tanto para cocinar como para fabricar jabones y cosméticos. // Los cacahuates son altos en proteína incompleta (26 g/100 g) y en grasa (50 g/100 g), rica en ácidos linoleico y araquidónico. // Tienen una buena cantidad de fibra dietética (2.5 g/100 g) y de vitaminas B: tiamina (0.3 mg/100 g), niacina (17.5 mg/100 g) y ácido pantoténico (2.1 mg/100 g). // En cuanto a los minerales, destacan el fósforo (400 mg/100 g), el magnesio (175 mg/100 g), el sodio (417 mg/100 g) y el potasio (676 mg/100 g).

Cacao (Ing. *Cacao*) Es un árbol de la familia de las Esterculiáceas (Theobroma cacao), con cuyas semillas se fabrica la cocoa y el chocolate. Este último se fabrica secando las semillas al sol, tostándolas —lo que acentúa su sabor y aroma— y moliéndolas. // La cocoa (cacao pulverizado) es alta en carbohidratos (48 g/100 g), pero no se distingue en otros macronutrientes o vitaminas, con excepción de la niacina (2.3 mg/100 g). // Es una de las fuentes más ricas de potasio (1500 mg/100 g), magnesio (420 mg/100 g), fósforo (650 mg/100 g), hierro (10.6 mg/100 g) y cobre (3.6 mg/100 g).

Cadmio (Ing. *Cadmium*) Mineral posiblemente esencial para la salud, de número atómico 48. // Se sabe que activa diferentes enzimas, si bien ninguna de ellas depende del cadmio exclusivamente. Este hecho, aunado a que puede ser tóxico aun en dosis relativamente bajas, ha hecho que no se le considere esencial de manera unánime. // Suele hallarse como contaminante en el aire, en el agua y en los alimentos. // Aun en dosis bajas antagoniza con el zinc y puede acarrear carencias de este último. En dosis más altas, puede desencadenar hipertensión, dificultades respiratorias y fomentar el entrecruzamiento (*crosslinking*) de las proteínas corporales. La vitamina C provee protección contra estos últimos efectos.

Calabacitas (Ing. *Zucchini*) Son el fruto de una planta anual de la familia de las Cucurbitáceas (Cucurbita spp.). // Muy apreciadas en la cocina, tienen una buena cantidad de fibra dietética (1.5 g /100 g) y de betacaroteno (3500 UI/ 100 g). // De entre las vitaminas, aportan niacina (0.4 mg/100 g), ácido pantoténico (0.5 mg/100 g) y vitamina C (22 mg/100 g). Dignos de mención son sus fitonutrientes, como la luteína, el alfa y el gammacaroteno, la criptoxantina y las cucurbitacinas. // No abundan en minerales, excepto el potasio (240 mg/ 100 g).

Calabaza (Ing. *Pumpkin*) Es el fruto de una planta anual de la familia de las Cucurbitáceas (Cucurbita maxima). // Al igual que las calabacitas, es baja en micronutrientes y fibra dietética (1.3 g/100 g), aunque alta en betacaroteno (6400 UI/100 g). // Aunque también pobre en vitaminas y minerales, abunda en potasio (240 mg/100 g) y en fitonutrientes como el alfa y el gammacaroteno, las cucurbitacinas, la luteína, el ácido p-cumárico, la astaxantina, la criptoxantina, el beta sitosterol y el glutatión.

Calciferol (Ing. *Calcipherol*) Nombre genérico de la vitamina D. // Existen al menos dos variantes, el ergocalciferol

o vitamina D_2, y el colecalciferol o vitamina D_3. // Esta última se produce en el organismo cuando la piel se expone a los rayos solares; se sintetiza a partir del colesterol. Éste es el tipo de vitamina D natural que proveen los alimentos. // El ergocalciferol es sintético; se obtiene en laboratorios aplicando rayos ultravioleta a una sustancia grasa llamada ergosterol.

Calcifidiol (Ing. *Calcifidiol*) Otro nombre para el ergocalciferol.

Calcio (Ing. *Calcium*) Mineral esencial para la salud, de número atómico 20. // Es el mineral más abundante en el cuerpo humano, 99% del cual se halla depositado en huesos y dientes. // El resto se encuentra disuelto en los tejidos, cumpliendo con funciones tan importantes como la coagulación de la sangre, la transmisión nerviosa, la activi-

Calcio

Las mejores fuentes

Ajonjolí	1 080 mg
Queso parmesano	1 040 mg
Queso añejo	840 mg
Queso Cheddar	680 mg
Semillas de girasol	630 mg
Sardinas	330 mg
Almendras	215 mg
Avellanas	251 mg
Soya	210 mg
Yogur	105 mg
Leche de vaca	105 mg
Pistaches	100 mg
Queso fresco	95 mg
Brócoli	95 mg

X 100 g

dad muscular, la secreción de diversas hormonas, la capacidad de adhesión de unas células con otras y la activación de numerosas enzimas. // Se dosifica en miligramos y su requerimiento mínimo diario es uno de los más altos: 1000-1500 mg en los adultos, y 300-900 mg en los niños, según la edad. El embarazo, la lactancia y la menopausia elevan estos requerimientos. // La carencia de calcio puede ocasionar raquitismo (en los niños), y en los adultos, osteomalacia, osteopenia y osteoporosis. // Deficiencias menos marcadas pueden ocasionar calambres, nerviosismo, insomnio, palpitaciones, fallas en la coagulación, convulsiones, enfermedad pariodontal. El consumo insuficiente de calcio también puede favorecer el sobrepeso. Véase Calcitriol. // El calcio exhibe un poder secuestrante de la grasa alimentaria, lo que se puede utilizar en la tarea de reducir peso. Consumir complementos de 1000-1500 mg diarios de calcio puede reducir la grasa corporal en 10-20%. // Su uso como complemento es muy seguro, a condición de que se reciba al mismo tiempo magnesio en relación 2:1. De lo contrario, personas sensibles podrían formar cálculos renales. Como complemento, la dosis recomendada es de 600-1200 mg diarios en adultos. Para la prevención o tratamiento de la osteoporosis, pueden hacerse necesarios 1200-1500 mg diarios. // El calcio se absorbe mejor si se acompaña de alimentos o bebidas ácidas (con excepción de los refrescos de cola) y se evita la ingestión simultánea de grasa. // El calcio es más efectivo si se consume junto con las vitaminas A, C y D, y los minerales magnesio, fósforo, boro, manganeso, zinc y cobre. // El calcio puede ser útil en el tratamiento de la osteopenia, la osteoporosis, la osteoartritis, los calambres, la recuperación de fracturas, la hipertensión, la epilepsia y los trastornos de la menopausia. // Usado como complemento alimenticio, el calcio puede interferir con la acción de antibióticos como las tetraciclinas.

Calcio AEF (Ing. *AEP calcium*) Es la sal de calcio del 2 amino etanol fosfato, también conocida como calcio aminoetanol fosfato o fosfato de colamina. // Fue descubierto por el doctor Hans Nieper en los años sesenta, quien lo bautizó como factor de integridad de la membrana celular o vitamina M_i. // Utilizado como complemento alimenticio, presenta gran eficacia en el tratamiento de trastornos autoinmunes como la artritis reumatoide, el lupus, la esclerosis múltiple, la diabetes de tipo I, la enfermedad de Crohn y el escleroderma. También se ha aplicado contra la osteoporosis y diversas formas de cáncer. // Aunque se trata de un compuesto seguro, no se ha evaluado su inocuidad durante el embarazo y la lactancia. Su aplicación principal es intravenosa, lo que obliga a hacerlo bajo guía médica. La dosis usual es de 400 mg tres veces por semana, durante el tiempo que determine el médico.

Calcitriol (Ing. *Calcitriol*) Una de las formas metabólicamente activas de la vitamina D. Es el 1,25-hidroxicalciferol. // Se comporta como una hormona que ayuda a retener el calcio en el organismo. También favorece la acumulación de grasa en los adipocitos (células grasas). Cuando no ingerimos suficiente calcio, el cuerpo aumenta la producción de calcitriol y de manera indirecta nos puede hacer aumentar de peso. // Este efecto viene a explicar por qué quienes consumen diariamente lácteos (que son ricos en calcio) tienden a permanecer más delgados. Véanse Calcio y Vitamina D.

Calmante (Ing. *Anodyne*) Que calma o alivia algo (generalmente el dolor o la irritación).

Caloría (Ing. *Calorie*) 1) Unidad básica con que se mide el valor energético de los alimentos y la energía consumida por los seres vivos. 2) Unidad de energía térmica equivalente al calor necesario para elevar en un grado Celsius (de 14.5° C a 15.5° C) la temperatura de un gramo de agua a la presión atmosférica normal. // En nutrición se utiliza como unidad la kilocaloría (Kcal) o Caloría —con mayúscula—, unidad que equivale a 1 000 calorías pequeñas. // También se suele utilizar el kilojoule (Kj), que equivale a 0.24 Kcal. A su vez, la caloría equivale a 4.1868 julios.

Calostro (Ing. *Colostrum*) La secreción previa a la leche que produce la glándula mamaria de los mamíferos. // A diferencia de la leche, es amarillento y espeso, y abunda en grasa y proteínas (además de anticuerpos, factores de crecimiento e inmunomoduladores). // Es uno de los potenciadores del sistema inmunológico más efectivos que se conocen (puede mejorar la actividad de las células asesinas naturales o NK hasta en 23%). En forma de complemento, se le ha utilizado para tratar infecciones graves y procesos cancerosos. // Las dosis usuales para mejorar defensas son de 150-500 mg diarios. Como parte del tratamiento de enfermedades, 500-2000 mg diarios, en 2-4 tomas. Véase Factores de transferencia.

Camarones (Ing. *Shrimps*) Crustáceos marinos comestibles (Palaemon spp.), muy apreciados por su sabor y por sus cualidades nutricionales. // Son ricos en proteínas completas (21 g/100 g) y en colesterol (un poco más que la carne de res y de puerco). // Las vitaminas más abundantes son la niacina (3 mg/100 g) y la vitamina B_{12} (7 mcg/100 g). // De los minerales, destacan el potasio (260 mg/100 g) y el fósforo (350 mg/100 g). Por su elevado contenido de sodio (1600 mg/100 g), no resultan recomendables para los hipertensos o quienes padezcan retención de líquidos.

Cambronera (Ing. *Lycium*) Planta herbácea de la familia de las Solanáceas (Lycium sinensis o L. barbarum), también conocida como lícium, cuyo fruto se emplea en la medicina tradicional china (se le considera tónico, depurativo, hepatoprotector, hipotensor, inmunomodulador, hipoglucemiante y fortificante visual). Se utiliza para tratar la impotencia sexual y la eyaculación precoz. Ayuda a prevenir las complicaciones oculares de la diabetes. // Su principio activo es el ácido pisílico. // La dosis usual del fruto fresco es de 10-15 g diarios, o de 1-2 cápsulas diarias del extracto seco. // No se recomienda su uso durante el embarazo y la lactancia.

Camomila (Ing. *Chamomile*) Otro nombre para la manzanilla.

Camote (Ing. *Sweet potato*) Planta de tallo rastrero de la familia de las Convulvuláceas (Ipomoea batatas), cuyos tubérculos, ricos en almidón, son muy apreciados como alimento y como golosina. // Es alto en carbohidratos (32 g/100 g) y betacaroteno (8100 UI/100 g), pero no abunda en fibra dietética (1 g/100 g). // De las vitaminas y minerales, sólo destacan la niacina (0.7 mg/100 g), el potasio (300 mg/100 g) y el molibdeno (78 mcg/100 g), pero ofrece fitonutrientes valiosos, como los antocianósidos, los esteroles, los monoterpenos, las pectinas, los FOS y diversos carotenoides.

Campferol (Ing. *Kaempferol*) Fitonutriente del grupo de los flavonoides, presente en el brócoli, la col, la coliflor, la cebolla morada, el polen, las uvas rojas y negras, los tés verde y negro, y plantas medicinales como el ginkgo biloba. // Es vasodilatador, antihistamínico, anticoagulante, antioxidante y protector contra las cataratas.

Canela (Ing. *Cinnamon*) Es la corteza de un árbol de la familia de las Lauráceas (Cinamomum ceilandicum) que se usa como saborizante, condimento y para preparar infusiones. // Prácticamente no tiene valor nutricional, pero contiene ácido cinámico e hidroximetil chalcona, un compuesto hipoglucemiante que además ayuda a normalizar el colesterol total, el colesterol malo (LDL) y los triglicéridos. // En medicina tradicional se le considera estomáquico, antiespasmódico y antidiabético. Véase Flavonoides.

Cantaxantina (Ing. *Canthaxanthin*) Fitonutriente del grupo de los carotenoides, de color rojo y presente en algunos mariscos y hongos silvestres (a él se debe el color rosado de camarones, langostas y flamencos). // Es un potente antioxidante, y protege contra los radicales libres (especialmente contra el oxígeno singuleto) y los rayos ultravioleta (provee un efecto equivalente al de un bloqueador solar de 50 fps). // En Estados Unidos se usa para obtener un tono bronceado en la piel sin necesidad de asolearse. Ya está disponible en forma de complemento nutricional (Orobronze). // Usualmente se recomiendan 5-10 mg diarios, pero se han utilizado hasta 60 mg diarios sin efectos indeseables.

Capsaicina (Ing. *Capsaicin*) Fitonutriente perteneciente al grupo de los capsinócidos, presentes en los chiles rojos, verdes y amarillos. // Es analgésica, antiinflamatoria, anticarcinógena, fomenta la producción de endorfinas y disminuye el colesterol malo (LDL) y los triglicéridos.

Carbohidratos (Ing. *Carbohydrates*) Sustancias compuestas de carbono, hidrógeno y oxígeno, ricos en energía y que son producidos y almacenados por las plantas. Constituyen uno de los macronutrientes de la dieta humana y son la principal fuente de energía en ésta. También se les conoce como hidratos de carbono, glúcidos y azúcares. // Existen en gran diversidad de formas y la mayoría sirve de alimento al hombre. // Químicamente se les clasifica como monosacáridos (o azúcares simples), disacáridos y polisacáridos. // Ejemplos de monosacáridos son la glucosa, la fructosa y la galactosa. La lactosa, la maltosa y la sacarosa son disacáridos. Los polisacáridos más comunes son la celulosa, el almidón y el glucógeno. // Básicamente, el organismo utiliza los carbohidratos como fuente de energía, y al ser asimilados producen cuatro calorías por gramo.

Carbonato de calcio (Ing. *Calcium carbonate*) Sal carbónica del calcio que generalmente se usa como antiácido y como una fuente de este mineral. // En este aspecto es una de las mejores fuentes, ya que exhibe una proporción de

calcio de 40%. A igualdad de peso, provee entre dos y siete veces más calcio que otras fuentes (como el fosfato, el lactato y el gluconato de calcio).

Carcinógenos (Ing. *Carcinogens*) Sustancias o elementos capaces de producir cáncer.

Cardo lechero (Ing. *Milk thistle*) Véase Cardo mariano.

Cardo mariano (Ing. *Milk Thistle*) Es una planta herbácea de la familia de las Compuestas (Sylibum marianum), también conocida como cardo lechero. // De amplia distribución en todo el mundo, su uso medicinal se remonta por lo menos a 2000 años. // Tradicionalmente se le utilizó en el tratamiento de la ictericia y otros males del hígado. Actualmente se sabe que es útil como un agente antitóxico que protege y ayuda a regenerarse a las células hepáticas, además de que da buenos resultados en el tratamiento de la hepatitis, la cirrosis, los cálculos biliares y la soriasis. // Prácticamente carece de toxicidad y sus principios activos son la silibinina, la silidianina y la silicristina (cuya suma da lugar al extracto conocido como silimarina), que exhibe gran actividad antioxidante. // Su uso es seguro, pero no se ha evaluado su inocuidad en el embarazo y la lactancia. // Generalmente se utiliza como extracto estandarizado, pero a veces se recetan sus semillas ingeridas en forma de polvo o en té. La dosis recomendada del extracto estandarizado es de 400 mg diarios, divididos en tres tomas.

Carga glicémica (Ing. *Glycemic load*) Medida de la elevación de la glucosa sanguínea que produce un alimento no sólo con base en su índice glicémico (IG), sino también por su porcentaje de carbohidratos. Se abrevia CG. // Se obtiene multiplicando el IG por el número de gramos de carbohidrato por porción que contenga el alimento, y dividiendo el resultado entre 100. // El número resultante (carga glicémica) nos da una idea del impacto de una ración dada de alimento sobre nuestra glucosa e insulina sanguíneas. La escala estándar va de 0 a 100, y es mejor no sobrepasar una CG de 20. Véase Índice glicémico.

Carminativo (Ing. *Carminative*) Que ayuda a eliminar la flatulencia (gases intestinales). También se usa el término antiflatulento.

Carnitina (Ing. *Carnitine*) También llamada L-carnitina, es un compuesto orgánico indispensable para el transporte celular de los ácidos grasos de cadena larga, a fin de convertirlos en energía. // No es, como se afirma a menudo, un aminoácido (químicamente es un derivado del ácido hidroxibutírico). // En el organismo se comporta como un estabilizador de membrana que protege a las células contra los radicales libres y acelera la reparación del ADN dañado. Favorece el buen funcionamiento del

Carnitina

Las mejores fuentes

Sardinas	70.0 mg
Salmón	70.0 mg
Carne de ternera	52.0 mg
Carne de res	47.5 mg
Carne de cerdo	30.0 mg
Carne de pavo	12.0 mg
Carne de pollo	7.5 mg
Levadura de cerveza	2.5 mg
Alfalfa	20.0 mg
Brócoli	2.0 mg
Leche de vaca	2.0 mg
Germen de trigo	1.0 mg
Hígado de pollo	0.6 mg
Hígado de res	0.05 mg
Pan integral de trigo	0.2 mg

X 100 g

sistema inmunológico, en especial activa los glóbulos blancos (macrófagos). Desempeña un papel en el metabolismo de los aminoácidos ramificados y en la desintoxicación del organismo. Ayuda en la maduración de los espermatozoides y es fundamental para el buen funcionamiento cardiaco y muscular. // Se le descubrió en 1938 e inicialmente se le confundió con una vitamina (la Bt), pero actualmente se sabe que el cuerpo puede producirla y, por ende, no es una auténtica vitamina. // El ser humano puede sintetizarla (a partir de lisina, metionina, hierro y vitaminas C y B_6), pero con frecuencia es un nutriente condicionalmente esencial (necesario bajo condiciones especiales, como el desarrollo, el embarazo, la tercera edad, el fisicoculturismo, etc.) // Se ha utilizado en el tratamiento de la obesidad, el cáncer, los males cardiovasculares (especialmente angina de pecho), la diabetes, la hipoglucemia, el hipotiroidismo, el mal de Alzheimer, el sida, ciertas enfermedades hepáticas y renales, y los niveles elevados de colesterol y triglicéridos. // En deportistas y fisicoculturistas, la carnitina es factor de ahorro del glucógeno, ayuda a aumentar la resistencia, disminuye el tiempo de recuperación, minimiza la pérdida de proteínas durante el ejercicio intenso (es anticatabólica) y aumenta la capacidad aeróbica. // La única forma biológicamente activa es la L-carnitina. Evítese utilizar la D-carnitina o la DL-carnitina (verifique en la etiqueta de los complementos). // Por razones obvias, no hay un requerimiento mínimo diario de la carnitina, pero las dosis usuales van de los 100 a los 2000 mg diarios, con un promedio de 1000 mg diarios, en 2 tomas. Se le considera segura, pero en megadosis (3000-5000 mg diarios) se puede producir diarrea o un olor corporal a pescado.

Carnosina (Ing. *Carnosine*) Compuesto normalmente presente en los músculos y el cerebro del ser humano, en donde contribuye a su buen funcionamiento. Químicamente es un dipéptido de la histidina y la beta alanina (beta alanil-histidina). // Actúa como antioxidante (inactiva al radical hidroxilo) y protege contra los aldehídos. Asimismo, protege a los músculos y la córnea del ojo contra agentes agresivos (bloquea la formación de ácido en el músculo, protegiéndolo

de la pérdida muscular producida por la acidosis). // Usado como complemento alimenticio, es uno de los mejores inhibidores de la glicosilación (proceso degenerativo asociado al envejecimiento y la diabetes). Protege al LDL (colesterol malo) contra la oxidación, a los ácidos nucleicos contra mutaciones y a las neuronas contra el daño ocasionado por la falta de oxígeno (el tejido cerebral acumula más carnosina que taurina y ácido glutámico, dos sustancias que también le son indispensables). Potencia el efecto anabólico de la creatina, y con ello ayuda a incrementar la fuerza y la resistencia muscular. // A veces se utiliza beta alanina como sustituto económico de la carnosina porque el organismo puede convertirla en esta última. Empero, las dosis requeridas pueden producir bochornos y enrojecimiento cutáneo. // La dosis usual de carnosina es de 500-1500 mg diarios en 1-3 tomas. Su seguridad durante el embarazo y la lactancia no ha sido evaluada.

Carotenoides (Ing. *Carotenoids*) Familia de pigmentos vegetales intensamente coloreados, conocidos así por sus miembros más conocidos, los carotenos. // Químicamente son sustancias muy insaturadas (pobres en hidrógeno), lo que les da sus colores intensos y permite que actúen —casi sin excepción— como antioxidantes. Se les divide en carotenos y xantofilas. // Abundan en frutas y verduras, y se les encuentra también en las grasas de origen animal (pro-

Carotenoides

Las mejores fuentes

Zanahorias	12.0 mg
Camote amarillo	8.2 mg
Perejil	7.0 mg
Espinacas	6.0 mg
Vegetales de hoja verde	5.0 mg
Berros	3.0 mg
Brócoli	2.5 mg
Melón	2.0 mg
Calabaza	1.5 mg
Chabacanos	1.5 mg
Elote dorado	1.2 mg
Calabacitas	1.2 mg
Ciruelas rojas	1.0 mg
Jitomates	0.6 mg

X 100 g

ceden de los vegetales que ingirieron en vida). // Se conocen más de 400 carotenoides, y entre los más conocidos y estudiados están el alfacaroteno, el betacaroteno, el gammacaroteno, la criptoxantina, la astaxantina, la cantaxantina, la zeaxantina, la bixina, la norbixina, la luteína y el licopeno. // Por lo menos 15 carotenos y xantofilas pueden ser convertidos por el organismo en vitamina A. Pero los que exhiben mayor actividad de provitamina A son el alfacaroteno, el betacaroteno y la criptoxantina.

Carotenos (Ing. *Carotenes*) Familia de pigmentos vegetales perteneciente al grupo de los carotenoides. Sus colores van del amarillo al naranja y confieren sus colores típicos a vegetales como la zanahoria, la calabaza, el durazno, el camote, la papaya, el melón y la flor de calabaza. // Los más conocidos son el licopeno y el alfa, el beta y el gamma caroteno. Todos ellos exhiben actividad de provitamina A y son antioxidantes e inmunoestimulantes. // En promedio, 8 mg de carotenos mixtos equivalen a 1 mg de vitamina A.

Carragenina (Ing. *Carraghaen*) Sustancia gelatinosa que se utiliza en la industria alimentaria como aditivo (estabilizador y gelificante). Se le extrae de la alga marina Chondrus crispus (también conocida como musgo irlandés). // En Estados Unidos y otros países se le prohibió desde los años setenta por ser mutágena y sospechosa de ocasionar cáncer y defectos congénitos. También ocasiona úlceras intestinales en animales de laboratorio.

Cartílago bovino (Ing. *Bovine cartilage*) Es un tipo de tejido conectivo derivado de las reses, y que contiene glucoproteínas, colágeno tipo I y mucopolisacáridos (aunque en proporción muy inferior al del cartílago de tiburón). // Se usa como complemento alimenticio una vez molido, deshidratado y encapsulado. // Es fuente concentrada de proteínas (en especial colágeno), sulfatos de glucosamina A, B y C, calcio y azufre. Al igual que el cartílago de tiburón, contiene una sustancia (el factor FIA) que inhibe la proliferación de las células endoteliales e impide la vascularización de los tumores cancerosos. Asimismo, exhibe propiedades antiinflamatorias, anticancerosas e inmunomoduladoras. // Se ha utilizado en el tratamiento de la osteoartritis, la artritis reumatoide, la soriasis, la colitis ulcerativa y el cáncer. Algunos estudios sugieren que combate a este último por medio de inhibir la angiogénesis (crecimiento y proliferación de los vasos sanguíneos). // Por esta última razón no se recomienda su uso en menores, mujeres embarazadas o que estén lactando, pacientes posoperatorios (o que se vayan a someter a cirugía), pacientes cardiacos o deportistas de alto rendimiento. Véanse Cartílago de tiburón y Mucopolisacáridos.

Cartílago de ternera Véase Cartílago bovino.

Cartílago de tiburón (Ing. *Shark cartilage*) Es un tipo de tejido conectivo derivado de diversas especies de tiburones (Isurus spp.). // Su característica principal es que es rico en glucoproteínas, colágeno tipo I y mucopolisacáridos (sulfatos de condroitina A, C y D). Se usa como complemento alimenticio una vez deshidratado, molido y encapsulado. // De los cartílagos utilizados con este fin, el de tiburón es el más potente. Contiene máximas concentraciones de una sustancia (el factor FIA) que inhibe la proliferación de las células endoteliales e impide la vascularización de los tumores cancerosos, lo que acaba por destruirlos. // También exhibe propiedades antiinflamatorias, por lo que se le ha utilizado en el tratamiento de la artritis reumatoide y la osteoartritis.

// No se recomienda su uso durante el embarazo, la lactancia y antes de los 18 años. Tampoco es recomendable en pacientes posoperatorios, con fracturas óseas o infartos recientes. // Las dosis usuales son 3-9 cápsulas de un gramo diariamente, mientras dure el tratamiento. En algunos casos pueden ser necesarias dosis muy elevadas (del orden de los 18-30 g diarios), que resultan irritantes para el estómago. En tales casos, el cartílago se utiliza disuelto en agua y administrado en enemas.

Cáscara sagrada (Ing. *Cascara*) Arbusto de la familia de las Ramnáceas (Rhamnus purshiana), nativo de Norteamérica y cuya corteza, de sabor amargo, se utiliza como laxante. // La corteza fresca o cáscara es rica en principios activos llamados cascarósidos, en pequeñas dosis, actúan como estomáquicos; en dosis medianas, como laxantes, y en dosis altas, como purgantes y colagogos.

Cascarósidos (Ing. *Cascarosides*) Véase Cáscara sagrada.

Caseína (Ing. *Casein*) Principal proteína de la leche; las otras son la albúmina y la globulina. // Todas ellas son proteínas completas y la proporción de aminoácidos esenciales en la caseína es prácticamente la ideal. Su valor biológico es de 77. // Es la mejor fuente alimentaria de glutamina (mejor incluso que la leche, el huevo o la proteína del suero). // La caseína se coagula con los ácidos (por eso se "corta" la leche), y la albúmina y la globulina se coagulan por el calor (así se forma la nata). // Al coagular la caseína se forma el queso, pero las otras proteínas quedan disueltas en el suero sobrante. El requesón se obtiene al calentar este último. Véanse Proteína láctea y Proteína del suero.

Castaña de indias (Ing. *Horse chesnut*) Árbol de la familia de las Hipocastanáceas (Aesculus hippocastanum), originario de Grecia. // Desde la antigüedad se utilizaron sus hojas, corteza, frutos y semillas en el tratamiento de problemas circulatorios y hemorragias (su primer extracto fluido se utilizó en 1896). Actualmente se sabe que resulta útil contra las várices, las hemorroides, la flebitis y la fragilidad capilar. // En medicina tradicional se le considera astringente, antiinflamatorio, febrífugo, vasomotor, antiedematoso y vasoconstrictor. // Sus principios activos son la escina, el esculósido, los flavonglucósidos, los glicósidos triterpénicos y diversos flavonoides. Las diversas partes de la planta concentran distintas cantidades de estos activos, por lo que los extractos del fruto, la corteza y la semilla no son equivalentes entre sí. // Debe evitarse su empleo durante el embarazo y la lactancia. Tampoco debe usarse si se padece de insuficiencia hepática o renal, o junto con anticoagulantes. La dosis usual del extracto (generalmente estandarizado como equivalente a 100

mg de escina) es de 500 mg diarios en 1-2 tomas, con alimentos.

Catabólico (Ing. *Catabolic*) 1) Que interfiere con el crecimiento o el desarrollo corporal. En particular, que disminuye el volumen muscular. 2) Nombre genérico de compuestos que debilitan el desarrollo muscular (término común entre los fisicoculturistas). // El ejemplo típico es el cortisol, una de las hormonas del estrés. Véanse Anabólico y Anticatabólico.

Catártico (Ing. *Cathartic*) Que provoca la evacuación de los intestinos.

Catequinas (Ing. *Catechins*) Grupo de fitonutrientes que pertenecen a la familia de los polifenoles. Están presentes en el picnogenol, el extracto de ginkgo biloba, los vinos y todas las variedades del té (Camelia sinensis), pero especialmente en el té verde (15-30% de su peso seco). El té oolong tiene 8-20% y el té negro, 3-10%. // Algunas formas complejas de las catequinas son las galocatequinas (GCG) y las epigalocatequinas (EGCG). // Son antioxidantes muy poderosos: inhiben la formación de carcinógenos, protegen contra el cáncer estomacal y ayudan a regular los niveles de la glucosa sanguínea. También fomentan la termogénesis. Véanse Epigalocatequinas y Té verde.

Catuaba (Ing. *Catuaba*) Árbol de la familia de las Eritroxiláceas (Erythroxylon catuaba), de origen sudamericano. // Los nativos de la Amazonia han utilizado el té de catuaba desde hace siglos como afrodisiaco y tónico para la fertilidad. // Sus principios activos son las resinas aromáticas y las catuabinas. // No se ha investigado mucho, pero existe cierta evidencia de que efectivamente actúa como un estimulante sexual en ambos sexos. // No se ha establecido su seguridad durante el embarazo y la lactancia. // La dosis usual es de 2-4 tazas diarias de la infusión (hecha con la corteza).

Cebada (Ing. *Barley*) Planta herbácea anual de la familia de las Gramíneas (Hordeum vulgare), muy parecida al trigo. // Es uno de los siete cereales clásicos que sirven de alimento a la humanidad, también se utiliza para fabricar cerveza. // No es muy buena fuente de macronutrientes, a excepción de los carbohidratos (79 g/100 g). // Es buena fuente de vitaminas B, especialmente tiamina (1.8 mg/100 g) y niacina (3.8 mg/100 g). // Entre los minerales, destacan el potasio (320 mg/100 g), el fósforo (380 mg/100 g) y el hierro (4 mg/100 g).

Cebada perlada (Ing. *Pearl barley*) Es el grano de la cebada ya pulido (sin su cascarilla). También existe en forma de harina. // En ambas presentaciones se trata de un producto refinado, que ha perdido buena parte de sus nutrientes: tiamina (0.12 mg/100 g), niacina (1.7 mg/100 g). Véase Cebada.

Cebolla (Ing. *Onion*) Planta herbácea de la familia de las Liliáceas (Allium cepa), cuyos bulbos carnosos y aromáticos se usan como condimento. // Su sabor fuerte se debe a los sulfuros de alilo y su poder lacrimógeno al ácido propilsulfénico que contiene. // Al igual que el ajo, es extremadamente rica en fitonutrientes azufrados muy valiosos, algunos de los cuales son el propilsulfuro, el sulfuro de dialilo, el trisulfuro de dialilo, la s-alil cisteína y el tetrasulfuro de dialilo. // La cebolla es más bien pobre en nutrientes y sólo destaca el potasio (160 mg/100 g). Pero nos ofrece también fitonutrientes no azufrados tan importantes como el ácido clorogénico, el ácido lipoico, el campferol, la quercetina, la glucoquinina, la inulina y las cumarinas. // En medicina tradicional se le considera diurética, hipotensora, antitusiva, antibiótica, antimicótica, antiviral y pectoral.

Celulosa (Ing. *Cellulose*) Carbohidrato complejo presente en la mayoría de los vegetales superiores, a los que sirve como componente estructural. // Su molécula es muy grande y está compuesta por innumerables unidades de glucosa, que los mamíferos herbívoros pueden extraerle durante la digestión. Ni el ser humano ni los mamíferos carnívoros cuentan con las enzimas adecuadas para lograrlo, por lo que no les sirve de alimento. // Aunque carece de valor nutricional, resulta útil —junto con la hemicelulosa— como parte de la fibra dietética insoluble, que ayuda al funcionamiento de los intestinos. // También es capaz de secuestrar sustancias carcinógenas presentes en los intestinos.

Centella asiática Véase Gotu kola.

Centeno (Ing. *Rye*) Planta herbácea anual de la familia de las Gramíneas (Secale cereale) y muy parecida al trigo. // Es muy nutritivo, y al igual que aquél, su harina es panificable. // Con sus granos enteros y descascarillados se puede hacer un sucedáneo del café, de buen sabor y desprovisto de cafeína. // El centeno es rico en proteínas incompletas (12.5 g/100 g) y carbohidratos (88 g/100 g). // Abunda en vitaminas B, especialmente tiamina (0.5 mg/100 g) y niacina 4.8 mg/100 g). // Es fuente excelente de minerales, como el fósforo (421 mg/100 g), el potasio (510 mg/100 g), el hierro (4 mg/100 g) y el magnesio (125 mg/100 g).

Cereales (Ing. *Cereals*) Cada una de las especies vegetales pertenecientes a la familia de las Gramíneas, algunas de las cuales se cultivan en abundancia por el poder nutritivo de sus semillas: arroz, maíz, trigo, cebada, centeno, avena, mijo, etc. El trigo sarraceno, pese a su nombre, no es un cereal. // La composición nutricional promedio de los cereales es de 11% de proteínas incompletas, 70% de carbohidratos, 2% de minerales y la grasa varía entre 0.5% y 8%. // La avena es el ceral más rico en

proteínas y grasas; el arroz es el más pobre en todos los nutrientes. La mayoría de los cereales son ricos en vitaminas B y vitamina E (la excepción es el maíz). // Con las semillas de los cereales se suelen preparar germinados con un alto poder nutricional. Véase *Wheatgrass.*

Cereales clásicos (Ing. *Classic cereals*) Nombre dado a los principales miembros comestibles de la familia de las Gramíneas: maíz, trigo, arroz, cebada, centeno, avena y mijo. // Se les llama así, porque han sido la base de la alimentación de la humanidad durante milenios. A algunos de ellos incluso se les liga a continentes, razas o grupos étnicos en particular (el maíz a Mesoamérica, el arroz al extremo Oriente, el mijo a los pueblos africanos y el trigo a Europa).

Cereales para el desayuno (Ing. *Breakfast cereals*) Son los granos de cereales (generalmente maíz, trigo, avena o arroz) procesados y listos para su consumo inmediato, bañados en leche. // La mayoría vienen enriquecidos con vitaminas y minerales, pero eso difícilmente compensa el empobrecimiento que les produjo el procesamiento industrial. // Casi todos traen azúcar blanca añadida o sugieren añadirla, lo que empeora aún más su naturaleza poco sana. Además, suelen ser demasiado caros para tratarse de productos pobres en proteínas. Todo eso, y su índice glicémico elevado, hacen poco aconsejable su consumo.

Cereza (Ing. *Cherry*) Es el fruto (drupa) de un árbol de la familia de las Rosáceas (Prunus avium), muy apreciado por su sabor. // Tradicionalmente se expenden en conserva, pero cada vez se les consume más en su estado natural (así son mucho más nutritivas). // Las cerezas son bajas en macronutrientes y fibra dietética, pero tienen aceptable contenido de vitaminas B, como la niacina (0.4 mg/100 g) y el ácido pantoténico (0.5 mg/100 g). También son pobres en minerales, excepto el potasio (190 mg/100 g). // Son ricas en fitonutrientes importantes como el ácido elágico, los antocianósidos, las cumarinas, los flavonoides, los carotenoides y el alcohol perillílico. // Son excelentes para el tratamiento de la gota y el exceso de ácido úrico.

Ceruloplasmina (Ing. *Ceruloplasmine*) Proteína sanguínea que se encarga de transportar el cobre. // La albúmina, otra fracción proteica de la sangre, también transporta cobre y lo cede con mayor facilidad que la ceruloplasmina.

Cetil miristoleato (Ing. *Cetyl myristoleate*) Es un derivado de lípidos (éster del ácido mirístico) al que también se conoce como CMO. // Está presente (en escasas cantidades) en los aceites de oliva, de germen de trigo, de ajonjolí, de soya y de girasol. // Es antiinflama-

torio e inmunomodulador. Se usa sobre todo como complemento alimenticio en el tratamiento de la artritis: combate la inflamación y el dolor, además de exhibir propiedades lubricantes en las articulaciones afectadas. // Fue descubierto en 1962 por el doctor Harry W. Diehl, un científico del Instituto Nacional de la Salud norteamericano. // Prácticamente no tiene efectos secundarios y se le considera seguro. La dosis usual es de 1-3 g diarios, en 1-3 tomas.

Cetoisocaproato de arginina (Ing. *Arginine ketoisocaproate*) Derivado químico del aminoácido arginina, también conocido como AKIC. // Favorece la actividad cerebral. Su utiliza en fisicoculturismo como un agente anticatabólico y para preservar la masa muscular. // Su uso es seguro, pero no se ha evaluado su inocuidad en embarazo y lactancia. // La dosis usual es de 2-4 g diarios, en 1-2 tomas. En fisicoculturismo se utilizan 4-6 g diarios, en 1-3 tomas.

CG Siglas de carga glicémica.

CGF Siglas en inglés de factor de crecimiento de la clorela.

Chabacano (Ing. *Apricot*) Es el fruto de un árbol de la familia de las Rosáceas (Prunus armeniaca) al que también se conoce como albaricoque y damasco. // Es escaso en macronutrientes y vitaminas, con excepción del betacaroteno

(2500 UI/100 g) y la niacina (0.6 mg/ 100 g). // Contiene fitonutrientes notables, como el alfa y el betacaroteno, la cantaxantina, la criptoxantina y la zeaxantina; ofrece, asimismo, ácido clorogénico, flavonoides y cumarinas. // Entre los minerales, sólo resalta el potasio (280 mg/100 g). // En medicina tradicional se le considera colagogo y pectoral.

Champiñones (Ing. *Champignons*) Nombre común para una variedad de hongos comestibles que pertenecen a la familia de las Agaricáceas (Agaricus campestris). // Cultivados por el hombre desde la antigüedad, constituyen un alimento excelente para las dietas: sólo aportan 7 calorías por 100 g. // Prácticamente carecen de macronutrientes, pero son ricos en riboflavina (0.4 mg/ 100 g), niacina (4 mg/100 g) y ácido pantoténico (7 mg/100 g). // Bajos en sodio (9 mg/100 g), son en cambio muy altos en potasio (465 mg/100 g), y ofrecen buenas cantidades de fósforo (135 mg/100 g) y cobre (1 mg/100 g). // Entre los fitonutrientes que ofrecen están los esteroles, las cumarinas, los flavonoides y los glucaratos. Algunos de sus fitonutrientes (como el ácido agárico, las agaricinas, los lentinanos y los polisacáridos fungales) son exclusivos de los hongos y presentan propiedades antivirales, antibióticas e inmunomoduladoras. También ayudan a regular los niveles de colesterol. Véase Lentinano.

Chaucha (Ing. *String beans*) Otro nombre para los ejotes.

Chayote (Ing. *Chayote*) Es el fruto comestible de una planta rastrera de la familia de las Cucurbitáceas (Sechium edule). // La raíz, llamada chinchayote, es feculenta y también se come. // No abundan en macronutrientes, pero tienen algo de fibra dietética (1.4 g/100 g) y betacaroteno (2700 UI/100 g). De los minerales, sólo destaca el potasio (240 mg/100 g). // Su escasez nutricional la compensan los chayotes con fitonutrientes: ácido clorogénico, ácido fenólico, alfacaroteno, betacaroteno, flavonoides, pectinas e inhibidores de las proteasas.

Chícharos (Ing. *Sweet pea*) Son las semillas de una planta herbácea de la familia de las Leguminosas (Pisum sativum). // Son muy populares para guisos, ensaladas y platillos fríos. // Son ricos en carbohidratos (19.5 g/100 g) y fibra dietética (2 g/100 g). La única vitamina que destaca es la niacina (3 mg/100 g). // Entre los minerales, el menos escaso es el potasio (315 mg/100 g). // Es fuente apreciable de fitonutrientes como las cumarinas, los flavonoides, las saponinas, las isoflavonas, los inhibidores de las proteasas y la luteína.

Chicozapote (Ing. *Chicozapote*) Es el fruto de un árbol de la familia de las Sapotáceas (Manilkara zapotilla). // Su pulpa es dulce, muy jugosa y segrega una resina chiclosa. // Es pobre en macronutrientes, excepto los carbohidratos (18 g/100 g). Contiene algo de fibra dietética (1 g/100 g) y niacina (0.3 mg/100 g). // De los minerales, sólo destacan el potasio (185 mg/100 g) y el hierro (1.5 mg/100 g).

Chiles (Ing. *Chilis o chili pepper*) Son los frutos de una amplia variedad de plantas de la familia de las Solanáceas (Capsicum spp.). // Existen por lo menos 160 distintos y son ampliamente utilizados como condimento en México, Estados Unidos, Tailandia, India y Sudáfrica. // Los hay desde los no picantes —como los pimientos— hasta los muy picosos, como el habanero. // La mayoría de los chiles son bajos en macronutrientes y apenas ofrecen fibra dietética (1.5 g/100 g), betacaroteno (770 UI/100 g), niacina (3 mg/100 g) y potasio (315 mg/100 g). // Compensan la escasez de nutrientes con la de fitonutrientes: glucaratos, flavonoides, monoterpenos, inhibidores de las nitrosaminas, carotenoides, antocianósidos y algunos fitonutrientes exclusivos, como el capsidol, la capsaicina, la dehidrocapsaicina, la capsicidina, la capsicxodendrina y los capsinósidos

Chirimoya (Ing. *Chirimoya*) Es el fruto de un árbol de la familia de las Anonáceas (Annona cherimolia), muy apreciada por su pulpa, suave, dulce y jugosa. // La chirimoya es pobre en la mayoría de los nutrientes, y sólo aporta un poco

de niacina (0.6 mg/100 g) y potasio (120 mg/100 g).

Chitosán (Ing. *Chitosan*) 1) Derivado químico de la quitina, el componente estructural de insectos y crustáceos. 2) Polisacárido complejo que se extrae de algunos crustáceos marinos (jaibas, cangrejos y camarones) que no es digerible para el ser humano. Se le suele utilizar como auxiliar en diversos regímenes para adelgazar. // Una vez en las vías digestivas, esta fibra forma una matriz gelatinosa, la cual atrapa los lípidos de los alimentos previniendo su absorción intestinal. La grasa y el colesterol así atrapados se excretan más tarde en las heces fecales, produciendo un ahorro calórico. También se ha verificado que el chitosán inhibe algunas enzimas digestivas, como la lipasa y la alfa amilasa, lo que podría contribuir a su acción adelgazante. // Su principio activo más importante es un polisacárido formado por unidades de N-acetil-D-glucosamina, similar a la glucosamina presente en los cartílagos. // No se recomienda su uso en personas alérgicas al pescado o los mariscos, en mujeres embarazadas o lactantes, ni en menores de edad. // Tampoco es aconsejable su uso prolongado, ya que empobrece la alimentación al apoderarse también de ácidos grasos esenciales, vitaminas liposolubles y algunos fitonutrientes. // La dosis usual es de 250-500 mg antes de cada alimento. Su eficacia aumenta con el uso simultáneo de vitamina C.

Chuan xiong (Ing. *Chuan xiong*) Nombre chino del ligústico.

Cianocobalamina (Ing. *Cyanocobalamin*) Otro de los nombres para la vitamina B_{12}, también conocida como hidroxicobalamina y cobalamina.

Cilantro (Ing. *Coriander*) Planta herbácea de la familia de las Umbelíferas (Coriandrum sativum), cuyas hojas se usan como condimento. // Es más bien pobre en nutrientes, a excepción del betacaroteno (6700 UI) y la niacina (0.3 mg/100 g). // Entre los minerales, sólo ofrece abundancia de potasio (630 mg/100 g). // Sus fitonutrientes más valiosos son el ácido fenólico, los flavonoides, los monoterpenos, los poliacetilenos y los carotenoides (alfa y betacaroteno, zeaxantina). // En medicina tradicional se le considera expectorante, diurético y carminativo.

Cimífuga (Ing. *Black cohosh*) Otro nombre para la serpentaria o cohosh negro.

Cinarina (Ing. *Cynarin*) Fitonutriente presente en la alcachofa y demás miembros de la familia de los Cardos (Compuestas). // Es colerético, colagogo y mejora la función hepática y biliar. Ayuda a normalizar el colesterol y los triglicéridos elevados.

Ciruela africana (Ing. *African plum*) Es el fruto de un árbol de la familia de las Rosáceas (Prunus africana) de muy len-

to crecimiento. // Crece silvestre en África y se le consume como alimento, pero también resulta útil para tratar los padecimientos de la próstata.

Ciruelas (Ing. *Plums*) Son el fruto (drupa) de un árbol de la familia de las Rosáceas (Prunus domestica), de gusto agradable y jugoso. // Las hay rojas, amarillas, verdes y púrpuras. // En general, las ciruelas son pobres nutricionalmente hablando; sólo destacan en niacina (0.5 mg/100 g) y en potasio (300 mg/100 g). // Empero, ofrecen una serie de fitonutrientes importantes: ácido clorogénico, ácido fenólico, ácido p-cumárico, alfacaroteno, betacaroteno, antocianósidos, cumarinas, difenilisatina, flavonoides y epigalocatequinas.

Ciruelas pasa (Ing. *Prunes*) Son el fruto desecado al sol de un árbol de la familia de las Rosáceas (Prunus domestica). // Una vez desecadas, las ciruelas incrementan fabulosamente su poder nutricional: carbohidratos (67 g/100 g), fibra dietética (1.6 g/100 g), betacaroteno (1600 UI/100 g) y niacina (1.6 mg/100 g). // Su concentración de hierro se eleva (3.9 mg/100 g) y lo mismo ocurre con la de potasio (695 mg/100 g). Lamentablemente, se incrementa su contenido de azúcares, lo que las hace inconvenientes para los diabéticos. // En medicina tradicional las ciruelas pasa (su jugo o su puré) son el laxante por excelencia. Véase Ciruelas.

Cistanche (Ing. *Cistanche*) Planta parásita (Cistanche deserticola) que crece en las raíces de una rara planta exclusiva de China y Mongolia. // En la medicina tradicional china se le utiliza para tratar la impotencia, la infertilidad y la depresión. // Actualmente está en vía de extinción, debido a la sobreexplotación.

Cisteína (Ing. *Cysteine*) Uno de los 20 aminoácidos presentes en los alimentos y que forman parte de las proteínas corporales. // También conocida como L-cisteína, no es un aminoácido esencial para el ser humano, pero puede convertirse en condicionalmente esencial si no se recibe suficiente metionina con la alimentación. Además, resulta importante en la alimentación, ya que es una de las principales fuentes de azufre orgánico (otras son la metionina y el MSM). // Usada como complemento, se comporta como antioxidante nutricional, factor antitóxico, protector hepático y estimula la producción corporal de glutatión. Es auxiliar en el tratamiento de las infecciones respiratorias (controla la secreción de mucosidad) y es de utilidad contra la artritis reumatoide. // Al usarla como complemento, debe acompañarse de vitamina C, para evitar que la cisteína se oxide y forme cistina (la cual puede ocasionar cálculos renales). La proporción óptima de vitamina C y cisteína es 3:1. // Su uso es seguro, pero deberían evitarla los diabéticos, ya que hace menos efectiva la insulina. // Para asegurarse de obtener los beneficios buscados, los complementos de cisteína deben ingerirse con agua, teniendo el estómago vacío y no ingiriendo ningún alimento en la hora previa y la posterior a la toma.

Cistina (Ing. *Cystine*) Uno de los 20 aminoácidos presentes en los alimentos y que forman parte de las proteínas corporales. // Químicamente la cistina es una variante de la cisteína, y a menudo se considera que ambas son un solo aminoácido. // Al igual que la cisteína, la cistina no es esencial, pero usada como complemento estimula el crecimiento en niños y adolescentes cuando escasea la metionina. // En los adultos, la cistina puede favorecer el crecimiento de las uñas y el pelo, y —acompañada de la vitamina C— actúa como un antioxidante nutricional y factor antitóxico

Citrato de calcio (Ing. *Calcium citrate*) Sal cálcica del ácido cítrico y una de las peores fuentes de calcio, ya que sólo proporciona 11% de este último. // A igualdad de peso, el fosfato de calcio provee más del doble, y el carbonato de calcio casi cuatro veces más calcio.

Citrato de deprenilo (Ing. *L-deprenyl citrate*) Medicamento que ha mostrado aumentar la longevidad en animales de laboratorio y aumentarles el nivel de importantes neurotransmisores cerebrales. // En pacientes con mal de Alzheimer, les ha mejorado la memoria, la retención, la expresión verbal y la atención. Su uso requiere vigilancia médica. Véanse Acetil carnitina, Astrágalo, Huperzia serrata, NADH y Vinpocetina.

Citrina (Ing. *Citrin*) Nombre dado originalmente al extracto de bioflavonoides extraído de los cítricos también conocido como vitamina P o vitamina C_2. // A veces se le considera también sinónimo de hesperidina, uno de los bioflavonoides cítricos más conocidos. // Con este nombre también se designa un extracto estandarizado de la Garcinia cambogia.

Citrulina (Ing. *Citrulin*) Aminoácido que actúa como un intermediario del metabolismo (ciclo de la urea) y no forma parte de las proteínas corporales o alimenticias. // Usado como complemento nutricional, estimula la producción de energía, mejora el sistema inmunológico y protege el hígado, en donde tiende a concentrarse. // El organismo puede transformarla en ácido aspártico y en arginina, y con ello, elevar la producción corporal de óxido nítrico (NO).

Ciwuja (Ing. *Ciwuja*) Véase Ginseng siberiano.

CLA Siglas en inglés de ácido linoleico conjugado.

Clorela (Ing. *Chlorella*) Alga unicelular (microalga) comestible de agua salo-

bre y color verde intenso (Chlorella autotrophica o C. pyrenoidosa o C. vulgaris). Su color se debe a que es el vegetal con mayor concentración de clorofila (70%). // Uno de los efectos más valiosos de la clorela es el de aumentar los niveles corporales de la albúmina sérica (la cual ayuda a proteger contra el cáncer y los males cardiovasculares). // Es excepcionalmente rica en nutrientes y, al igual que la espirulina, se le utiliza deshidratada (polvo o tabletas) como complemento nutricional. // Contiene proteína completa (58 g/100 g), betacaroteno (2100 UI/100 g), tiamina (4.5 mg/100 g), riboflavina (3.5 mg/100 g), niacina (10 mg/100 g), ácido pantoténico (0.7 mg/100 g), piridoxina (0.2 mg/100 g), ácido fólico (52 mcg/100 g), vitamina E (15 UI/100 g), carotenoides (alfa caroteno, luteína, criptoxantina, zeaxantina) y clorofila. // Una variedad de clorela, la C. minutissima, se ha revelado como una fuente muy rica en EPA. // Se considera segura en su uso, y la dosis recomendada es de 500 mg, 1-2 veces al día.

Clorela yaeyama (Ing. *Yaeyama chlorella*) Una subespecie del alga clorela que contiene tres veces más betacaroteno, carotenoides y factor de crecimiento de la clorela (CGF, por sus siglas en inglés) que otras especies afines. // Se cultiva en la barrera coralina de la isla Ishigaki en el sur de Japón, específicamente para convertirla en complementos nutricionales. // Se considera segura en su uso, y la dosis recomendada es de 500 mg, 1-2 veces al día.

Clorhidrato de betaína (Ing. *Betaine hydrochloride*) Derivado químico de la betaína, un fitonutriente presente en el betabel, la espinaca, el brócoli, la col, la coliflor, la colecita de bruselas y el rábano. También se le conoce como trimetilglicina. // La betaína de los alimentos es un excelente donador de metilos e inhibe el crecimiento tumoral, disminuye los niveles sanguíneos de homocisteína y protege contra el mal de Alzheimer. // Los complementos ofrecen su derivado, el clorhidrato de betaína, que generalmente se usa no por esta última, sino como fuente estable de ácido clorhídrico, que resulta útil cuando hay una producción gástrica insuficiente de este ácido. // Esta deficiencia suele ser común en los pacientes con problemas digestivos, cálculos biliares, alergias y asma. // Clínicamente se ha visto que el clorhidrato de betaína resulta beneficioso en el tratamiento de la arterioesclerosis, la artritis reumatoide, el vitiligo, los trastornos de la tiroides, el tic doloreaux, las infecciones por cándida y para reducir los niveles elevados de homocisteína. // Aunque es bastante seguro, se recomienda precaución, ya que consumido en exceso o durante largas temporadas puede resultar contraproducente. No es aconsejable si se padece la enfermedad ácido péptica. Tampoco debe usarse simultáneamente con aspirina, ibuprofeno o medicamentos antiinflamatorios, como la cortisona. // La dosis usual es de 250-500 mg diarios, en 2-4 tomas (junto con algún alimento rico en proteínas). Véase Metilación.

Cloro (Ing. *Chloride*) Elemento químico indispensable para la salud, de número atómico 17. // En el organismo se halla como el ión cloruro, en compañía del sodio y del potasio. Junto con estos últimos, el cloro resulta esencial para mantener el balance ácido-base, el balance hídrico y la regulación de la presión sanguínea (es un electrolito). Asimismo, el cloro forma parte del jugo gástrico y activa algunas enzimas. // No existe un requerimiento mínimo diario para el cloro, aunque se considera que el consumo diario de sal de mesa proporciona la cantidad suficiente. // El cloro es además fundamental para la secreción del ácido clorhídrico de los jugos gástricos estomacales, mismo que contribuye al proceso digestivo.

Clorofila (Ing. *Chlorophyll*) 1) Nombre genérico de varios pigmentos verdes presentes en las plantas. Por medio de la fotosíntesis posibilitan la producción de carbohidratos en estas últimas. 2) Fitonutriente que tradicionalmente se recomienda contra el mal aliento, el mal olor corporal, la diarrea, el estreñimiento y la anemia. // Sus mejores fuentes son las verduras de hoja, la alfalfa, la espirulina, la clorela, los germinados y el pasto de trigo y de cebada. // Ya existe en forma de complemento y se utiliza como antioxidante, antiinflamatorio, cicatrizante, antitóxico y desodorante interno. Además, disminuye la producción de carcinógenos fecales. // Utilice sólo los complementos de mejor calidad, libres de clorofilina. Si no se le estabiliza convenientemente, la clorofila se degrada y puede dar lugar a la formación de un tóxico llamado feofórbido. // La dosis usual es de 100-200 mg al día, en 1-2 tomas, con alimentos. La versión en polvo o tableta es más estable que la líquida. // Los complementos de clorofila no son recomendables para quienes padecen la enfermedad de Wilson (que ocasiona acumulación de cobre en el organismo).

CMO Siglas de cetil miristoleato.

Cobalamina (Ing. *Cobalamin*) Otro de los nombres de la vitamina B$_{12}$, también conocida como cianocobalamina e hidroxicobalamina.

Cobalto (Ing. *Cobalt*) Mineral esencial para la salud, de número atómico 27. // Su única función establecida es formar parte de la molécula de la vitamina B$_{12}$. // En los rumiantes se conocen enfermedades por carencia de cobalto, mas no en el ser humano, que no parece necesitarlo aislado de la vitamina B$_{12}$.

Cobamida (Ing. *Cobamide*) Otro nombre de la coenzima B$_{12}$. Véase Dibencozida.

Cobre (Ing. *Copper*) Mineral esencial para la salud, de número atómico 29. // El cuerpo humano adulto contiene unos 100-150 mg de cobre, depositado principalmente en los músculos, los huesos y el hígado. // Entre sus funciones más importantes está la activación de numerosas enzimas, entre ellas la superóxido dismutasa. Además, el cobre asiste al hierro en la producción de hemoglobina y glóbulos rojos, posibilita la pigmentación del cabello y resulta indispensable para la síntesis de colágeno, mielina y elastina. También interviene en la producción de los ácidos nucleicos (ARN y ADN) y en la producción de ATP. Es necesario para el buen funcionamiento del sistema inmunológico (estimula la producción de células B y T). // No tiene un mal carencial definido, pero su deficiencia puede originar un tipo específico de anemia. // Se dosifica en miligramos y el requerimiento mínimo diario es de 1-2 mg en los adultos, y de 1 mg o me-

Cobre

Las mejores fuentes

Hongos	5.4 mg
Hígado de ternera	3.5 mg
Ostiones	3.1 mg
Mejillones	2.9 mg
Germen de trigo	2.6 mg
Melaza de caña	2.0 mg
Miel de abeja	1.5 mg
Avellanas	1.3 mg
Soya	1.2 mg
Nueces del brasil	1.0 mg
Germen de trigo	1.0 mg

X 100 g

nos en los niños. Estas necesidades no sólo se satisfacen a través de alimentos o complementos, sino también con el agua de la llave (que al circular por las tuberías disuelve a su paso este mineral). // El cobre puede ser tóxico si la ingestión diaria sobrepasa los 10 mg (nivel que a veces se alcanza o se sobrepasa consumiendo agua de la llave). Los síntomas suelen ser náuseas, vómitos y cólicos estomacales. Si el envenenamiento es muy intenso, puede producirse una anemia hemolítica. // Aun sin llegar al umbral tóxico, debe evitarse ingerir cobre de más, pues se comporta como un antagonista del zinc y podría ocasionar carencias de este último.

Cocarboxilasa (Ing. *Cocarboxilase*) Es el pirofosfato de tiamina o coenzima B$_1$.

Coco (Ing. *Coconut*) Es el fruto (drupa) del cocotero, una planta de la familia de las Palmáceas (Cocos nucifera), muy estimado por su pulpa y por el líquido que contiene (agua de coco). // La pulpa es más bien baja en macronutrientes, si bien contiene algo de fibra dietética (1 g/100 g). // De las vitaminas, destacan la niacina (0.4 mg/100 g) y el ácido fólico (277 mg/100 g). // Aunque bajo en minerales, contiene buena cantidad de potasio (250 mg/100 g). // En medicina tradicional se considera al agua y a la pulpa de coco vermífugas y antidiarreicas.

Codo de fraile (Ing. *Monk elbow*) Planta herbácea (Thevethia peruviana) ori-

ginaria de México, también conocida como yoyote. // En medicina tradicional su savia se utiliza contra hemorroides y afecciones cutáneas. También se aconseja para adelgazar. // Este último uso, aún sin confirmación científica, puede resultar peligroso. La planta entera es tóxica y la dosis supuestamente terapéutica está muy próxima a la dosis letal.

Codonopsis (Ing. *Codonopsis*) Planta herbácea de la familia de las Campanuláceas (Codonopsis pilosula), originaria de China. // En Oriente se le utiliza como un tónico que fortifica suavemente y combate la fatiga muscular y mental, sobre todo en la madurez y la tercera edad. // En medicina tradicional se le considera digestivo, emoliente, expectorante, estimulante y afrodisiaco. // Su uso es seguro y la dosis usual de la tintura es de 10-20 gotas, 1-3 veces al día, o 1-2 tazas diarias de la decocción de la raíz. Véanse Plantas tonificantes y Dang shen.

Coenzima B$_1$ (Ing. *Coenzyme B$_1$*) Es el pirofosfato de tiamina o cocarboxilasa.

Coenzima Q$_{10}$ (Ing. *Coenzyme Q$_{10}$*) También llamada ubiquinona y CoQ$_{10}$, es una sustancia orgánica liposoluble que cumple con un importante papel en la producción celular de energía (fosforilación oxidativa). // Se descubrió en 1957 y se dosifica en miligramos. // El organismo puede sintetizarla, pero a menudo se recurre a ella como complemento nutricional porque la edad, el estrés y la malnutrición crónica (en especial, la deficiencia de vitamina E) van mermando la producción corporal de esta coenzima. // Sus mejores fuentes alimenticias son el hígado, los riñones, las carnes rojas, las sardinas, los arenques, las espinacas, los cereales integrales, los cacahuates y las nueces. // Tómese en cuenta que es una sustancia muy sensible al calor y al oxígeno del aire, y que el cocinado de los alimentos disminuye su contenido y a veces lo desaparece. // No existe un requerimiento mínimo diario para la coenzima Q_{10}, pero se considera suficiente recibir de 15 a 60 mg diariamente en adultos sanos. // Sus funciones son muy importantes: es indispensable para extraerles la energía a grasas, carbohidratos y proteínas, y estimula el sistema inmunológico. // Se le ha utilizado en el tratamiento de casi todos los males cardiovasculares: arritmias, cardiomiopatía, falla cardiaca congestiva, prolapso de la válvula mitral, secuelas de infartos e hipertensión arterial. También es útil contra el cáncer, la diabetes, la fibromialgia y la enfermedad periodontal. Se comporta también como un antioxidante nutricional que protege contra los radicales libres. // En animales de laboratorio ha mostrado ser una de las sustancias más potentes para combatir el envejecimiento y conservar el vigor. // La dosis usual como complemento es 30-60 mg diarios, con alimentos y en 1-

2 tomas. En el tratamiento de enfermedades, se han llegado a utilizar 180 mg diarios o más. // Su uso es seguro, si bien no ha sido evaluado durante el embarazo y la lactancia.

Coenzimas (Ing. *Coenzymes*) Sustancias orgánicas que actúan como auxiliares o cofactores de las enzimas, activándolas y permitiéndoles funcionar. Son de suma importancia para la buena marcha del metabolismo y, en general, de los procesos vitales. // Las coenzimas más conocidas son derivados vitamínicos del complejo B: cocarboxilasa (de la tiamina), FAD (de la riboflavina), NAD (de la niacina) y coenzima A (del ácido pantoténico). // Las coenzimas no son específicas y algunas pueden activar más de una enzima.

Cohombro (Ing. *Cucumber*) Otro nombre para el pepino.

Cohosh negro (Ing. *Black cohosh*) Otro nombre para la serpentaria o cimífuga.

Col (Ing. *Cabbage*) Planta herbácea de la familia de las Crucíferas (Brassica oleracea), muy apreciada como base de sopas y ensaladas. Con ella se confecciona también el *sauerkraut* (col fermentada). // Es pobre en macronutrientes y vitaminas, a excepción del ácido fólico (310 mcg/100 g) y de la vitamina C (47 mg/100 g). En cuanto a los minerales, sólo es buena fuente de potasio (230 mg/100 g). // Empero, la col es un tesoro de fitonutrientes como el ácido fe-nólico, la betaína, el FEITC, el I3C, el sulforafano, los isotiocianatos, las ditioltionas, el cianhidroxibuteno, los glucosinolatos y algunos carotenoides. // En medicina tradicional se utiliza como pectoral, antiulcerosa y vermífuga.

Cola (Ing. *Kola*) Árbol de la familia de las Esterculiáceas (Cola nitida o C. acuminata), también conocido como kola (no confundir con el gotu kola). // Es originario de África, en donde los nativos mastican las semillas por su efecto estimulante (son ricas en cafeína). // En 1886 John S. Pemberton, un farmacéutico estadounidense, añadió agua carbonatada a un jarabe de cola, y así nació la Coca-cola. Desde entonces se le utiliza como saborizante de los refrescos de cola. // Entre sus principios activos están la cafeína (hasta en 2.5%), el catecol y diversas catequinas. // En medicina tradicional se han utilizado las nueces de cola como estimulantes, diuréticas, aperitivas, digestivas y antidiarreicas, así como para combatir la fatiga y el asma. También se les considera un tónico cardiaco. // No debe usarse durante el embarazo y la lactancia, y en personas con hipertensión o enfermedad ácido péptica. Tampoco se recomienda su uso prolongado.

Cola de caballo (Ing. *Horsetail*) Planta herbácea de la familia de las Equisetáceas (Equisetum arvense), también conocida como equiseto. // Aunque se le conoce más por sus aplicaciones medicinales, también es un complemento alimenticio (es una buena fuente de silicio orgánico). // En medicina tradicional se le considera depurativa, diurética, astringente, remineralizante y cicatrizante. // Usado en forma de complemento, fomenta la tersura de la piel y estimula el crecimiento de uñas, pelo y huesos. Acelera la regeneración del tejido conectivo dañado (heridas, fracturas). Se recomienda para ayudar a prevenir la osteoporosis (también se utiliza en su tratamiento). // Aunque su uso es seguro, se debe evitar durante el embarazo y la lactancia, así como en pacientes cardiacos, renales o con enfermedad ácido péptica. Tampoco se recomienda su uso prolongado, pues contiene sustancias antagonistas de la tiamina e incrementa la salida del potasio del organismo. La dosis usual es de 2 tomas al día de la infusión preparada con la planta (fresca o seca).

Colágeno (Ing. *Collagen*) Una de las proteínas más importantes del cuerpo humano, y la más abundante (hasta 30% del total de las proteínas corporales). Se le halla principalmente en el tejido conectivo, los huesos y los cartílagos. // Para producirlo, el organismo necesita algunos aminoácidos esenciales y, en especial, vitamina C. Sin esta última, la síntesis de colágeno se detiene, y el colágeno preexistente se deteriora. // Algunos tejidos animales (como las pezuñas y los cartílagos) son buena fuente de colágeno, el cual es normalmente insoluble. Pero cuando se le hierve durante cierto tiempo se disuelve, dando origen a la grenetina.

Colagogo (Ing. *Colagogue*) Que estimula el flujo de la bilis.

Col de bruselas (Ing. *Brussels sprout*) Planta herbácea de la familia de las Crucíferas (Brassica oleracea var. prolifera). // Es semejante a la col —de la cual procede—, pero en tamaño miniatura y con un sabor más intenso. // Escasea en macronutrientes y vitaminas, excepto la niacina (0.9 mg/100 g) y la piridoxina (1.2 mg/100 g). // De los minerales, sólo destaca en el potasio (185 mg/100 g). // En cuanto a fitonutrientes, su tamaño resulta engañoso: abunda en algunos como los glucosinolatos, los isotiocianatos, las ditioltionas, los esteroles, el FEITC, el I3C, el sulforafano, el glutatión, el campferol, la iberina, la luteína y los flavonoides.

Colecalciferol (Ing. *Colecalcipherol*) Otro nombre de la vitamina D_3, que es la que se sintetiza en la piel (a expensas del colesterol) cuando aquélla se expone a los rayos solares. // Es el mismo tipo de vitamina D que proveen los alimentos. Se retiene mejor en el organismo y es menos tóxica que la vitamina D_2 (ergocalciferol)

Colerético (Ing. *Coleretic*) Que previene el exceso de bilis.

Colesterol (Ing. *Cholesterol*) Lípido (esterol) presente de manera exclusiva en los alimentos de origen animal. // El cuerpo humano puede producirlo, y tiene importancia fundamental en el nivel metabólico: forma parte de las membranas celulares, sirve de precursor para diversas hormonas esteroides, la vitamina D y los ácidos biliares. En promedio, un adulto produce unos 1500 mg diarios. // Entre los alimentos más ricos en colesterol están: riñones, sesos, hígado, corazón, yema de huevo, chicharrón, chorizo, mantequilla, leche de vaca, lácteos, ostiones y pancita. // El consenso científico recomienda que el consumo diario de colesterol no supere los 300 mg. // Diversos complementos alimenticios ayudan a mantener el colesterol normal. Entre otros: lecitina de soya, cromo, vitaminas C, E y las del complejo B, aceite de pescado, aceite de prímula, extracto de ajo, proteína de soya, probióticos, colestina y levadura de cerveza.

Colestina (Ing. *Cholestin*) Sustancia orgánica de origen vegetal extraída de la levadura roja (Monascus purpureus), cultivada en China. // Al parecer, su naturaleza química es idéntica a la de la lovastatina, uno de los medicamentos anticolesterol llamados genéricamente astatinas (que inhiben la acción de una enzima, la HMG-CoA reductasa, la cual promueve la síntesis de colesterol). // Empleada como complemento alimenticio, puede lograr reducciones en el

colesterol total de entre 25% y 40%. //
Su uso es muy seguro, pero no se recomienda emplearlo durante el embarazo y la lactancia. La dosis usual es de 1-
2 cápsulas diarias (con los alimentos),
hasta lograr la reducción deseada.

Coleo (Ing. *Coleus*) Planta herbácea de la
familia de las Labiadas (Coleus forskohlii), de origen hindú. // Se le utiliza en
medicina ayurvédica, que la recomienda
contra el asma, el insomnio, los padecimientos cardiacos (en especial la hipertensión),
la soriasis, el eczema y la epilepsia. // Es
útil para tratar el asma y la falla cardiaca
congestiva. Se le reconoce un efecto
termogénico y favorece el buen funcionamiento de la glándula tiroides (mejora
la utilización de sus hormonas y combate el hipotiroidismo); por ello ha ganado
fama como un producto para adelgazar
sin perder tejido magro. // También
puede activar a la enzima adenilato cicla-
sa para aumentar la masa muscular y hacer que ésta sea más resistente a los esfuerzos prolongados. // Su principio
activo es la forskolina o colforsina. //
Aunque su uso es seguro, debe evitarse
si se padece arritmia u otros trastornos
cardiacos. Tampoco debe emplearse junto con fármacos para el asma o la
hipertensión. No se ha establecido su
inocuidad durante el embarazo y la lactancia. // La dosis recomendada es de
100-200 mg diarios de forskolina, divididos en 2-4 tomas (con el estómago
vacío). Se dice que es más efectiva si se
combina con cafeína. Véase Forskolina.

Colforsina (Ing. *Colforsine*) Véanse Coleo y Forskolina.

Coliflor (Ing. *Cauliflower*) Planta herbácea de la familia de las Crucíferas (Brassica oleracea var. botrytis) que es muy
apreciada para sopas. También se prepara a la vinagreta. // Al igual que la col,
no abunda en nutrientes. De las vitaminas, sólo destacan el ácido fólico (146
mcg/100 g), la vitamina C (55 mg/100
g) y la niacina (0.6 mg/100 g). // Su
único mineral importante es el potasio
(247 mg/100 g). // No obstante, la coliflor también es rica en fitonutrientes
valiosos: ácido fenólico, ácido lipoico,
betaína, iberina, glutatión, FEITC, I3C,
ditioltionas, indoles, glucosinolatos, isotiocianatos, esteroles y sulforafano.

Colina (Ing. *Choline*) Lípido (fosfolípido) al que hasta hace poco se le conside-
raba un nutriente accesorio. A mediados

Colina

Las mejores fuentes

Lecitina de soya	2 450 mg
Yema de huevo	1 450 mg
Chícharos secos	780 mg
Lentejas	710 mg
Chícharos frescos	680 mg
Arroz integral	650 mg
Hígado de res	550 mg
Hígado de ternera	470 mg
Huevo entero	420 mg
Germen de trigo	400 mg
Soya	340 mg
Ejotes	340 mg
Frijoles bayos	290 mg
Col	250 mg

X 100 g

del siglo XX se le llegó a considerar una vitamina (inclusive se le incluyó en el complejo B), pero se le retiró tal reconocimiento porque el organismo puede sintetizarla y no tiene una enfermedad carencial definida. // Sin embargo, fue nuevamente reconocida como vitamina en 1998 por la Academia Nacional de Ciencias de los Estados Unidos, puesto que con frecuencia la producción corporal no es suficiente para satisfacer las necesidades de la misma. // Se le conoce también como amanitina y se le dosifica en miligramos. // La colina es necesaria para preservar la integridad y funcionalidad de las membranas celulares, incluidas las neuronas. También está íntimamente ligada con el metabolismo de las grasas y el colesterol, ayudando a mantenernos en peso y con el colesterol normal. Participa en la producción de aminoácidos, adrenalina y varias coenzimas. Ayuda a los riñones a controlar la presión arterial y es muy importante para el hígado, el cerebro y el sistema nervioso. Es también la precursora de la acetilcolina, un importante neurotransmisor. // Su deficiencia prolongada puede originar degeneración grasa del hígado, úlcera gástrica sangrante y hemorragias renales. // Se le ha utilizado en el tratamiento de la mala memoria, la arterioesclerosis, los males hepáticos (hepatitis, cirrosis, hígado graso), los males renales (nefritis y hemorragias renales), la hipertensión, el estreñimiento y el insomnio. // La colina es más efectiva si se le recibe junto con la vitamina A, el complejo B y los ácidos grasos esenciales. // Quizá una de las mejores maneras de recibir colina sea ingerir lecitina de soya (a esta última se le ha llegado a considerar "colina de liberación prolongada"). // Aún no cuenta con un requerimiento mínimo diario, pero se considera que 500-1000 mg al día de colina son suficientes en adultos sanos, y 200-400 mg en los niños (según la edad). Si se prefiere recibir lecitina de soya, entonces la dosis sería de 3-6 cápsulas diarias de un gramo (repartidas, con las comidas). // Su uso es muy seguro, aún en megadosis de 5000 mg diarios o más.

Colza (Ing. *Rape*) Planta herbácea de la familia de las Crucíferas (Brassica napus oleifera), muy similar a la col. // De sus semillas se extrae un aceite comestible.

Comino (Ing. *Cumin*) Planta herbácea de la familia de las Umbelíferas (Cominum cyminum), cuyas semillas se utilizan como condimento. // En medicina tradicional se usa como estimulante y carminativo.

Complejo B (Ing. *B complex*) Familia de vitaminas hidrosolubles, formada por ocho sustancias: tiamina (B_1), riboflavina (B_2), niacina (B_3), ácido pantoténico (B_5), piridoxina (B_6), biotina (B_8), ácido fólico (B_9) y cobalamina (B_{12}). // La principal función fisiológica de estas vitaminas es fungir como coenzi-

---

Complejo B

Tiamina (B_1)
Riboflavina (B_2)
Niacina (B_3)
Ácido pantoténico (B_5)
Piridoxina (B_6)
Cobalamina (B_{12})
Ácido fólico
Biotina

---

mas en el metabolismo y sus tareas a menudo se interrelacionan. Esto último fue lo que motivó que se les reuniera bajo la denominación de "complejo B". // Por ser solubles en agua, su almacenamiento en el cuerpo es limitado, y se lleva a cabo sobre todo en el hígado, los riñones y los músculos. // Según el autor consultado, es común que se agreguen a este complejo otras sustancias que no necesariamente son vitaminas, como el inositol, el ácido paraaminobenzoico, el ácido orótico y el ácido lipoico. // Las vitaminas faltantes (B_4, B_7, B_{10}, B_{11}) corresponden a sustancias que alguna vez fueron consideradas vitaminas, pero que se les retiró de tal categoría. También existen falsas vitaminas B, como la B_{13}, la B_{15} y la B_{17}.

Complementos alimenticios (Ing. *Food supplements*) También llamados complementos nutricionales, son aquellos alimentos, derivados de alimentos o productos comerciales que se utilizan para complementar o balancear la dieta. // Para justificar su uso, se parte de la idea de que la alimentación actual está empobrecida por la industrializa-

ción, y que los complementos ayudan a satisfacer las necesidades nutricionales que pudieran quedar pendientes. // Ejemplos de complementos alimenticios son el aceite de pescado, la levadura de cerveza, la lecitina de soya y los multivitamínicos con minerales. No deben considerarse complementos alimenticios a productos herbolarios o fitoterapéuticos (como el ginseng, el ginkgo biloba o la equinácea). // No existe consenso sobre si utilizar los términos *complemento* o *suplemento*, y tienden a usarse de manera indistinta. Sin embargo, la palabra *suplemento* es una traducción literal del término en inglés, además de que suele dar idea de suplir, es decir, de sustituir la comida con los complementos.

Complementos de proteína (Ing. *Protein supplements*) Derivados alimenticios o productos que aportan gran cantidad de proteína, por lo general completa. // Ejemplos naturales de tales complementos son la levadura de cerveza, el gluten, la espirulina, la harina de soya, la clara de huevo y el hígado deshidratados. De los productos manufacturados, están la proteína de suero de leche, el caseinato de calcio, el colágeno, el aislado de proteína de soya, el hidrolizado de proteína de trigo y la lactoalbúmina. Véanse Caseína, Proteínas, Proteínas lácteas y Proteína de suero de leche.

Condroitina (Ing. *Condroitin*) Véase Sulfato de condroitina.

93

Condroitín sulfato (Ing. *Condroitin sulphate*) Véase Sulfato de condroitina.

CoQ$_{10}$ Otro nombre para la coenzima Q$_{10}$.

Corazón (Ing. *Beef heart*) Desde el punto de vista alimenticio, órgano muscular rico en proteínas completas, vitaminas y minerales. Generalmente el ser humano consume los corazones de pollo, res, cerdo y ternera. // El corazón de res es particularmente nutritivo. Contiene proteínas completas (25 g/100 g), tiamina (0.4 mg/100 g), riboflavina (1.2 mg/100 g), niacina (12 mg/100 g), vitamina B$_{12}$ (14 mcg/100 g) y hierro (6 mg/100 g).

Coriolus (Ing. *Coriolus*) Hongo comestible japonés (Coriolus versicolor), rico en compuestos inmunomoduladores y anticarcinógenos. // En particular se ha visto que aumenta los conteos de las células T y de las células asesinas naturales (NK). // Su extracto, conocido comercialmente como Crestin o PSK, se utiliza en el tratamiento alternativo de diversas formas de cáncer. No tiene efectos secundarios y su uso simultáneo con los tratamientos convencionales eleva más del doble el índice de supervivencia de los pacientes. // También resulta útil contra diversos males autoinmunes, como el lupus y la artritis reumatoide (activa las células T supresoras). // Aunque se le considera inofensivo, se recomienda precaución durante el embarazo y la lactancia. Para mantener elevadas las defensas,

1 g diario del extracto es suficiente. Para combatir el cáncer, se hace necesario 3 g diarios, en tres tomas.

Cordiceps (Ing. *Cordyceps*) Hongo de origen oriental (Cordyceps sinensis o Paelomyces hepiali) que suele parasitar a ciertas orugas y cuyo uso medicinal es muy antiguo. // En la medicina tradicional china se le considera un tónico (especialmente utilizado en la recuperación de los convalecientes), un ergogénico y un protector de los pulmones y los riñones. // Científicamente se ha verificado que estimula la vitalidad, es un inmunomodulador e inhibe el crecimiento tumoral. También eleva los niveles de superóxido dismutasa y protege los riñones y las cápsulas suprarrenales. Ayuda a la recuperación en caso de asma, males hepáticos, tinnitus, colesterol elevado y arritmias. // Su capacidad para mejorar la irrigación sanguínea de los genitales justifica su reputación para tratar la debilidad sexual masculina. Actúa como un inmunomodulador y se le ha utilizado en el tratamiento del cáncer. En fisicoculturismo, ayuda a mejorar el desempeño atlético. // En general se le considera seguro, pero hay que buscar la variedad "libre de orugas" y cuya pureza esté garantizada. La dosis recomendada del hongo deshidratado y molido es de 2-10 g diarios. En caso de usarse el extracto, la dosis es de 1-2 g diarios.

Creatina (Ing. *Creatine monohidrate*) Es una sustancia corporal (metabolito) que colabora con la producción de energía, sobre todo en el nivel muscular. La mayor parte de la energía disponible para la fibra muscular está presente en forma de fosfato de creatina y no de ATP. Asimismo, estimula la síntesis de poliaminas (y con ello promueve la producción de proteína y el desarrollo muscular). // El ser humano puede fabricarla a partir de los aminoácidos arginina, glicina y metionina (sintetiza un gramo diario, en promedio), pero cuando la recibe como complemento el organismo reacciona muy favorablemente. La forma mejor absorbida y tolerada es el monohidrato de creatina. // Las mejores fuentes alimentarias son las carnes y, en general, las proteínas de origen animal. Empero, para obtener 3-4 g de creatina, sería necesario consumir más de un kilogramo de carne de res. // Generalmente lo utilizan los fisicoculturistas y los deportistas de alto rendimiento porque ayuda a incrementar la disponibilidad de energía en el nivel muscular, incrementa la fuerza y la resistencia muscular. Asimismo, hidrata las fibras musculares, aumenta el volumen muscular y permite recuperaciones más rápidas. // También resulta útil para prevenir males cardiovasculares y mejorar el desempeño cerebral. Ayuda a reducir el colesterol (aumenta el HDL y disminuye el VLDL) y la homocisteína. Podría ayudar a prevenir el mal de Parkinson y la esclerosis lateral amiotrófica (mal de Lou Gehrig). // Asimismo, su uso como complemento ace-

lera la recuperación de los pacientes posoperatorios y protege contra la isquemia (mala irrigación sanguínea) a pacientes de infarto o embolia cerebral. // Su uso se considera seguro, y antes de una competencia, los fisicoculturistas suelen tomar 20-30 g diarios (en dosis divididas) durante 3-4 días seguidos. Como mantenimiento, utilizan 3-5 g diarios por tiempo indefinido (si bien se sugiere descansar de su uso cada 2-3 meses). Como simple complemento nutricional, se recomiendan 3-5 g diarios, divididos en 2-3 tomas. // Se obtienen mejores resultados si se utiliza creatina de máxima pureza (99.99%) y se ingiere con abundante agua o en combinación con otros complementos, como el ácido alfa lipoico, la glutamina, la proteína del suero, los aminoácidos ramificados y los carbohidratos complejos. // A las dosis antes señaladas no se les han reportado toxicidad o efectos secundarios.

Crestin (Ing. *Crestin*) Véase Coriolus.

Cretinismo (Ing. *Cretinism*) Enfermedad que produce un importante grado de retraso mental en los niños a consecuencia de la deficiencia de yodo durante la gestación. // Véanse Bocio y Yodo.

Crisina (Ing. *Chrysin*) Flavonoide también conocido como flavona X, que exhibe un efecto modulador de los estrógenos en la mujer y un efecto inhibidor de la aromatasa (una enzima que convierte las hormonas masculinas en femeninas), en el varón, permitiendo elevar los niveles de testosterona circulante. // En fisicoculturismo se utiliza por el efecto anabólico de la testosterona, pero también resulta útil para aumentar la potencia sexual o en el tratamiento de la disfunción eréctil. // Aumenta la duración de la testosterona circulante y mejora su eficacia. Se ha utilizado para revertir la ginecomastia (crecimiento de los pechos en el hombre) y el exceso de prolactina (hormona que antagoniza a la testosterona). // Su eficacia y seguridad aún no han sido establecidas, y la dosis usual es de 1-3 g diarios, en 1-3 tomas.

Cromo (Ing. *Chromium*) Mineral esencial para la salud, de número atómico 24. // Existe en pequeñas concentraciones en el cuerpo humano, pero resulta imprescindible para diversas funciones corporales. // Activa diversas enzimas que participan en el metabolismo de los carbohidratos, la grasa y el colesterol. Ayuda a mantener normales este último y los triglicéridos. El organismo lo utiliza para sintetizar el factor de tolerancia a la glucosa, una sustancia indispensable para que la insulina cumpla con sus funciones. Parece intervenir en la síntesis corporal de proteínas, lo que vendría a justificar su reputación de anabólico. // Su carencia podría influir en el desarrollo de la resistencia a la insulina, de la diabetes

Cromo
Las mejores fuentes

Trigo	180 mcg
Algas marinas	130 mcg
Queso holandés	95 mcg
Levadura de cerveza	65 mcg
Pan integral de trigo	49 mcg
Aceite de maíz	45 mcg
Papas	33 mcg
Elote dorado	32 mcg
Carne de pollo	26 mcg
Pan integral de centeno	25 mcg
Perejil	21 mcg
Nueces	20 mcg
Huevo entero	17 mcg
Arroz integral	16 mcg

X 100 g

de la madurez, de la arterioesclerosis y de algunos padecimientos cardiacos. Aún no hay consenso en cuanto a su requerimiento mínimo diario, pero se estima que oscila entre 50 y 100 mcg diarios para los adultos, y un tercio de esas cantidades para los niños. // Usado como complemento nutricional, las mejores presentaciones son el picolinato y el polinicotinato de cromo. Este último es el que mejor se asimila y retiene. El primero ha despertado suspicacias en cuanto a su seguridad. // El cromo III, que es el que se emplea en los complementos, es inofensivo. El cromo VI, que se utiliza en la industria y la metalurgia, es tóxico y carcinógeno. // Los deportistas y fisicoculturistas pueden verse beneficiados con dosis diarias de entre 200 y 600 mcg diarios de cromo, que aumentan el volumen y la fuerza muscular.

C-statin Nombre comercial de un tipo especial de polisacáridos, los proteoglicanos.

Cumarinas (Ing. *Coumarins*) Grupo de fitonutrientes presentes en numerosos vegetales, entre ellos: zanahoria, jitomate, cebolla, guayaba, manzana, pepino, apio, berenjena, frambuesa, cereza y pitahaya. También las contienen plantas medicinales como el diente de león, el espino blanco, el orozuz y el trébol rojo. // Evitan la formación de coágulos peligrosos, impiden la producción corporal de carcinógenos y protegen a los ácidos nucleicos de estos últimos.

Cúrcuma (Ing. *Turmeric*) Planta herbácea de la familia de las Zingiberáceas (Curcuma longa), originaria de la India. Constituye la base para la preparación del curry. // Desde tiempos inmemoriales se le ha utilizado como remedio ayurvédico contra males digestivos y hepáticos. Tiene propiedades antioxidantes muy potentes y actúa como un colagogo. Ejerce un efecto antiinflamatorio, y resulta útil en el tratamiento de la artritis reumatoide y otros males autoinmunes. Ha mostrado ser un hepatoprotector comparable al cardo lechero y el orozuz. Estabiliza la glucosa sanguínea y ayuda a normalizar el co-

lesterol y los triglicéridos elevados. También evita la formación de coágulos peligrosos. // Sus principios activos son el zingibereno, la turmerona y los curcuminoides, de los cuales el principal es la curcumina. // En la medicina ayurvédica se le considera antioxidante, antiinflamatorio, hepatoprotector, colerético, antihistamínico y antiespasmódico. // Se considera seguro, pero no se recomienda el uso del extracto durante el embarazo. Deben evitarlo quienes padezcan enfermedad ácido péptica, cálculos biliares u obstrucción del conducto biliar. // La dosis recomendada es de 400-1200 mg diarios del extracto (estandarizado al 95% de curcumina), en 1-3 tomas.

Curcumina (Ing. *Curcumin*) Fitonutriente de la familia de los curcuminoides, presente en la cúrcuma. // Actúa como antioxidante, analgésico y protege contra diversas formas de cáncer. Ayuda a normalizar el colesterol e inhibe la formación de coágulos anormales. Es un muy efectivo antiinflamatorio (más que los analgésicos comunes) en caso de artritis e inflamación hepática y biliar. // En forma de complemento, la dosis usual (en concentración 18:1) es de 1500 mg diarios, en 3 tomas, con alimentos.

D

Daidzeína (Ing. *Daidzein*) Fitonutriente que pertenece al grupo de las isoflavonas, presente en la soya y sus derivados. // Antioxidante, fomenta la producción de enzimas anticancerosas e induce la necrosis tumoral. Inhibe la sobreproducción de estrógeno y reduce la pérdida ósea.

Daidzina (Ing. *Daidzin*) Fitonutriente que pertenece al grupo de las isoflavonas, muy similar a la daidzeína y, al igual que ésta, presente en la soya y sus derivados. // Antioxidante, inhibe la sobreproducción de estrógeno y reduce la pérdida ósea. Es útil en el tratamiento del alcoholismo y otras dependencias.

Damasco (Ing. *Apricot*) Otro nombre para los chabacanos, también llamados albaricoques.

Damiana (Ing. *Damiana*) Arbusto de la familia de las Turneráceas (Turnera difusa), originario de México y cuyas hojas tienen fama de afrodisiacas. // Efectivamente, ayuda a estimular la libido tanto en la mujer como en el hombre, pero hay que tenerle paciencia. En ocasiones demora días o semanas en comenzar a hacer efecto. Aumenta la producción corporal de testosterona, mejora el riego sanguíneo de los genitales y estimula los centros espinales de la erección y la eyaculación. // En medicina tradicional se le ha utilizado como tónico nervioso y para combatir la depresión, pero su indicación más popular es como afrodisiaco y para tratar la disfunción eréctil. También da resultados contra el agotamiento físico y mental, así como los dolores de cabeza. // Su uso es seguro, pero no se recomienda combinarla con ginseng, café, guaraná o estimulantes del sistema nervioso central. Tampoco debe emplearse durante el embarazo y la lactancia. La dosis usual es de 1-3 tazas diarias de la infusión, o 1-3 cápsulas diarias (500-800 mg) de damiana pulverizada.

Dang shen Nombre chino del codonopsis.

Dátiles (Ing. *Dates*) Son el fruto de una variedad de palmera (Phoenyx dactilifera), originaria del Medio Oriente. // Son una fuente excepcional de carbohidratos (73 g/100 g) y de fibra dietética (2.4 g/100 g). // Aportan, asimismo, riboflavina (0.1 mg/100 g), niacina (2.2 mg/100 g) y ácido pantoténico

(0.8 mg/100 g). // Entre los minerales, el único importante es el potasio (650 mg/100 g).

Deanol (Ing. *Deanol*) Apócope de dimetilaminoetanol, una sustancia natural presente en pequeñas cantidades en el cerebro (también conocida como DMAE). // En los alimentos se halla —en escasas cantidades— en los pescados grasosos. // Su estructura química es similar a la de la colina y el organismo también puede utilizarlo para sintetizar acetilcolina, el neurotransmisor de la memoria. Al igual que la colina, mejora el funcionamiento cerebral, la concentración y la memoria (sobre todo la de corto plazo). // Utilizado como complemento alimenticio, ayuda a mejorar la atención y reducir la hiperactividad en los niños afectados con el síndrome de déficit de atención. En la tercera edad mejora la concentración, la memoria y la retención, así como la coordinación. // Aunque su uso es seguro, evítese durante el embarazo y la lactancia. Tampoco es recomendable en pacientes con epilepsia o trastorno bipolar. // Las dosis utilizadas en adultos son de 50-100 mg diarios. Se han utilizado desde 500 hasta 4000 mg diarios sin problemas; pero si se van a emplear megadosis o se va a aplicar en menores, lo mejor es hacerlo bajo vigilancia médica. Véase Acetilcolina.

Dehidrocolesterol (Ing. *Dehydrocholesterol*) Es la provitamina D, presente en la piel y fabricada por el organismo a partir del colesterol. // Los rayos ultravioleta del sol lo convierten en vitamina D_3 activa.

Depurativo (Ing. *Depurative*) Que ayuda a eliminar las toxinas del organismo.

Desnutrición (Ing. *Malnutrition*) Estado deficitario de uno o más nutrientes, que presenta los cuadros clínicos de tales carencias. // Existen diversos grados de desnutrición, en los cuales se manifiestan los signos y síntomas de la deficiencia de nutrientes como las proteínas, las grasas esenciales, las vitaminas y los minerales. // Se caracteriza por un consumo insuficiente de alimentos básicos y es común en los estratos más económicamente desprotegidos de la población. Véase Malnutrición.

D-fenilalanina (Ing. *D-phenylalanine*) Variante (forma dextrógira) del aminoácido fenilalanina. No es un componente normal de los alimentos, ni se halla presente en el organismo, pero se produce en laboratorios para su uso como complemento alimenticio. // La D-fenilalanina no produce los mismos beneficios que la L-fenilalanina, pero puede ser convertida en FEA y elevar el ánimo. También fomenta la producción de endorfinas, con el mismo resultado. Se le ha utilizado en el tratamiento de la depresión y del mal de Parkinson. Rinde buenos resultados en el tratamiento del dolor crónico, como el producido por la artritis. // Dado que la D-fenilalanina suele ser costosa, a veces se utiliza como reemplazo la DL-fenilalanina, que aunque menos potente (es 50% D-fenilalanina), es más económica y suele dar resultados. // Su uso es seguro, salvo cuando está presente la fenilcetonuria o cuando se padece de migraña, hipertensión, males cardiacos o se están tomando medicamentos del tipo de los inhibidores de la MAO (antidepresivos). En exceso, la D-fenilalanina pura puede elevar la presión arterial. // Las dosis recomendadas son 100-500 mg diarios en adultos sanos. En algunas enfermedades se llegan a utilizar hasta 1500 mg diarios (divididos en tres tomas); esta última dosis requiere de vigilancia médica. Véanse Aspartame, Fenilalanina y Feniletilamina.

1,6-D-glucano (Ing. *1,6-D-glucan*) 1) Carbohidrato complejo (polisacárido) análogo al almidón y similar al 1,3-beta glucano. 2) Fitonutriente inmunoestimulante, antioxidante, reductor del colesterol y los triglicéridos elevados, y protector contra la radiaciones. // Sus mejores fuentes son la levadura de cerveza, los salvados de avena, de arroz y de trigo, y los cereales integrales. // En forma de complemento se ha utilizado —con muy buenos resultados— en el tratamiento de infecciones graves y cáncer (estimula la producción de células asesinas naturales). Puede reducir, hasta en 80%, la producción de radicales libres posterior a una irradiación (rayos

X, estudios médicos, quemaduras solares, viajes aéreos). // Las dosis usuales son 7.5 mg diarios (en una toma). Para obtener mejores resultados, empléese simultáneamente vitamina C.

DHA Siglas en inglés de ácido docosahexaenoico. No confundirlo con la DHEA.

DHEA (Ing. *DHEA*) Siglas de dehidroepiandrosterona, una hormona esteroide que se produce de forma natural en las glándulas suprarrenales. No confundirla con DHA. // Con frecuencia se le considera la hormona madre de las demás hormonas de tipo esteroide (como el estrógeno, u hormona sexual femenina, y la testosterona, u hormona sexual masculina). El 50% de la testosterona en el hombre y el 75% de los estrógenos en la mujer proceden de la DHEA. // Los niveles de DHEA declinan en el ser humano con la edad, la malnutrición, en etapas de estrés aumentado y durante ciertos padecimientos. // El uso de complementos de DHEA puede ayudar a perder grasa excedente y a superar la resistencia a la insulina, y se le ha promocionado como un preventivo contra el cáncer, las enfermedades cardiacas, los padecimientos autoinmunes (lupus), la depresión y aun el envejecimiento. Se dice que puede aumentar la libido y aun ayudar a tratar la disfunción eréctil. // Por desgracia, la mayoría de la evidencia que apoya eso proviene de animales de experimentación, y no de seres humanos. Por ello, hay que tomarlo con reserva. // Por otra parte, como la DHEA suele elevar los niveles de las hormonas sexuales, autoridades médicas estadounidenses advierten que su uso prolongado o en megadosis podría favorecer el desarrollo de cánceres ya presentes (pero aún no diagnosticados), como los de próstata, ovario y mama. // Por todo lo anterior, la DHEA debe usarse con precaución o bajo vigilancia médica. No se recomienda su uso durante el embarazo y la lactancia, y tampoco en personas que hayan padecido cáncer. La dosis usual es de 50 mg diarios, divididos en dos tomas (con alimentos), o 50 mg de DHEA-S en una sola toma. En opinión de algunos expertos, resultaría más seguro utilizar sólo 2-10 mg diarios de DHEA.

Diaforético (Ing. *Diaphoretic*) Que estimula la sudoración.

Dibencozida (Ing. *Dibencozide*) Es un derivado de la vitamina B_{12} (dimetil benzimidazol cobalamina). // Utilizada como complemento, actúa como un anabólico natural no esteroideo. Su uso es muy seguro y se retiene en los tejidos aún mejor que la cobalamina inyectada. // Dado que no está prohibido su uso en atletas, éstos la utilizan como una alternativa a la cafeína o las anfetaminas. // Utilizada en forma oral, su absorción intestinal es mayor que las formas sublinguales de vitamina B_{12}.

Diente de león (Ing. *Dandelion*) Planta herbácea de la familia de las Compuestas (Taraxacum officinale), a la que también se conoce como endivia silvestre. // Usado como vegetal de hoja, es comestible y se acostumbra en ensaladas. Su raíz bulbosa se seca, tuesta y muele para obtener un sucédaneo del café. // Nutricionalmente hablando, sólo destaca en betacaroteno (950 UI/100 g) y en potasio (156 mg/100 g). // Entre sus principios activos están la taraxacina y los taraxacósidos. Sus principales fitonutrientes la inulina, el ácido fenólico, los flavonoides, los fitosteroles, los carotenoides y las cumarinas. // En medicina tradicional se le considera tónico, diurético, depurativo, hepático, colagogo y purgante (en cocimientos concentrados). // Su uso es seguro, pero puede irritar el estómago en pacientes con la enfermedad ácido péptica.

Dieta (Ing. *Diet*) Conjunto de alimentos y bebidas que se consumen diariamente. Sinónimo de alimentación. // Con frecuencia *dieta* se usa como equivalente de reducción de peso, lo cual es incorrecto. Existen diversos tipos de dietas: omnívoras, vegetarianas, para ayudar en el tratamiento de enfermedades, para ganar peso y para perderlo.

Digestivo (Ing. *Digestive*) Que promueve la buena digestión. También se utiliza el término aperitivo.

Dimetilaminoetanol (Ing. *Dimethylaminoethanol*). Véase Deanol.

Dimetilglicina (Ing. *Dimethylglyicine*) Véase Ácido pangámico.

Diosgenina (Ing. *Dyosgenin*) Fitonutriente que pertenece al grupo de los esteroles. // Se halla en la soya, el frijol, el betabel y las nueces, pero su mejor fuente es el ñame (camote silvestre). // Inhibe la reproducción de las células malignas. Véase Ñame.

Diurético (Ing. *Diuretic*) Que estimula la producción de orina.

DLPA Siglas en inglés de DL-fenilalanina. Véase Fenilalanina y D-fenilalanina.

DMAE (Ing. *DMAE*) Siglas de dimetilaminoetanol.

Dolomita (Ing. *Dolomite*) Mineral natural formado por carbonatos de calcio y de magnesio. Se extrae de minas. // En forma de complemento nutricional es una de las fuentes más populares de calcio y magnesio. Ambos minerales resultan muy asimilables, y los ofrece en la proporción 2:1 en que el cuerpo los necesita. // También se utiliza como antiácido. Véanse Calcio, Carbonato de calcio y Magnesio.

Dong quai (Ing. *Dong quai*) Planta herbácea de la familia de las Umbelíferas (Angelica sinensis), también conocida como angélica. Es muy popular en China, en donde se le conoce como el "ginseng femenino" // Existe en dos variedades, la ya mencionada y la Angelica

archangelica, o variedad europea. Por lo menos, en sus efectos sobre el cuerpo humano parecen ser equivalentes. Tradicionalmente se le ha usado para tratar trastornos menstruales y sangrado uterino. Modernamente se le ha hallado aplicación contra el síndrome premenstrual, las molestias de la menopausia y la enfermedad fibroquística de la mama. En ambos sexos mejora la circulación y ayuda en el tratamiento de la hipertensión. // En la medicina tradicional china se utiliza también contra la fatiga, la anemia y la hipertensión. // Se desconoce cuáles son sus principios activos, y en apariencia su acción sobre el organismo femenino no se debe a la presencia de fitoestrógenos. // Aunque su uso suele ser seguro, no se recomienda en mujeres embarazadas o lactando, ni en personas que estén usando anticoagulantes. En algunas personas puede ocasionar fotosensibilidad (mayor sensibilidad a la luz solar). // La dosis recomendada contra el síndrome premenstrual es de 600 mg diarios del extracto seco, o 30 gotas del extracto fluido.

Dunaliella (Ing. *Dunaliella*) Género de algas marinas microscópicas. Generalmente son cosechadas y utilizadas como fuente de diversos nutrientes. La Dunaliella salina, por ejemplo, es la mejor fuente natural de betacaroteno. Véase Microalgas.

Durazno (Ing. *Peach*) Es el fruto de un árbol de la familia de las Rosáceas (Prunus persica). // También conocido como melocotón, es muy apreciado por su pulpa jugosa y aromática. Se le consume crudo, en mermelada y como saborizante de yogures. // No abunda en macronutrientes y fibra dietética, pero aporta algo de niacina

(1 mg/100 g), betacaroteno (1330 UI/100 g) y potasio (202 mg/100 g). // Sus principales fitonutrientes son el alfa y el betacaroteno, la cantaxantina, la criptoxantina, la astaxantina, las cumarinas y los flavonoides.

E

ECA Stack (Ing. *ECA stack*) Producto comercial ergogénico, popular entre los fisicoculturistas, que contiene efedrina, cafeína y aspirina (ácido acetilsalicílico). Las proporciones son: 500 mg de efedrina, 20 mg de cafeína y 1 mg de aspirina. // Las siglas "ECA" de su nombre provienen de las iniciales de sus tres ingredientes.

Ecdisterona (Ing. *Ecdysterone*) Compuesto de tipo flavonoide que exhibe propiedades antioxidantes, anabólicas y adaptógenas de importancia. Su fuente principal es la leuzea carthamoides, planta que suele utilizarse como producto fitoterapéutico. // Ayuda a regular la secreción hormonal suprarrenal en periodos de estrés aumentado. Mejora el funcionamiento cardiaco y disminuye las arritmias. // Resulta útil para los fisicoculturistas: aunque no exhibe los inconvenientes de los anabólicos medicamentosos, incrementa el volumen muscular, los niveles de testoste-

rona y estimula la libido. En las mujeres contribuye a evitar la amenorrea (ausencia de menstruación) debida el entrenamiento físico. // Su uso es seguro, salvo durante el embarazo, la lactancia y en menores. Tampoco es recomendable si existe hipertensión no controlada, males cardiovasculares o cáncer de próstata. La dosis usual es de 24-36 mcg diarios (a través de un extracto de leuzea carthamoides), en 2-3 tomas. Véase Leuzea carthamoides.

Edulcorantes (Ing. *Sweeteners*) Endulzantes. Sustancias que inducen la sensación de dulzura en las papilas gustativas de la lengua. // Los hay naturales (melaza, miel de abeja) y sintéticos (sacarina, aspartame). Asimismo, los hay calóricos (aquellos que proveen energía en forma de calorías) y no calóricos (los que no se pueden convertir en calorías). // Entre los edulcorantes no calóricos más populares están el aspartame (Canderel, Nutrasweet), la sucralosa (Splenda), el acesulfame potásico, la estevia y la sacarina (Sacaryl). Véase Estevia, Sacarina y Taumatina.

EFA's Siglas en inglés de ácidos grasos esenciales (*essential fatty acids*).

Efedra (Ing. *Ephedra o joint pine*) Planta herbácea de la familia de las Efedráceas (Ephedra sinensis). De origen chino, actualmente es cosmopolita. // Existen otras dos variedades, la Ephedra intermedia y la E. Equisetina, a todas se les considera equivalentes entre sí. En China se ha utilizado desde hace más de 5000 años contra la fiebre, la tos y la gripe. // En medicina tradicional se le considera estimulante, broncodilatadora, vasoconstrictora e hipertensora. // Actualmente se usa en el tratamiento del asma, la tos y la congestión bronquial, pero su popularidad actual proviene del uso entre los fisicoculturistas para "quemar grasa" y mejorar el desempeño muscular. // Sus principales principios activos son los alcaloides efedrina y pseudoefedrina (este último, ingrediente de varios antigripales). Ambos actúan estimulando el sistema nervioso central, dilatando los bronquios, acelerando el ritmo cardiaco y elevando la presión arterial. // Se le suele considerar termogénica, pero no hay evidencia de que aumente el gasto energético de manera significativa (cuando mucho, quemar 5-10 calorías más por hora). // Su uso es exclusivamente para adultos. No deben ingerirla quie-

nes padezcan diabetes, hipertensión, glaucoma, males cardiacos, hipertrofia prostática, trastornos de la tiroides o que estén utilizando antidepresivos. Da positivo en pruebas de dopaje. // El abuso de esta planta o sus derivados tiene numerosos efectos secundarios, algunos muy serios, y sus contraindicaciones también son múltiples. // Si se es fisicoculturista, tómese todo esto en cuenta antes de utilizar la efedra aisladamente o como parte del llamado *ECA stack*. Véase Té del mormón.

Efedrina (Ing. *Ephedrine*) Alcaloide presente en la efedra o ma huang. // A partir de los años ochenta ganó popularidad entre los fisicoculturistas como un ingrediente que ayuda a reducir de peso incrementando el ritmo metabólico (efecto que resulta útil en combinación con una dieta reductiva). // Por sus posibles efectos secundarios de gravedad, no se recomienda su uso.

EGCG Siglas en inglés de galato de epigalocatequinas.

Eicosanoides (Ing. *Eicosanoids*) Compuestos de tipo hormonal (autacoide) derivados de los ácidos grasos poliinsaturados de 20 o más átomos de carbono, por ejemplo el ácido araquidónico. // Aunque su vida útil es extremadamente corta y operan a concentraciones sumamente bajas, se comportan como una especie de llaves maestras del metabolismo. Intervienen en toda una serie de funciones vitales, particularmente en los procesos de inflamación, coagulación, vasoconstricción e inmunidad. // Su importancia la dieron a conocer los trabajos de investigación de los doctores Sune Bergstrom, Bengt Samuelsson y John Vane en los años setenta. // Ejemplo de eicosanoides son las prostaglandinas, las prostaciclinas, los leucotrienos, los tromboxanos, las lipoxinas y los ácidos grasos hidroxilados.

Ejotes (Ing. *String beans*) Son las vainas inmaduras de diversas especies de frijol (Phaseolus spp.), conocidas como chauchas en Sudamérica. // Más bien escasos en macronutrientes y fibra dietética, sus vitaminas más importantes son la riboflavina (0.12 mg/100 g) y la niacina (1.4 mg/100 g). // Son una magnífica fuente de potasio (650 mg/100 g) y mediana de hierro (2.5 mg/100 g) y fósforo (145 mg/100 g). // Aportan, fitonutrientes en buena cantidad: ácido fenólico, flavonoides, cumarinas, isoflavonas, saponinas, inhibidores de las proteasas y zearalenona.

Electrolitos (Ing. *Electrolites*) Nombre que reciben los elementos químicos que ayudan a regular el balance hídrico del organismo, la contracción muscular y la conducción eléctrica en los tejidos. Comprenden al sodio, el cloro y el potasio en su forma ionizada, y suelen agregarse a sueros y bebidas rehidratantes. // Cobran gran importancia en la nutrición durante afecciones como la deshidratación, la diarrea, el vómito y la bulimia. // Sus valores se expresan en miliequivalentes (mEq), y no en miligramos.

Elementos traza (Ing. *Trace elements*) Véase Oligoelementos.

Eleuterococo Véase Ginseng siberiano.

Eleuthero Apócope en inglés de Eleuterococo. Véase Ginseng siberiano.

Elote (Ing. *Green corn*) Es el fruto tierno —mazorca— del maíz (Zea mays). // Sus granos no son muy ricos en macronutrientes, pero algo en fibra dietética (0.7 g/100 g) y en betacaroteno (700 UI/100 g). // Aportan un poco de tiamina (0.11 mg/100 g), riboflavina (0.1 mg/100 g), niacina (1.3 mg/100 g) y ácido pantoténico (0.4 mg/100 g). // De los minerales, ofrece algo de potasio (165 mg/100 g). // Contiene una serie de fitonutrientes valiosos: ácido ferúlico, ácido fítico, ácido pangámico, 1, 3-betaglucano, luteína, carotenoides e inhibidores de las proteasas.

Emenagogo (Ing. *Emmenagogue*) Que estimula o promueve la menstruación.

Emético (Ing. *Emetic*) Que provoca el vómito.

Emoliente (Ing. *Emolient*) Que suaviza la piel.

Enada (Ing. *Enada*) Nombre comercial de un complemento de liberación prolongada a base de NADH, un derivado de la niacina o vitamina B$_3$. // Mejora la claridad mental y ayuda a superar el desfase horario (*jet lag*). También resulta útil en el tratamiento del síndrome de fatiga crónica y el mal de Alzheimer. // Su uso es seguro, y la dosis recomendada es de 1-2 tabletas diarias de 5 mg.

Enfermedad carencial (Ing. *Deficiency illness*) Cuadro de signos y síntomas que suele presentarse en el ser humano cuando escasea un determinado nutriente en su alimentación. Generalmente delatan la carencia de una o más vitaminas o minerales. // Las enfermedades carenciales típicas son el beri beri (tiamina), la pelagra (niacina) y el escorbuto (vitamina C). // La falta de algunas vitaminas y minerales provoca males carenciales bien (como la vitamina D o el hierro), establecidos pero en otros nutrientes (como la vitamina B$_5$ o el molibdeno) el cuadro de síntomas es variable o inespecífico. Véanse vitaminas y minerales específicos. // La adecuada ingestión de algunas vitaminas puede disimular u oscurecer los síntomas de la deficiencia de otra vitamina. Por ejemplo, el ácido fólico con la vitamina B$_{12}$. Véase Hipovitaminosis.

Enoki (Ing. *Enoki mushroom*) Hongo medicinal y comestible originario de Oriente (Flammulina velutipes). // Es buena fuente de fibra dietética, hierro y vitamina C. // Se dice que tanto el hongo fresco como sus extractos manifiestan una intensa actividad antitumoral. Empero, los estudios médicos para verificar esta propiedad aún están en proceso. // Sus principios activos son diversos polisacáridos, particularmente la flamulina. // Se considera seguro en su uso, pero su inocuidad durante el embarazo y la lactancia no ha sido evaluada. // Las dosis usuales son: extracto seco (100 mg diarios); hongo deshidratado (1.5-9 g diarios); hongo fresco (30-100 g diarios)

Enriquecimiento (Ing. *Enrichment*) Procedimiento industrial con el que se pretende restituir a los alimentos las vitaminas y los minerales perdidos durante su procesamiento. La idea es buena, pero por lo general se repone apenas una fracción del total de los nutrientes destruidos. // A la leche de vaca y a algunos lácteos se les agregan las vitaminas A y D para enriquecerlos. Los panes y las harinas generalmente son enriquecidos con tiamina, riboflavina, niacina, ácido fólico y hierro. // También se agregan estos cinco nutrientes a los cereales para el desayuno (a partir de 1998 se hizo obligatorio incluir el ácido fólico). // Algunos productos (generalmente galletas, pastelitos o cereales para el desayuno) extienden la lista de vitaminas y minerales agregados a una docena o más, en un intento por disfrazar la calidad inferior de sus comestibles. // Actualmente se tiende a sustituir el término "enriquecimiento" con adicionar (lo cual no mejora en nada las cosas).

Enzimas (Ing. *Enzymes*) Son sustancias catalíticas de tipo proteínico que —una vez aisladas y purificadas— se pueden utilizar como agentes terapéuticos. // Sus mejores fuentes son los alimentos crudos, ya que el calor del cocimiento suele inactivarlas. // Las más conocidas y utilizadas como complementos son enzimas digestivas como la bromelina (de la piña) y la papaína (de la papaya). // A nivel farmacológico se les dosifica de diversas maneras, lo que a veces complica su uso. Enzimas como la pancreatina, por ejemplo, se miden en unidades USP (unidades de la U.S. Pharmacopoiea), aunque por lo general se expresa su potencia en "n veces X", siendo el número que multiplica a la X las veces que la dosis excede al estándar estadounidense o USP. La bromelina, a su vez, se expresa en MCUs (*Milk clotting units*) o en GDUs (*Gelating dissolving units*).

Enzimas digestivas (Ing. *Digestive enzymes*) Grupo de enzimas que participan activamente en la digestión. Son muy numerosas; las principales son: amilasa, lactasa, tripsina, quimotripsina, lipasa, sucrasa y colecistoquinina. // Existen medicamentos que las proporcionan, aisladas o combinadas, para mejorar la digestión.

EPA (Ing. *EPA*) Siglas en inglés de ácido eicosapentaenoico.

Epazote (Ing. *Epazote*) Planta herbácea de la familia de las Quenopodiáceas (Chenopodium abrasoides), usado ampliamente como condimento en la cocina mexicana. // No tiene gran valor nutricional, pero es rico en principios aromáticos muy intensos y en principios activos medicinales. // En medicina tradicional se le reconoce como diurético, emenagogo, antihelmíntico y antiasmático.

Epicatecol (Ing. *Epicatechol*) Fitonutriente bioflavonoide presente en la uva, el durazno, el melocotón, los berros y el trigo sarraceno. // Ayuda a la vitamina C a mantener intacto el colágeno del organismo.

Epigalocatequinas (Ing. *Epigalocatechins*) Grupo de fitonutrientes que pertenecen al grupo de los polifenoles, también conocidos como EGCG y que abundan en el té verde. // Son antioxidantes muy poderosos, bloquean la formación interna de carcinógenos e inhiben la formación de placas de colesterol. // También poseen propiedades termogénicas, al parecer porque inhiben a una enzima que destruye a la norepinefrina. Asimismo ayudan a disminuir el apetito y favorecen el uso de la grasa como combustible celular. No obstante, el efecto termogénico logrado es modesto: se gastan 64 calorías extra diariamente.

Equinácea (Ing. *Echinacea*) Planta herbácea perteneciente a la familia de las Compuestas (Echinacea purpurea), nativa de Norteamérica y usada ya por los pieles rojas para tratar heridas y picaduras de serpiente. // Por sus efectos sobre el ser humano, se consideran equivalentes entre sí por lo menos a tres especies de equinácea: la Echinacea purpurea, la E. angustifolia, y la E. pallida. // Modernamente, ha ganado popularidad en el tratamiento de la gripe, el resfriado y la influenza, pero también tiene utilidad contra la gingivitis, la enfermedad de Crohn, las infecciones recurrentes (como gripa, sinusitis, amigdalitis, bronquitis, otitis), las alergias, las úlceras bucales, las heridas y, muy particularmente, contra las infecciones por cándida (flujos vaginales). // Sus principios activos más importantes son los equinacósidos, los cuales son inmunoestimulantes; en particular, fomentan la producción de anticuerpos, interferón, properdina y la actividad de los linfocitos T y los macrófagos. La equinácea también contiene humuleno, cariofileno, echinolona, polisacáridos (inulina) y los ácidos cafeico y cichórico. // La dosis recomendada del extracto estandarizado es de 500-1000 mg diarios, en 1-3 tomas. Como parte del tratamiento de una infección, se puede duplicar la dosis. En general, produce mejores resultados si se combina con vitamina C y zinc. // Los efectos de la equinácea tienden a perder fuerza si su uso es prolongado, por lo que se recomienda no usarlo más de 15 días seguidos y reanudarlo tras un descanso equivalente. // Aunque prácticamente no exhibe toxicidad, no se recomienda su uso a personas con enfermedades autoinmunes, o que padezcan esclerosis múltiple o tuberculosis. Tampoco deben ingerirla quienes sean alérgicos a la manzanilla, las margaritas o plantas similares.

Equivalentes de alfa tocoferol (Ing. *Alpha tocopherol equivalents o TE*) Unidad de dosificación para la vitamina E, abreviada como ET. // La correspondencia entre diferentes unidades es como sigue: 1 mg de acetato de dl-alfa tocoferol = 1 UI = 0.67 equivalentes de alfa tocoferol. 1 mg de dl-alfa tocoferol = 1.1 UI = 0.74 equivalentes de alfa tocoferol. 1 mg de d-alfa tocoferol = 1.49 UI = 1 equivalentes de alfa tocoferol.

Equivalentes de retinol (Ing. *Retinol equivalents* o *RE*) Unidad de dosificación para la vitamina A, abreviada como ER. // La correspondencia con otras unidades es como sigue: 1 equivalente de retinol = 1 mcg de retinol = 3.33 UI de vitamina A = 6 mcg de betacaroteno. A su vez, 1 UI de vitamina A = 0.3 equivalentes de retinol.

Ergocalciferol (Ing. *Ergocalcipherol*) Otro nombre de la vitamina D_2, también conocida como calcifidiol. // Es de naturaleza sintética y se produce en laboratorios, irradiando con rayos ultravioleta al ergosterol.

Ergogénico (Ing. *Ergogenic*) Se dice de los alimentos o complementos nutricionales que fomentan la producción corporal de energía. Su uso es común entre los deportistas de alto nivel y los fisicoculturistas. // Ejemplos de sustancias ergogénicas son la coenzima Q10, la creatina, el piruvato, el ácido pangámico y el NADH.

Ergosterol (Ing. *Ergosterol*) Es la provitamina D_2. // Es de origen vegetal (su fuente más rica es la levadura de cerveza) y su irradiación con rayos ultravioleta la transforma en vitamina D_2 o ergocalciferol.

Escaramujo (Ing. *Dog rose*) Arbusto de la familia de las Rosáceas (Rosa canina), también conocido como rosal silvestre. // Con este mismo nombre se conoce al fruto de éste y de otros rosales. Estas bayas son muy ricas en vitamina C y en fitonutrientes, y constituyen un remedio tradicional en Europa contra la gripa y la diarrea. Véase Fruto del rosal.

Escorbuto (Ing. *Scurvy*) Es la enfermedad carencial de la vitamina C. // Muy común en la antigüedad, actualmente es casi desconocida. // Su síntoma clásico es la inflamación y sangrado de las encías. Generalmente se acompaña de fatiga, debilidad, dolores en las articulaciones, infecciones frecuentes, moretones, "piel de gallina", heridas que tardan en cicatrizar o cicatrizan mal, y aun

cicatrices antiguas que se abren de nuevo. De prolongarse, dicho estado desemboca en la muerte. // En las personas que no consumen frutas ni complementos de vitamina C (y en especial en fumadores), suele darse el escorbuto subclínico o hipoascorbemia, que produce manifestaciones similares, pero más discretas y engañosas. Otro síntoma puede ser la elevación del colesterol total. Véase Vitamina C.

Escualeno (Ing. *Squalene*) 1) Intermediario (metabolito) en la síntesis corporal del colesterol. 2) Nutriente accesorio presente en los aceites de hígado de bacalao y de tiburón, y —en escasa cantidad— en el aceite de oliva virgen. // Usado como complemento es un antioxidante, factor de oxigenación celular y agente antitóxico. Además actúa como inmunomodulador (refuerza la producción de macrófagos, un tipo de célula blanca que nos defiende contra virus y hongos patógenos). // Protege contra los efectos nocivos de la radiación e inhibe la reproducción de las células malignas, por todo lo cual se le suele utilizar en el tratamiento del cáncer. // En estudios clínicos se ha visto que aunque se utiliza como materia prima para fabricar colesterol su uso como complemento no eleva los niveles de este último. Antes bien, los normaliza junto con los triglicéridos. // Su uso es seguro y las dosis recomendadas son de 1-4 gramos, en 1-2 tomas (con alimentos).

Esculósido (Ing. *Sculoside*) Bioflavonoide presente en el fruto y la corteza del castaño de indias (Aesculus hippocastanum). // Exhibe algunas de las propiedades de los demás bioflavonoides, pero es eficaz sobre todo para fortalecer los vasos sanguíneos y contrarrestar la fragilidad capilar. // Se ha utilizado con éxito en el tratamiento de las várices y las hemorroides. Véase Castaño de indias.

Espagueti (Ing. *Spaghetti*) Pasta para sopa hecha con harina y fabricada en forma de hilos. // Antiguamente se hacía el espagueti con harina integral, pero ahora se utiliza preferentemente harina blanca, a la que se enriquece con yema de huevo y vitaminas como la tiamina, la riboflavina, la niacina y hierro. A partir de 1998 también es obligatorio añadirle ácido fólico. // Es pobre en nutrientes, y las vitaminas y minerales que contiene son básicamente los que se le han ñadido: tiamina (0.17 mg/100 g), riboflavina (0.10 mg/100 g), niacina (1.3 mg/100 g), ácido fólico (32 mcg/100 g) y hierro (1 mg/100 g). // Sólo se puede considerar buena fuente de carbohidratos (22 g/100 g).

Espárragos (Ing. *Asparagus*) Son los brotes tiernos de una planta de la familia de las Liliáceas (Asparagus officinalis); los hay verdes y blancos, los primeros son más nutritivos. // No abundan en macronutrientes, pero ofrecen algo de fibra dietética (0.7 g/100 g) y betacaroteno (900 UI/100 g). // Contienen algo de tiamina (0.16 mg/100 g), riboflavina (0.18 mg/100 g), niacina (1.4 mg/100 g) y ácido pantoténico (0.19 mg/100 g). // Casi no tienen sodio y son altos en potasio (180 mg/100 g).

Espinacas (Ing. *Spinach*) Planta hortense de la familia de las Quenopodiáceas (Spinacia oleracea). // A pesar de la leyenda forjada a mediados del siglo XX por Popeye el Marino, la espinaca no abunda en hierro, y más bien es de contenido normal (y poco asimilable). // En cambio, es una fuente notable de betacaroteno (10 800 UI/100 g), y mediana de niacina (1 mg/100 g), piridoxina (2.3 mg/100 g), ácido fólico (135 mg/100 g) y bioflavonoides (1.3 mg/100 g). // Su proporción de minerales es más bien baja, excepto el potasio (325 mg/100 g). // Su contenido de fitonutrientes es excepcional: ácido fenólico, ácido lipoico, ácido p-cumárico, betaína, bixina, carotenoides, flavonoides, inhibidores de las nitrosaminas, luteína y octocosanol. // Es la mejor fuente vegetal de la coenzima Q_{10}.

Espino blanco (Ing. *Hawthorn*) Arbusto de la familia de las Rosáceas (Crataegus oxycantha o C. Monogyna), también conocido como espino albar o majuelo. // Remedio tradicional para los males cardiacos, es un cardiotónico y se ha utilizado contra arritmias, taquicardias, insuficiencia cardiaca y como vasodilatador en angina de pecho. Favorece la irrigación cerebral y ayuda a controlar la hipertensión. // Sus principios activos son el ácido crataególico y los glicósidos cianogénicos. Sus principales fitonutrientes son el ácido clorogénico, los taninos, las cumarinas, las procianidinas y las proantocianidinas. // En medicina tradicional se le ha utilizado como sedante, hipotensor, antiarrítmico y tónico cardiaco. // Aunque clínicamente se ha establecido su seguridad, debe evitarse su uso durante el embarazo, la lactancia y en pacientes que estén utilizando medicamentos digitálicos, antiarrítmicos o antihipertensivos. // La dosis usual (que debería emplearse bajo control médico) en tintura es de 45 gotas diarias, en tres tomas y diluidas en agua.

Espirulina (Ing. *Spirulin*) Alga unicelular (microalga) comestible de agua dulce y color azul-verdoso. // La variedad mexicana, originaria del área del lago de Texcoco, es la Spirulina máxima. La variedad originaria de África (Chad y Nigeria) es la Spirulina platensis o Arthrospira platensis. Los pueblos prehispánicos la conocían como tecuilatl o amomoxtle. // Actualmente es una de las mejores opciones naturales para producir proteínas: ocupando la misma área de cultivo, la espirulina produce 20 veces más proteína que la soya. // Es excepcionalmente rica en nutrientes, y se le usa deshidratada (en polvo, tabletas o cápsulas). Resulta muy recomendable como complemento nutricional. // Contiene altas cantidades de proteína completa (70 g/100 g); beta-

caroteno (2500 UI/100 g), tiamina (5.5 mg/100 g), riboflavina (4 mg/100 g), niacina (12 mg/100 g), ácido pantoténico (1 mg/100 g), piridoxina (0.3 mg/100 g), ácido fólico (50 mcg/100 g), vitamina B_{12} (150 mcg/100 g), vitamina E (19 UI/100 g), ácidos nucleicos (110 mg/100 g), carotenoides, ácido gamma linolénico (3 g/100g) y clorofila. // Entre sus principios activos están la clorofila, los glicolípidos y los sulfolípidos. Sus principales fitonutrientes son el alfa caroteno, el betacaroteno, la luteína, la criptoxantina, la zeaxantina y la ficocianina. // Se le considera un inmunomodulador, y ayuda a normalizar los niveles de colesterol y de glucosa. Tiene propiedades desintoxicantes y es un auxiliar en dietas y ayunos porque estabiliza los niveles de glucosa sanguínea y ayuda a controlar el hambre. // La dosis recomendada oscila entre 500 mg y 3000 mg diarios, pero algunos consumidores ingieren hasta 10 000 mg (diez gramos) diarios.

ESSIAC (Ing. *ESSIAC*) Nombre comercial de una tisana anticancerosa preparada con cuatro hierbas medicinales: bardana, acedera, ruibarbo y olmo. // La fórmula original la dio a conocer la enfermera estadounidense René M. Caisse en 1922, pero se originó siglos antes, entre los indios ojibwas de Canadá.

Esteroles (Ing. *Sterols*) Fitonutrientes de la familia de los lípidos, cuya estructura química es similar a la de las hormonas esteroides (sexuales). Se les halla sobre todo en la soya, el brócoli, el camote, la berenjena y el jitomate. // Pertenecen a este grupo el colesterol, las vitaminas D, los ácidos biliares y fitonutrientes como los fitosteroles y los sitosteroles. // No se les considera indispensables en la alimentación humana, y por lo tanto no existe un requerimiento mínimo diario de ellos.

Estevia (Ing. *Stevia*) Arbusto de la familia de las Compuestas (Stevia rebaudiana), de origen sudamericano. // Sus hojas contienen esteviósido, un compuesto sumamente dulce (200-300 veces más que el azúcar). Una vez aislado y purificado, se expende bajo el nombre de Stevia como edulcorante no calórico en diversos países. // A diferencia de otros edulcorantes no calóricos, el Stevia no induce la secreción de insulina; antes bien, aumenta la tolerancia a la glucosa. Por esta razón se le considera potencialmente beneficioso para los diabéticos. // Otros principios activos que contiene la estevia son los esteviósidos, los rebaudiósidos y los dulcósidos. // En medicina tradicional se le considera laxante, hipotensora, vasodilatadora, hipoglucemiante y antibacteriana. Véase Edulcorante.

Estimulante (Ing. S*timulant*) Que produce euforia y sensación de energía.

Estomáquico (Ing. *Stomachic*) Que calma o alivia el dolor de estómago.

Eucalipto (Ing. *Eucalyptus*) Árbol de la familia de las Mirtáceas (Eucalyptus globulus), cuyo aceite esencial se ha utilizado desde la antigüedad en el tratamiento de los males respiratorios. // En medicina tradicional se le considera antiséptico, antibiótico, antiviral, pectoral, descongestionante, antirreumático y antidiabético. // No deben ingerirlo personas con padecimientos inflamatorios intestinales y trastornos hepáticos o biliares.

Evodia (Ing. *Evodia*) Extracto de los frutos de la planta china Wu zhu yu (Evodia rutaecarpa), que se utiliza como termogénico en el tratamiento de la obesidad y como anticatabólico en el fisicoculturismo. // Sus principios activos son la evodiamina, la hidroxievodiamina, la dihidroxievodiamina y la rutaecarpina. // Su uso debe evitarse durante el embarazo y la lactancia.

Evodiamina (Ing. *Evodiamine*) Fitonutriente presente en los frutos del Wu zhu yu (Evodia rutaecarpa), una planta de origen oriental utilizada en la medicina tradicional china como analgésico, digestivo, diurético y antiinflamatorio. // Exhibe al menos dos tipos de efectos sobre la salud: inhibe el apetito (estimulando la producción de la colecistoquinina o CCK, la cual produce sensación de saciedad), y es anticatabólico (impide o bloquea la destrucción muscular en los fisicoculturistas). // Su uso no es recomendable durante el embarazo y la lactancia. La dosis recomendada es de 60-100 mg diarios, divididos en 2-3 tomas.

Expectorante (Ing. *Expectorant*) Que induce la expectoración (desalojo de flemas).

Extracto de hojas de olivo (Ing. *Olive leaf extract*) Extracto vegetal obtenido del olivo (Olea europaea), rico en fitonutrientes como el ácido oleanólico, la olivamarina, el oleoeuropeósido y el olivol. También contiene oleuropeína, que es vasodilatadora. // Su principal efecto es el inmunomodulador, por lo que este extracto se ha utilizado con buen éxito en el tratamiento de infecciones graves. Asimismo, es útil contra la diabetes, la arterioesclerosis y el exceso de ácido úrico. // Aunque se le considera inofensivo, su seguridad en caso de embarazo y lactancia no se ha establecido. La dosis recomendada del extracto (estandarizado al 6%), es de 500-2000 mg diarios, en 1-4 tomas.

Extracto de maitake (Ing. *Maitake mushroom extract*) Véase Maitake.

Extracto de semillas de toronja (Ing. *Grapefruit seed extract*) Véase Semillas de pomelo.

Extracto de semillas de uva roja (Ing. *Red grape seed extract*) Un extracto natural de las semillas de la uva roja (Vitis vinifera), cuya principal propiedad es ser un poderoso antioxidante. Se compone principalmente de una mezcla compleja de flavonoides. // Sus principios activos son la catequina, la epicatequina, la galocatequina (GCG), la epigalocatequina (EGCG), la prodelfinidina, el ácido gálico, el ácido ferúlico y los oligómeros de las proantocianidinas. // Según estudios hechos para evaluar la capacidad de neutralizar al anión superóxido (un radical libre temible), este extracto resulta 75% más potente que la vitamina E y 300% más poderoso que la vitamina C. Para neutralizar el radical hidroxilo, es 100% mejor que la vitamina E, y 575% más efectivo que la vitamina C. // Usado como complemento alimenticio, este extracto es antiinflamatorio, combate los radicales libres, inhibe la peroxidación de los lípidos (incluido el colesterol), impide la fragmentación del ADN y ayuda a mantener estable la función de las plaquetas. // Se le considera seguro, y la dosis recomendada es de 30-60 mg diarios, en 1-2 tomas (con alimentos). Se han llegado a usar 100 mg diarios sin problemas.

Extracto del micelio de shiitake (Ing. *Shiitake mycelium extract*) Extracto vegetal que concentra los principios activos del hongo shiitake. En inglés se le conoce como LEM (*Lentinan edodes mycelium extract*). // Se le prepara con el cuerpo (micelio) del hongo antes de que fructifique, ya que entonces la concentración de polisacáridos y lignanos es máxima. // Entre sus principios activos están el lentinano, la eritadenina, el polisacárido KS-2 y el AC2P, todos ellos inmunomoduladores. // Este extracto básicamente exhibe las mismas propiedades terapéuticas que el shiitake, pero resulta especialmente efectivo en las hepatitis crónicas y el cáncer estomacal. // Su uso es seguro, y la dosis usual es de 3-9 gramos diarios, en 1-3 tomas. // Existe otro extracto de shiitake, el compuesto con hexosa activada (CHA), que resulta útil contra el cáncer de próstata. Véanse Shiitake y Lentinano.

F

Factor antiberiberi Véase Factores curativos.

Factor antineurítico Véase Factores curativos.

Factor citrovorum (Ing. *Citrovorum factor*) Es la forma biológicamente activa del ácido fólico. Véase ácido folínico.

Factor de crecimiento de la clorela (Ing. *Chlorella growth factor*) Sustancia orgánica compleja aislada del alga clorela en Japón, en 1955, por el doctor S. Fugimaki y también conocida como CGF. // Especialmente rica en ácidos nucleicos (ADN y ARN), contiene 17 veces más ADN que las sardinas, una de las mejores fuentes alimentarias de ácidos nucleicos. // A esta inusual concentración se achaca la capacidad del CGF para extender el lapso de vida de animales de laboratorio hasta en 30%, e incluso se dice que fomenta la regeneración de los tejidos humanos. // No está disponible aislado y se obtiene consumiendo complementos a base de clorela o clorela yaeyama. Se considera seguro en su uso.

Factor de tolerancia a la glucosa (Ing. *Glucose tolerance factor* o *GTF*) Sustancia orgánica rica en cromo que posibilita la actividad de la insulina en el control de la glucosa. También se le conoce por sus siglas FTG. Se le identificó por primera vez en la levadura de cerveza. // El organismo lo recibe ya preformado en algunos alimentos, o puede sintetizarlo a partir del cromo y los aminoácidos de la alimentación. // Las dietas bajas en cromo tienden a abatir la llamada tolerancia a la glucosa, fenómeno que con el tiempo puede favorecer la resistencia a la insulina, el síndrome metabólico o la diabetes de la madurez. // Utilizado como complemento alimenticio, el FTG es un auxiliar en la reducción de peso, fomenta la formación de músculo y ayuda a disminuir los requerimientos de insulina o medicamentos en los diabéticos. // Su uso es seguro, y la dosis usual en adultos sanos es el equivalente a 100-200 mcg diarios de cromo.

Factor extrínseco (Ing. *Extrinsic factor*) Sinónimo de la vitamina B_{12}.

Factor intrínseco (Ing. *Intrinsic factor*) Sustancia secretada por el estómago que permite a la vitamina B_{12} penetrar al organismo. // De la unión de este factor y el factor extrínseco (la vitamina B_{12}), surge un complejo que es absorbido más fácilmente por el intestino delgado. Sin esta unión previa, la vitamina B_{12} pasa de largo y es excretada intacta. // Cuando el organismo no produce el factor intrínseco en cantidades suficientes, puede desencadenarse la enfermedad carencial denominada anemia perniciosa.

Factor PP (Ing. *PP factor*) También llamado vitamina PP, es en realidad la niacina. // Esta denominación es antigua y procede de cuando se observó que esta sustancia era un preventivo de la pelagra, su enfermedad carencial.

Factores curativos (Ing. *Healing factors*) Denominación que recibieron original-

mente las vitaminas cuando se les comenzó a estudiar, a principios del siglo xx. // En 1911 Casimiro Funk extrajo del arroz la primera de estas sustancias, que curaba el beriberi. Funk la bautizó como factor antiberiberi o factor antineurítico. // Sólo hasta décadas más tarde se le rebautizó como tiamina o vitamina B_1. // En el ínterin, Funk clasificó a otras vitaminas como factores "anti alguna afección" (generalmente su enfermedad carencial), clasificación que no prosperó.

Factores de transferencia (Ing. *Transfer factors*) Serie de compuestos presentes en el calostro bovino que se utilizan como complemento alimenticio. // Actúan como inmunomoduladores y se les considera la fracción más potente del calostro (pueden elevar la actividad de las células asesinas naturales o NK entre 100 y 250%). // Rinden mejor resultado que el calostro, ya que éste es específico de especie, pero los factores de transferencia son los mismos para el ser humano y los bovinos. Véase Calostro.

FEA (Ing. *PEA* o *phenyletilamine*) Siglas de feniletilamina.

Febrífugo (Ing. *Febrifuge*) Que reduce o combate la fiebre.

Feijoa (Ing. *Feijoa*) Fruto del árbol del mismo nombre (Feijoa sellowiana), originaria de Sudamérica. También llamado guayabo del Brasil o guayabo-piña. // De tamaño y aspecto similar al de las guayabas, tienen un sabor más delicado y su pulpa es blanca. Su aroma recuerda al de las fresas. // No abunda en macronutrientes ni en fibra dietética, pero tiene algo de betacaroteno (650 UI/100 g). // De las vitaminas, destacan la niacina (0.7 mg/100 g) y la vitamina C (30 mg/100 g). Su mineral más importante es el potasio (135 mg/100 g). // También contiene fitonutrientes, como cumarinas, bioflavonoides y carotenoides.

FEITC Siglas de fenetil isotiocianato.

Fenetil isotiocianato (Ing. *Phenethyl isotiocianate*) Fitonutriente azufrado presente en los vegetales crucíferos, como la col, la coliflor, la colecita de bruselas, el brócoli, los germinados de brócoli y los rábanos. También conocido como FEITC. // Protege a los ácidos nucleicos contra los carcinógenos químicos, fomenta la producción de enzimas protectoras e inhibe la reproducción de las células malignas.

Fenilalanina (Ing. *Phenylalanine*) Uno de los 20 aminoácidos presentes en los alimentos, que forman las proteínas corporales, y uno de los ocho aminoácidos esenciales. El organismo utiliza preferentemente la forma L (L-fenilalanina) y no la D (D-fenilalanina). // Entre los alimentos ricos en fenilalanina están el pescado, el pollo, los cereales, las legumbres, los huevos y las nue-

ces. // Este aminoácido es necesario para el funcionamiento del sistema nervioso (da lugar a la formación de los neurotransmisores dopamina, adrenalina y noradrenalina) y para la producción de hormonas tiroideas (T_3 y T_4). // Utilizada como complemento, la L-fenilalanina ayuda a producir más energía física y mental, estimula la memoria, ayuda a evitar la depresión, a combatir el dolor, a prevenir los estragos del estrés, y a normalizar los niveles sanguíneos de glucosa, triglicéridos y colesterol. En algunas personas actúa como un afrodisiaco leve. Ayuda a superar la dependencia del café. Se ha empleado asimismo en el tratamiento de la migraña, la tensión premenstrual, el vitiligo, la artritis y en algunos casos de esclerosis múltiple y mal de Parkinson. En su forma "DL" es muy útil contra diversas formas de dolor crónico (incluso mejora la eficiencia de los analgésicos). // Para asegurarse de obtener los beneficios buscados, los complementos de fenilalanina deben ingerirse con agua, teniendo el estómago vacío y no ingiriendo ningún alimento en la hora previa y la posterior a la toma. // Su uso es seguro, salvo si está presente la fenilcetonuria o se padece de migraña, hipertensión, males cardiacos, disquinesia tardía, diversas formas de cáncer o se están tomando medicamentos del tipo de los inhibidores de la MAO (antidepresivos). En exceso, la fenilalanina pura puede elevar la presión arterial. // Las dosis recomendadas son de 100-

500 mg diarios en adultos sanos (lo ideal es comenzar con 100 mg diarios e ir incrementando la dosis). En algunas enfermedades se llegan a utilizar hasta 1500 mg diarios (divididos en 3 tomas); esta última dosis requiere de vigilancia médica. Véanse Aspartame, D-fenilalanina y Feniletilamina.

Fenilcetonuria (Ing. *Phenylketonuria*) Defecto congénito que impide que el organismo utilice normalmente el aminoácido fenilalanina. // Los niños que lo padecen —fenilcetonúricos— convierten parte de la fenilalanina ingerida en sustancias tóxicas que afectan al cerebro y el sistema nervioso, pudiendo producirles retraso mental severo. Véase Fenilalanina.

Feniletilamina (Ing. *Phenylethylamine*) 1) Compuesto producido por el sistema nervioso humano que sirve de precursor de diversas sustancias importantes para la salud, como la adrenalina, la noradrenalina y la dopamina (catecolaminas endógenas). // Se sintetiza a partir del aminoácido fenilalanina y su producción es máxima cuando se experimentan emociones positivas intensas, como el enamoramiento. Sus niveles suelen ser bajos en personas con anorexia sexual. 2) Sustancia presente en la cocoa y el chocolate, también conocida por sus siglas, FEA. // Puede producir cambios favorables en el estado de ánimo (euforia) y exhibe un efecto afrodisiaco leve. La euforia se produce a partir de una estimulación del sistema nervioso, similar a la que producen las anfetaminas.

Fenogreco (Ing. *Fenugreek*) Planta herbácea de la familia de las Leguminosas (Trigonella foenum-graecum), también conocida como alholva. Es originaria de Europa, pero actualmente su difusión es cosmopolita. // Las semillas son la parte medicinal, que tradicionalmente se ha utilizado en el tratamiento de la bronquitis, la artritis y los problemas digestivos. // Es muy útil para regular la glucosa y los lípidos sanguíneos, por lo que se usa en el tratamiento de la diabetes, el colesterol elevado, los triglicéridos elevados, la ateroesclerosis y el estreñimiento. // Sus principios activos son una serie de saponinas esteroideas, la 4-hidroxi isoleucina y la fibra dietética soluble. // Su uso es muy seguro —sobre todo en las dosis recomendadas (10-50 g diarios de semillas molidas)—, pero cuando se rebasan los 100 g diarios de este polvo, puede haber náuseas y malestar gástrico.

Ferritina (Ing. *Ferritine*) Proteína que se encarga de almacenar el hierro en el organismo y lo libera conforme se necesita. Cuando disminuye su concentración sanguínea (<15 ng/L), delata una deficiencia de hierro. // Cuando hay exceso de hierro en el organismo, la ferritina lo absorbe para aminorar su toxicidad.

FIA (Ing. *AIF* o *angiogenesis inhibitor factor*) Factor inhibidor de la angiogénesis. // Sustancia naturalmente presente en el cartílago de diversos animales (pollo, reses, terneras, tiburones) que inhibe el crecimiento de los tumores sólidos. // Esta función se cumple a través de al menos dos mecanismos: el limitar tanto la proliferación y la migración de las células endoteliales como el estorbar la angiogénesis (el desarrollo de nuevos vasos sanguíneos), ambos factores clave en el desarrollo de los tumores malignos. // El cartílago de tiburón es, con mucho, la mejor fuente del FIA (hasta mil veces mayor que el cartílago bovino).

Fibra dietética (Ing. *Dietetic fiber*) Grupo de carbohidratos complejos de origen vegetal, generalmente indigeribles, y cuya ingestión resulta beneficiosa para la salud. // En cuestión de alimentos, la fibra dietética debe diferenciarse de la fibra cruda, que es el remanente de un alimento vegetal cuando se le analiza en laboratorio. // Los principales tipos de fibra dietética son: celulosa, hemicelulosa, gomas, pectinas, ligninas (y lignanos). // Celulosa y hemicelulosa abundan en granos, semillas y cereales, en tanto que gomas, pectinas y ligninas predominan en las frutas y las verduras. // Las fibras solubles ayudan a controlar los niveles sanguíneos de glucosa y de colesterol; las insolubles dan consistencia a las heces, absorben sales biliares potencialmente dañinas y aceleran el tránsito fecal. Ambos tipos de fibra ac-

Fibra dietética

Las mejores fuentes

Salvado de trigo	19.9 g
Chabacanos secos	15.6 g
Germen de trigo	9.0 g
Ciruelas pasa	8.1 g
Brócoli	7.4 g
Coco	6.5 g
Ajonjolí	6.3 g
Espinacas	5.7 g
Higos secos	5.6 g
Almendras	5.2 g
Soya	5.0 g
Frijoles negros	4.5 g
Chícharos	4.2 g
Calabacitas	4.0 g

X 100 g

túan como prebióticos y favorecen la proliferación y permanencia de la buena flora intestinal en las vías digestivas. // Puesto que no se reconoce a la fibra como nutriente, tampoco cuenta con un requerimiento mínimo diario. Sin embargo, se recomienda ingerir entre 25 y 40 g diarios de fibra dietética. // Hacerlo podría ayudar a prevenir una serie de afecciones, entre ellas estreñimiento, diverticulitis, apendicitis, várices, hemorroides, colon irritable, obesidad, y —probablemente— diabetes de la madurez y cáncer de colon. // Esto último, porque las fibras absorben y retienen agua, y al aumentar de volumen aceleran el tránsito intestinal, combatiendo el estreñimiento y evitando el contacto prolongado de las paredes intestinales con sustancias potencialmente carcinógenas. // La fibra dietética se ha utilizado en el tratamiento del estreñimiento, la diarrea, el colon irritable, la diverticulosis, la enfermedad ácido péptica, la diabetes, la hipertensión, el colesterol y los triglicéridos elevados y la obesidad. // Se puede aumentar el consumo diario de fibra dietética consumiendo salvado de cereales (trigo, avena, etc.), psyllum en polvo o cereales para el desayuno ricos en fibra. En los primeros dos casos, la fibra debe acompañarse de abundante agua. // La fibra dietética puede interferir con la absorción intestinal de vitaminas, minerales y medicamentos. No se debe consumir al mismo tiempo multivitamínicos, complementos alimenticios o fármacos con fuentes concentradas de fibra.

Fibra dietética insoluble (Ing. *Insoluble dietetic fiber*) Tipo de fibra dietética que no se disuelve en agua: la celulosa, la hemicelulosa, las ligninas y los lignanos. // Se hallan en frutas, verduras, granos, semillas y cereales, pero abundan más en los tres últimos (especialmente en su cascarilla o salvado). // Las fibras insolubles dan consistencia a las heces, absorben sales biliares potencialmente dañinas, aceleran el tránsito fecal (combaten el estreñimiento) y actúan como prebióticos. Pueden ayudar a prevenir el cáncer de colon al facilitar la eliminación más rápida de carcinógenos.

Fibra dietética soluble (Ing. *Soluble dietetic fiber*) Tipo de fibra dietética que se disuelve total o parcialmente en agua o ésta la absorbe. Son las gomas, los mucílagos y las pectinas. Están presentes en granos y semillas, pero predominan en las frutas y las verduras. // Las fibras solubles ayudan a controlar los niveles sanguíneos de glucosa y de colesterol; reducen el colesterol y los triglicéridos elevados; ayudan a regular la glucosa en los diabéticos y en los hipoglicémicos; son auxiliares en el control de peso, ya que absorben parte de la grasa de los alimentos. También actúan como prebióticos y facilitan la evacuación.

Ficocianina (Ing. *Phycocyanin*) Pigmento natural de color azul intenso que se halla exclusivamente en algas verdiazules como la espirulina. // Se le puede considerar un fitonutriente que en laboratorio ha logrado aumentar el periodo de supervivencia de ratones afectados con cáncer.

Ficoteno (Ing. *Phycotene*) Fitonutriente presente en las algas marinas, que actúa como un antioxidante y un inmunomodulador (fomenta la producción corporal de macrófagos y linfocitos T).

Filoquinona (Ing. *Phyloquinone*) Nombre químico de la vitamina K_1, que es la variedad producida por las plantas. Otras variedades de esta vitamina las producen la flora intestinal (menaquinona) o el hombre, en laboratorios (menadiona). // Los vegetales más ricos en filoquinona son las espinacas, la col, la coliflor, el brócoli, la alfalfa y las algas marinas. Véanse Menadiona, Menaquinona y Vitamina K.

Fitatos (Ing. *Phytates*) Son las sales del ácido fítico (inositohexafosfórico), una sustancia compleja que contiene fósforo e inositol. // El ácido fítico está presente sobre todo en los cereales y las leguminosas. Las fuentes más comunes en la alimentación son la avena, las lentejas, el salvado de trigo, el arroz integral, los frijoles, la soya, el chocolate, la maicena y los cereales para el desayuno. // El ácido fítico se combina con los minerales comúnmente presentes en los alimentos y forma fitatos (de calcio, zinc, hierro, etc.) insolubles, lo que los hace inaprovechables. // El pan integral puede o no tener fitatos. Depende de si su masa fermentó con levadura, pues esta última contiene fitasa, una enzima que inactiva a los fitatos. // Con todo, estos últimos pueden ser buenos para la salud, ya que ejercen un efecto inmunomodulador importante (estimulan la producción de glóbulos blancos). Véase Ácido fítico e IP-6.

Fitoestrógenos (Ing. *Phytoestrogens*) Son sustancias de origen vegetal que muestran un efecto estrogénico débil; es decir, simulan la acción de las hormonas sexuales femeninas. // La mujer occidental consume un promedio de un miligramo diario de fitoestrógenos, en tanto que las mujeres de Oriente ingieren 40-50 mg al día. // Se les ha identificado en más de 200 especies vegetales, incluidas frutas, verduras, granos y semillas, y se les puede dividir en tres grupos principales: isoflavonas, ligninas

y fistosteroles. // Dicha actividad estrogénica ayuda a moderar la actividad del estradiol, y con ello protege ovarios, senos y útero contra el cáncer. En especial, inhiben al factor kappa-beta nuclear, un mediador de la inflamación potencialmente peligroso (cuyo exceso se ha ligado con padecimientos autoinmunes y crónico degenerativos, entre ellos el cáncer). // Por otro lado, simula los efectos benéficos de los estrógenos, entre ellos evitar o corregir los trastornos de la menopausia y prevenir la osteoporosis. // Los fitoestrógenos más conocidos y estudiados son la genisteína, la daidzeína y la daidzina de la soya, pero son muy numerosos y también están presentes en la alfalfa, el nabo, las espinacas, la linaza, el trébol rojo, el ginseng y el aceite de germen de trigo. // Los fitoestrógenos se utilizan en la prevención o tratamiento de la osteopenia y la osteoporosis, y como una alternativa natural a la terapia de reemplazo hormonal durante la menopausia. En ambos sexos ayudan a normalizar los niveles de colesterol. // A pesar de su actividad estrogénica, los fitoestrógenos no producen feminización ni efectos adversos en los varones que los reciben. Antes bien, se ha visto que protegen contra el cáncer de próstata. // Véase Isoflavonas y Ligninas.

Fitofármacos (Ing. *Phytomedicines*) Principios activos de las plantas que se emplean como medicamentos. Su empleo ha dado origen a la fitoterapia. // Generalmente no se trata de sustancias aisladas, sino de mezclas complejas cuyos distintos componentes se refuerzan entre sí. // Ejemplos de fitofármacos son los extractos de ginkgo biloba, de equinácea, de castaña de indias y de hierba de san Juan.

Fitonutrientes (Ing. *Phytonutrients o phytochemicals*) Sustancias orgánicas presentes en frutas, verduras, granos, semillas, especias y plantas comestibles, que sin ser esenciales para el ser humano exhiben propiedades protectoras para la salud. // También se les conoce como fitoquímicos, nutracéuticos y componentes dietéticos menores. Actúan —al igual que las vitaminas— a muy pequeñas dosis. Se diferencian de éstas en que la ausencia de fitonutrientes en la alimentación no produce enfermedades carenciales. // Su naturaleza química es muy diversa, actualmente se conocen cientos de ellos y la lista está creciendo continuamente. A ellos se deben las propiedades que presentan muchos alimentos funcionales. // Entre los fitonutrientes más conocidos están el betacaroteno (de la zanahoria), el licopeno (del jitomate), la alicina (del ajo), la luteína (de la espinaca), la genisteína (de la soya), la capsaicina (del chile) y el sulforafano (del brócoli).

Fitoquímicos (Ing. *Phytochemicals*) Véase Fitonutrientes y Nutracéuticos.

Fitoterapia (Ing. *Phytotherapy*) Sistema curativo que se vale de medicamentos hechos a base de uno o más extractos de plantas medicinales como ingrediente activo. // A los productos que utiliza la fitoterapia se les conoce como fitoterapéuticos o fitofármacos. // Los mejores contienen extractos estandarizados (que son mezclas complejas de sustancias químicas, algunas de las cuales tienen porcentajes fijos y conocidos).

Flavonas polimetoxiladas (Ing. *Polymethoxilated flavones*) Es una variedad de flavonoides naturales presentes en la naranja y en otros frutos cítricos; se concentran sobre todo en la cáscara. // Exhiben actividades antioxidante, antiinflamatoria y cardioprotectora.

Flavona X (Ing. *Flavone X*) Véase Crisina.

Flavonoides (Ing. *Flavonoids*) Grupo de fitonutrientes hidrosolubles presentes en numerosos vegetales. Químicamente se les divide en flavonoles, flavonas, isoflavonas, flavanonas, flavononoles, chalconas y biflavonilos. // Entre sus mejores fuentes están los cítricos, los pimientos, la ciruela, el membrillo, el kiwi, la fresa, la cereza, la frambuesa, la mora, el jitomate, el cilantro, la calabacita, el polen y el propóleo. // Son antioxidantes y antiinflamatorios. Mejoran la circulación, protegen a los vasos sanguíneos y ayudan a normalizar la presión sanguínea. Inhiben la formación de tumores y protegen contra las cataratas. Véase Bioflavonoides.

Flúor

Las mejores fuentes

Arenques	2.15 mg
Té verde	2.00 mg
Sardinas	1.25 mg
Salmón	0.80 mg
Papas	0.75 mg
Camarones	0.40 mg
Soya	0.36 mg
Té negro	0.30 mg
Pan de centeno	0.21 mg
Carne de res	0.19 mg
Hígado de pollo	0.19 mg
Carne de pollo	0.14 mg
Hígado de res	0.10 mg
Leche de vaca	0.08 mg

X 100 g

Flúor (Ing. *Fluorine*) Elemento químico esencial para la salud, de número atómico 9. // Forma parte estructural de huesos y dientes, lo que contribuye a darles resistencia. Los dientes de quienes fueron criados en donde el agua es rica en flúor muestran una gran resistencia a las caries. Por esta razón se le añade flúor al agua potable, a los enjuagues y a las pastas dentales. // No se le conocen otras funciones aparte de las ya señaladas, ni tiene enfermedad carencial. // No se le ha establecido un requerimiento mínimo diario, pero se consideran suficientes los 3 mg que recibimos a diario con el agua y los alimentos. // Usado en forma de complemento, el flúor ha resultado útil en el tratamiento de la osteopenia y la osteoporosis, reduciendo el número de fracturas.

Folacina (Ing. *Folacin*) Otro nombre para el ácido fólico, también conocido como vitamina B$_9$.

Folatos (Ing. *Folates*) Derivados del ácido fólico (sustancias orgánicas con actividad vitamínica comparable a la de este último). // En la práctica, el término folato se considera sinónimo de ácido fólico.

Forskolín (Ing. *Forskoline*) Véase Forskolina.

Forskolina (Ing. *Forskoline*) Uno de los principios activos del Coleo (Coleus forskohlii). También se le conoce como colforsina. // Mejora el funcionamiento cardiaco, ayuda a normalizar la presión arterial, evita la formación de coágulos peligrosos y alivia la falla cardiaca congestiva. // También alivia la presión intraocular y podría resultar útil contra el glaucoma. Es un vasodilatador y podría ayudar —de manera indirecta— a combatir la disfunción eréctil. Véase Coleo.

Fortificación (Ing. *Enrichment*) Véase Enriquecimiento.

FOS Siglas de fructooligosacáridos.

Fosfatidilcolina (Ing. *Phospatidylcholine*) Fosfolípido presente en diversos aceites vegetales sin refinar. Es el componente principal de la lecitina de soya. // Usado como complemento alimenticio, se comporta como fuente de colina y como donador de metilos. Véanse Colina, Lecitina de soya y Metilación.

Fosfatidilserina (Ing. *Phospatidyl serine o PS*) Fosfolípido naturalmente presente en el cerebro. Se le halla, asimismo como un fitonutriente, en granos y semillas oleosos, si bien en muy pequeñas cantidades. // Forma parte de la membrana de las neuronas, en donde incrementa la fluidez, fomenta la liberación de neurotransmisores y facilita la transmisión de las señales nerviosas. Estimula la producción de acetil colina. Mejora la memoria, incrementa la claridad mental y preserva la integridad neurológica. // Usado como complemento mejora la memoria a corto plazo y ayuda a conservar intactas las funciones mentales. En fisicoculturismo se emplea para reducir la producción de cortisol (hormona catabólica), prevenir las agujetas y los síntomas de sobreentrenamiento. // Su uso es muy seguro, pero no debe emplearse junto con anticoagulantes. Las dosis varían según la aplicación: para la agudeza mental, 100-300 mg diarios (en 1-3 tomas, con alimentos); con fines anticatabólicos, 600-800 mg diarios, en 2-4 tomas. Da mejores resultados si se combina con acetilcarnitina.

Fosfato de calcio (Ing. *Calcium phosphate*) Sal cálcica del ácido fosfórico que generalmente se utiliza como fuente de calcio y fósforo. // Constituye una de las mejores fuentes de calcio, del cual provee un 23%. En comparación, el citrato de calcio proporciona un 11%, y el gluconato de calcio, 9%.

Fosfatos (Ing. *Phosphates*) Grupo de sustancias ricas en fósforo que desempeñan importantes papeles en el funcionamiento del organismo. // Entre sus principales funciones están: formar parte de moléculas ricas en energía (como el ATP), ligarse a vitaminas para formar coenzimas, formar parte de la estructura ósea y dental, colaborar en la síntesis de proteínas y ayudar a estabilizar los ácidos nucleicos (ADN y ARN). // El fosfato más común en la alimentación es el de calcio. Véase Ácido fítico.

Fósforo (Ing. *Phosphorus*) Mineral esencial para la salud, de número atómico 15. // Es el segundo mineral más abundante en el cuerpo después del calcio (con el cual colabora estrechamente en huesos y dientes formando hidroxiapatita). De hecho, tiende a mantenerse constante en los huesos un balance cal-

Fósforo

Las mejores fuentes

Lecitina de soya	3 300mg
Levadura de cerveza	1 800 mg
Semillas de calabaza	1 100 mg
Germen de trigo	1 100 mg
Salvado de trigo	920 mg
Nueces del brasil	690 mg
Piñones	600 mg
Soya	600 mg
Sardinas	580 mg
Almendras	500 mg
Hígado de res	480 mg
Avena	410 mg
Arenques	240 mg
Chocolate	230 mg

X 100 g

cio-fósforo de 2.5 a 1. // El fósforo se dosifica en miligramos y su requerimiento mínimo diario es uno de los más altos: 1000 mg o más para los adultos, y la mitad o menos en los niños. // El fósforo abunda en los alimentos comunes y resulta común ingerir más de lo recomendado, por lo que los complementos de fósforo suelen ser innecesarios. // Dado el balance que debe existir entre calcio y fósforo, si se acostumbran alimentos demasiado ricos en este último (carnes rojas, refrescos de cola, lecitina de soya, levadura de cerveza), debe aumentarse también la ingestión de calcio. // El fósforo participa prácticamente en todas las reacciones químicas del organismo, y resulta indispensable para la producción celular de energía (es parte fundamental del ATP). Es un componente estructural de huesos y dientes, y ayuda a regular el pH de la sangre. Forma parte de los fosfolípidos; también de las nucleoproteínas, lo que lo hace importante para la reproducción. Es necesario para la formación de coenzimas, y con ello para la buena marcha del metabolismo. // Un complemento nutricional de fósforo ha resultado útil en el tratamiento de la osteoporosis y la osteomalacia. También acelera la recuperación de las fracturas óseas. Ayuda asimismo en el tratamiento de la enfermedad periodontal.

Fo ti tieng (Ing. *Fo ti tieng*) Planta herbácea de la familia de las Poligonáceas (Hydrocotile asiatica minor, o Polygonum multiflorum), también conocida como fo-ti. // Es originaria de Oriente, en donde goza de gran reputación como estimulante orgánico y rejuvenecedor del organismo. // La parte utilizada es la raíz, y si ésta ha sido procesada, se le llama fo-ti rojo; si no recibió procesamiento, es el fo-ti blanco. // En la medicina tradicional china se ha utilizado desde la antigüedad como tónico, laxante, depurativo y antiséptico. // El extracto de esta planta contiene principios antioxidantes, inmunoestimulantes y normalizadores del colesterol cuya estructura química aún se desconoce. // Su uso es seguro en adultos sanos. La dosis usual es de 3-5 tabletas de 500 mg diarias de polvo de raíz (en tres tomas, con alimentos).

Frambuesa (Ing. *Raspberry*) Es el fruto de una planta herbácea de la familia de las Rosáceas (Rubus idaeus). // Por su sabor agrio, se prefiere consumirlas en mermelada, en compota o en licuados. // Es más bien pobre en macronutrientes, fibra dietética y betacaroteno, lo mismo que en vitaminas. Sólo aporta un poco de niacina (0.5 mg/100 g). Su contenido de vitamina E, en cambio, es uno de los más altos entre los vegetales (20 UI/100 g). // Entre los minerales sólo destaca el potasio (98 mg/100 g). // Contiene fitonutrientes muy valiosos: ácido elágico, ácido fenólico, ácido p-cumárico, antocianósidos, betacianina, cumarinas, flavonoides, resveratrol, inhibidores de las nitrosaminas. //

En medicina tradicional se le considera diurética y astringente.

Fresa (Ing. *Strawberry*) Es el fruto de una planta herbácea de la familia de las Rosáceas (Fragaria vesca). // No abunda en macronutrientes: contiene un poco de fibra dietética (1.3 g/100 g), niacina (0.6 mg/100 g) y vitamina C (59 mg/100 g). // Su único mineral apreciable es el potasio (165 mg/100 g). // Su contenido de fitonutrientes, en cambio, es muy variado: ácido clorogénico, ácido elágico, ácido p-cumárico, antocianósidos, cumarinas, flavonoides, resveratrol, salicilatos, inhibidores de las nitrosaminas. // En medicina tradicional la fresa tiene reputación de emoliente, depurativa, colagoga, pectoral y antirreumática.

Frezadilla (Ing. *Green tomatoe*) Otro nombre para los tomates verdes.

Frijol de terciopelo (Ing. *Velvet beans*) Semilla de una planta herbácea de la familia de las Leguminosas (Mucuna pruriens), originaria de la India. // No es una especie comestible, pero es muy rica en L-dopa (L-dihidroxifenilalanina), un compuesto que se utiliza en el tratamiento del mal de Parkinson. Su ingestión también estimula la producción corporal de la hormona del crecimiento humano. Afina el desempeño mental, mejora la coordinación muscular, ayuda a controlar los niveles de glucosa en los diabéticos y eleva los niveles de testosterona (se le achaca un efecto afrodisiaco). // Sus principios activos son la mucunina, la mucunadina, la pruerienina y la pruerininina. // Se ignora si se puede utilizar este vegetal junto con medicamentos en el tratamiento del mal de Parkinson, por lo que se sugiere vigilancia médica. // La dosis usual es de media taza diaria de frijoles cocidos durante 2-3 semanas, o 300-800 mg diarios del extracto seco (en dos tomas). Para mejores efectos, búsquese un complemento que también incluya en la fórmula un inhibidor de la carboxilasa. Véase Habas.

Frijoles (Ing. *Beans*) Son las semillas de una planta rastrera de la familia de las leguminosas (Phaseolus vulgaris). // Se dice que hay dispersas por el mundo cientos de variedades de frijol, de las cuales se cultivan en México unas 50 (entre ellas frijol negro, bayo, bayo gordo, bayo rata, pinto, cacahuatero, de milpa, ojo de liebre, ojo de cabra, flor de mayo, peruano y garbancillo). // Son ricos en carbohidratos (60 g/100 g), proteínas incompletas (21.5 g/100 g) y fibra dietética (4.3 g/100 g). // De las vitaminas, destacan la riboflavina (0.9 mg/100 g), la niacina (0.5 mg/100 g) y el ácido pantoténico (0.5 mg/100 g). // Sus fitonutrientes más importantes son el ácido fenólico, las saponinas, las isoflavonas, la zearalenona y los inhibidores de las proteasas. // Su único mineral importante es el potasio (150 mg/100 g).

Fructooligosacáridos (Ing. *Fructooligosaccharides*) 1) Un tipo de carbohidratos complejos (polisacáridos de la fructosa) no digeribles. 2) Grupo de fitonutrientes que se comportan como fibra soluble y prebiótico. También se les conoce como FOS. // Están presentes de forma natural en frutas, verduras y semillas. Sus mejores fuentes son el ajo, la cebolla, la alcachofa, los plátanos, la cebada, el trigo, el camote, la avena y los jitomates. // Ya existen en forma de complemento alimenticio (prebiótico). Una vez ingeridos, los FOS promueven la proliferación de lactobacilos y bifidobacterias (especialmente estas últimas) en las vías digestivas. Reducen el pH del colon, provocan una reducción en los tóxicos fecales y contribuyen a normalizar la presión arterial en personas de la tercera edad. También ayudan a regular la glucosa y el colesterol sanguíneos, y estimulan al sistema inmunológico. // No abundan en la alimentación, y utilizados como complemento, la dosis usual es de 1-3 g diarios en 1-3 tomas. De ser necesario, se pueden recibir hasta 8 g diarios sin problemas. Véanse Fibra dietética, Inulina y Prebióticos.

Fructosa (Ing. *Fructose*) Carbohidrato simple de sabor dulce, presente sobre todo en frutas (y sus jugos), y en la miel de abeja. Es 135 veces más dulce que la sacarosa o azúcar de caña. // El hígado y el intestino pueden convertirla en glucosa, y de esa manera la utilizan los tejidos como fuente de energía. // El organismo diabético la asimila con facilidad, ya que no se necesita insulina para su aprovechamiento. Empero, no resulta recomendable como edulcorante para los diabéticos, porque su consumo habitual puede elevar los niveles del LDL (colesterol malo) y del colesterol total. // Recuérdese que se escribe "fructosa" y no "fructuosa", como a menudo se hace.

Fruta bomba (Ing. *Papaya*) Otro nombre para la papaya.

Frutilla (Ing. *Strawberry*) Otro nombre para la fresa.

Fruto del rosal (Ing. *Rose hips*) Es el fruto o cápsula que encierra las semillas de diversas especies de rosal común (Rosa centifolia, R. canina), también conocido como escaramujo. // En Estados Unidos se utiliza para preparar té o mermelada, y en dichas presentaciones resulta una de las mejores fuentes de vitamina C (3000 mg/100 g). Contiene también vitaminas del complejo B y vitamina E. // Aporta fitonutrientes como rutina, quercetina, esculósido, hesperidina y otros bioflavonoides. // Para su máximo aprovechamiento, conviene cortarlo en cuanto madura, pues a partir de ese momento su contenido nutricional comienza a declinar con rapidez. // Se puede conservar deshidratado y a temperatura ambiente, en frascos limpios y secos. Véase Escaramujo.

Frutos secos (Ing. *Oily seeds*) Véase Oleaginosas.

FTG Siglas de factor de tolerancia a la glucosa.

Fuco (Ing. *Bladderwrack*) Alga marina comestible de la familia de las Feofíceas (Fucus vesiculosus). Es de color verde oliva y tiene un alto poder nutricional. // Abunda en fibra dietética (4.3 g/100 g), betacaroteno (7200 UI/100 g), tiamina (6.2 mg/100 g), riboflavina (5.8 mg/100 g), niacina (10 mg/100 g), ácido pantoténico (4.5 mg/100 g), piridoxina (3.6 mg/100 g) y ácido fólico (82 mcg/100 g). // El fuco es rico en sodio 1300 mg/100 g), potasio (2100 mg/100 g), calcio (980 mg/100 g), magnesio (230 mg/100 g), hierro (20 mg/100 g) y yodo (14 500 mcg/100 g). // Ofrece además fitonutrientes, la mayoría exclusivos de las algas marinas: fucoxantina, fucoidina, laminarina y algina. // En medicina tradicional se le considera nutritivo, remineralizante, demulcente, laxante, antiulceroso, anticelulítico y auxiliar en el control de peso (estimula la función tiroidea). // Su uso externo es totalmente seguro, no así el interno. Es un vegetal tan rico en principios activos, que no se recomienda su ingestión prolongada. Debe consumirse en pequeñas cantidades y por periodos cortos. Evítese durante el embarazo y la lactancia. No recomendable en pacientes con padecimientos tiroideos o bajo tratamiento con hormonas de la tiroides.

Fucus (Ing. *Bladderwrack*) Véase Fuco.

G

GABA (Ing. *GABA*) Siglas en inglés del ácido gamma aminobutírico.

Galactagogo (Ing. *Galactagogue*) Que estimula la producción de leche materna. También se utiliza el término galactógeno.

Galactógeno (Ing. *Galactogen*) Que estimula la producción de leche materna. También se utiliza el término galactagogo.

Galactosa (Ing. *Galactose*) Carbohidrato simple tenuemente dulce, presente en la leche de diversos mamíferos. // El hígado puede convertirla en glucosa, y de esa manera la usa el organismo.

Gamma caroteno (Ing. *Gamma carotene*) Fitonutriente que pertenece a la familia de los carotenoides; está estrechamente relacionado con el alfa caroteno y el betacaroteno. // Se encuentra en el mismo tipo de vegetales que aquellos: zanahoria, mango, durazno, melón, calabaza, acelga, papaya, berro, espinaca y camote. // Es antioxidante, inmunomodulador y protege a los ácidos nucleicos contra los carcinógenos químicos.

Gamma hidroxibutirato (Ing. *Gamma hidroxybutirate*) Véase ácido gamma hidroxibutírico.

Gamma oryzanol (Ing. *Gamma oryzanol*) 1) Es una mezcla compleja de esteroles y derivados del ácido ferúlico, un potente antioxidante. 2) Fitonutriente presente de manera natural en el arroz integral y en el aceite de salvado de arroz. Este último es su mejor fuente. // Se le expende en cápsulas como complemento alimenticio, y ha ganado popularidad como un poderoso antioxidante. // Hay evidencia de que también inhibe la absorción intestinal del colesterol, bloquea el depósito de este último en las arterias, eleva el HDL (colesterol bueno), evita la oxidación del LDL (colesterol malo), favorece el desarrollo muscular y estimula la producción de endorfinas, testosterona y hormona del crecimiento humano.// También resulta útil en el tratamiento de la gastritis. // Su uso es seguro, y la dosis usual es de 150-300 mg diarios (con alimentos). Véase Liberadores de la HGH.

Garbanzo (Ing. *Chickpea*) Es la semilla de una planta herbácea de la familia de las Leguminosas (Cicer aretinum). // Abunda en proteínas incompletas (20.5 g/100 g), carbohidratos (60.5 g/100 g) y fibra dietética (1.5 g/100 g). // Medianamente alto en tiamina (0.3 mg/100 g), niacina (2 mg/100 g) y ácido pantoténico (0.4 mg/100 g). // Buena fuente de hierro (6.9 mg/100 g), y una de las mejores de potasio (800 mg/100 g). // En medicina tradicional se le usa como antidiarreico y galactógeno.

Garcinia cambogia (Ing. *Garcinia cambogia*) Nombre científico de una planta arbórea nativa de la India, a la que también se conoce como tamarindo de malabar o goraka. // Su fruto es rico en el ácido (–) hidroxicítrico (HCA, por sus siglas en inglés), el cual no es frecuente en la naturaleza y sólo se halla presente en las plantas del género Garcinia. Hasta un 30% (en peso seco) de los frutos de la G. cambogia es HCA. // Este ácido ha demostrado en laboratorio inhibir la lipogénesis (proceso mediante el cual el cuerpo produce y almacena los ácidos grasos y el colesterol) por medio de la inhibición de la enzima ATP-citrato liasa. // Este mecanismo le permite también limitar la producción de colesterol y triglicéridos, por lo que resulta útil para controlarlos (en especial el LDL) // Además, actúa como un supresor del apetito, lo toleran bien los diabéticos y no da lugar al efecto de rebote. // Aunque su inocuidad durante el embarazo y la lactancia no ha sido evaluada, su empleo se considera seguro, y la dosis recomendada del extracto es de 500-700 mg diarios, divididos en tres tomas (30-60 minutos antes de los alimentos). Véase Citrina.

Gayuba (Ing. *Uva ursi*) Otro nombre para la uva ursi.

Gefarnato (Ing. *Gepharnate*) Fitonutriente presente en los vegetales de la familia de las Crucíferas (col, coliflor, colecita de bruselas, brócoli, etc.). // Protege y regenera la mucosa gástrica y duodenal (útil en el tratamiento de las úlceras).

Gelatina (Ing. *Gelatin*) Proteína natural derivada del colágeno, que se obtiene por cocción de huesos, tendones y ligamentos de animales de pezuña. // Una vez deshidratada y pulverizada, se convierte en un polvo blanco, inodoro e insípido. Los colores y sabores con que se expende comercialmente siempre son añadidos. // No es muy buen alimento, ya que se trata de una proteína incompleta. Es muy baja en triptófano (un aminoácido esencial), y su consumo frecuente en la dieta sin otra proteína que la complemente puede desbalancear una dieta (especialmente en los niños).

Genisteína (Ing. *Genistein*) Fitonutriente que se halla presente en la soya y sus derivados. // Es antioxidante, puede inhibir la formación de radicales libres, como el superóxido, y fomenta la producción de enzimas anticancerosas. Estabiliza los ácidos nucleicos y ayuda a prevenir mutaciones celulares. Puede inhibir el crecimiento de las células cancerosas, la angiogénesis y ayudar a diferenciar las líneas de células malignas (todo ello incide en un efecto neto anticanceroso muy potente). // Asimismo, normaliza el colesterol total, disminuye el colesterol malo y los triglicéridos, y aumenta el colesterol bueno.

Genistina (Ing. *Genistin*) Fitonutriente que se halla presente en la soya y sus derivados, muy similar a la genisteína. // Comparte algunas de las propiedades de la genisteína, pero en particular inhibe la sobreproducción de estrógeno y bloquea la acción de hormonas que favorecen el cáncer.

Germanio (Ing. *Germanium*) Mineral no esencial, de número atómico 32. // Sus mejores fuentes naturales son el ajo, la cebolla, la espirulina, la clorela, las algas marinas, la sávila y el ginseng. // Existe evidencia controversial sobre si debe o no considerársele esencial. Usado como complemento puede estimular el sistema inmunológico, favoreciendo la producción de linfocitos B y T, así como de células asesinas naturales (NK). Asimismo, resulta útil en el tratamiento de las enfermedades autoinmunes, y puede actuar como un antiinflamatorio, un agente antitóxico, y —al menos en animales— combatir el cáncer. // Se le ha utilizado en el tratamiento de la artritis, la osteoporosis, la hipertensión, el sida e infecciones virales como las del herpes. // No se ha confirmado su inocuidad, por lo que se recomienda utilizarlo bajo la guía de un profesional de la salud versado en su utilización. // La fuente más recomendable como complemento es el sesquióxido de germanio (germanio discarboxietil sesquióxido-132). // La dosis usual es de 50-150 mg diarios, en 1-3 tomas, con alimentos y por periodos cortos.

Germen de trigo (Ing. *Wheat germ*) 1) Cuando fresco, es el embrión de los granos de trigo; la parte de donde nace la nueva planta. 2) Una vez separado del grano y ya molido, es un alimento muy nutritivo. // Es bajo en carbohidratos y es rico en proteínas incompletas (27 g/100 g) y fibra dietética (2.5 g/100 g). // De las vitaminas, destacan la tiamina (0.3 mg/100 g), la riboflavina (0.7 mg/100 g), la niacina (4.5 mg/100 g) el ácido pantoténico (0.3 mg/100 g), y su contenido de ácido fólico es uno de los más altos (300 mcg/100 g). // Abunda en minerales: potasio (810 mg/100 g), fósforo (320 mg/100 g), magnesio (400 mg/100 g), hierro (8 mg/100 g), zinc (15 mg/100 g), manganeso (15 mg/100 g) y molibdeno (40 mcg/100 g). // Es necesario asegurarse de consumirlo lo más fresco posible (y sin tostar), ya que se enrancia fácilmente.

Germinados (Ing. *Sprouts*) Son las semillas de diversas plantas comestibles, tras haberlas puesto a germinar. // Los granos y las semillas suelen ser nutritivos, pero al germinar sus componentes nutricionales orgánicos se multiplican (como la tiamina), y aparecen otros que no estaban (como la vitamina C). // Son ricos en vitaminas y minerales esenciales, pero aún más en fitonutrientes como el ácido ferúlico, el ácido fítico, el 1,3-betaglucano, los sitosteroles, el 2-O-GIV (en los cereales) y las isoflavonas (en la soya y otras leguminosas). // Para obtenerlos, se dispersan las semillas limpias en charolas con tela o algodón humedecido, las cuales se colocan en un lugar fresco e iluminado (no se necesita luz solar directa). Se conservan húmedas y se deja pasar de 2 a 4 días, según la especie. // La mayoría de las semillas no necesita remojo previo. Las que sí lo necesitan (las más duras) deben sumergirse en agua 4-10 horas previamente al proceso de germinación. // Los germinados pueden ingerirse como ensalada, como guarnición, de relleno en tortas o sándwiches, acompañando a las verduras en las sopas, y como botana (con limón, sal y chile en polvo).

GHB Siglas de gamma hidroxibutirato. Véase Ácido gamma hidroxibutírico.

Gian jiang Nombre chino del Jengibre.

6-gingerol (Ing. *6-gingerol*) Fitonutriente típico del jengibre, que pertenece a la familia fitoquímica de los gingeroles. // Exhibe propiedades antiinflamatorias similares a las del resto de los gingeroles, pero además actúa como anticarcinógeno: puede bloquear crecimientos cancerosos en las vías digestivas, principalmente en el colon.

Gingeroles (Ing. *Gingerols*) Fitonutrientes característicos del jengibre que actúan como analgésicos y antiinflamatorios. / / Entre sus mecanismos de acción están el inhibir la formación de prostaglandinas inflamatorias y de leucotrienos (sustancias similares a las prostaglandinas, que favorecen el dolor y la inflamación crónicos). // Están disponibles como producto comercial en Estados Unidos y su uso es bastante seguro. Se les considera tan efectivos como los antiinflamatorios no esteroideos (AINE), pero sin sus desventajas. // Se les ha utilizado en el tratamiento de la artritis reumatoide, la artrosis, la bursitis y la fibrositis. Véase Jengibre y HMP-33.

Ginkgo biloba (Ing. *Ginkgo biloba*) Árbol de la familia de las Ginkgoáceas y originario del lejano Oriente (*Ginkgo biloba*). // De uso muy antiguo como remedio vegetal, su reputación es la de ser un tónico general del organismo, especialmente en pacientes de la tercera edad. // Funciona como antiasmático, vasodilatador, broncodilatador, neuroprotector y antiagregante plaquetario (bloquea la formación de coágulos anormales). Mejora la circulación sanguínea en todo el organismo (combate la insuficiencia arterial periférica),

y muy especialmente en el cerebro. // Se le ha utilizado en el tratamiento del asma, las várices, las hemorroides, la flebitis, el tinnitus, la mala memoria, el adormecimiento de pies y manos, la disfunción eréctil (por deficiente irrigación sanguínea) y contra la demencia senil (ocasionada por una deficiente irrigación cerebral). // Entre sus principios activos se cuentan los ginkgólidos (A, B; C, J y M), los bilobálidos, el ginkgetol, el isoginkgetol, el quercetol y diversos flavonglucósidos. // En medicina tradicional se le considera diurético, vasomotor, vasodilatador, antioxidante, antiinflamatorio, y antiespasmódico. // Aunque su uso se considera seguro, debe consultarse al médico antes de usarlo si se padece de hipertensión maligna o se ha sufrido recientemente un infarto, una embolia o hemorragias diversas en el organismo. No se recomienda su uso en menores de edad o durante el embarazo y la lactancia. En algunas personas (sensibles a los flavonglucósidos), el ginkgo puede producir dolores de cabeza. // La dosis usual de su extracto estandarizado al 24% es de 120-160 mg diarios, divididos en 3 tomas, con alimentos.

Ginseng americano (Ing. *American ginseng*) Variedad del ginseng asiático que se ha aclimatado en Estados Unidos y Canadá (*Panax quinquefolium*). Debido a su contenido de fitoestrógenos, se le ha llamado "el ginseng de la mujer". Sin embargo, también resulta útil contra la disfunción eréctil masculina porque aumenta la producción de óxido nitroso (un potente vasodilatador). // Sus propiedades son similares a los del ginseng coreano, pero es menos potente que éste y de efectos mas suaves. Exhibe un efecto más específico sobre la memoria y la agudeza mental. Mejora las defensas (eleva la producción de interferón, interleucina-8 y anticuerpos). Sus fitoestrógenos ayudan a controlar la sobreproducción de estrógenos corporales que favorecen el cáncer. // Su principio activo más importante es el ginsenósido Rb1. // En medicina tradicional se le considera tónico, antioxidante, adaptógeno, neuroprotector, hipoglucemiante e inmunomodulador. En su uso deben seguirse las mismas precauciones que con las otras variedades de ginseng. Véase Ginseng coreano.

Ginseng brasileño (Ing. *Brasilian ginseng*) Otro nombre para el suma. // No es un auténtico ginseng.

Ginseng coreano (Ing. *Corean ginseng*) Planta herbácea de la familia de las Arialiáceas (*Panax ginseng CA Meyer*), también conocida como ginseng asiático. Originaria del lejano Oriente, se cultiva en China y Corea desde hace miles de años por sus propiedades medicinales. // La parte utilizada es la raíz, que se pone a macerar en alcohol para producir licores o elíxires que alcanzan elevados precios. Actualmente se muele la raíz, que se expende en cápsulas o en bolsitas para preparar té. Empero, la presentación ideal es el extracto estandarizado // Según los antiguos tratados orientales, el ginseng es una planta tónica, rejuvenecedora y afrodiasiaca. Los estudios clínicos justifican esta última propiedad al señalar que aumenta la producción de óxido nitroso (un potente vasodilatador) y agregan que es asimismo un adaptógeno que ayuda a superar los efectos del estrés, mejora la eficiencia física y mental, combate la depresión, induce un sueño reparador y hace más breves las convalecencias. Mejora la tolerancia a la glucosa. // En medicina tradicional se considera al ginseng como tónico, estimulante, estomáquico, carminativo, hipoglucemiante, sedante y afrodisiaco. // Sus principios activos comprenden una serie de saponósidos triterpénicos, entre ellos los panaxósidos o ginsenósidos —de los cuales se conocen más de una docena—, los panaxanos y diversos esteroles. // No se recomienda su uso durante más de 12 semanas seguidas, o en caso de hipertensión no controlada, taquicardia, ansiedad y algunos tipos de alergia. Tampoco durante el embarazo, la lactancia y en menores de 18 años. // Posibles efectos secundarios (que remiten al caducar el producto) son cefaleas, malestar gástrico, incremento del flujo menstrual o recrudecimiento de alergias. // La dosis usual es de 40-80 mg diarios del extracto estandarizado (con una proporción de ginsenósidos Rg1/Rb1 de 2:1). Se han llegado a utilizar 120 mg diarios durante periodos cortos. Véase Pseudoginseng.

Ginseng español (Ing. *Spanish ginseng*) Sobrenombre dado en España al romero. // No se trata de un auténtico ginseng.

Ginseng femenino (Ing. *Women's ginseng*) Otro nombre para el dong quai // No es un auténtico ginseng.

Ginseng hindú (Ing. *Ashwaganda*) Otro nombre para la ashwaganda. // No se trata de un auténtico ginseng.

Ginseng siberiano (Ing. *Siberian ginseng*) Variedad de ginseng perteneciente a la familia de las Arialáceas y oriunda de las estepas de Siberia (*Eleutherococcus senticosus o Acanthopanax senticosus*). También se le conoce como eleuterococo o eleuthero. // En la medicina tradicional china se le conoce como ciwuja y se le ha utilizado desde la antigüedad como un tónico general y para tratar males respiratorios, gripa e influenza. // Al igual que el ginseng coreano, es primordialmente un adaptógeno, pero también facilita el funcionamiento mental, mejora la respuesta inmunológica, optimiza la utilización del oxígeno y mejora la tolerancia a la glucosa en los diabéticos. Actúa como un agente antitóxico (protege inclusive contra los efectos secundarios de la quimioterapia). // Sus principios activos son los llamados eleuterósidos, de los cuales se han identifi-

cado siete (los más estudiados son los eleuterósidos B y E). También contiene polisacáridos complejos que actúan como inmunomoduladores. // Su uso en personas sanas es bastante seguro, si se toma durante 6-8 semanas continuas con descansos de 1-2 semanas. No debe consumirse en las horas cercanas al sueño, porque podría producir insomnio en personas sensibles. Tampoco debe utilizarse durante el embarazo, la lactancia o si se padece hipertensión. // La dosis usual es de 100-200 mg diarios del extracto estandarizado (al 0.7% de eleuterósidos B y E), dividido en 2-3 tomas. En megadosis (400 mg diarios), pueden presentarse hipertensión, nerviosismo, ansiedad, insomnio y erupciones cutáneas, mismos que remiten al descontinuar el producto.

Girasol (Ing. *Sunflower*) Es una planta herbácea de la familia de las Compuestas (Heliantus annum), cuyas semillas son comestibles y muy nutritivas. // De las mismas se extrae un aceite de cocina que es rico en los ácidos linoleico, palmítico y oleico. Este aceite, aún virgen, aporta fitonutrientes como flavonoides, saponinas, fitosteroles y ácidos fenólicos. // Como alimento, las semillas de girasol ofrecen una buena cantidad de carbohidratos (20 g/100 g), proteínas incompletas (24 g/100 g) y apenas un poco de fibra dietética (0.7 g/100 g). // Son excepcionalmente ricas en tiamina (3.6 mg/100 g), niacina (27 mg/100 g), y aportan un poco de riboflavina (0.4 mg/100 g) y ácido pantoténico (0.9 mg/100 g). // Son muy buena fuente de minerales: potasio (520 mg/100 g), fósforo (835 mg/100 g), hierro (7 mg/100 g) y cobre (1.8 mg/100 g). // En medicina tradicional sus semillas se usan como nutritivas, sudoríficas, emolientes y pectorales.

GLA (Ing. *GLA*) Siglas en inglés de ácido gamma linolénico.

Glandulares (Ing. *Glandulars*) Son concentrados de distintos tejidos glandulares, como hígado, pulmones, corazón, etc., que se utilizan como complementos alimenticios. Se producen a partir de órganos frescos de ternera, deshidratando los tejidos a baja temperatura (liofilización) y se encapsulan. // Los hay de hígado, pulmones, bazo, páncreas, corazón, estómago, intestinos, suprarrenales, timo, tiroides, médula ósea, pituitaria, hipotálamo, útero, ovarios y testículos. // Se tienen evidencias de que el uso terapéutico de cada uno de tales concentrados puede estimular el buen funcionamiento del órgano correspondiente en el cuerpo humano. // Deben elegirse sólo en las marcas más confiables, ya que algunos de los órganos utilizados podrían constituir fuente de contagio del mal de las vacas locas (encefalitis bovina espongiforme). // Su eficacia no está suficientemente evaluada y valdría la pena consumir glandulares solo bajo la guía de un profesional de la salud experimentado.

Glicemia (Ing. *Glycemia*) Niveles de glucosa en la sangre. También se le designa como glucemia. // En adultos sanos y en ayunas, el valor normal de la glicemia es de 90-110 mg/dL. // Cuando hay hiperglicemia, estos valores están muy elevados, y en la hipoglucemia, demasiado bajos. // Tanto la diabetes juvenil como la de la madurez (diabetes de tipo II) se caracterizan por una tendencia a la hiperglicemia.

Glicina (Ing. *Glycine*) Uno de los 20 aminoácidos presentes en los alimentos y que forman parte de las proteínas corporales. // También conocida como L-glicina, no es un aminoácido esencial para el ser humano, pero su uso como complemento fortalece el cerebro, calma los nervios, ayuda a controlar la arritmia cardiaca, es un antiácido natural y mejora el funcionamiento de la próstata. Hace menos frecuentes e intensos los ataques epilépticos. // A los fisicoculturistas les ayuda a desarrollar músculo y a conservar el volumen logrado. // Para asegurarse de obtener los beneficios buscados, los complementos de glicina deben ingerirse con agua, teniendo el estómago vacío y no ingiriendo ningún alimento en la hora previa y la posterior a la toma. // Su uso en adultos sanos es seguro y las dosis utilizadas suelen ser de 500-1500 mg diarios.

Gliceril fosforil colina (Ing. *Glicerilphosphorylcholine*) Véase GPC.

Glicerina (Ing. *Glycerin*) Alcohol natural, también conocido como glicerol, de sabor dulce, que se halla presente en los alimentos sólo en pequeñas cantidades. // En fisicoculturismo se utiliza como una ayuda ergogénica (ayuda a mejorar el rendimiento), ya que se puede convertir en glucosa y no muestra un índice glicémico alto (no afecta a la insulina o a la glucosa sanguíneas). // Resulta especialmente útil cuando hace calor, pues mejora la hidratación de los tejidos corporales y mantiene el volumen del plasma. // Cuando se está adelgazando ayuda a evitar la cetosis (acumulación de cuerpos cetónicos). // Generalmente es segura, pero no debe utilizarse si se padece diabetes, hipertensión o padecimientos renales. En algunas personas puede ocasionar dolor de cabeza, náuseas o diarrea. // La dosis recomendada es de 25 a 100 g diarios, divididos en dosis de 5 a 25 g.

Glicerol (Ing. *Glycerin*) Véase Glicerina.

Glicirricina (Ing. *Glycyrrhizin*) Uno de los principios activos (saponina triterpenoide) del orozuz, de sabor dulce (100 veces más que la sacarosa). // Es un poderoso antiinflamatorio y antiviral. // Tiene una estructura similar a la de las hormonas glucocorticoides, y se ha teorizado que podría fomentar la producción de estas últimas. Hay evidencia de que aumenta la vida media del cortisol corporal. // Quizás es por esto que el uso continuo de los extractos de orozuz que aún lo contienen tienden a elevar la presión arterial y a ocasionar retención de líquidos. Véase Orozuz.

Glicolípidos (Ing. *Glycolipids*) Fitonutrientes presentes en el alga espirulina. // Bloquean la adhesión de los virus a las membranas celulares, impidiendo que penetren en ellas. Al menos en laboratorio, son bastante activos contra el VIH (virus del sida).

Glucanos (Ing. *Glucanes*) Carbohidratos complejos presentes en diversos vegetales integrales y que exhiben propiedades inmunomoduladoras. Son los activadores de macrófagos (un tipo de glóbulo blanco) más potentes. // Para obtener mejores resultados, utilícense glucanos derivados de la levadura de cerveza. Los de otras fuentes (avena, cebada, hongos) son menos activos, con excepción de los procedentes del maitake. Véase 1,3-beta glucano y 1,6-D-glucano.

Glucaratos (Ing. *Glucarates*) Fitonutrientes que están presentes en el jitomate, la berenjena, la papa y los pimientos rojo y verde. // Protegen a los ácidos nucleicos de los carcinógenos químicos e inhiben el crecimiento tumoral.

Glúcidos (Ing. *Sugars*) Otro nombre para los carbohidratos, también llamados hidratos de carbono.

Glucociamina (Ing. *Glucocyamine*) Sustancia orgánica corporal (metabolito) que funciona como un precursor de la creatina. // Ya existe como complemento alimenticio, y se dice que incrementa la producción corporal de creatina. // La dosis recomendada es de 3-5 g diarios, en 1-2 tomas. Empero, no hay suficiente información sobre su eficacia y seguridad.

Glucógeno (Ing. *Glucogen*) Carbohidrato complejo presente en el hígado y los músculos de los animales superiores, en los cuales constituye una reserva de energía. // También se le conoce como almidón animal. De manera similar al almidón vegetal, el glucógeno está formado por la combinación química de innumerables moléculas de glucosa.

Glucomanán (Ing. *Glucomannan*) También llamada glucomanano, es una fibra soluble que se extrae de la raíz de una planta de origen japonés, el konjac (Amorphophallus konjac). // Es la fibra natural de mayor viscosidad que se conoce. Su uso tradicional es como laxante suave, pero en los últimos años ha ganado popularidad en el control de peso. Dado que es indigerible, no aporta calorías a la dieta, y además actúa como un agente de saciedad (en contacto con el agua se hincha hasta 200 veces su volumen original). Asimismo, es muy eficaz para absorber gran cantidad de grasa y ayuda a normalizar los niveles de colesterol. Asimismo, se recomienda para diabéticos e hipoglucémicos, porque ayuda a regular los nive-

les sanguíneos de glucosa. También mejora la función inmunológica. // Su uso es seguro, y la dosis recomendada es de 1-3 cápsulas de un gramo ingeridas con 1-2 vasos de agua, media hora antes de cada alimento. Pueden consumirse hasta 9 gramos diarios, pero en mayor cantidad, o en personas hipersensibles actúa como un purgante.

Gluconato de calcio (Ing. *Calcium gluconate*) Sal cálcica del ácido glucónico. Se utiliza como complemento alimenticio, pero resulta una fuente más bien pobre de calcio: apenas proporciona el 9% en peso de este mineral. // A igualdad de peso, el fosfato de calcio provee 2.5 veces más, y el carbonato de calcio provee 4.5 veces más.

Glucosa (Ing. *Glucose*) Carbohidrato simple de sabor dulce, presente en frutas maduras, sus jugos y en la miel de abejas. // Por medio de la digestión el organismo también puede obtenerla a partir del almidón y de otros carbohidratos // Es la forma de azúcar que circula en la sangre, constituye el principal combustible celular y es el nutriente que más abunda en la dieta, después del agua. // Usada como alimento, no es conveniente ingerirla concentrada y con frecuencia, pues su abuso puede desembocar en obesidad, colesterol y triglicéridos elevados, e inclusive favorecer la intolerancia a la glucosa, la resistencia a la insulina y la diabetes de la madurez.

Glucosamina (Ing. *Glucosamine*) Carbohidrato complejo que entra en la composición del cartílago. Como complemento de la alimentación, se produce a partir de los cartílagos de ternera, de tiburón, y del caparazón de los cangrejos. // El organismo puede sintetizarlo, y por lo tanto no es esencial. Pero su uso como complemento ha mostrado gran efectividad para combatir el dolor y la inflamación caracteríticos de la artritis reumatoide. Su efectividad aumenta si se combina con el sulfato de condroitina. // Existe en dos formas principales: sulfato de glucosamina y clorhidrato de glucosamina. Este último es el que parece tener mejor desempeño. // Su uso se considera seguro, si bien parece haber indicios de que su uso prolongado puede desencadenar intolerancia a la glucosa en pacientes propensos (familiares de diabéticos o hipoglucémicos). No se recomienda en mujeres embarazadas o lactando. Produce pocas molestias gástricas en comparación con los desinflamatorios medicamentosos (como la aspirina y el acetaminofén). // Las dosis recomendadas fluctúan, según el caso, entre 500 y 2000 mg diarios, repartidos en 1-3 tomas (con alimentos). En casos extremos, se han llegado a utilizar dosis diarias de 3000 mg.

Glucosinolatos (Ing. *Glucosinolates*) Fitonutrientes presentes en los vegetales crucíferos, como la col, la coliflor, la colecita de bruselas, el brócoli, los germinados de brócoli y el nabo. // Fomentan ls producción de enzimas protectoras contra el cáncer.

Glutamina (Ing. *Glutamine*) Aminoácido no esencial (químicamente derivado del ácido glutámico) que cumple con funciones metabólicas, como transportar nitrógeno y proporcionar energía. Protege a las células intestinales y estimula las funciones inmunológicas de los glóbulos blancos (linfocitos y macrófagos). // Es un factor antitóxico y resulta necesario (junto con la glicina y la cisteína) para la fabricación corporal de glutatión. Estimula la secreción de la hormona del crecimiento, la síntesis de proteínas y promueve la retención del nitrógeno. Mejora la función de la glucosa y la insulina. // Las mejores fuentes alimentarias de la glutamina son las proteínas de origen animal y la soya. Sin embargo, si se quiere utilizar como complemento alimenticio para obtener máximos beneficios debe consumirse en forma aislada y entre comidas. // Ha mostrado efectividad en el tratamiento de padecimientos inflamatorios intestinales, como la colitis ulcerativa y la enfermedad de Crohn. También es útil contra la úlcera gástrica, la cirrosis, el alcoholismo y otras adicciones, cuando hay pérdida de peso por causas patológicas (cáncer, sida, etc.), y para la recuperación post traumática, post quirúrgica y post ejercicio. // Resulta de especial utilidad cuando se está sujeto a estrés intenso o se sufre de fatiga crónica. En fisicoculturismo se usa como anabólico, anticatabólico (reduce el consumo de proteína muscular) y para incrementar la reparación, el crecimiento y la velocidad de recuperación // Para asegurarse de obtener los beneficios buscados, los complementos de glutamina deben ingerirse con agua, teniendo el estómago vacío y no ingiriendo ningún alimento en la hora previa y la posterior a la toma. // Se le considera seguro en su uso (si bien se sugiere descansar de su empleo cada 2-3 meses). Las dosis recomendadas son 1-4 g diarios, en 1-4 tomas. Para fisicoculturistas, los efectos son mejores si se ingieren de manera simultánea aminoácidos ramificados. Véanse Ácido glutámico y Liberadores de la HGH.

Glutatión (Ing. *Glutatione*) Sustancia orgánica (metabolito) antioxidante compuesta por tres aminoácidos, la cisteína, la glicina y el ácido glutámico. // Se halla presente en la sandía, el espárrago, el aguacate, la avellana y los vegetales crucíferos. // Como compuesto aislado resulta de suma importancia por ser un antioxidante que actúa dentro y fuera de las células. Combinado en forma de coenzima activa a la enzima antioxidante glutatión peroxidasa, de suma importancia para proteger contra el cáncer. Es un factor antitóxico, y fomenta la producción de enzimas protectoras. // El glutatión actúa en sinergia con otros antioxidantes nutricionales (como la vitamina C), potenciando su acción y reactivándolos una vez oxidados. // No es esencial, ya que el organismo puede

sintetizarlo, pero éste reacciona muy favorablemente cuando lo recibe como complemento alimenticio. // Su uso es seguro, y las dosis usuales son de 50-200 mg diarios (con alimentos).

Glutatión peroxidasa (Ing. *Glutatione peroxidase*) Enzima antioxidante, muy potente, que contiene glutatión y selenio. // El organismo la produce para combatir a los radicales libres, y para ello necesita cisteína, glicina, ácido glutámico y selenio.

Gluten (Ing. *Gluten*) Derivado de algunos cereales como el trigo, la cebada, la avena y el centeno, que se obtiene lixiviando sus harinas hasta obtener una masa plástica, insoluble en agua y rica en proteínas. // El gluten más comúnmente utilizado como alimento es el de trigo, cuyos principales componentes son las proteínas glutelina y gliadina. Aunque se trata de proteínas incompletas, se puede compensar su deficiencia de aminoácidos con las mezclas proteicas. // El gluten de trigo es muy nutritivo; su contenido proteico supera al de las carnes rojas y blancas: (42.4 g/100 g). Además, contiene una buena cantidad de fibra dietética (2.5 g/100 g). // Es más rico en vitaminas que el germen de trigo: tiamina (4 mg/100 g), riboflavina (1.7 mg/100 g), niacina (9.2 mg/100 g) y vitamina E (25 mg/100 g). // Sus minerales más abundantes son el fósforo (960 mg/100 g), el hierro (8 mg/100 g) y el potasio (960 mg/100 g).

Go (Ing. *Go*) Es la masa hecha con los granos de soya molidos, análoga a la masa de maíz. // Se prepara remojando la soya, lavándola y moliéndola hasta reducirla a la consistencia de masa. Debe usarse de inmediato. // Es el punto de partida para preparar numerosos platillos y también para confeccionar la leche de soya. En cualquier caso, es importante someter al go a cocimiento, pues crudo resulta indigesto (contiene inhibidores de la tripsina, una importante enzima digestiva, los cuales se inactivan con el calor). Véase Leche de soya, Tofu y Okara.

Goma guar (Ing. *Guar gum*) 1) Goma de origen natural que se usa en la industria alimentaria como espesante de alimentos y bebidas. 2) Fibra vegetal de tipo soluble que se extrae de las semillas del guar, planta herbácea de la familia de las Leguminosas (Cyamopsis tetragonolobus), de origen hindú. // De entre todas las fibras vegetales que ayudan a normalizar los niveles sanguíneos de glucosa, colesterol y triglicéridos, la goma guar es una de las más efectivas (particularmente con el LDL o colesterol "malo" y los triglicéridos); los reduce hasta en 28%. // Asimismo, contribuye a evitar los niveles excesivos de insulina, hace más lenta la absorción intestinal de glucosa y exhibe un efecto antitóxico (se liga a metales pesados como el plomo y ayuda a excretarlos). // Al ingerirse, se debe dispersar previamente en agua, y acompa-

ñarse de uno o más vasos de este líquido, para evitar que se adhiera al esófago. // Su uso es seguro, pero en algunas personas suele desencadenar flatulencia. En exceso puede producir náuseas, vómitos y malestar gástrico. Tampoco se recomienda para personas con el colon sensible o que tengan dificultades para deglutir. // La dosis recomendada es de 3-10 g diarios, disuelta en agua en 1-3 tomas, y seguida de 1-2 vasos adicionales de agua.

Gomas (Ing. *Gums*) 1) Polisacáridos de alto peso molecular que forman soluciones espesas o gelatinosas. 2) Una de las categorías de la fibra dietética soluble. Algunos ejemplos de las gomas derivadas de plantas, son la gomas arábiga, caraya, tragacanto, guar y psillum. // Todas ellas se utilizan como aditivos alimentarios.

Gotu kola (Ing. *Gotu kola*) Planta herbácea de la familia de las Umbelíferas (Centella asiatica), también conocida como hidrocotile o centella. // Es originaria de la India, en donde tiene reputación como promotora de la longevidad y se le utiliza en la medicina ayurvédica. En la antigüedad se le utilizó para curar la lepra. // En medicina tradicional se le utiliza en el tratamiento de heridas (favorece una buena cicatrización y previene los queloides), quemaduras leves, caída del cabello, soriasis, hipertensión, celulitis, várices, hemorroides, esclerodermia. También como un inmunomodulador y un activador de las funciones mentales. // Sus principios activos más importantes son las saponinas llamadas asiaticósido, madecasósido y ácido madasiático. // El gotu kola es seguro, y sólo debe evitarse en el embarazo y la lactancia. La dosis recomendada del extracto estandarizado (a 100% de triterpenoides) es de 60-120 mg diarios en 1-2 tomas. De la tintura se usan 10-20 ml tres veces al día.

Gou qi zi (Ing. *Lycium*) Nombre chino de la cambronera.

Gourdina (Ing. *Gourdine*) Fitonutriente extraído del melón amargo (Momordica charantia) que ayuda a regular los niveles de la glucosa sanguínea, lo que lo hace útil en el tratamiento de la diabetes de tipo II. // Aún se ignora su mecanismo de acción, pero al parecer eleva la eficacia de la insulina, incrementando el número de sus receptores celulares.

GPC (Ing. *GPC*) Siglas en inglés de gliceril fosforil colina, un fosfolípido similar a la lecitina de soya (y derivado de ésta). // Se comercializa como complemento alimenticio, y de acuerdo con diversos estudios clínicos, es eficaz para aminorar la declinación de las funciones cognoscitivas (la concentración, la memoria, el aprendizaje) en las personas maduras. // También parece prevenir deficiencias en los niveles de neurotransmisores, así como la degeneración de las neuronas y sus líneas de transmisión (axones y dendritas).

Granada roja (Ing. *Pomegranate*) Es el fruto de un árbol de la familia de las Puniáceas (Punica granatum). // Se consume fresca, masticando los abundantes granos rojos, o convertida en bebida refrescante (granadina). // No abunda en ningún nutriente en particular, y solo tiene una pequeña cantidad de niacina (0.2 mg/100 g). // En medicina tradicional se considera al fruto, las raíces y la corteza del fruto como antihelmínticos, antidiarreicos, astringentes, febrífugos y antiinflamatorios.

Granola (Ing. *Granola*) Mezcla de cereales y nueces aderezados con miel de abeja. Es un desayuno popular y muy nutritivo, pero pletórico de calorías. // La receta más común se prepara mezclando avena, germen de trigo, coco rallado, pasitas y miel de abejas. Como ingredientes opcionales, pueden agregársele ajonjolí, amaranto, frutas secas picadas, nueces de castilla, almendras, nueces del brasil o cacahuates. // La miel de abeja, como un edulcorante rico en glucosa y fructosa —y por lo tanto con un índice glicémico elevado— está contraindicada en un buen desayuno.

Grasas (Ing. *Fats*) 1) Lípidos que se hallan en forma sólida a temperatura ambiente. 2) Por extensión se suele llamar grasas a los lípidos comunes en la alimentación (tanto sólidos como líquidos).

// Las grasas más comunes son triglicéridos formados con ácidos grasos saturados, y se hallan presentes en la mantequilla, la manteca de cacao, la manteca de cerdo y el sebo. // Al igual que otros lípidos alimenticios, las grasas proporcionan 9 calorías por gramo. // Véanse Aceites, Aceites vegetales y Lípidos.

Grasas animales (Ing. *Beef fats*) Lípidos presentes en las carnes rojas (res, cerdo, ternera y otros cuadrúpedos). Una parte de la grasa presente en las carnes está visible (sebo, manteca), y otra parte no, por estar distribuida de manera uniforme en el tejido. // Generalmente se les usa como sinónimo de grasas saturadas, si bien estas últimas también están presentes en los aceites vegetales y los productos de los que se derivan.

Grasas hidrogenadas (Ing. *Hydrogenated fats*) Lípidos originalmente líquidos que fueron solidificados artificialmente. También se les conoce bajo el nombre genérico de manteca vegetal. // Para obtenerlas se parte de aceites vegetales a los que se calienta, se les añade níquel pulverizado (como catalizador) y se les burbujea hidrógeno a alta presión. // De dicha manera las grasas poliinsaturadas se convierten parcialmente en saturadas, y con ello sólidas a temperatura ambiente y resistentes a la ranciedad. // El proceso es más ventajoso para los fabricantes que para el consumidor, pues en el proceso se destruyen nutrientes como la lecitina, los carotenoides y

diversas vitaminas. El producto se contamina con níquel y se le desnaturaliza (se le introducen ácidos grasos trans). // El resultado es una grasa poco sana y potencialmente más perjudicial que las grasas animales a las que sustituyen. Véase Ácidos grasos trans y Manteca vegetal.

Grasas insaturadas (Ing. *Unsaturated fats*) Son los lípidos cuya molécula contiene dobles enlaces. En general, contienen menos hidrógeno del que son capaces de captar, también se les conoce como grasas no saturadas. // Según su escasez de hidrógeno, pueden ser monoinsaturadas (como el ácido oleico) o poliinsaturadas (como el ácido linoleico). // Generalmente son líquidas a temperatura ambiente y se les halla sobre todo en los aceites vegetales. Una excepción a esta regla es el aceite de coco, que aunque de origen vegetal, abunda en grasas saturadas y es sólido a temperatura ambiente. // Los aceites en general son una fuente de energía, y los no refinados aportan también vitaminas liposolubles y fitonutrientes al organismo. // Los mejores son los extraídos en frío y no sujetos a refinación. Lamentablemente, en México en esa categoría solo está disponible el aceite de oliva virgen (y el extra virgen). Véase Ácidos grasos insaturados.

Grasas no saturadas (Ing. *Unsaturated fats*) Véase Grasas insaturadas.

Grasas saturadas (Ing. *Saturated fats*) Son los lípidos cuya molécula no contiene dobles enlaces y posee todos los hidrógenos que es capaz de captar. Casi siempre son sólidas a temperatura ambiente, y se les suele utilizar como sinónimo de grasas animales. // Sin embargo, las grasas saturadas también están presentes en las grasas y aceites de origen vegetal. Los productos más ricos en ellas son la manteca de cerdo, la mantequilla, la crema de leche, el sebo, el aceite de coco y la manteca de cacao. // Estas grasas han perdido popularidad por favorecer la obesidad, el colesterol y los triglicéridos elevados. // Un tipo de grasa animal que no abunda en grasa saturada es el aceite de pescado, cuyos lípidos predominantes son poliinsaturados y líquidos, aun a bajas temperaturas. Véase Ácidos grasos saturados.

Grasas trans (Ing. *Trans fats*) También llamadas transgrasas, son aquellos ácidos grasos que han sido transformados de su forma geométrica natural "cis" a una distinta, llamada "trans". // Su presencia en la naturaleza es muy limitada; la inmensa mayoría de la grasa trans que se consume es sintética (a través de la manteca vegetal o los aceites hidrogenados). // La principal forma de grasa trans presente en los alimentos es el ácido elaídico. // Se les halla sobre todo en pastelitos, helados, galletas rellenas, chocolates, pasteles y papas tipo *fast food*. Pero las fuentes más concentradas suelen ser la margarina y

la mantequilla de cacahuate. // Lo mejor es mantener el consumo de grasas trans por debajo de los 2-3 g diarios. Véanse Ácidos grasos trans y Grasas hidrogenadas.

Green magma (Ing. *Green magma*) "Magma verde" en inglés. Nombre dado al extracto deshidratado del jugo de germinados de cebada por el doctor Yoshihide Hagiwara, su creador. // Actualmente es un producto comercial y se obtiene de germinados que han crecido 25-27 cm. Se asegura que contiene elevadas concentraciones de proteína, vitaminas, minerales, bioflavonoides, clorofila y polipéptidos (fracciones proteicas).

Grenetina (Ing. *Grenetin*) Proteína rica en colágeno que abunda en ciertos tejidos animales, como las pezuñas y los cartílagos. Se extrae hirviéndolos, deshidratando la solución obtenida y pulverizándola. Con ella se preparan gelatinas y jaleas. Nutricionalmente hablando es una proteína incompleta. // Puede utilizarse como complemento alimenticio y resulta útil contra uñas y pelo de lento crecimiento, así como en el tratamiento de la artritis reumatoide. Pero en ambos sentidos es mucho más efectivo el cartílago bovino. Véase Colágeno.

Grosella negra (Ing. *Black currant*) Es el fruto de un arbusto de la familia de las Axifagáceas (Ribes nigrum). // No abunda en macronutrientes, pero sí en vitamina C (230 mg/100 g). Ofrece un poco de niacina (04 mg/100 g), y de los minerales sólo destaca el potasio (160 mg/100 g). // A cambio, aporta valiosos fitonutrientes: ácido elágico, ácido fenólico, antocianósidos, flavonoides, proantocianidinas, delfinidina. // En medicina tradicional se le utiliza como febrífuga, depurativa, astringente y antidiarreica.

Grosella roja (Ing. *Red currant*) Es el fruto de un arbusto de la familia de las Axifagáceas (Ribes rubrum). // Al igual que la grosella negra, no abunda en macronutrientes. A diferencia de aquella, contiene sólo un poco de vitamina C (40 mg/100 g). Ofrece niacina (0.3 mg/100 g) y potasio (150 mg/100 g). // También contiene fitonutrientes: antocianósidos, flavonoides, proantocianidinas, delfinidina, ácido elágico, ácido fenólico y ácido p-cumárico. // En medicina tradicional se le utiliza como febrífuga, depurativa, astringente y antidiarreica.

Grupos de alimentos (Ing. *Food groups*) Selección de alimentos o bebidas que comparten un rasgo común, como su riqueza en carbohidratos, en proteínas, en grasas, etc. // Generalmente se divide a los alimentos en grupos con fines didácticos, para que la población norme su criterio a la hora de alimentarse. // Estos grupos se reúnen en segmento para formar círculos o pirámides, y se considera que los alimentos de un mismo grupo son equivalentes entre sí, y por lo tanto intercambiables. // Aunque la intención es buena, este tipo de agrupamientos o divisiones no resulta del todo válido. Por ejemplo, las proteínas de los alimentos vegetales y animales de un mismo grupo no son equivalentes; tampoco lo son los carbohidratos de un mismo grupo, ya que no se toma en cuenta el índice glicémico. Véase Pirámide alimentaria.

GTF Siglas en inglés de Factor de tolerancia a la glucosa.

Guacamote (Ing. *Yucca*) Otro nombre para la yuca.

Guanábana (Ing. *Guanabana*) Es el fruto de un árbol de la familia de las Anonáceas (Annona muricata). // Su pulpa blanca, dulce y de sabor y aroma característicos, se consume como tal o en aguas frescas. // No es rica en macronutrientes. Contiene sólo una modesta cantidad de fibra dietética (1.2 g/100 g), de niacina (0.2 mg/100 g) y de vitamina C (35 mg/100 g). // Sus principales fitonutrientes son: ácido cafeico, ácido elágico, catequinas y flavonoides.

Guar (Ing. *Guar*) Véase Goma guar.

Guaraná (Ing. *Guarana*) Árbol de la familia de las Sapindáceas (Paullinia cupana o P. sorbilis), originario de la Amazonia. // La pasta hecha con sus semillas molidas es rica en cafeína y teofilina (3-5%), tiene un sabor y aroma semejantes al del chocolate. Se le consume por sus efectos estimulantes. // Se le considera un adaptógeno, y suele utilizarse para combatir la fatiga crónica, las migrañas y para aumentar el rendimiento de los deportistas. Ayuda a regular la producción de adrenalina, y con ello mejora la respuesta al estrés. También limita la producción de cortisol. Ayuda a normalizar el colesterol total y a incrementar el HDL o colesterol bueno. También resulta útil para recuperarse de la cruda (resaca). // Se dice que ayuda a reducir de peso mediante tres vías: disminuyendo el apetito, aumentando la degradación de la grasa acumulada, y estimulando la lipólisis dentro de las células grasas. // Su principal principio activo, la guaranina, es un alcaloide muy similar a la cafeína. // La dosis usual es de una cápsula del extracto (equivalente a 50 mg de guaranina) 1-3 veces al día. Se dice que su uso es seguro, pero no abunda la evidencia científica que lo demuestre. // Debe evitarse en pacientes hipertensos o cardiacos. Su exceso puede producir insomnio, ansiedad, arritmias y taquicardias. // No es recomendable durante el embarazo o la lactancia ni en menores de edad. Úsese solo durante periodos cortos.

Guayaba (Ing. *Guava*) Es el fruto de un árbol de la familia de las Mirtáceas (Psidium guajava). // No abunda en nutrientes, a excepción de la niacina (1.2 mg/100 g) y la vitamina C, de la cual es excepcionalmente rica (242 mg/100 g). // Esta última abundancia hizo que se le incluyera en las provisiones de los soldados aliados durante la Segunda Guerra Mundial. // Es muy baja en sodio, y alta en potasio (290 mg/100 g). También aporta una buena variedad de fitonutrientes: alfacaroteno, betacaroteno, betaína, ácido clorogénico, cumarinas, flavonoides e inhibidores de las nitrosaminas. // En medicina tradicional se usa el fruto, las hojas y la corteza, y se les considera astringentes, antidiarreicos y antihelmínticos.

Guggul (Ing. *Guggul*) Es un árbol espinoso de la familia de las Burseráceas (Commiphora mukul), también conocido como gugulón o guggulú. Pertenece a la misma familia de la mirra (C. molmol), y a menudo se le confunde con ella; pero la mirra es africana, y el guggul, hindú. // Su resina es ampliamente utilizada en la medicina ayurvédica. Sus indicaciones clásicas son para tratar artritis, arterioesclerosis y obesidad. // Sus principios activos son las gugulsteronas y los guggulsteroles, contenidos en la resina del guggul (originalmente se les conoció como guggulípidos). // Las gugulsteronas han probado clínicamente reducir el colesterol total, el LDL, el VLDL (colesteroles malos) y los triglicéridos elevados. Asimismo, modulan la coagulación, reducen la adhesividad de las plaquetas y actúan como antiinflamatorias. // La dosis recomendada del extracto (estandarizado al 5-10% de gugulsteronas) es de 75 mg diarios, divididos en 3 tomas, con alimentos. // Aunque rezonablemente seguro, el extracto de guggul debe evitarse durante el embarazo y la lactancia, cuando hay males hepáticos, colitis o enfermedad de Crohn y diarrea.

Guggulípidos (Ing. *Guggulípids*) Véase Guggul.

Guindilla (Ing. *Chili pepper*) Otro nombre para los chiles.

Guisante (Ing. *Pea*) Otro nombre para los chícharos.

Gymnema (Ing. *Gymnema*) Planta herbácea de la familia de las Leguminosas (Gymnema silvestre), de origen hindú. También se le conoce como gurmar o gurmarbooti. Es muy utilizada en la medicina ayurvédica. // Tiene propiedades antidiabéticas y ayuda a reducir la glucemia tanto en pacientes con diabetes de tipo II como de tipo I. En algunos de estos pacientes permite inclusive dejar de utilizar medicamentos. También se le utiliza en el tratamiento de males gastrointestinales, estreñimiento, edema y padecimientos hepáticos. Estudios clínicos aseveran que asimismo es útil para normalizar el colesterol y los triglicéridos elevados. // Sus principios activos son la gurmarina y el ácido gimnémico. // Como complemento alimenticio se suele utilizar para inhibir los antojos por lo dulce. Los fisicoculturistas lo utilizan para estimular el desarrollo muscular. // La dosis recomendada es de 400 mg diarios del extracto estandarizado a 24% de ácido gimnémico. En diabéticos, el uso prolongado (20 meses) del extracto no ha tenido efectos secundarios. Empero, podría interferir con la insulina o los medicamentos antidiabéticos; se debe consultar al médico antes de usarlos de manera simultánea. No se ha establecido su seguridad durante el embarazo y la lactancia.

H

Habas (Ing. *Fava beans*) Semillas de una planta herbácea de la familia de las Leguminosas (Vicia faba), originaria de China. // Muy nutritivas, contienen más proteína que las carnes (24 g/100g), y una regular cantidad de fibra dietética (2 g/100 g). // Pobre en betacaroteno, ofrece en cambio niacina (1.6 mg/100 g), y vitamina C (30 mg/100 g). // Sus minerales más abundantes son el fósforo (155 mg/100 g), el potasio (470 mg/ 100 g) y el hierro (2.2 mg/100 g). // En medicina tradicional se les considera diuréticas y antidiarreicas. // Por su riqueza en arginina y L-dopa (L-dihidroxifenilalanina), las habas pueden estimular la producción corporal de la hormona del crecimiento humano. // En algunas personas de origen griego o italiano (que genéticamente carecen de cierta enzima), las habas pueden desencadenar una forma de anemia hemolítica conocida como favismo. Véase Liberadores de la HGH.

Habas rojas (Ing. *Red fava beans*) Las semillas de una planta de la familia de las Leguminosas (Vicia faba), cuyo extracto contiene sustancias inhibidoras de la alfa-amilasa. Esta enzima es necesaria para la digestión de los carbohidratos, por lo cual al ser bloqueada no se pueden aprovechar estos últimos. Por esta razón se utilizan en el control de peso. // La dosis usual del extracto es de 350-700 mg en 1-2 tomas, 30 minutos antes de las comidas.

Habichuelas (Ing. *Beans*) Otro nombre para los frijoles.

Harina blanca (Ing. *White flour*) Es la harina de trigo que ya fue sometida a técnicas de refinación y blanqueo. Contiene solo una fracción del germen y la cascarilla (salvado) que contenía originalmente. // Gran parte de las vitaminas y los minerales le son removidos

durante el proceso. Por ello, se acostumbra "enriquecerla" agragándole tiamina, riboflavina, niacina, ácido fólico y hierro. // Aun así el producto resultante es muy inferior, nutricionalmente hablando, que la harina integral (véase tabla adjunta). // Con harina blanca se fabrican bolillos, teleras, pan de caja (en rebanadas), baguettes, pan dulce, pasteles, pastelitos, pays, galletas dulces y saladas, y muchos productos más que deben evitarse. Véase Harina integral.

Harina de avena (Ing. *Oat flour*) Es la harina obtenida de dicho cereal. La hay integral y refinada. // La primera es mucho más nutritiva y rica en fibra dietética (2 g/100 g), tiamina (0.5 mg/100 g), niacina (3.8 mg/100 g), ácido pantoténico (1 mg/100 g) y ácido fólico (60 mcg/100 g). // Entre los minerales sólo destaca el sodio (220 mg/100 g).

Harina de centeno (Ing. *Rye flour*) Es la harina obtenida de dicho cereal, y que generalmente se expende integral. // Contiene poca cantidad de fibra dietética (0.6 g/100 g), tiamina y riboflavina, y algo de ácido pantoténico (1 mg/100 g) y ácido fólico (60 mcg/100 g). // Es muy rica en sodio (565 mg/100 g), pero baja en potasio (145 mg/100 g), fósforo (150 mg/100 g) y magnesio (110 mg/ 100 g).

Harina de huesos (Ing. *Bone meal*) Son huesos molidos de ganado vacuno, que han sido previamente desengrasados y esterilizados. // Es baja en macronutrientes y vitaminas, pero abundante en minerales como el calcio, el fósforo y el magnesio. En menor cantidad, aporta manganeso, molibdeno, cobre, zinc, flúor, boro y cromo. // Se utiliza como complemento alimenticio, en forma de polvo, tabletas o cápsulas. // Antes de adquirir productos que la contengan, es necesario cerciorarse de que la harina no esté contaminada con plomo o estroncio 60; de lo contrario perjudicará la salud. // Asimismo, hay que tener cautela con su procedencia. Podría estar contaminada con el agente causal del mal de las vacas locas (encefalitis espongiforme bovina). Véase Hidroxiapatita.

Harina de maíz (Ing. *Corn flour*) Es la harina obtenida de dicho cereal. Generalmente se les expende refinada, bajo el nombre genérico de maicena. // Abunda en carbohidratos refinados y es baja en los demás nutrientes. Sólo aporta una pequeña cantidad de potasio (45 mg/100 g).

Harina de soya (Ing. *Soy flour*) Es la harina obtenida de dicha leguminosa; suele expendérsele integral. // Esta harina es un producto nutricionalmente superior, ya que aporta en abundancia carbohidratos complejos (34 g/100 g), proteínas incompletas (41.6 g/100 g) y fibra dietética (5 g/100 g). // Lo mismo es válido para las vitaminas B: tiamina (0.8 mg/100 g), riboflavina (0.3

Nutrientes de la harina de trigo

Nutriente	Harina integral	Harina blanca
Proteínas	13.3 mg	10.5 mg
Fibra dietética	2.3 mg	0.3 mg
Tiamina	0.5 mg	0.5 mg
Riboflavina	0.1 mg	0.2 mg
Niacina	4.3 mg	4.0 mg
Ácido pantoténico	1.0 mg	0.5 mg
Piridoxina	0.3 mg	0.0 mg
Ácido fólico	38 mcg	17 mvg
Biotina	18 mcg	5 mcg
Colina	94 mg	18 mg
Inositol	370 mg	55 mg
Vitamina E	2.6 mg	0.2 mg
Potasio	370 mg	110 mg
Calcio	40 mg	12 mg
Magnesio	113 mg	18 mg
Fósforo	372 mg	63 mg
Hierro	3.3 mg	3 mg
Cobre	0.5 mg	0.1 mg
Zinc	12 mg	3 mg
Manganeso	5 mg	0.5 mg
Molibdeno	60 mcg	27 mcg

X 100 g
*Harina blanca enriquecida

mg/100 g), niacina (10.5 mg/100 g), ácido pantoténico (1.8 mg/100 g) y ácido fólico (60 mcg/100 g). // De los minerales, es riquísima en potasio (1825 mg/100 g), muy alta en hierro (8.8 mg/100 g) y fósforo (610 mg/100 g), y rica en calcio (218 mg/100 g), magnesio (245 mg/100 g). // Entre los fitonutrientes, destaca por su contenido en isoflavonas y saponinas.

Harina integral (Ing. *Whole flour*) Es la harina de trigo en su estado natural, con todo su germen, su cascarilla, y no sometida a blanqueo. // Es muy nutritiva y especialmente rica en fibra dietética, vitaminas B, potasio, fósforo, hierro, zinc y manganeso (véase la tabla de la pág. 147). // Con esta harina se prepara el pan integral, teleras y bolillos integrales y algunas galletas y pastas. // Es un producto delicado, que se enrancia fácilmente y debe consumirse a la mayor brevedad. Véase Harina blanca.

Harpagofito (Ing. *Harpagophytum*) Es una planta herbácea de la familia de las Pedaliáceas (Harpagophytum procumbens DC), originaria del desierto del Kalahari, en el África, y también conocida como garra de diablo o raíz de Windhoeck. // Es un poderoso analgésico y antiinflamatorio, cuyas propiedades se comparan a la de fármacos como la fenilbutazona, pero sin sus efectos secundarios. Por ello ha ganado popularidad en el tratamiento de la gota, la artritis reumatoide y la osteoartritis. // Exhibe un efecto antitóxico, tanto a nivel hepático como del sistema linfático, y se le ha utilizado en curas antienvejecimiento. Es útil en el tratamiento de la soriasis, hepatitis, la neuralgia, la prostatitis y se dice que ayuda a normalizar el colesterol elevado. // Contiene más de 30 principios activos, pero los más importantes son el harpagósido, el harpágido y la procumbina. // Se le considera inofensivo, pero dada su riqueza en glucósidos puede producir descensos en la glucosa sanguínea, por lo cual se recomienda precaución en su uso con los diabéticos. Tampoco se ha evaluado su inocuidad en el embarazo y la lactancia. // La dosis

recomendada para la raíz pulverizada es de 3-6 cápsulas de 250 mg diariamente, divididas en tres tomas. No se aconseja el uso de infusión o extracto fluido, por su sabor amargo.

HCA Siglas en inglés de ácido hidroxicítrico. Véase Garcinia cambogia.

Helianto (Ing. *Helianthus*) Otro nombre para el girasol.

Hemicelulosa (Ing. *Hemicellulose*) Carbohidrato complejo similar a la celulosa, presente en la mayoría de los vegetales superiores, a los que sirve como componente estructural. // Su molécula es menos grande que la de la celulosa, y al igual que ésta la componen innumerables unidades de glucosa que los mamíferos herbívoros pueden extraerle durante la digestión. Ni el ser humano ni los mamíferos carnívoros cuentan con las enzimas adecuadas para lograrlo, por lo que no les sirve de alimento. // Aunque carece de valor nutricional, resulta útil —junto con la celulosa— como parte de la fibra dietética insoluble que ayuda al funcionamiento de los intestinos. // Asimismo, es capaz de secuestrar sustancias carcinógenas presentes en los intestinos.

Hemoglobina (Ing. *Hemoglobin*) Proteína sanguínea que da su color rojo a la sangre. Es rica en hierro, y la cualidad que la distingue es la de fijar tanto el oxígeno como el bióxido de carbono, lo cual hace posible la respiración. // La hemoglobina se concentra en los glóbulos rojos o hematíes.

Hepático (Ing. *Hepatic*) Que afecta favorablemente las funciones del hígado.

Hepatoprotector Que protege al hígado de toxinas y venenos.

Hercampuri (Ing. *Hercampuri*) Planta herbácea de la familia de las Gencianáceas (Gentianella alborosea (G.) Fabris), originaria del altiplano andino y también conocida como hercampure, té amargo o té de Chavín. // Es un remedio tradicional utilizado en dicha región como diurético, colagogo y para tratar problemas circulatorios y hepáticos. // Mas recientemente se le ha reconocido como auxiliar para normalizar el colesterol y los triglicéridos sanguíneos. También se utiliza para ayudar a reducir de peso. // Entre sus principios activos están la eritaurina, la eritrocentaurina, la amarogencina, la genciomarina, la genciopicrina, los genciopicrósidos, los secoiridoides y las santonas. // En medicina tradicional se le considera diurético, colagogo, colerético, hepatoprotector, vasomotor e hipocolesterolémico. // Se le considera inofensivo, pero se recomiendan descansos periódicos en su uso (15 días, cada dos meses). No se ha evaluado su inocuidad en el embarazo y la lactancia. // La dosis recomendada para la planta pulverizada es de 1-3 cápsulas de 250 mg diariamente, divididas en 1-3 tomas.

He shou wu Nombre chino del Fo ti tieng.

Hesperidina (Ing. *Hesperidyn*) Uno de los bioflavonoides a los que se conoció alguna vez como vitamina P, y que exhibe propiedades terapéuticas. // Comparte con otros bioflavonoides muchas de sus propiedades, pero actúa en particular como un antihistamínico, un antiinflamatorio, un antioxidante y un protector del colágeno y las hormonas corticoides. // Sus mejores fuentes son el fruto del rosal, el trigo sarraceno y la pulpa blanca (albedo) que recubre a los frutos cítricos. Véase Citrina.

Hexafosfato de inositol (Ing. *Inositol hexaphosphate*) Véase IP6.

Hexanicotinato de inositol (Ing. *Inositol hexanicotinate*) Derivado del inositol en el que aparece ligado al ácido nicotínico o vitamina B_3. También se le conoce como hexaniacinato de inositol o HNI. // Se usa como complemento alimenticio, concretamente como una fuente de niacina que no produce bochornos aun cuando se utilicen dosis elevadas. // También se ha utilizado en megadosis para ayudar a normalizar los niveles de colesterol y en la recuperación tras un infarto cerebral. // Las dosis usuales son de 500-1500 mg diarios, en 1-3 tomas (de preferencia bajo supervisión médica).

HGH Siglas en inglés de hormona del crecimiento humano.

Hidratos de carbono (Ing. *Carbohydrates*) Otro nombre para los carbohidratos.

Hidrocotile (Ing. *Hidrocotile*) Otro nombre para la gotu kola.

Hidroxiapatita (Ing. *Hidroxyapatite*) Sal de calcio y fósforo presente en los huesos que constituye la base de la estructura ósea. // Existe en forma de complemento alimenticio, extraída de harina de huesos, y es fuente de calcio y fósforo orgánicos. // Su fórmula [$3Ca_3(PO_4)_2$ $Ca(OH)_2$] es idéntica a la de la matriz ósea humana, y por ello su biodisponibilidad es alta. // La dosis diaria recomendable equivale a 500-1000 mg de calcio elemental. Véase Harina de huesos.

Hidroxicobalamina (Ing. *Hydroxicobalamin*) Una variante química de la vitamina B_{12}, también llamada vitamina B_{12b}.

4-Hidroxi isoleucina (Ing. *4-Hydroxiisoleucine*) Es un derivado químico del aminoácido isoleucina, que generalmente se extrae de la semilla del fenogreco. Se utiliza en fisicoculturismo como un potenciador de la insulina (se dice que favorece el aumento en masa muscular) y para fomentar el aprovechamiento de la creatina. // Aún no se ha establecido su seguridad. La dosis usual es de 200 mg diarios (pero se han llegado a utilizar 500-700 mg diarios).

Hidroxilisina (Ing. *Hydroxilisine*) Uno de los 20 aminoácidos presentes en los alimentos y que también forman las proteínas corporales. // No es un aminoácido esencial para el ser humano y se le halla casi exclusivamente en el colágeno (la principal proteína del organismo). // La gelatina hecha con grenetina es rica en hidroxilisina.

Hidroxiprolina (Ing. *Hydroxiproline*) Uno de los 20 aminoácidos presentes en los alimentos y que también forman las proteínas corporales. // No es un aminoácido esencial para el ser humano, y al igual que la hidroxilisina, se le halla casi exclusivamente en el colágeno. // La gelatina hecha con grenetina es rica en hidroxiprolina.

5-Hidroxitriptófano (Ing. *5-Hydroxitryptophan*) Es un derivado químico (metabolito) del aminoácido triptófano. Dentro del organismo es un precursor natural de la serotonina, pero comercialmente se le utiliza como complemento nutricional (generalmente bajo el nombre 5-HTP). // Para combatir la depresión leve a moderada es una excelente opción a los antidepresivos medicamentosos. Es tanto o más efectivo que éstos, pero sin sus efectos secundarios (véanse Hierba de san Juan y SAMe). // Otros usos terapéuticos del 5-HTP son combatir el insomnio (dicha sustancia también actúa como precursor de la melatonina) y para controlar el apetito en regímenes de reducción de peso. // Su uso se considera seguro, y la dosis recomendada es de 50-100 mg diarios, divididos en 1-2 tomas, e ingeridos con el estómago vacío. // Está contraindicado si están presentes males cardiovasculares, afecciones renales, migraña o diabetes. No se use de manera simultánea con medicamentos antidepresivos. Véase Triptófano.

Hierbabuena (Ing. *Mint*) Planta herbácea de la familia de las Labiadas (Mentha sativa), muy popular como condimento y por sus propiedades curativas. // Entre sus principios activos están la carvona, la dihidrocarvona, el limoneno y el felandreno. También contiene los fitonutrientes diosmina y diosmetina. // En medicina tradicional se le considera antiespasmódica, carminativa, antihelmíntica y antirreumática.

Hierba del trueno (Ing. *Thunder god vine*) Planta utilizada en la medicina china tradicional para el tratamiento de la artritis reumatoide (*Tripterygium wilfordii Hook F*). // Generalmente se recomiendan una o dos cápsulas de 180 mg al día durante 20 semanas.

Hierba de san Juan (Ing. *St. John's wort*) Planta herbácea de la familia de las Gutíferas (Hipericum perforatum), de origen europeo. // También conocida como hipérico o corazoncillo, se le ha utilizado desde hace siglos para tratar la depresión leve y moderada. // Actualmente es el antidepresivo no medicamentoso más popular en Europa (en Alemania tiene más de tres millones de

usuarios y se vende más que el Prozac). // En medicina tradicional se le considera ansiolítico, antiviral, antibiótico, inmunomodulador, antiinflamatorio y antidepresivo. // Sus principios activos son la hipericina, la seudohipericina y la hiperforina. Las dos primeras son efectivas contra los virus herpes símplex 1 y 2, influenza A y B, y el de Epstein-Barr. La hiperforina antagoniza con bacterias gramnegativas y grampositivas (entre ellas Staphylococcus, Streptococcus y E. coli). // En algunos estudios, la hierba de san Juan ha probado ser tan efectiva como los antidepresivos medicamentosos, pero sin sus efectos secundarios. Empero, hay que aguardar 4-6 semanas de uso para ver resultados. // No produce los efectos secundarios típicos de los antidepresivos medicamentosos, como sequedad bucal, molestias gástricas, taquicardia, ansiedad, reducciones en la libido o adicción. // Sin embargo, no se recomienda usarlo de manera simultánea con otros antidepresivos, durante el embarazo y la lactancia, o junto con bebidas alcohólicas. // Tampoco debe utilizarse de manera simultánea con medicamentos como los anticonceptivos orales, la digoxina, la teofilina, la warfarina, la ciclosporina, el indinavir (u otros productos antirretrovirales). // Su uso hace más sensible la piel a los rayos solares (si lo utiliza, apliquese bloqueador solar). // La dosis recomendada del extracto (estandarizado al 0.3% de hipericina) es de 300 mg una o dos veces al día. Se han llegado a utilizar 750-1000 mg diarios, pero las megadosis no resultan aconsejables.

Hierba del asno (Ing. *Evening primrose*) Otro nombre para la prímula.

Hierro (Ing. *Iron*) Mineral esencial para la salud, de número atómico 26. // Este mineral es tan importante para la salud que se encuentra presente en todas las células del organismo (especialmente en los glóbulos rojos). // Se dosifica en miligramos y su requerimiento mínimo diario es distinto para hombres y mujeres (ellas pierden hierro en su sangrado menstrual): 10 y 18 mg diarios, respectivamente. Los niños pueden necesitar hasta 15 mg durante sus primeros tres años de vida, 10 mg diarios entre los tres y los 11 años, y hasta 18 mg diarios

Hierro

Las mejores fuentes

Kelp	370.0 mg
Harina de huesos	82.0 mg
Hígado de cerdo	22.0 mg
Levadura de cerveza	18.0 mg
Riñones de res	13.0 mg
Morcilla	12.3 mg
Semillas de calabaza	11.0 mg
Riñones de cerdo	10.0 mg
Germen de trigo	9.5 mg
Hígado de res	8.0 mg
Pistaches	7.0 mg
Germinados	7.0 mg
Semillas de girasol	7.0 mg
Lentejas	6.5 mg

X 100 g

durante la adolescencia. // La principal función del hierro es formar parte de las proteínas transportadoras de oxígeno, la mioglobina y la hemoglobina. Esta última se halla predominantemente en la sangre (a la que da su color), y la mioglobina en los músculos. También activa un cierto número de enzimas, principalmente las involucradas en oxidaciones biológicas (catalasa y citocromo oxidasa). // El hierro que mejor se absorbe y asimila es el procedente de las carnes rojas, el hígado y la morcilla (se le conoce como hierro hem). El hierro de los vegetales sólo se absorbe parcialmente. // La presencia simultánea de la vitamina C durante la digestión aumenta hasta en 30% la absorción del hierro; el uso de antiácidos, por el contrario, la disminuye. Los fitatos de los cereales también interfieren con la absorción intestinal del hierro. // La carencia de hierro suele producir una forma de anemia (anemia ferropriva) que se manifiesta con palidez, fatiga crónica, uñas frágiles y estreñimiento. Esta anemia se combate más eficazmente utilizando hierro y cobre de manera simultánea. // Un exceso de hierro en el organismo podría ser tóxico, en especial para los varones de más de 30 años. Existe evidencia que sugiere que más de 10 mg diarios de este mineral podrían predisponer a cardiopatías. // Un complemento nutricional con hierro ha resultado útil en el tratamiento de diabetes, la leucemia y la enfermedad periodontal.

Hígado (Ing. *Beef liver*) Glándula o víscera utilizada como alimento, sobre todo los hígados procedentes de la res, la ternera, el cerdo, el pollo y el ganso. // Todos ellos son altamente nutritivos y proveen elevadas cantidades de proteínas completas, vitamina A, vitaminas del complejo B, fósforo, hierro, cobre y potasio. // En orden de mayor a menor poder nutricional, así se califican los diversos hígados: ternera, cordero, cerdo, res, ganso y pollo. // Los hígados de todas estas especies son notoriamente elevados en colesterol y purinas. Estas últimas se convierten en ácido úrico en el organismo, por lo que deben evitar el hígado quienes padezcan de gota o ácido úrico elevado.

Hígado de cerdo (Ing. *Pig liver*) Carne glandular muy nutritiva procedente del cerdo común. // Es muy rico en proteínas completas (27.2 g/100 g), vitamina A (15 000 UI/100 g), tiamina (2.8 mg/100 g), riboflavina (1.8 mg/100 g), niacina (17 mg/100 g), ácido pantoténico (6.5 mg/100 g), vitamina B_{12} (57 mcg/100 g) y ácido fólico (37 mcg/100 g). // Abunda asimismo en algunos minerales: fósforo (560 mg/100 g), hierro (29 mg/100 g) y potasio (475 mg/100 g). // Su contenido de colesterol es uno de los más altos (490 mg/100 g).

Hígado de pollo (Ing. *Chicken liver*) Carne glandular procedente de pollos y gallinas comunes. // Al igual que otros hígados, es alto en proteínas completas (26.5 g/100 g), vitamina A (12 300 UI/100 g), riboflavina (2.7 mg/100 g), niacina (11.7 mg/100 g), vitamina B_{12} (47 mcg/100 g) y ácido fólico (33 mcg/100 g). // Es rico en fósforo (160 mg/100 g), hierro 8.5 mg/100 g) y potasio (150 mg/100 g). // Su contenido de colesterol es también muy elevado (325 mg/100 g).

Hígado de res (Ing. *Beef liver*) Carne glandular muy nutritiva procedente de las reses comunes. // Es abundante en proteínas completas (26.4 g/100 g), vitamina A (53 400 UI/100 g), tiamina (2.6 mg/100 g), riboflavina (4.2 mg/100 g), niacina (16.7 mg/100 g), ácido pantoténico (7.8 mg/100 g), vitamina B_{12} (60 mcg/100 g) y ácido fólico (29 mcg/100 g). // Además, ofrece buena cantidad de fósforo (476 mg/100 g), hierro (8.8 mg/100 g), potasio (380 mg/100 g) y cobre (2.8 mg/100 g). // Al igual que otros hígados, ofrece mucho colesterol (434 mg/100 g).

Hígado desecado (Ing. *Desiccated liver*) Es el hígado, generalmente de ternera, deshidratado al vacío y a bajas temperaturas, lo que permite conservar al máximo sus propiedades. // Se le expende como complemento alimenticio en forma de cápsulas o grageas. // Es extremadamente rico en proteínas completas (75 g/100 g), vitamina A (55 000 UI/100 g), tiamina (1.2 mg/100 g), riboflavina (9.6 mg/100 g), niacina (45 mg/100 g), ácido pantoténico (24 mg/

100 g), piridoxina (2.5 mg/100 g), vitamina B_{12} (360 mcg/100 g), biotina (110 mcg/100 g) y vitamina C (76 mg/100 g). // Su concentración de minerales es sorprendente: fósforo (1 068 mg/100 g), hierro (21 mg/100 g), potasio (1 132 mg/100 g) y cobre (8.7 mg/100 g).

Hígado de ternera (Ing. *Veal liver*) Carne glandular procedente de reses jóvenes. Es el más nutritivo de todos los hígados utilizados como alimento. // Contiene mucha proteína completa (29.5 g/100 g), vitamina A (32 700 UI/100 g), tiamina (2.4 mg/100 g), riboflavina (4 mg/100 g), vitamina B_{12} (60 mcg/100 g), ácido fólico (30 mcg/100 g) y niacina (16.5 mg/100 g). // También es rico en fósforo (537 mg/100 g), hierro (14.2 mg/100 g), potasio (453 mg/100 g) y cobre (3.7 mg/100 g). // Es menos rico en colesterol (375 mg/100 g) que el hígado de res.

Higos (Ing. *Figs*) Son el fruto de un árbol de la familia de las Moráceas (Ficus carica). // Las brevas son los frutos de verano; los auténticos higos, más sabrosos, maduran en otoño. // Frescos, contienen algo de fibra dietética (1.2 g/100 g); pero ésta abunda en los higos desecados (3.8 g/100 g). // Los higos frescos tienen poca concentración de vitaminas y sólo un poco de niacina (0.4 mg/100 g) y de ácido pantoténico (0.3 mg/100 g). // Su único mineral importante es el potasio (195 mg/100 g). // Son, en cambio, buena fuente de

fitonutrientes. Contienen ácido elágico, ácido fenólico, antocianósidos, flavonoides y carotenoides. // En medicina tradicional, los higos se usan como laxantes, perctorales y emolientes.

Hinojo (Ing. *Fennel*) Planta herbácea de la familia de las Umbelíferas (Foeniculum vulgare). // De grato aroma, el hinojo tiene mayor uso medicinal que culinario. Se le usa para tratar males gastrointestinales y es tan inocuo que lo toleran muy bien los bebés. Resulta muy aficaz para aliviar la flatulencia, el estreñimiento y la producción de moco.// Entre sus principios activos se cuentan el anetol, el estragol, el limoneno y el metilchavicol. // En medicina tradicional se le considera digestivo, laxante, carminativo, antiespasmódico, antiséptico y galactógeno.

Hipericina (*Hypericin*) Uno de los principios activos de la hierba de san Juan. // Es ansiolítica, antidepresiva, antiviral, antibiótica y antiinflamatoria (inhibe a la citocina NF-kB, la cual activa a los genes proinflamatorios). Véase Hierba de san Juan.

Hipertensor (Ing. *Hypertensor*) Que produce elevaciones en la presión arterial.

Hipervitaminosis (Ing. *Hipervitaminosis*) Estado patológico producido por el exceso de una o más vitaminas. Véase Hipovitaminosis.

Hipnótico (Ing. *Hypnotic*) Que produce el sueño o ayuda a conciliarlo. También se usa el término *somnífero*.

Hipoascorbemia (Ing. *Hypoascorbemia*) Carencia subclínica de la vitamina C que usualmente produce uno o más de estos síntomas: fatiga, mala digestión, anemia, moretones, gripes frecuentes, sangrado nasal y sangrado de las encías (al cepillarse). Véanse Vitamina C y Escorbuto.

Hipocolesterolemizante Que reduce o normaliza los niveles del colesterol sanguíneo.

Hipoglucemiante (Ing. *Hypoglycemiant*) Que reduce los niveles sanguíneos de glucosa.

Hipotensor (Ing. *Antihypertensive*) Que reduce la presión arterial elevada.

Hipovitaminosis (Ing. *Hipovitaminosis*) Cuadro clínico producto de la deficiencia de una o más vitaminas. Véanse Enfermedad carencial e Hipervitaminosis.

Histidina (Ing. *Hystidine*) Uno de los 20 aminoácidos presentes en los alimentos y que también forman las proteínas corporales. // Normalmente se le considera un aminoácido no esencial, pero resulta indispensable al menos durante la infancia; los niños no pueden sintetizarla con suficiente rapidez. // Según algunos autores, la histidina también sería esencial para los adultos, pero sólo bajo ciertas condiciones (esfuerzos excesivos, convalecencia, etc.). // En su forma purificada y utilizada como complemento alimenticio, puede mejorar la circulación sanguínea (es un vasodilatador natural), ayuda a combatir la fiebre del heno y otros padecimientos de tipo alérgico. Actúa como un antiinflamatorio y se le ha empleado en el tratamiento de la anorgasmia. // La dosis usual es de 500-1000 mg diarios, en 1-3 tomas, con el estómago vacío. Como afrodisiaco, se usan 1500-3000 mg diarios. Como antiinflamatorio, se pueden requerir hasta 6 g diarios. // Su uso es seguro, pero debe evitarse durante la gestación y la lactancia. Además, se sugiere utilizarlo bajo vigilancia médica, ya que en algunas personas susceptibles puede estimular la producción de histamina (produciendo efectos adversos en pacientes asmáticos o alérgicos). En uso continuo, tiende a sacar zinc del organismo.

HMB Siglas de beta-hidroxi beta-metilbutirato (Ing. *Beta-hidroxi beta-metilbutirate*), un derivado natural (metabolito) del aminoácido leucina. // En fisicoculturismo se utiliza como complemento para prevenir o reducir el daño muscular asociado a los esfuerzos físicos muy intensos e incrementar la fuerza (hasta en 44%). // También colabora en la reparación muscular posterior al ejercicio, aumenta el tamaño muscular y favorece la reducción de la grasa. //

Es un poderoso estimulante de la producción corporal de la hormona del crecimiento (su nivel se llega a incrementar hasta 40% en las 6-8 horas siguientes a la ingestión del HMB). // La dosis usual entre los fisicoculturistas es de 3-6 g diarios, entre comidas. Lamentablemente, su uso es delicado. Puede tener efectos indeseables (náuseas, vómitos, cefaleas, diarrea) y en sobredosis, ocasionar trastornos de seriedad.

HMP-33 Nombre comercial de un extracto de jengibre estandarizado (al 17% de gingeroles). // Los gingeroles son los principios activos del jengibre que actúan como analgésicos y antiinflamatorios, y en Europa y Estados Unidos se les utilizan para el tratamiento de la artritis reumatoide. // Una ventaja del HMP-33 sobre el jengibre fresco es que ya no contiene shagaoles, principios activos que pueden resultar irritantes gástricos en algunas personas. // Su uso se considera seguro, y la dosis usual es de 2 cápsulas diarias, ingeridas por separado y con alimentos.

HNI Véase Hexanicotinato de inositol.

Hongos (Ing. *Mushrooms*) Nombre genérico de numerosos seres vivos pertenecientes al antiguo reino de las Talofitas. Aquí nos ocupamos de los hongos macroscópicos, comestibles y generalmente con forma de una sombrilla dotada de un pie. // Los hay silvestres y cultivados. Los hongos silvestres consumidos en México son la colmenilla, el cantarillo, el parasol, el cuerno de la abundancia, la oreja y el hongo de cazahuate. Entre los cultivados, los más comunes son el champiñón y las setas. // En general, los hongos son pobres en macronutrientes, fibra dietética y vitaminas, excepto la riboflavina (0.4 mg/100 g), la niacina (4 mg/100 g) y el ácido pantoténico (7 mg/100 g). // De los minerales, sólo abundan en potasio (470 mg/100 g) y en cobre (1 mg/100 g).

Homocisteína (Ing. *Homocystein*) Compuesto intermediario en el metabolismo de la metionina, cuyo exceso resulta tóxico para el organismo (aumenta el riesgo de sufrir infartos y embolias). // Para que la homocisteína no se acumule, es necesario recibir diariamente ácido fólico y vitaminas B_6 y B_{12} en cantidad suficiente. Asimismo, resultan útiles para combatir su acumulación la betaína, la creatina y el SAMe.

Hormona del crecimiento humano (Ing. *Human growth hormone*) Una de las hormonas producidas por la glándula pituitaria, entre cuyas funciones está estimular el desarrollo durante la infancia y la adolescencia. También se le conoce como HGH (por sus siglas en inglés). // Una vez completado el crecimiento, favorece la producción de músculo, disminuye la grasa corporal, fortalece el sistema inmunológico y, en general, ayuda a conservarse juvenil. // Los niveles sanguíneos de esta hormona descienden con los años. Hacia los 60 años, 30% de las personas muestran deficiencias; hacia los 70, dicho porcentaje crece a 50%. Las carencias nutricionales aceleran este proceso. // La producción natural de esta hormona puede estimularse durmiendo lo suficiente, haciendo ejercicio, consumiendo suficientes proteínas y utilizando complementos (niacina, arginina, lisina, glutamina, gamma oryzanol). Véase Liberadores de la HGH.

5-HTP Siglas en inglés de 5-hidroxitriptófano.

Huang chi o huang qui Nombre chino del Astrágalo.

Hueva de pescado (Ing. *Spawn*) Son los huevecillos maduros de los peces comestibles, generalmente aquéllos de gran tamaño. En México la más apreciada es la hueva de lisa; en otros países, la de salmón o el caviar. // La hueva de pescado es rica en proteína completa (20 g/100 g), vitamina A (5 600 UI/100 g), tiamina (1.5 mg/100 g), riboflavina (1 mg/100 g), niacina (6.2 mg/100 g), ácido pantoténico (3.3 mg/100 g), piridoxina (0.4 mg/100 g) y vitamina B$_{12}$ (12 mcg/100 g). // Es buena fuente de fósforo (262 mg/100 g) y de potasio (185 mg/100 g).

Huevo de gallina (Ing. *Hen's egg*) Óvulo de dicha gallinácea (Gallus sp.) encerrado dentro de un cascarón. Ha sido utilizado como alimento por el ser humano desde tiempos inmemoriales. // Contiene buena cantidad de proteínas completas (13 g/100 g), cuyo valor biológico es incluso superior al de la proteína cárnica: clara (92), yema (89) *versus* carne de res (75). // Ofrece regular cantidad de vitamina A, y del complejo B sólo destaca el ácido pantoténico (0.8 mg/100 g). // Su único mineral importante es el hierro (1 mg/100 g). // Es uno de los alimentos más ricos en colesterol. Empero, la evidencia más reciente señala que el consumo de un huevo diario influye muy poco o nada en el colesterol sanguíneo de la mayoría de las personas. // Además, aporta una serie de nutrientes valiosos, como carnitina, lecitina, taurina, aminoácidos azufrados, y de fitonutrientes antioxidantes como la luteína, la zeaxantina y los carotenos. Véase Huevos rojos.

Huevos fértiles (Ing. *Fertile eggs*) Son los huevos de gallina que fueron fecundados por el gallo. // Tradicionalmente se ha dicho que son superiores nutricionalmente hablando a los huevos no fecundados, pero es un argumento aún no comprobado.

Huevos rojos (Ing. *Red eggs*) Son los huevos de gallina en los que el cascarón y la yema están teñidos de un tono ocre rojizo. // Al igual que con los huevos fértiles, se ha insistido siempre en su superioridad nutricional, pero sólo recientemente se ha comprobado que así es. El color se lo proporciona toda una variedad de carotenoides (entre ellos el alfa, beta y gamma carotenos y la luteína) que tienen propiedades preventivas y terapéuticas valiosas.

Huperzia serrata (Ing. *Huperzia serrata*) Nombre científico de una variedad de musgo medicinal de origen asiático. // En la medicina china se le ha utilizado tradicionalmente para aminorar la declinación mental y reforzar la memoria en los ancianos. // Actualmente se ha

hallado que mejora el aprendizaje, la memoria y la retención. Inhibe a la acetilcolinesterasa, y con ello eleva los niveles de acetilcolina cerebral. // Sus principios activos son las huperzinas A y B. La primera es la más potente. // Se le ha utilizado en el tratamiento de la demencia senil y del mal de Alzheimer. // No se ha evaluado su inocuidad, por lo que deberá evitarse durante el embarazo y la lactancia. La dosis usual es de 1-2 tazas diarias de la infusión.

I

I3C (Ing. *I3C*) 1) Acrónimo de indol-3-metil carbinol. 2) Fitonutriente que pertenece al grupo de los indoles y que se halla presente en los vegetales crucíferos. // De entre los indoles, es el más potente inhibidor de la sobreproducción de estrógenos. También estimula la producción de enzimas protectoras contra el cáncer.

IG Siglas de índice glicémico.

IMC (Ing. *BMI*) Siglas de índice de masa corporal.

Índice de masa corporal (Ing. *Body mass index*) También conocido como índice de Quetelet, se abrevia como

IMC. Es el factor que se obtiene al dividir el peso corporal (en kilogramos) entre la estatura (en metros) elevada al cuadrado. El resultado numérico muestra si el individuo está o no en su peso adecuado. // No permite saber la cantidad de grasa corporal, pero como generalmente un IMC elevado corresponde a mayor grasa corporal, se toma como evidencia de sobrepeso u obesidad. // Los resultados obtenidos para la población promedio oscilan entre menos de 16 y más de 40. Un índice menor de 18.5 delata generalmente desnutrición, en tanto que uno cercano a 30, franca obesidad. Se estima que un índice normal oscila entre 18.5 y 24.99, con una cifra promedio de 21. Más de

25 se considera sobrepeso, y mayor a 27, obesidad.

Índice glicémico (Ing. *Glycemic index*) Medida de la elevación de la glicemia en las dos horas posteriores al consumo de cierto alimento, comparado con el incremento que produce un alimento de referencia (pan blanco o glucosa). Se le abrevia IG. // La escala estándar con que se mide fue creada por el doctor David Jenkins en los años ochenta. Inicialmente iba de 0 a 100, pero posteriormente se hallaron alimentos que superan dicho límite. // Entre más elevado sea el número (índice) de un alimento, más rápidamente produce elevaciones en la glucosa y la insulina sanguíneas, y menos sano resulta. En general, puede decirse que los alimentos más sanos desde este punto de vista son aquéllos con un IG menor de 50.

Indoles (Ing. *Indols*) Grupo de fitonutrientes que se hallan en los vegetales crucíferos, como la col, la coliflor, la colecita de bruselas, el brócoli, los germinados de brócoli, los nabos y la mostaza. El más importante es el I3C. // Inhiben la sobreproducción de estrógenos y fomentan la producción de enzimas anticancerosas.

Inhibidores de las proteasas (Ing. *Protease inhibitors*) Grupo de fitonutrientes presentes en granos y semillas comestibles que bloquean la acción de las proteasas, un grupo de enzimas que

estimulan el crecimiento de las células malignas y favorecen su proliferación. // Asimismo, bloquean la acción de ciertos carcinógenos químicos, protegen al ADN contra mutaciones e inhiben la expresión de algunos oncogenes (genes que producen un tipo determinado de tumor). // Su consumo frecuente a través de los alimentos que los contienen está ligado a menores incidencias de cánceres de colon, de seno y de próstata. // Sus mejores fuentes son la soya, el chícharo, los frijoles, la papa, la berenjena y los cereales integrales.

Inka (Ing. *Inka*) Sucedáneo del café hecho con cebada y achicoria tostados.

Inmunomodulador (Ing. *Inmunomodulator*) Compuesto o producto que mejora el desempeño del sistema inmunológico.

Inosina (Ing. *Inosine*) Es un compuesto (nucleótido; químicamente es el ribósido de la hipoxantina) producido por el organismo humano que desempeña diversas funciones especializadas, generalmente relacionadas con la producción de energía (no confundir con la Inulina). // Entre sus funciones están facilitar el funcionamiento muscular (sobre todo en el corazón), favorecer el uso de la insulina y mejorar el desempeño aeróbico. // Sus mejores fuentes alimentarias son la levadura de cerveza y las vísceras (hígado, corazón, riñones), pero generalmente se obtiene en forma de complemento. // Su consumo es común entre los fisicoculturistas y los deportistas de alto rendimiento, para mejorar su desempeño físico. Las dosis usuales son de 25-30 mg por kilogramo de peso corporal para individuos promedio, y de 40 mg/kg para atletas de alto nivel. // No se le han reportado toxicidad o efectos secundarios. // La dosis recomendada es de 5000-6000 mg diarios, en 2-3 tomas.

Inositol (Ing. *Inositol*) Sustancia orgánica que exhibe cualidades cuasivitamínicas. Alguna vez se le consideró una vitamina e incluso se le incluyó en el complejo B, pero se terminó por excluirlo al no hallársele enfermedad carencial y descubrirse que el organismo puede sintetizarlo. // Se dosifica en miligramos y también se le conoce como mioinositol, meso inositol, vitamina B_7 y vitamina I. // No tiene un requerimiento mínimo

Inositol

Las mejores fuentes

Lecitina de soya	2 100 mg
Garbanzos	760 mg
Arroz integral	700 mg
Germen de trigo	690 mg
Lentejas	410 mg
Carne de cerdo	410 mg
Hígado de res	340 mg
Avena	340 mg
Levadura de cerveza	270 mg
Hígado de pollo	270 mg
Carne de res	260 mng
Frijoles bayos	240 mg
Naranjas	210 mg
Cacahuates	180 mg

X 100 g

diario, pues se cree que resulta suficiente el inositol sintetizado por el organismo. Aunque es uno de los compuestos más abundantes en el organismo (entre las vitaminas sólo lo supera la niacina), fácilmente podría haber deficiencias. Una confirmación de esto último podría ser el que habitualmente se reacciona positivamente al recibir cantidades adicionales de inositol. // Al igual que la colina, el inositol participa en el metabolismo de las grasas y el colesterol, e impide que estos últimos se depositen en hígado y arterias. Además, facilita el funcionamiento cerebral, mejora las defensas y ayuda en la salud del cabello. // Su carencia puede ocasionar eczema, estreñimiento, trastornos oculares y acumulación de grasa en el hígado. También favorece una elevación en el colesterol y los triglicéridos, así como la caída del cabello. // El inositol es prácticamente atóxico, aun en dosis terapéuticas de varios gramos diarios. // Puede resultar útil en el tratamiento de ciertas formas de calvicie, de algunas variantes del estreñimiento, del colesterol y los triglicéridos elevados, de la acumulación de grasa en el hígado y de la ansiedad (y ataques de pánico). // El inositol es más efectivo si se ingiere junto con colina, biotina, vitamina B_{12} y los ácidos linoleico y linolénico. // En los cereales, el inositol existe bajo una forma compleja e insoluble conocida como ácido fítico, que da origen a los fitatos (de calcio, de magnesio, etc.). Véase Hexanicotinato de inositol.

Inositol hexanicotinato (Ing. *Inositol-hexanicotinate*) Véase Hexanicotinato de inositol.

Insulina vegetal (Ing. *Plant insulin o P-insulin*) Principio activo presente en el melón amargo y cuya estructura molecular y funciones son muy semejantes a la de la insulina bovina. Junto con la carantina, le confiere al melón amargo sus propiedades antidiabéticas. Véase Melón amargo.

Interacciones entre hierbas y medicamentos (Ing. *Drug interactions with herbs*) El uso simultáneo entre plantas medicinales y medicamentos no siempre es aconsejable. Algunos remedios vegetales pueden interferir con una acción farmacológica o aumentarla, y de esa manera ocasionar problemas. // Algunas de las posibles interacciones son: boldo, buchú y uva ursi (pueden aumentar la toxicidad de los glicósidos cardiacos); canela (aumentar la toxicidad de las tetraciclinas); chaparral, consuelda y gordolobo (aumentar la toxicidad del dilantin y el fenobarbital); eucalipto (disminuir la eficacia de algunos fármacos); lúpulo, kava kava, pasionaria y valeriana (aumentar la potencia de algunos sedantes); lobelia, estramonio y bardana (aumentar la potencia de los anticolinérgicos); orozuz (reducir la potencia de los antihipertensivos); aspérula, meliloto y habas de tonka (aumentar la potencia de los anticoagulantes); jugo de toronja y sasafrás (aumentar la potencia de los

fármacos). Véase Toxicidad de los remedios vegetales.

Intolerancia a la lactosa (Ing. *Lactose intolerance*) Trastorno que impide al cuerpo digerir la lactosa. Se caracteriza porque, en quienes la padecen, la ingestión de leche produce cólicos, diarrea y malestar abdominal. // Se debe a la deficiencia o carencia de la lactasa, la enzima intestinal que desdobla a la lactosa.

Inulina (Ing. *Inulin*) 1) Polisacárido de la fructosa (fructooligosacárido) presente en la alcachofa, la cebolla, el ajo y la achicoria. Su mejor fuente alimentaria es el aguaturma o pataca. 2) Fitonutriente no digerible que funciona como fibra soluble y prebiótico, es decir, que favorece la proliferación y permanencia de las bacterias benéficas en las vías digestivas. Además, estabiliza el pH (acidez) del colon e inhibe el crecimiento de bacterias indeseables. Incrementa la producción de ácidos grasos de cadena corta (acetato, butirato y propionato), base de la energía utilizada por las células del colon. // No es muy abundante en la dieta diaria, pero existe como complemento, sobre todo en las mezclas llamadas genéricamente "fructooligosacáridos". // La dosis recomendada es de 4 g diarios, en 2-3 tomas. Para ayudar a reducir el colesterol y los triglicéridos elevados, son necesarios 8-10 g diarios.

IP6 (Ing. *IP6*) Acrónimo de hexafosfato de inositol, también conocido como ácido fítico (ácido inositol hexafosfórico). // Es un componente natural de los cereales y leguminosas no procesados, y se concentra en la cascarilla o salvado de los primeros. // El hecho de que forme sales (fitatos) insolubles con algunos minerales esenciales le ha ganado una connotación negativa dentro de la nutrición, pero recientemente se ha hallado que es antioxidante, mejora la oxigenación de los tejidos, bloquea la producción de carcinógenos e interfiere con el crecimiento tumoral (especialmente en el colon). // Actúa como inmunomodulador y fomenta la producción de macrófagos y células asesinas naturales (NK). Normaliza y modula la proliferación celular. // Aumenta la actividad de la enzima glutatión reductasa, que es responsable del proceso de detoxificación de toxinas y desechos. // Puede potenciar la acción de la creatina, induciendo la transformación de ésta en fosfato de creatina. // El IP6 tiene seis grupos fosfato. Pero una vez en el organismo, se metaboliza a compuestos que contienen entre uno y cinco fosfatos (también igualmente activos). // Ya está disponible como complemento alimenticio, y la dosis usual es de 500-2000 mg diarios en 1-4 tomas, entre comidas. Véase Ácido fítico.

Ipriflavona (Ing. *Ipriflavone*) 1) Isoflavona semisintética que se produce en laboratorios para expenderla como complemento alimenticio. 2) Fitonutriente del grupo de las isoflavonas, presente en el propóleo. // Presenta muchas de las propiedades de las isoflavonas, pero destaca sobre todo en el fortalecimiento óseo. Fomenta la retención del calcio en los huesos. Resulta útil en la prevención y el tratamiento de la osteoporosis. // Su uso se considera seguro, pero no se ha evaluado su inocuidad en el embarazo y la lactancia. La dosis recomendada es de 600 mg diarios, en una sola toma, con alimentos.

Irritante (Ing. *Irritant*) Que produce irritación (en la piel o internamente).

Isoflavonas (Ing. *Isoflavones*) Grupo de fitonutrientes del grupo de los flavonoides que exhiben actividad estrogénica. // Se les halla presentes en numerosos vegetales: soya, linaza, garbanzo, haba, lenteja, chícharos, frijoles y diente de león. // Ejemplo de isoflavonas comunes son la daidzeína, la daidzina, la genisteína, la gliciteína, el cumesterol y el equol. // Si se otorga un valor de 1.00 al estradiol (el principal estrógeno), la potencia relativa del cumestrol es de 0.202; de la genisteína, de 0.084; del equol, de 0.061; de la daidzeína, de 0.013; de la biochanina A, de 0.006; y de la formononetina, de <0.006. Véase Fitoestrógenos.

Isoleucina (Ing. *Isoleucine*) Uno de los 20 aminoácidos presentes en los alimentos y que también forma a las proteínas corporales. Es uno de los ocho aminoácidos esenciales para el ser humano. //

Químicamente se le considera uno de los aminoácidos ramificados, junto con la leucina y la valina. // Usado en forma purificada, como complemento de la alimentación, la isoleucina aumenta la energía corporal y mejora el rendimiento deportivo. Asimismo, ayuda en la regulación de la glucosa sanguínea. // Generalmente se emplea junto con la leucina y la valina. Véase Aminoácidos ramificados.

Isopropoxi-isoflavona (Ing. *Isopropoxyisoflavone*) Flavonoide con propiedades anabólicas (favorece el desarrollo del volumen muscular en respuesta al ejercicio) y que favorece la recuperación tras el entrenamiento. // También se dice que ayuda a deshacerse del exceso de tejido adiposo. // Utilizado como complemento alimenticio, actúa en sinergia con la metoxi-isoflavona, otro flavonoide anabólico. // La dosis recomendada es de 500-1000 mg diarios, en 1-2 tomas. Su eficacia y seguridad aún no han sido establecidas.

Isotiocianatos (Ing. *Isothiocianates*) Grupo de fitonutrientes azufrados presentes en los vegetales crucíferos. // Fomentan la producción de enzimas protectoras contra el cáncer.

Ispagula (Ing. *Isphagula*) Planta herbácea de la familia de las Plantagináceas (Plantago ovata) muy rica en fibra soluble y con características muy similares a la zaragatona.

J

Jalea real (Ing. *Royal jelly*) Sustancia orgánica compleja secretada por las abejas obreras para alimentar a las larvas durante sus tres primeros días, y a la abeja reina durante toda su vida. // De consistencia cremosa y sabor fuerte, la jalea real se utiliza como tónico y reconstituyente desde tiempos inmemoriales. Actualmente también está disponible como complemento de la alimentación en forma de cápsulas, tabletas y ampolletas. La mejor forma de utilizarla es esta última o en cápsulas liofilizadas. // Gracias a este alimento sumamente nutritivo, las abejas reinas son —a diferencia de las abejas obreras— fértiles, de mayor tamaño, mucho más longevas y más resistentes al trabajo pesado (ponen diariamente su propio peso en huevecillos a lo largo de toda su vida adulta). // La riqueza en nutrientes de la jalea real explica parcialmente todo lo anterior. Abunda en proteína completa (27 g/100 g), en carbohidratos (31 g/100 g), en ácidos nucleicos, ácidos grasos esenciales y carotenoides. // No es muy rica en vitaminas del complejo B: tiamina (0.67 mg/100 g), riboflavina (0.8 mg/100 g), niacina (2.6 mg/100 g), piridoxina (0.2 mg/100 g), a excepción del ácido pantoténico (17 mg/100 g), del cual es la fuente alimenticia más abundante, y la biotina (170 mcg/100 g). Es una de las mejores fuentes de las vitaminas C (112 mg/100 g) y E (19 mg/100 g). También aporta inositol (0.7 mg/100 g) y PABA (125 mg/100 g). // Se le ha utilizado en el tratamiento de úlceras gástricas y cutáneas (diabéticas y varicosas), fatiga crónica, inapetencia, eczema, anemia, hepatitis, arterioesclerosis, várices, hemorroides, agotamiento físico y mental y los trastornos de la menopausia. // Se sabe que contiene carotenoides, flavonoides, fitoestrógenos y sustancias antibióticas, antivirales y antimicóticas muy potentes. // En medicina tradicional se le utiliza como reconstituyente, pero también puede considerársele un adaptógeno. // Su uso es seguro, y la dosis recomendada es de 500-2000 mg (en cápsula o ampolleta) diariamente, en 1-2 tomas, con alimentos.

Jamaica (Ing. *Jamaica flowers*) Es la flor de un arbusto de origen oriental (Hibucis subdarifla) que actualmente se cultiva en casi todo el mundo. // Básicamente se utiliza en infusión, para preparar aguas refrescantes. // También se le reconoce como digestivo, laxante, diurético y antiinflamatorio. Actualmente se está estudiando su capacidad para reducir los niveles elevados de colesterol. // Sus principios activos son los antocianósidos, la hibiscina, la delfinidina y el ácido hibíscico.

Jengibre (Ing. *Ginger*) Planta herbácea de la familia de las Zingiberáceas (Zingiber officinale), cuyos rizomas se utilizan en cocina como condimento. // Sus principales principios activos son los gingeroles, que se caracterizan por ser antioxidantes, antiinflamatorios, analgésicos, antiagregantes plaquetarios y vasomotores. También contiene zingiberina, gingerenonas y shogaoles. // Clínicamente ha demostrado una gran efectividad para prevenir las náuseas y el mareo ocasionado por el movimiento, por el embarazo o inclusive la quimioterapia (se le considera más potente que el Dramamine). También resulta útil para mejorar la circulación periférica (en todo el organismo) y evitar la formación de coágulos peligrosos. Es un poderoso antiinflamatorio (inhibe a las enzimas COX-2 y 5-lipooxigenasa) y por ello surte buen efecto contra la artritis reumatoide. // En medicina tradicional se le considera digestivo, carminativo, antiemético, colagogo, hipoglucemiante, antiinflamatorio y antiespasmódico. // En la medicina tradicional china se le utiliza contra la gripe, el mareo, las náuseas del embarazo, las afecciones gastrointestinales (incluida la diarrea) y la mala circulación de manos y pies. // Aunque es seguro, no se recomienda en pacientes con cálculos biliares o su uso simultáneo con anticoagulantes o aspirinas. Tampoco deberá ingerirse por tiempo prolongado durante el embarazo. // Las dosis usuales son: raíz fresca (una cucharadita de ralladura); raíz seca (media cucharadita de ralladura); cápsulas o tabletas (1-2 al día). // Los shogaoles no suelen ser bien tolerados (es especial para uso prolongado), y por ello ya está disponible el extracto de jengibre libre de tales compuestos. Véanse Gingeroles y HMP-33.

Jícama (Ing. *Jícama*) Planta herbácea de la familia de las Papilonáceas (Pchyrrizus erosus), cuyas raíces tuberosas son comestibles y muy jugosas. // Su poder alimenticio es más bien bajo, pero por su contenido mínimo de calorías (15 Cal/100 g) puede utilizarse para satisfacer el apetito durante las dietas de reducción de peso. // Destacan la fibra dietética (1.2 g/100 g), la tiamina (0.1 mg/100 g), la niacina (0.1 mg/100 g) y el potasio (95 mg/100 g).

Jitomate (Ing. *Tomato*) Es el fruto (baya) de una planta herbácea de la familia de las Solanáceas (Lycopersicum esculentum), también llamado tomate rojo. Es el ingrediente indispensable de ensaladas, guisos y de las mexicanísimas salsas picantes. // Aunque escaso en macronutrientes contiene cantidades apreciables de betacaroteno (900 UI/100 g), fibra dietética (0.5 g/100 g) y vitamina C (23 mg/100 g). // No abunda en vitaminas B, excepto la niacina (0.7 mg/100 g) y el ácido pantoténico (0.3 mg/100 g). // Entre los minerales, sólo destaca el potasio (245 mg/100 g). // En cuanto a los fitonutrientes, contiene ácido clorogénico, ácido p-cumárico, flavonoides, esteroles, cumarinas, monoterpenos, glucaratos, inhibidores de las nitrosaminas, FOS y es además la mejor fuente de licopeno. // En medicina tradicional se utiliza para combatir la caspa, la tiña y la sarna.

K

Kamut (Ing. *Kamut*) Variedad de trigo (Triticum sativum) de origen egipcio, cuyo origen se remonta a 4000 a.C. // Se le considera el antecesor de la moderna variedad de trigo duro con que se elaboran las pastas. Pero a diferencia de otras variedades, nunca ha sido hibridado. // Está disponible como comestible en diversos países y tiene mucha demanda ya que es más nutritivo que el trigo común: proteínas 17% *versus* 12%.

Kasha (Ing. *Kasha*) Nombre dado a las semillas peladas y martajadas del trigo sarraceno. // Se prepara de manera similar al arroz, y contiene una buena cantidad de fibra soluble y del bioflavonoide rutina. // Aunque incompleta, su proteína tiene un buen balance de aminoácidos (especialmente lisina), por lo que pueden hacerse buenas mezclas proteicas con los cereales, que suelen ser bajos en lisina. Véanse Cereales y Trigo sarraceno.

Kava kava (Ing. *Kava kava*) Planta herbácea de la familia de las Piperáceas (*Piper methysticum*), de origen polinesio. Se le ha utilizado desde hace milenios por su poder relajante y sedante. // En la acualidad se le utiliza en el tratamiento de la ansiedad, el estrés y el insomnio. Ayuda a relajar el cuerpo y a coordinar mejor los pensamientos. Tiene propiedades sedantes, analgésicas, relajantes y anticonvulsivas y actúa directamente sobre el sistema límbico cerebral. // Sus principios activos son las kavalactonas y las kavapironas. // No debe ingerirse por periodos prolongados de tiempo; puede aumentar la descamación de la piel y producir toxicidad hepática. Por esta razón no debe mezclarse con alcohol u otras drogas. Tampoco deben consumirlo los pacientes del mal de Parkinson. // No es recomendable durante el embarazo y la lactancia o en menores de 18 años. // La dosis recomendada es de 60-240 mg diarios del extracto estandarizado (30-55% de kavalactonas), divididos en 2-3 tomas.

Kefir (Ing. *Kephir*) Leche fermentada en forma similar al yogur, de origen turco. // Lo que diferencia al kefir del yogur es que en este caso la fermentación es de tipo alcohólico y no láctico, y la producen microorganismos exclusivos, como el Lactobacillus caucasianus y el Saccharomices kephir. Además, el primero es sólido y el segundo líquido. // Lo consumen desde tiempos inmemoriales los pueblos del Cáucaso (Armenia, Georgia) y su modo de preparación permaneció en secreto hasta principios del siglo xx. // Al igual que otras leches fermentadas, el kefir actúa como un regenerador de la flora intestinal y en general presenta propiedades similares a las del yogur. Véase Probióticos.

Kelp (Ing. *Kelp*) Alga marina comestible de la familia de las Laminarias (Ascophylum nodosum), también conocida como kombu. Es la más utilizada como alimento y complemento alimenticio. Ha ganado fama como auxiliar en el control de peso. // Es extremadamente rica en fibra dietética (5 g/100 g), betacaroteno (12 000 UI/100 g), tiamina (6 mg/100 g), riboflavina (7 mg/100 g), niacina (12 mg/100 g), ácido pantoténico (3 mg/100 g), piridoxina (4 mg/100 g) y ácido fólico (60 mcg/

100 g). // Abunda tanto en sodio (1
700 mg/100 g) como en potasio (1980
mg/100 g). Ofrece además mucho calcio (1 300 mg/100 g), magnesio (250
mg/100 g), hierro (22 mg/100 g) y yodo
(15 000 mcg/100 g). // Es fuente de
fitonutrientes, la mayoría exclusivos de
las algas marinas: fucoxantina, fucoidina, laminarina, algina y ácido algínico. //
En medicina tradicional se le considera
vitamínico, remineralizante, demulcente, laxante, antiulceroso, anticelulítico y
auxiliar en el control de peso (estimula
la función tiroidea). // Su uso externo
es totalmente seguro, no así el interno.
Es un vegetal tan rico en nutrientes (algunos de ellos desbalanceados en comparación con otros), que no se recomienda su ingestión prolongada. Debe
consumirse en pequeñas cantidades y
por periodos cortos. Evítese durante el
embarazo y la lactancia. No es recomendable en pacientes con padecimientos tiroideos o bajo tratamiento con
hormonas de la tiroides.

KIC Siglas en inglés de ácido cetoisocaproico.

Kilojoule (Ing. *Kilojoule*) Unidad que sirve para medir el valor energético de los
alimentos y que tiende a reemplazar a la
caloría normalmente utilizada. // Un
kiloJoule (Kj) equivale a 0.24 Kcal. A su
vez, la caloría equivale a 4.1868 julios.

Kinako (Ing. *Kinako*) Harina tostada de
soya. // De origen japonés, el kinako

es análogo al pinole mexicano (que se
hace con harina de maíz), pero más
nutritivo.

Kola (Ing. *Kola*) Véase Cola.

Kombu (Ing. Kombu) Véase Kelp.

Kombucha (Ing. *Kombucha*) También
conocido como "hongo" de Manchu-
ria, es una mezcla de levaduras, líque-
nes y hongos microscópicos que cre-
cen en una solución nutritiva (hecha con
agua, azúcar y té negro o verde) y forman una nata gruesa. // La propagación del mismo se hace sembrando
muestras del crecimiento primario
("madre"), de manera semejante a como
se produce el vinagre de piña o el tepa-
che mexicanos. Lo que se consume no
es la nata, sino un té preparado con la
misma. // Se dice que este té ayuda a
desintoxicar el organismo, tonificarlo y
combatir la fatiga crónica. No hay evidencia científica de que sea eficaz contra el cáncer, la soriasis, la esclerosis múltiple o el sida.

Konjac (Ing. *Konjac*) Es una planta herbácea (Amorphophallus konjac), de
cuyo tubérculo se extrae un producto
gelatinoso (que dio lugar al glucomanán). En Japón ha formado parte de la
dieta desde tiempos inmemoriales. Véase Glucomanán.

Kudzu (Ing. *Kudzu root*) Planta herbácea de la familia de las Ranunculáceas
(Pueraria lobata), originaria de China. //

Se le utiliza como alimento, pero también es muy popular en la medicina tradicional china para combatir la migraña, la fiebre, la fatiga y la debilidad general, así como el estreñimiento, la diarrea y diversos trastornos digestivos. Resulta especialmente efectivo contra la cruda (resaca) y el alcoholismo. // Entre

sus principios activos están la daidzeína y la perarina, que en estudios experimentales han logrado reducir el deseo por el alcohol. // La dosis recomendada es de 1500 mg diarios del extracto seco, divididos en 3 tomas, o 9-15 g diarios del polvo de la raíz, o una cucharadita de la tintura 3 veces al día.

L

Lactato de calcio (Ing. *Calcium lactate*) Es la sal cálcica del ácido láctico, utilizada como complemento alimenticio. // Desde el punto de vista de su riqueza de calcio, no es la fuente más recomendable: apenas ofrece 13% de este mineral. Empero, se absorbe mucho mejor que otras fuentes de calcio (como el carbonato y el fosfato).

Lactoflavina (Ing. *Lactoflavine*) Otro nombre para la vitamina B_2.

Lactosa (Ing. *Lactose*) Carbohidrato simple (disacárido) muy poco dulce presente en la leche, razón por la que se le conoce también como azúcar de leche. // Durante la digestión, una enzima intestinal —la lactasa— la desdobla en glucosa y galactosa. // Cuando esta enzima está ausente, se presenta la intolerancia a la lactosa.

Lactobacilus johnsonii (La1) [Ing. *Lactobacilus johnsonii (La1)*] Nombre científico con el que se conoce actualmente al Lactobacilus acidophilus, una de las bacterias lácticas capaces de colonizar el tracto intestinal humano. // Esta variedad es la que muestra los índices más altos de adherencia intestinal. Véanse Prebióticos y Probióticos.

Lactoferrina (Ing. *Lactoferrin*) Proteína rica en hierro que se halla en la leche materna y en la de vaca (la primera contiene 10 veces más que la última). // Ayuda a los lactantes a protegerse contra las bacterias patógenas. Por sí misma actúa como un bactericida y virucida (sin afectar a la flora intestinal benéfica), pero además estimula al sistema inmunológico. // Uno de sus mecanismos de acción consiste en penetrar la pared de las bacterias e interferir con su reproducción. El otro, atrapar el hierro disponible, y al privar del mismo a las bacterias circundantes, las elimina. // La gran ventaja de la lactoferrina sobre los antibióticos medicamentosos es que ataca selectivamente a las bacterias patógenas, respetando a la buena flora intestinal (como las bifidobacterias). Durante su digestión se libera un péptido, la lactoferricina B, que actúa como prebiótico favoreciendo a la flora intestinal. // Usada como complemento, estimula al sistema inmunológico, previene diversas formas de cáncer (o ayuda a luchar contra ellas) y es útil para combatir infecciones (como la otitis infantil). // Un uso reciente es la protección del organismo masculino contra el exceso de hierro (que puede favorecer infartos y embolias). // Su empleo es seguro y (al menos en teoría) no debe causar problemas en personas alérgicas a la leche. La dosis recomendada es 300-500 mg diarios, divididos en 2 tomas. La presentación comercial más estable es la de apolactoferrina.

Laetrile (Ing. *Laetrile*) Otro nombre para la amigdalina, también conocida (incorrectamente) como la vitamina B_{17}.

Laminaria (Ing. *Sea lettuce*) Alga marina comestible (Laminaria sp.), también conocida como lechuga de mar. // Es muy rica en fibra dietética (4.5 g/100 g), betacaroteno (12 000 UI/100 g), tiamina (5.6 mg/100 g), riboflavina (7 mg/

100 g), niacina (10 mg/100 g), ácido pantoténico (3 mg/100 g) y ácido fólico (40 mcg/100 g). // Abunda todavía más en minerales como el sodio (1 700 mg/100 g), el potasio (1 950 mg/100 g), el calcio (1230 mg/100 g), el hierro (22 mg/100 g) y el yodo (15 000 mcg/100 g). // Ofrece además fitonutrientes, la mayoría exclusivos de las algas marinas: fucoxantina, fucoidina, laminarián, algina y ácido algínico. // En medicina tradicional se le considera vitamínica, remineralizante, demulcente, laxante, antiulcerosa, anticelulítica y auxiliar en el control de peso (estimula la función tiroidea). // Su uso externo es totalmente seguro, no así el interno. Es un vegetal tan rico en nutrientes (algunos de ellos desbalanceados en comparación con otros), que no se recomienda su ingestión prolongada. Debe consumirse en pequeñas cantidades y por periodos cortos. Evítese durante el embarazo y la lactancia. No es recomendable en pacientes con padecimientos tiroideos o bajo tratamiento con hormonas de la tiroides.

Langosta de mar (Ing. *Lobster*) Crustáceo marino comestible y de gran tamaño (Palinurus spp.), cuya carne es muy apreciada por su delicado sabor. /·/ Es rica en proteínas completas (20.7 g/100 g), más no en vitaminas. De los minerales, sólo aporta algo de fósforo (215 mg/100 g), potasio (190 mg/100 g) y sodio (256 mg/100 g). // Los langostinos tienen un poder nutricional similar.

Lapacho (Ing. *Pink trumpet tree*) Véase Pau d'arco.

Lauricidina (Ing. *Lauricidine*) Véase Monolaurato de glicerol.

Laxante (Ing. *Laxative*) Que favorece la evacuación de los intestinos. También se usa el término *catártico*.

L-carnitina Véase Carnitina.

Lecitina (Ing. *Lecithin*) Es una mezcla compleja de fosfolípidos, siendo el más importante la fosfatidil colina. También contiene fosfatidil inositol y fosfatidil etanolamina. // La molécula de la fosfatidil colina está compuesta de un grupo fosfato, colina, ácidos grasos poliinsaturados y glicerol. // La más conocida es la lecitina de soya, pero existen lecitinas de muy diversos orígenes (inclusive de la yema de huevo). // Aunque

Lecitina

Las mejores fuentes

Germen de trigo	2 850 mg
Soya	1 480 mg
Cacahuates	1 120 mg
Hígado de res	850 mg
Carne de res	680 mg
Avena	650 mg
Trucha	580 mg
Salmón	580 mg
Arroz integral	580 mg
Huevo entero	350 mg
Mantequilla	150 mg
Riñones de res	150 MG
Frijoles pintos	120 mg
Lentejas	110 mg

X 100 g

no es un nutriente esencial (el organismo puede sintetizarla), es uno de los lípidos más importantes para la salud. Es un componente fundamental de la membrana celular. Forma parte de la envoltura mielínica de las neuronas y su máxima concentración corporal se halla en el cerebro. // Es fuente de dos nutrientes, el inositol y la colina, y es quizá a través de estos últimos que la lecitina participa en el metabolismo de las grasas y el colesterol, y contribuye a evitar los cálculos biliares y la arterioesclerosis. Previene la acumulación de grasa en el hígado y eleva las defensas contra los virus. // Se ha hallado que la lecitina protege al hígado contra el daño ocasionado por el alcohol, los medicamentos, los contaminantes y de ciertos virus (como el de la hepatitis C). // Algunos autores consideran que la lecitina es una "colina de liberación prolongada", porque la va desprendiendo poco a poco. // A través de la colina, la lecitina favorece la producción corporal de acetilcolina, un importante neurotransmisor que permite la propagación de la información entre las neuronas. // La lecitina se ha utilizado en el tratamiento de la arterioesclerosis, la angina de pecho, la hipertensión, el colesterol elevado, los cálculos biliares y ciertas formas de demencia senil (incluido el mal de Alzheimer). // En personas sanas, el uso de lecitina de soya como complemento alimenticio suele normalizar los niveles de colesterol, mejorar la memoria y la retención, y contribuir a mantenerse en peso. // La lecitina es prácticamente atóxica, aun en dosis terapéuticas de varios gramos al día. Empero, su riqueza en fósforo hace necesario tomar calcio complementario si se consumen más de 3 gramos diarios de lecitina, para evitar posibles procesos de descalcificación. // Como complemento, la dosis usual es de 1-3 gramos diarios. Para reforzar tratamientos médicos, se han utilizado dosis de entre 3 y 18 gramos diarios, divididas en tres tomas e ingeridas con alimentos.

Leche (Ing. *Milk*) Líquido blanco segregado por las glándulas mamarias de los mamíferos. El ser humano ha utilizado como alimento la leche de diversos mamíferos domesticados desde tiempos inmemoriales. // Las leches más consumidas son las de vaca, de cabra, de oveja, de yegua, de burra, de camella, de reno y de yak, si bien la primera es la única de uso universal. // Existen sucedáneos de la leche animal (nutritivas y libres de colesterol), como la leche de soya y la de coco. Véanse Leche de soya y Leche de vaca.

Leche cruda certificada (Ing. *Certified raw milk*) Aquella leche de vaca comercial que no ha sido pasteurizada ni homogeneizada, pero cuya pureza bacteriológica se garantiza. // Se obtiene de vacas sanas, alimentadas de manera especial y libres de antibióticos, hormonas y pesticidas. // Se le considera superior a la leche pasteurizada porque el calor a que es sometida esta última destruye una serie de nutrientes delicados, presentes en la leche cruda. // Otra ventaja es que la leche cruda no es sometida a la homogeneización, proceso que resulta perjudicial para las arterias. // En Estados Unidos y Europa este tipo de leche se obtiene fácilmente. En México sólo está disponible en algunas áreas.

Leche de soya (Ing. *Soy milk*) Líquido alimenticio rico en proteínas y grasa, derivado de las semillas cocidas de la soya, y utilizado como sucedáneo de la leche de vaca. // Es un alimento nutritivo que ofrece nutrientes esenciales sin colesterol. // Contiene proteínas incompletas (6.5 g/250 ml); carbohidratos (9 g/250 ml) y grasas (7.5 g/250 ml). // No abunda en vitaminas ni en minerales; pero es buena fuente de calcio (170 mg/250 ml), de sodio (140 mg/250 ml) y de potasio (245 mg/250 ml).

Leche de tigre (Ing. *Tiger's milk*) Bebida láctea casera muy nutritiva, ideada por la nutrióloga Adelle Davis. // Es un muy buen complemento alimenticio, cuya receta original manda mezclar en la licuadora un litro de leche de vaca, media taza de leche en polvo, media taza de levadura de cerveza en polvo y seis tabletas de dolomita. Se mantiene en refrigeración en tanto se consume. // La idea es consumir la mezcla a lo largo de varias horas o de todo el día, para mantenerse bien nutrido.

Leche de vaca (Ing. *Cow's milk*) Líquido alimenticio rico en proteínas, grasa y calcio, segregado por las glándulas mamarias de la vaca para alimentar a sus crías, y que el ser humano también utiliza como alimento. // El tipo de leche comercial más común es la leche pasteurizada y homogeneizada. También se encuentran variedades parcialmente descremadas (*low fat*), descremadas (*light*), deslactosadas, adicionadas con ácidos grasos omega, evaporadas, condensadas y pulverizadas. // Es un alimento muy nutritivo, ya que contiene la mayoría de los nutrientes esenciales. Sin embargo, las cantidades de cada uno de ellos usualmente no resultan suficientes para satisfacer las necesidades de un ser humano mayor de seis meses. // Fuente de proteínas completas y de alto valor biológico (8 g/250 ml); de carbohidratos (11 g/250 ml) y de grasas (8 g/250 ml). // No abunda en vitaminas: riboflavina (0.4 mg/250 ml) y ácido pantoténico (0.36 mg/250 ml). // En cuanto a los minerales, es una de las mejores fuentes de calcio (290 mg/250 ml), de potasio (370 mg/250 ml) y de fósforo (228 mg/250 ml). Fuente aceptable de sodio (120 mg/250 ml) y de magnesio (33 mg/250 ml). // En la leche entera, el contenido de colesterol no es muy elevado (32 mg/250 ml).

Leche materna (Ing. *Mother's milk*) Es la leche producida por la mujer. // Constituye el mejor alimento para los bebés durante los primeros meses de vida, ya que además de ofreceles los nutrientes indispensables en las proporciones adecuadas, contiene sustancias que la leche de vaca, la de soya o los sucedáneos (leches maternizadas) no pueden proveer (en especial anticuerpos y lactoferrina). Además, constituye el probiótico ideal para las bifidobacterias que van a colonizar el intestino infantil. // Para que la leche materna sea de óptima calidad, es necesario que la madre reciba diariamente todos los nutrientes esenciales, a través de alimentos y de complementos.

Lechuga (Ing. *Lettuce*) Planta herbácea de la familia de las Compuestas (Lactuca sativa), cuyas hojas se consumen en ensaladas y como guarnición. // Es más bien pobre en macronutrientes y fibra dietética, así como en vitaminas y minerales, a excepción del potasio (175 mg/100 g). // Sus fitonutrientes más importantes son: ácido fenólico, ácido p-cumárico, cumarinas, flavonoides, betaína y diversos carotenoides (incluidos los carotenos y la zeaxantina). // En medicina tradicional se le considera estomacal, laxante, hipnótica y refrescante.

Legumbres (Ing. *Legumes*) 1) Cualquier planta que se cultiva en las huertas (hortalizas). 2) Sinónimo de leguminosas (plantas cuyo fruto tiene forma de vaina, como la soya, los frijoles, las lentejas, el garbanzo, etc.). Véase Leguminosas.

Leguminosas (Ing. *Legumes*) Familia botánica a la cual pertenecen diversas plantas comestibles cuyo fruto, en forma de vaina, guarda las semillas. // La mayoría de sus miembros son buena fuente de proteína incompleta, de carbohidratos, fibra dietética, de lípidos, de hierro y de vitaminas del complejo B. Combinando una o más leguminosas con un cereal se pueden confeccionar mezclas proteicas muy nutritivas. // Las leguminosas típicas son la soya, los frijoles, el chícharo, las lentejas, las habas y el garbanzo. En México tenemos también el guaje, la alverja, el mezquite y el guamúchil.

LEM Siglas en inglés de extracto del micelio del lentinan edodes (hongo shiitake). Véase Extracto del micelio de shiitake.

Lentejas (Ing. *Lentils*) Son las semillas de una planta herbácea de la familia de las Leguminosas (Lens esculenta). // A diferencia de los frijoles, las habas y la soya, a cuya misma familia pertenecen las lentejas, no necesitan de remojo previo para abreviar su tiempo de cocción. // Contienen buena cantidad de proteínas incompletas (25 g/100 g) y fibra dietética (3.7 g/100 g). // No abundan en betacaroteno o en vitaminas, excepto la niacina (2 mg/100 g) y el ácido pantoténico (1.5 mg/100 g). // Son muy altas en potasio (790 mg/100 g), hierro (6.8 mg/100 g) y fósforo (260 mg/100 g). // Sus germinados resultan aún más nutritivos.

Lentinano (Ing. *Lentinan*) Fitonutriente (polisacárido) presente en diversas especies de hongos, tanto comestibles como medicinales. Lo contienen los champiñones, pero su mejor fuente es el shiitake. // Es un potente inmunomodulador y estimula específicamente la producción de linfocitos T. // Se le ha utilizado en el tratamiento de diversas formas de cáncer, la hepatitis y el sida. Véanse Champiñones, Extracto del micelio de shiitake y Shiitake.

Leucina (Ing. *Leucine*) Uno de los 20 aminoácidos presentes en los alimentos y que también forman parte de las proteínas corporales. // Es uno de los ocho aminoácidos esenciales para el ser humano. // Químicamente se le considera uno de los aminoácidos ramificados, junto con la isoleucina y la valina. // Usado en su forma purificada, como complemento alimenticio, la leucina aumenta la energía corporal y el rendimiento deportivo. // Al igual que la isoleucina ayuda en la regulación de la glucosa sanguínea, pero se recomienda utilizarlo con cautela, pues en algunas personas sensibles puede ocasionar hipoglucemia pasajera. Véanse Aminoácidos ramificados e Isoleucina.

Leucotrienos (Ing. *Leucotrienes*) Eicosanoides derivados de los lípidos de la membrana celular. Se les considera mediadores en la respuesta inflamatoria e inmune. // Los leucotrienos son producidos predominantemente por células inflamatorias, son ciertos leucocitos. Véanse Eicosanoides y Prostaglandinas.

Leucovorina (Ing. *Leucovorin*) Derivado químico del ácido fólico utilizado para proteger a los pacientes contra los efectos indeseables de las quimioterapias (especialmente cuando se utiliza metrotexate). Véase Ácido fólico.

Leuzea carthamoides (Ing. *Leuzea carthamoides*) Planta herbácea de la familia de las Gramíneas (L. carthamoides), de origen siberiano y también conocida como raíz del maral. // Según las enseñanzas de los chamanes, la leuzea es una planta tónica, rejuvenecedora y afrodisiaca. // Ahora se ha encontrado que es antioxidante, adaptógena e inmunomoduladora. Exhibe una actividad anabólica que ayuda a conservar el músculo a pesar de la edad avanzada. A través de estimular la síntesis de algunas enzimas involucradas en la producción de energía, mejora la eficiencia física y mental. Aumenta la memoria y la concentración, y mejora la calidad del sueño. Estimula la circulación sanguínea periférica y cerebral, e incrementa la resistencia a la falta de oxígeno. Se ha utilizado como parte de la preparación previa a una hospitalización y suele hacer más breves las convalecencias. También resulta útil para mejorar la fertilidad masculina. // Los fisicoculturistas suelen emplear la leuzea para estimular la síntesis proteica y bloquear la pérdida de músculo. También mejora la tolerancia a la glucosa. // Sus principios activos son la ecdisterona y la inocosterona, que imitan la actividad de tipo esteroide de los andrógenos (sin embargo, no dan positivo en las pruebas antidoping). // Su uso es seguro. Empero, no debe utilizarse si existe hipertensión arterial no controlada, males cardiovasculares o cáncer de próstata. Tampoco debe emplearse durante el embarazo, la lactancia o en menores. // La dosis recomendada es de 2-3 cápsulas diarias (del extracto estandarizado, equivalente a 12 mcg de ecdisterona), en 2-3 tomas.

Levadura de cerveza (Ing. *Brewer yeast*) También conocida como levadura nutricional, es una variedad de hongo microscópico (Saccharomyces cereviseae) de rápido crecimiento que concentra grandes cantidades de nutrientes, como proteínas, vitaminas y minerales. // Usualmente se cultiva en una solución de lúpulo. El cultivo húmedo se deshidrata, las células se matan con calor y se expende como complemento nutricional en forma de polvo, tabletas o cápsulas. // No confundir esta levadura con la de panadería, cuyas células están vivas, y una vez en las vías digestivas, en vez de enriquecer la alimentación, la empobrecen. // Es muy rica en proteínas (48 g/100 g) y vitaminas del complejo B: tiamina (16 mg/100 g), riboflavina (6 mg/100 g), niacina (36 mg/100 g), ácido pantoténico (10.3 mg/100 g), piridoxina (6 mg/100 g), ácido fólico (2 100 mcg/100 g), colina 275 mg/100 g) e inositol (350 mg/100 g). // Carece de betacaroteno, vitamina B_{12} (hay algunas variedades fortificadas con este nutriente) y vitaminas C, D, E y K. // Es baja en sodio y muy alta en potasio (1890 mg/100 g), fósforo (985 mg/100 g) y cobre (5 mg/100 g). Tiene algo de hierro (2.7 mg/100 g) y magnesio (230 mg/100 g). // Asimismo, es fuente natural de nutrientes accesorios como el PABA, el ácido lipoico, el ácido orótico y la coenzima Q_{10}. // Por su riqueza en nutrientes es uno de los complementos alimenticios más recomendables, al que sólo habría que agregar una fuente de calcio (como las leches de vaca o de soya) para balancearlo. // Al igual que el hígado, la levadura de cerveza es muy abundante en ácidos nucleicos, cuyo desecho metabólico es el ácido úrico. Quienes padecen de niveles elevados de este ácido o de gota deberían evitarla. // Las personas que padecen alguna forma de candidiasis podrían ser alérgicas a la levadura de cerveza, y también deben evitarla. Tampoco resulta recomendable si se padece osteopenia u osteoporosis. // Las dosis recomendadas son: 1-3 cucharadas diarias de levadura de cerveza en polvo, disueltas en líquidos como jugos, leche o licuados. O bien, 6-18 tabletas (o cápsulas) diarias, repartidas en tres tomas, con los alimentos.

Levadura de tórula (Ing. *Torula yeast*) Variedad de levadura de cerveza que se hace crecer en melaza de caña o en pulpa de madera. Se utiliza como complemento alimenticio.

Levadura roja (Ing. *Red yeast*) Véase Colestina.

Liberadores de la HGH (Ing. *HGH secretagoges*) Sustancias (generalmente aminoácidos o sus derivados) que estimulan la producción de la hormona del crecimiento humano por parte de la glándula pituitaria. // Ejemplos de estos liberadores son la arginina, la glutamina, la ornitina, el gamma oryzanol, el ácido gamma hidroxibutírico, el alfa-GPC y la L-dopa (dihidroxifenilalanina). // Ninguno de estos agentes debe usarse en pacientes con esquizofrenia. Véanse Frijol de terciopelo y Habas.

Licium (Ing. *Lycium*) Véase Cambronera.

Licopeno (Ing. *Lycopene*) Carotenoide de color rojo intenso presente en el jitomate, la sandía, los pimientos rojos, la guayaba rosada, la toronja rosada y los chabacanos. // De estructura química similar a la del betacaroteno, exhibe, al igual que éste, propiedades antioxidantes que benefician al organismo, sobre todo en la prevención del cáncer. // En el cáncer de próstata, confiere una protección máxima (el riesgo de padecerlo disminuye entre 21% y 35% en quienes lo consumen habitualmente). También muestra protección contra otros cánceres, como el gastrointestinal, el de páncreas, el pulmonar, el colorrectal y el cervicouterino. // Se le considera inofensivo, y la dosis recomendada es de 6-10 mg diarios, aunque se han llegado a utilizar hasta 20 mg diarios sin problemas.

Lignanos (Ing. *Lignanes*) 1) Compuestos polifenólicos de origen vegetal y de alto peso molecular que forman parte de la fibra dietética insoluble. 2) Fitonutrientes antivirales, antibióticos y antimicóticos que bloquean los producción de prostaglandinas proinflamatorias. Son inmunomoduladores y ayudan a normalizar el funcionamiento del sistema inmunológico. // Además se comportan como fitoestrógenos e inhiben la sobreproducción de estrógenos que favorecen el cáncer. // Sus mejores fuentes son los salvados de cereales (trigo, avena, etc.), la linaza, las nueces y las almendras.

Ligninas (Ing. *Lignines*) 1) Compuestos polifenólicos de origen vegetal, de peso molecular medio, que forman parte de la fibra dietética insoluble. 2) Fitonutrientes que presentan una actividad estrogénica débil (simulan la acción de las hormonas sexuales femeninas). Por esto último se les incluye dentro de los llamados fitoestrógenos. // Curiosamente, las ligninas muestran tanto un efecto estrogénico como antiestrogénico. Es decir, pueden también ayudar a regular la actividad de estrógenos potencialmente carcinógenos de manera semejante a como lo hace el tamoxifeno (un fármaco anticanceroso). // Evitan la absorción intestinal de los ácidos biliares y del colesterol, y con ello ayudan a regular el colesterol sérico y a prevenir la formación de cálculos biliares. // Sus fuentes alimenticias más comunes son los granos y las semillas integrales, las nueces del brasil y el salvado de trigo. La fuente más potente (hasta 100 veces más que otras) es la semilla de linaza. // Ejemplo de ligninas comunes son: enterodiol, enterolactona, matairesinol, secoisolarisiresinol. La mayoría de ellos exhiben un efecto estrogénico < 0.01% del estradiol. // Las ligninas muestran asimismo actividades antibiótica, antiviral, antimicótica y anticancerosa (inhiben el crecimiento de las células malignas).

Ligústico (Ing. *Ligusticum*) Planta herbácea de la familia de las Umbelíferas (Ligusticum wallichii), de origen chino. // Desde hace siglos se le ha utilizado para tratar anemia, hipertensión y desarreglos menstruales, pero modernamente se le ha identificado como un valioso inmunomodulador. Puede mejorar la irrigación cerebral y prevenir apoplejías (resulta más eficaz que las aspirinas). // Se emplea sobre todo para pacientes de sida o sometidos a quimioterapia. // No es recomendable durante el embarazo y la lactancia. La dosis usual es de 3000-6000 mg diarios de polvo de la raíz, en 3-6 tomas.

Limas (Ing. *Limes*) Son el fruto de un árbol de la familia de las Rutáceas (Citrus auriantifolia), muy apreciadas por su sabor. // Al igual que los limones, son pobres en macronutrientes, fibra dietética, vitaminas y minerales, con excepción de la vitamina C (45 mg/100 g) y el potasio

(130 mg/100 g). // Esto lo compensa ampliamente con sus fitonutrientes: apigenina, hesperidina, criptoxantina, limoneno, limonoides, miricetina, quercetina, rutina y flavonoides.

Límite superior de consumo (Ing. *Upper consumption limit*) Es el nivel máximo de consumo diario de un nutriente que está libre de efectos adversos. Se le abrevia LS. // No todos los nutrientes disponen de un LS. Hasta ahora los tienen el calcio, el fósforo, el magnesio, el flúor, el selenio, la vitamina E, la vitamina D, la niacina, el ácido fólico, la colina, la vitamina B_6 y la vitamina C.

Limones (Ing. *Lemons*) Son el fruto de un árbol de la familia de las Rutáceas (Citrus limonum). // Son bajos en macronutrientes, fibra dietética, betacaroteno, vitaminas y minerales, con excepción de la vitamina C (50 mg/100 g) y el potasio (140 mg/100 g). // Al igual que las limas, los limones compensan su pobreza nutricional con sus fitonutrientes: limoneno, hesperidina, rutina, terpenos, monoterpenos, triterpenos, limonoides, flavonoides, inhibidores de las nitrosaminas y pectinas. // En medicina tradicional se utilizan como sudoríficos, depurativos, refrescantes, febrífugos y astringentes.

Linaza (Ing. *Flaxseed* o *Linseed*) Es la semilla del lino, una planta herbácea de la familia de las Lináceas (Linum usitatissimum). // Normalmente no se utiliza como alimento, si bien a veces se le incluye en las recetas de panes y galletas. // Es fuente de un aceite muy rico en ácido linoleico y por lo tanto puede utilizarse como complemento alimenticio. // Este aceite o las semillas molidas resultan muy eficaces para normalizar el colesterol elevado (reduce el colesterol malo y eleva el bueno). // Preparada en cocimiento, obra como un laxante suave que puede utilizarse incluso con niños. // Sus principios activos son una serie de glucósidos cianogenéticos, entre ellos la linamarina y la linustatina. Contiene además fitonutrientes con actividad estrogénica, como son las isoflavonas y las ligninas. Por esta razón se le suele utilizar en el tratamiento de los trastornos de la menopausia. // En medicina tradicional se le considera digestiva, laxante, demulcente, sedante, hipoglucemiante y antiinflamatoria. // Las semillas molidas de linaza deben ingerirse con suficiente líquido, y deben evitarla quienes tengan dificultades para deglutir. // La dosis usual es de 1-3 cucharaditas de la harina de linaza al día, disueltas en algún líquido y repartidas con los tres alimentos. Véanse Aceite de linaza, Isoflavonas, Ligninas y Fitoestrógenos.

Lípidos (Ing. *Lipids*) Nombre genérico de una serie de compuestos orgánicos muy diversos, poco solubles en agua, untuosos al tacto y muy solubles en solventes orgánicos (como la acetona). // Dentro de este grupo se hallan los aceites, las grasas, los ácidos grasos, los triglicéridos, los esteroles (como el colesterol), los carotenoides (como el betacaroteno), los tocoferoles (como la vitamina E y los tocotrienoles) y las quinonas (como la vitamina K). // Cumplen con funciones muy importantes en el organismo, como servir de fuente de energía (9 calorías por gramo), formar parte de las membranas celulares, ser precursores de hormonas locales (eicosanoides), cooperar con el transporte, almacenamiento y función de las vitaminas liposolubles, e inclusive como aislante térmico en el cuerpo. // El consenso actual sobre la cantidad de lípidos más recomendable en la dieta es que abarquen un máximo de 20-25% del total de las calorías ingeridas diariamente. // Las mejores fuentes de lípidos son los aceites vegetales, las semillas oleaginosas, la mantequilla, la margarina, la manteca de puerco, las carnes grasosas, el chicharrón, las carnes frías, los embutidos y la comida rápida (*fast food*).

Lipotrópicos (Ing. *Lipotropics*) Grupo de sustancias que participan activamente en el metabolismo de las grasas, ayudando a movilizarlas e impedir su acumulación en el hígado y las arterias. // La mayoría son nutrientes esenciales: lecitina de soya, colina, inositol, carnitina, piridoxina, metionina y cromo. // Se les ha utilizado en la prevención y el tratamiento de la obesidad, la arterioesclerosis, el colesterol elevado, la angina de pecho y el hígado graso.

Lisina (Ing. *Lysine*) Uno de los 20 aminoácidos presentes en los alimentos que forman parte de las proteínas corporales y uno de los ocho aminoácidos esenciales. // Mantiene el equilibrio del nitrógeno en los adultos y ayuda al desarrollo normal de los niños. Colabora en la producción corporal de anticuerpos, enzimas y hormonas proteicas. // Usado como complemento alimenticio, estimula el sistema inmunológico e incrementa la absorción del calcio (auxiliar en el tratamiento de la osteoporosis). Muy útil para tratar la angina de pecho (es más eficaz que la nitroglicerina). En los diabéticos ayuda a prevenir complicaciones oculares. // Se le ha utilizado en el tratamiento de la hipertensión, los triglicéridos elevados y las enfermedades virales, particularmente de diversas formas del herpes. // Es un antagonista de la familia del herpes, por lo cual se le utiliza en el tratamiento de los fuegos labiales, el herpes zoster (zona) y el herpes genital. // Las dosis recomendadas son: contra la osteoporosis, 500 mg diarios, en una sola toma y con el estómago vacío; contra el herpes, 500-1000 mg diarios, en 1-3 tomas (entre comidas). // Para asegurarse de obtener los beneficios buscados, los complementos de lisina deben ingerirse con agua, teniendo el estómago vacío y no ingiriendo ningún alimento en la hora previa y la posterior a la toma. // El exceso de lisina pura, consumido durante cierto tiempo, puede elevar el colesterol total. Véase Arginina.

Litio (Ing. *Litium*) Mineral no esencial para la salud, de número atómico 3. // Existe evidencia de que niveles bajos de litio en el organismo se vinculan a la depresión; pero no existe confirmación de ello. // En megadosis (alrededor de 1000 mg diarios), este mineral se utiliza en el tratamiento de la psicosis maniaco-depresiva. Aparte de este tipo de terapia, el litio no tiene ningún otro uso conocido en el cuerpo. // La dieta promedio aporta unos 2 mg diarios de litio.

Lomatium (Ing. *Lomatium*) Planta herbácea semidesértica originaria de Norteamérica (Lomatium disectum), también conocida como perejil del desierto o toza. // En medicina tradicional se le utiliza para tratar gripes, resfriados, bronquitis y tuberculosis. // Actualmente se sabe que es antibacteriana, antiviral e inmunomoduladora (favorece la fagocitosis). // La dosis recomendada es de 20-40 gotas diarias de la tintura o 2-6 tazas al día del té (una cucharada de la hierba seca para una taza de agua hirviendo). // No debe utilizarse durante el embarazo. Descontinúese su uso de inmediato si aparece una erupción cutánea.

LS Siglas de límite superior de consumo.

Lúpulo (Ing. *Hops*) Planta herbácea de la familia de las Cannabáceas (Humulus lupulus). // Aunque es pariente cercana de la mariguana, no contiene los alcaloides típicos de esta última. Tradicionalmente se ha utilizado en la fabricación de la cerveza, y al lúpulo se deben el color amarillo y el sabor amargo que la caracterizan. // Es un excelente sedante nervioso y con frecuencia se asocia con la valeriana en productos herbolarios para conciliar el sueño. // Sus principios activos son la humulona, la lupulina y la lupulona. Contiene también taninos, flavonoides y fitoestrógenos. // En medicina tradicional se le considera sedante, somnífero, antiespasmódico y analgésico. // Aunque su uso es bastante seguro, no se recomienda utilizarlo durante el embarazo, la lactancia o en menores de 10 años. Tampoco debe sobrepasarse la dosis o utilizarse durante periodos prolongados. // La dosis usual del extracto estandarizado es de 1-2 cápsulas diarias de 60 mg (una hora antes de irse a dormir, si es que se usa como somnífero).

Luteína (Ing. *Lutein*) Carotenoide de color amarillo presente en las espinacas, las acelgas, la lechuga, el brócoli, la col, las colecitas de bruselas, los pimientos, los chícharos y las flores de calabaza. // Al igual que otros carotenoides, es un poderoso antioxidante que provee protección a los diversos componentes celulares. En este caso, la protección es máxima para la retina y el cristalino del ojo, en los cuales parece actuar como un filtro antisolar. // Puesto que las personas que ingieren mayor cantidad de luteína ven disminuir su riesgo de enfermar de males de la retina hasta en 43%, actualmente se recomienda su uso como complemento para ayudar a prevenir cataratas y degeneración macular. // Su uso es muy seguro, y se le considera inofensiva. La dosis recomendada es de 6 mg diariamente. Se han

llegado a utilizar hasta 20 mg diarios sin problemas.

Lycium (Ing. *Lycium*) Véase Cambronera.

M

Maca (Ing. *Maca*) Planta de la familia de las Crucíferas (Lepidium meyenii) de origen sudamericano. // De uso muy antiguo en el altiplano andino, goza de una reputación legendaria como afrodisiaco. // Muy nutritiva, además exhibe propiedades adaptogénicas, aumenta la energía y mejora el rendimiento sexual. En pruebas clínicas ha mostrado mejorar la circulación en el nivel genital, dilatar los vasos sanguíneos y aumentar la fertilidad tanto en hombres como mujeres. // La dosis recomendada del tubérculo molido es de 250-1000 mg diarios, en 1-3 tomas. Se han utilizado hasta 3000 mg diarios sin problemas. Véase Adaptógenos.

Macarrones (Ing. *Macaroni*) Pasta alimenticia elaborada a base de harina de trigo y a menudo enriquecida con huevo. // Como casi siempre se le produce con harina refinada, su contenido de

macronutrientes es bajo, a excepción de los carbohidratos (23 g/100 g). Lo mismo es válido para la fibra dietética, las vitaminas y los minerales. A menos que la harina con la que se prepararon los macarrones haya sido enriquecida: niacina (1.3 mg/100 g) y hierro (1 mg/100 g).

Macronutrientes (Ing. *Macronutrients*) Aquellos nutrientes que nos resultan necesarios en cantidades que se miden en gramos: proteínas, carbohidratos y grasas. // Generalmente los macronutrientes cumplen con funciones estructurales o de producción de energía.

Magma verde Véase *Green magma*.

Magnesio (Ing. *Magnesium*) Mineral esencial para la salud, de número atómico 12. // Cerca de 70% del magnesio del cuerpo se halla depositado en huesos y dientes, y 30% (unos 7.5 g)

Magnesio

Las mejores fuentes

Dolomita	13 000 mg
Kelp	740 mg
Salvado de trigo	590 mg
Semillas de calabaza	350 mg
Germen de trigo	325 mg
Almendras	270 mg
Levadura de cerveza	240 mg
Soya	240 mg
Nueces de brasil	240 mg
Harina de huesos	170 mg
Pistaches	160 mg
Harina integral de trigo	155 mg
Nueces de castilla	140 mg
Avena	140 mg

X 100 g

restante se halla diseminado en los fluidos y los tejidos blandos. // El magnesio no sólo es importante por impartir dureza y tenacidad a huesos y dientes. Junto con el calcio resulta imprescindible para mantener la actividad nerviosa y muscular; ayuda a regular el balance ácido-alcalino del organismo y es necesario para la conversión de glucosa (el principal combustible celular) en energía. // Es el cofactor de más de 300 enzimas. Resulta imprescindible también para mantener la integridad de los ácidos nucleicos, en la síntesis de aminoácidos, en la utilización de vitaminas B y en el funcionamiento cerebral. // Contribuye asimismo a la absorción y el metabolismo del calcio, el fósforo, el sodio y el potasio. // El magnesio se dosifica en miligramos, y su requerimiento mínimo diario es de 400 mg para los adultos, y la mitad o menos para los

niños. // La necesidad de magnesio aumenta cuando es alto el consumo de proteínas, calcio, fósforo o vitamina D. Además, los efectos de una carencia de magnesio son más serios si el consumo de calcio aumenta. // La carencia de magnesio produce síntomas como calambres, temblores musculares, tics, confusión, fatiga crónica y susceptibilidad a los ruidos (producen sobresaltos). La falta de este mineral se ha ligado a la osteoporosis, los padecimientos cardiovasculares, los cálculos renales, el depósito anormal de calcio en tejidos blandos, propensión a las caries y la caída espontánea de piezas dentales (sin patología aparente). // El magnesio se ha utilizado en el tratamiento de los calambres, la hipertensión, las arritmias, la fibromialgia, la ansiedad y para mejorar el pronóstico tras una derivación coronaria o una angioplastia. // Evítese consumir de manera simultánea complementos de magnesio y vitamina D sintética, pues esta última bloquea su absorción. La vitamina D natural, en cambio, no interfiere. // Su uso es bastante seguro, y la dosis usual es de 400 mg diarios, de preferencia repartidos en dos tomas e ingeridas con alimentos.

Ma huang Nombre chino de la Efedra.

Maicena (Ing. *Maicena*) Véase Harina de maíz.

Maitake (Ing. *Maitake mushroom*) Hongo comestible y medicinal (Grifola frondosa) originario de Oriente y de gran tamaño (hasta 45 kg). // En Japón se le utiliza desde tiempos inmemoriales, y tiene una reputación de tónico y adaptógeno. // Es un inmunomodulador muy eficaz, quizá el más potente de los hongos medicinales de Oriente (maitake, shiitake, reishi, enoki y coriolus). // Su principio activo más importante es el beta-D-glucano. // Se le emplea en el tratamiento de la hipertensión, la diabetes, el cáncer, el sida, el colesterol elevado y cuando se desea estimular el sistema inmunológico (aumenta el número y la actividad de los linfocitos T). Combinando extracto de maitake con la quimioterapia común, se obtienen grandes resultados contra el cáncer. // Contiene sustancias específicas que combaten a la Candida albicans (un hongo microscópico patógeno) y su extracto se ha revelado particularmente eficaz contra las infecciones vaginales crónicas. // La dosis usual es de 1-3 g diarios del hongo seco (o 100-300 mg diarios del extracto) a lo largo de varios meses. En casos rebeldes, puede elevarse la dosis a 7 g diarios. Su uso se considera seguro, pero se recomienda precaución durante el embarazo y la lactancia. En personas sensibles, el maitake puede ocasionar flatulencia (por su contenido de mannitol).

Malato de citrulina (Ing. *Citrulin malate*) Derivado químico de la citrulina, un compuesto orgánico que participa dentro del organismo en el ciclo bio-químico de la urea. La combinación de ácido málico y citrulina estimula la producción de NADH y de óxido nítrico. // Por esta razón se le utiliza en forma de complemento para aumentar la energía, combatir la fatiga y recuperar los depósitos de ATP muscular (con aumentos de hasta 34%). También resulta útil contra la fibromialgia (síndrome de fatiga crónica). // Se le considera inofensivo, y la dosis recomendada es de 6 g diarios, divididos en dos tomas, con el estómago vacío. Se han llegado a utilizar hasta 12-18 g diarios sin problemas. No se ha establecido su inocuidad en el embarazo y la lactancia.

Malnutrición Estado deficitario de uno o más nutrientes, cuyas carencias no resultan tan serias como para producir enfermedades carenciales, pero sí para influir en el bienestar o grado de salud. // Suele deberse a una mala selección de los alimentos y bebidas que se ingieren, lo que desemboca en el consumo excesivo de algunos nutrientes (generalmente carbohidratos simples y grasas) e insuficiente de otros (generalmente vitaminas y minerales). // El tipo de alimentación irregular de las grandes ciudades, la renuencia infantil a consumir ciertos alimentos, las dietas de reducción de peso, el consumo de frituras y refrescos, y trastornos alimentarios (como la bulimia) son algunos de los detonantes de la malnutrición. Véase Desnutrición.

Maltodextrina (Ing. *Maltodextrin*) Carbohidrato complejo que se extrae del almidón (de maíz o de papa) y que es un ingrediente común de alimentos y de algunos complementos alimenticios. // Químicamente, es un polímero de glucosa y se desdobla en esta última durante su digestión. Aunque se trata de un carbohidrato complejo, es soluble en agua y tiene sabor agradable. // Para atletas y deportistas es una buena fuente de energía, con un índice glicémico medio que no descompensa la glucosa sanguínea. Véase Oligodextrinas.

Maltosa (Ing. *Maltose*) Carbohidrato (disacárido) presente en la malta. También se le conoce como azúcar de malta. // No existe como tal en la naturaleza y se produce durante la conversión de cebada en malta. // A través de la digestión, el organismo la desdobla en glucosa. Al igual que otros carbohidratos, produce 4 calorías por gramo.

Mamey (Ing. *Mamey*) Es el fruto de un árbol de la familia de las Gutíferas (Mammea americana), originario de México. // Aporta regular cantidad de fibra dietética (1.6 g/100 g), y es más bien bajo en macronutrientes y vitaminas, a excepción de la niacina (1.7 mg/100 g), el ácido pantoténico (0.6 mg/100 g) y la vitamina C (25 mg/100 g). De los minerales, sólo abunda el potasio (265 mg/100 g). // A cambio de esto, aporta importantes fitonutrientes: alfa, beta y gamma carotenos, astaxantina, cantaxantina, zeaxantina, bixina, norbixina, antocianósidos, flavonoides, inhibidores de las nitrosaminas y glutatión. // En medicina tradicional tiene aplicaciones como tónico cardiaco, cicatrizante y el aceite de la semilla es estimulante del crecimiento del cabello y las pestañas.

Mandarina (Ing. *Mandarin*) Es el fruto de un árbol de la familia de las Rutáceas (Citrus reticulata). // No abunda en macronutrientes, fibra dietética o en betacaroteno. Pero contiene un poco de vitaminas B y vitamina C (30 mg/100 g). // Su mineral más abundante es el potasio (125 mg/100 g). Contiene los siguientes fitonutrientes: ácido fenólico, flavonoides, carotenoides, inhibidores de las nitrosaminas, terpenos, monoterpenos, triterpenos, limonoides, limoneno, hesperidina, tangerinina y tangeritina.

Manganeso (Ing. *Manganese*) Mineral esencial para la salud, de número atómico 25. // Aunque presente en todos los tejidos, el manganeso se halla en cantidades muy pequeñas en el organismo (16 mg). // Se dosifica en miligramos, y aunque no se le ha establecido un requerimiento mínimo diario, se estima que 5 mg diarios son suficientes para los adultos y 1-2 mg para los niños. // El manganeso es necesario para el metabolismo de las proteínas, las grasas, los carbohidratos y el colesterol. Activa a un buen número de enzimas y

Manganeso

Las mejores fuentes

Kelp	120.0 mg
Trigo sarraceno	5.0 mg
Arroz integral	5.0 mg
Avena	4.9 mg
Avellanas	4.2 mg
Trigo	3.6 mg
Nueces de castilla	3.5 mg
Nueces de brasil	2.8 mg
Semillas de girasol	2.5 mg
Berros	2.0 mg
Papas	2.0 mg
Chícharos	2.0 mg
Frijoles negros	2.0 mg
Almendras	1.9 mg

X 100 g

ayuda a la utilización de la tiamina, la biotina y la vitamina C. Es muy importante para la formación de la sangre y en la producción de las hormonas sexuales. Asegura el buen funcionamiento del sistema nervioso y el cerebro, un nivel estable de glucosa y resulta indispensable para tener huesos sanos y fuertes. // La carencia de manganeso afecta sobre todo al metabolismo de los carbohidratos, lo cual se refleja en una menor tolerancia a la glucosa. Deficiencias más pronunciadas suelen producir falta de coordinación muscular —y aun parálisis—, inflamación de las articulaciones, convulsiones, mareos y tinnitus (zumbidos persistentes en los oídos). // Un complemento nutricional de manganeso ha resultado útil en el tratamiento de la diabetes y la hipoglucemia. En combinación con el complejo B mejora la coordinación muscular y ayuda en

el tratamiento de la esclerosis múltiple y la miastenia graves. También se dice que aumenta la producción de leche en las mujeres que amamantan. // En dosis muy elevadas (como a las que están expuestos los trabajadores de ciertas metalúrgicas e industrias químicas), el manganeso resulta tóxico. Asimismo, el abuso prolongado del manganeso en forma de complementos puede ocasionar hipertensión y trastornos neurológicos.

Mango (Ing. *Mango*) Es el fruto de un árbol de la familia de las Anacardiáceas (Mangifera indica). // No es rico en macronutrientes, pero sí en betacaroteno (4 900 UI/100 g) y vitamina C (35 mg/100 g). Ofrece regular cantidad de fibra dietética (0.9 g/100 g) y de niacina (1 mg/100 g). // Es pobre en casi todos los minerales, excepto el potasio (190 mg/100 g). Sus fitonutrientes más importantes son: ácido fenólico, ácido elágico, ácido p-cumárico, antocianósidos, cumarinas, catequinas, flavonoides y carotenoides.

Mangostán (Ing. *Mangosteen*) Es el fruto del árbol del mismo nombre (Garcinia mangostan), que pertenece a la familia de las Gutíferas. Es originario del sudeste asiático, en donde se le conoce como "la reina de las frutas". También se le cultiva en el Caribe. // En las medicinas tradicionales de China e India se utiliza su pulpa y cáscara como antidiarreico, antiséptico y antiparasitario. Actualmente se le considera también antioxidante, inmunomodulador, antibiótico, antiviral, antimicótico, antiedematoso y antiinflamatorio (inhibe a la enzima COX 2). // Tiene varias docenas de principios activos, entre ellos los polifenoles, las catequinas y las xantonas. De estas últimas, las más estudiadas son las mangostinas (alfa, beta y gamma) y las garcinonas (A, B, C, D y E). También se conocen la BR xantona, la BR xantona A, la isomangostina, la 1-isomangostina, la 3-isomangostina, el hidrato de 3-isomangostina, la gartanina y el mangostanol. // El extracto de mangostán se ha utilizado en el tratamiento del sida y de cánceres de pulmón, hígado y estómago. // Aunque se dice que su jugo es efectivo contra numerosos padecimientos, vale la pena ser cautos. Las investigaciones apenas empiezan y aún no se ha confirmado todo lo que se dice de él. // Su uso es seguro, si bien no se ha establecido su inocuidad durante la gestación y la lactancia. // La dosis usual es de 500 ml diarios de su extracto estandarizado.

Maní (Ing. *Peanut*) Otro nombre para los cacahuates.

Manteca vegetal (Ing. *Vegetal lard*) Nombre genérico que se da en la industria alimentaria a diversas grasas hidrogenadas. // Se le ideó como un sucedáneo de la manteca de puerco, para ofrecer al consumidor un producto casi idéntico, pero sin colesterol. // Lamentablemente, la presencia de ácidos gra-

sos trans en las grasas hidrogenadas nulifica tal ventaja. Estas últimas no son recomendables para su consumo. Véanse Ácidos grasos trans y Grasas hidrogenadas.

Manzana (Ing. *Apple*) Es el fruto de un árbol de la familia de las Rosáceas (Pyrus malus). // Existen unas 2 000 variedades de manzanas y todas gozan de un bien ganado prestigio como frutos saludables. // Contiene algo de carbohidratos (14.5 g/100 g), es escasa en betacaroteno y sólo aporta un poco de fibra dietética (1 g/100 g), especialmente pectina. // También es baja en vitaminas y minerales; el más importante es el potasio (110 mg/100 g). // Aporta los siguientes fitonutrientes: ácido málico, ácido fenólico, ácido clorogénico, quercetina, flavonoides, cumarinas, lignanos, pectinas, antocianósidos y taninos. // En medicina tradicional se le considera antianémica, antidiarreica y antiasmática.

Manzanilla (Ing. *Wild chamomile*) Es una planta herbácea de la familia de las Compuestas (Matricaria chamomilla). // Es quizá la planta más popular para preparar infusiones y tisanas. Resulta útil tanto para mejorar la digestión como para tratar diarreas ligeras y flatulencias. En Europa también se le utiliza para preparar vinos y se dice que su infusión tiñe el cabello de rubio. Su aceite esencial es útil para tratar golpes y lesiones musculares. // Entre sus principios activos se cuentan el camazuleno, la matricina, la matricarina, la umbeliferona y el apigenol. // En medicina tradicional se le considera digestiva, antiséptica, antiespasmódica, sedante, colerética, carminativa y emenagoga. // Aunque normalmente inofensiva, no es recomendable su uso regular durante el embarazo y la lactancia.

Manzanilla romana (Ing. *Chamomile*) Es una planta herbácea de la familia de las Compuestas (Anthemis nobilis). // Exhibe propiedades muy semejantes a las de la manzanilla común, y se les usa indistintamente. Tiene mayor aplicación en cólicos, problemas biliares, expulsión de parásitos y dolores de cabeza. // Sus principios activos son el camazuleno, la nobilina, la isonobilina y el apigenol. // En medicina tradicional se le considera digestiva, carminativa, antihelmíntica, colagoga, emenagoga, antiséptica y antialérgica. // No se utilice durante el embarazo y la lactancia.

Mascabado (Ing. *Raw sugar*) También conocido como azúcar morena, es la melaza cristalizada y pulverizada, es decir, el azúcar de mesa antes de ser refinada. Véase Melaza de caña.

Mate (Ing. *Mate*) Planta de origen sudamericano de la familia de las Aquifoliáceas (Ilex paraguarensis St. Hil), también conocida como yerba mate, té mate o té del paraguay. // Con el mismo nombre se conoce a la infusión que se prepara con sus hojas y que es de consumo masivo en Argentina y Uruguay. // Sus principios activos son la cafeína, la teobromina, las catequinas (que actúan como antioxidantes), y el mucílago, que mejora la digestión y aumenta la sensación de saciedad. // Sus principales fitonutrientes son las ya mencionadas catequinas, el ácido clorogénico, los taninos y los polifenoles. // En medicina tradicional se le considera estimulante, diurético y analgésico leve.

Matricaria (Ing. *Feverfew*) Planta herbácea de la familia de las Compuestas (Tanacetum parthenium). // De la misma familia que la manzanilla y muy similar a ésta, la matricaria comparte varias de sus propiedades. Como no es fácil conseguir la planta intacta, generalmente se utilizan sus extractos. // Generalmente se le usa en el tratamiento de las migrañas (en la prevención de las cefaleas, no en su alivio una vez iniciadas). Aunque efectiva, puede tardar por lo menos seis semanas para comenzar a hacer efecto. Por fortuna, éste es acumulativo y poco a poco las jaquecas se van haciendo menos frecuentes e intensas. // En medicina tradicional se le considera analgésica, sedante, emenagoga, antiespasmódica y carminativa. // Sus principios activos son el partenólido, el alfapineno y el borneol. // Su uso es seguro, salvo durante la gestación y la lactancia. La dosis recomendada es de 250-500 mg diarios del extracto (estandarizado a 0.2% de partenólidos), en 2-3 tomas, con los alimentos.

Mcg Abreviatura de microgramo.

MCT Siglas en inglés de Triglicéridos de cadena media.

Mejillón de labio verde (Ing. *Greenlipped mussel*) Animal marino perteneciente a la familia de los Moluscos (Perna canaliculus) y originario de Nueva Zelanda. // Su uso medicinal se remonta a tiempos inmemoriales, y por su contenido de sustancias antiinflamatorias, se recomienda para el tratamiento de la artritis reumatoide y la artrosis. Alivia el dolor, la rigidez y la inflamación. Empero, también es eficaz para mejorar el funcionamiento del sistema cardiovascular, inmunológico, linfático y endocrino. Ayuda al mantenimiento del tejido conectivo y las membranas mucosas. // Su uso es seguro, y la dosis recomendada es 1050 mg diarios, divididos en tres tomas. Al cabo de dos meses, se puede reducir la dosis a dos cápsulas diarias (de 350 mg cada una).

Mejorana (Ing. *Marjoram* o *Sweet marjoram*) Es una planta herbácea de la familia de las Labiadas (Origanum majorana). Se utiliza tanto para remedio como en la cocina. Ayuda a mejorar la digestión, alivia los cólicos y combate la flatulencia. Su aceite esencial se usa para aliviar golpes, lesiones musculares y el dolor de la artritis. // Ese aceite es rico en principios activos como el origanol, el timol, el carvacrol y el terpinol. También contiene fitonutrientes

como el ácido fenólico, el ácido rosmarínico y el quercetol. // Se le considera sedante, digestiva, carminativa, antiespasmódica, antiséptica y analgésica (en dolores de muelas, reumatismo y jaquecas) // Evítese el uso del aceite esencial en el embarazo, la lactancia y la infancia. Tampoco se utilice este aceite o la planta por periodos prolongados.

Melatonina (Ing. *Melatonin*) Es la hormona secretada por la glándula pineal (o epífisis), la cual actúa como un sincronizador de los ritmos circadianos (ciclos sueño-vigilia) del organismo. De paso, actúa como un somnífero natural. // También es un poderoso antioxidante (quizá uno de los más potentes); en esta labor actúa en sinergia con el glutatión. Es capaz de proteger cualquier célula del organismo, incluido su material genético. // Por todo ello ha ganado popularidad su uso como complemento alimenticio, ya que se dice que previene el envejecimiento prematuro y un cierto número de males crónico degenerativos (entre ellos las cataratas, los males cardiacos y de Alzheimer y Parkinson). Aunque la evidencia que sustenta buena parte de lo que se dice de la melatonina se obtuvo con animales de experimentación, se han venido acumulando pruebas de que también beneficia al ser humano. // Sus usos reconocidos de manera unánime son como sedante, somnífero y para superar el desfase horario (*jet-lag*). También se ha encontrado que mejora la calidad del sueño. Es probable que también ayude en el tratamiento del glaucoma y para ayudar a prevenir el cáncer de mama (las deficiencias de melatonina pueden favorecer este mal hasta en 60%). // Durante la juventud, el organismo produce diariamente un tercio de miligramo, pero esta cantidad va decreciendo con el paso del tiempo y llega a ser mínima durante la tercera edad (y otros factores más también disminuyen su producción). // Existe evidencia de que la deficiencia prolongada de melatonina podrían favorecer un debilitamiento del sistema inmunológico, enfermedades del sistema nervioso, algunos cánceres y envejecimiento prematuro. // Las dosis recomendadas son de 0.5-1 mg diario (1-2 horas antes de irse a dormir), y se sugiere evitar dosis elevadas (de más de 3 mg diarios). Es mejor recurrir a la forma sintética (la natural podría estar contaminada) y de liberación prolongada. // En su uso esporádico, la melatonina es atóxica. Empero, no se conocen sus efectos acumulativos (en especial en pacientes con males autoinmunes), por lo cual se recomienda cautela en su uso prolongado. // No debe emplearse durante el embarazo, la lactancia o en mujeres que buscan embarazarse (tiende a disminuir la fertilidad femenina). Tampoco debe usarse en menores de 40 años. Asimismo, deben evitarla quienes padezcan un cáncer activo (especialmente leucemia o linfoma), alergias, depresión, esquizofrenia, enfermedades autoinmunes o estén ba-

jo tratamiento medicamentoso fuerte (como la quimioterapia). // Si se combina con sedantes medicamentosos, puede ocasionar somnolencia. Exhibe un efecto antidepresivo, pero en algunas personas podría empeorar una depresión ya existente.

Melaza de caña (Ing. *Sugar molasses*) Nombre que recibe el concentrado de jugo de caña que queda una vez procesado para producir azúcar. // Es un producto semilíquido, oscuro, viscoso y muy dulce. No se emplea como edulcorante, sino para producir ron, jarabes, alcohol de caña y vinagre. // Entre los naturistas suele utilizarse en vez del azúcar refinada, pero no es nada fácil obtenerla. Como es muy rica en minerales, también se utiliza como complemento alimenticio. // No aporta macronutrientes, a excepción de los carbohidratos (86 g/100 g). Tampoco contiene fibra dietética o betacaroteno; sólo una pizca de vitaminas B: tiamina (0.11 mg/100 g), riboflavina (0.19 mg/100 g) y niacina (0.2 mg/100 g). // En cambio, resulta una fuente excelente de minerales como el potasio (2 927 mg/100 g), el calcio (684 mg/100 g) y el hierro (16 mg/100 g). Ofrece un poco de cobre (1.4 mg/100 g) y de sodio (96 mg/100 g).

Melocotón (*Ing. Apricot*) Otro nombre para el durazno.

Melón (Ing. *Melon*) Es el fruto de una planta herbácea de la familia de las Cucurbitáceas (Cucumis melo). // Es más bien pobre en macronutrientes y fibra dietética, aunque rico en betacaroteno (3 400 UI/100 g). // Contiene una discreta cantidad de vitaminas B, y buena proporción de vitamina C (33 mg/100 g) y potasio (250 mg/100 g). // Sus fitonutrientes más abundantes son el ácido lipoico, el ácido fenólico, la cantaxantina, las cucurbitacinas, las cumarinas, los esteroles, los flavonoides, el glutatión y los carotenoides. // En medicina tradicional sus semillas se usan como pectorales y desinflamatorias de las vías urinarias.

Melón amargo (Ing. *Bitter melon*) Planta silvestre de la familia de las Cucurbitáceas (Momordica charantia), cuyo fruto se utiliza en el tratamiento de la diabetes. // Contiene diversos principios activos hipoglucemiantes, como la carantina, la momordicina y la insulina vegetal (o p-insulina), que producen buenos resultados en el control de la glucemia a corto y largo plazo. // Generalmente se usan diariamente 50-100 ml del jugo fresco o 3-15 mg del fruto pulverizado. Más recomendable resulta el extracto estandarizado a 0.5% de carantina, usando 100-200 mg tres veces al día. Véase Momordicina.

Membrillo (Ing. *Quince*) Es el fruto de un árbol de la familia de las Rosáceas (Cydonia oblonga). // De sabor demasiado acre para comerse crudo, se le utiliza sobre todo para preparar jaleas y compotas. // No resulta muy nutritivo: es bajo en macronutrientes, fibra dietética, betacaroteno, vitaminas y minerales, excepto potasio (165 mg/100 g). // Sus principales fitonutrientes son el ácido fenólico, el ácido málico, las catequinas, los flavonoides, las pectinas, la quercetina y los carotenoides. // En medicina tradicional se le utiliza como pectoral y antidiarreico.

Menadiona (Ing. *Menadione*) Nombre químico de la vitamina K_3, la variedad sintética de esta vitamina. // Esta forma es la que suele estar presente en los multivitamínicos. Véanse Filoquinona, Menaquinona y Vitamina K.

Menaquinona (Ing. *Menaquinone*) Nombre químico de la vitamina K_2, que es la variedad producida por las bacterias de la flora intestinal. // La vitamina K que produce esta última suple en gran parte nuestras necesidades y podría resultar suficiente. Por lo tanto, conviene restituir la flora intestinal tras un tratamiento con antibióticos orales.

Menta (Ing. *Peppermint*) Planta herbácea de la familia de las Labiadas (Menta piperita) que se usa como condimento y remedio casero. // Se utiliza sobre todo en infusiones, para facilitar la digestión y combatir las flatulencias. Una de sus acciones más útiles es ayudar a la digestión de las grasas mediante la estimulación del flujo de bilis. // Sus principios activos son el mentol, el cineol, el mentósido, el alcanfor y la mentona. // En medicina tradicional se le usa como digestiva, colerética, carminativa, antiséptica, antiemética, colagoga y antiespasmódica. // Su aceite esencial puede producir nerviosismo e insomnio en personas susceptibles.

Meso inositol (Ing. *Meso inositol*) Otro nombre para el inositol, también conocido como mio inositol.

Metabolitos (Ing. *Metabolites*) Compuestos químicos participantes en el metabolismo. Generalmente se trata de intermediarios en las reacciones o ciclos bioquímicos. // La homocisteína, la ornitina y el NADH son ejemplos de metabolitos.

Metilación (Ing. *Methylation*) Proceso bioquímico mediante el cual se transfieren grupos metilo de una sustancia (donadora) a otra (receptora). // Esta reacción corporal generalmente tiene como fin desactivar compuestos perjudiciales (como la homocisteína) o activar sustancias útiles (como la colina y la carnitina), y se considera muy importante en el nivel metabólico. // Algunos nutrientes se comportan como donadores de metilos: niacina, ácido fólico, vitamina B_{12}, s-adenosil metionina, colina, inositol y betaína (trimetilglicina).

Metilsufonilmetano (Ing. *Metylsulphonilmetane*) Compuesto orgánico azufrado que el organismo puede utilizar como una fuente de azufre orgánico y al que también se conoce como MSM // En forma de complemento se le utiliza sobre todo en el tratamiento de la artritis (combate el dolor y la inflamación). También es útil para estimular el crecimiento de las uñas y el cabello, mantener en buen estado cartílagos y articulaciones, conservar la permeabilidad de las membranas celulares y ayudar a la cicatrización de las heridas. Favorece la producción corporal de glutatión y estimula al sistema inmunológico. Interfiere con la reproducción de las células malignas, ayuda a desintoxicar al organismo y es muy eficaz contra el asma, las alergias y la rinitis alérgica. // Se halla de manera natural en diversos alimentos (si bien en pocas cantidades): leche entera, yogur natural, huevos, carnes blancas y rojas, ajo, cebolla, germen de trigo, pescado y vegetales crucíferos. // Es una sustancia hidrosoluble y altamente inestable, por lo que se destruye con la luz, el calor, la oxidación y, en general, con el cocimiento (todo esto puede hacer necesario el consumir complementos de MSM). // Al emplearlo como complemento, los efectos terapéuticos son algo lentos en presentarse, y para obtener mejores resultados, hay que usar simultáneamente vitamina C. Contra la artritis reumatoide, se pueden combinar MSM, glucosamina y condroitina, con muy buenos resultados. // Se le considera seguro en su uso, y las dosis usuales son: como complemento, 500 mg diarios (con alimentos); con fines terapéuticos, 1100-2250 mg diarios (divididos en 2-4 tomas, y con alimentos). Véanse Azufre y Metionina.

Metionina (Ing. *Methionine*) Uno de los 20 aminoácidos presentes en los alimentos y que también forman a las proteínas corporales. // Se le considera uno de los ocho aminoácidos esenciales para el ser humano adulto. // Se le halla sobre todo en las proteínas de origen animal, como carnes, hígado, pescado, leche y huevo. // Es una de las principales fuentes de azufre orgánico. Es uno de los tres aminoácidos necesarios para que el cuerpo fabrique creatina. Actúa como un lipotrópico e impide que la grasa se acumule en el hígado y las arterias. // Utilizado en su forma purificada, como complemento alimenticio, la metionina actúa como un antioxidante, un antitóxico y un atenuante de la toxicidad del alcohol sobre el hígado. // Para ser metabolizado correctamente, se necesitan vitaminas B como la piridoxina, el ácido fólico y la vitamina B_{12}. Si estos nutrientes no se hallan en las cantidades adecuadas, se puede acumular homocisteína, un metabolito de la metionina que resulta tóxico (puede favorecer infartos). // Su uso es seguro, y la dosis usual es de 500-1000 mg diarios, repartidos en dos tomas e ingeridos entre alimentos. Para obtener mejores resultados, se le debe acompañar de vitaminas del complejo B y de vitamina C. Véanse Aminoácidos esenciales y Homocisteína.

Metoxi-isoflavona (Ing. *Metoxy-isoflavone*) Flavonoide con propiedades anabólicas (favorece el desarrollo del volumen muscular en respuesta al ejercicio) y ayuda a mantener la masa muscular. // También se dice que ayuda a deshacerse del exceso de tejido adiposo. // Utilizado como complemento alimenticio, actúa en sinergia con la isopropoxi-isoflavona, otro flavonoide anabólico. // La dosis usual es de 500 a 1000 mg diarios, en 1-2 tomas.

Mezquite (Ing. *Mesquite*) Es el fruto en forma de vaina de un árbol de la familia de las Minosáceas (Prosopis juliflora). // La pulpa harinosa y levemente dulce de las vainas se usa como alimento (abunda en carbohidratos y es buena fuente de potasio). // En medicina tradicional se le considera antidiarreico y desinflamatorio de los ojos.

Mg Abreviatura de miligramo.

Microalgas (Ing. *Microalgae*) Conjunto de algas microscópicas utilizadas con diversos fines por el ser humano tanto en su estado fresco como deshidratado. // Entre las microalgas utilizadas como alimento, complemento nutricional o fuente de diversos nutrientes están la espirulina, la clorela y la dunaliella (Dunaliella tertiolecta o D. salina).

Microfracciones (Ing. *Microfractions*) Proteínas específicas presentes en los aislados de proteína de la leche o del suero lácteo. Las principales (y sus porcentajes en el aislado) son: betalactoglobulina (<50%), alfa-lactoalbúmina (15-20%), glicomacropéptidos (15%), inmunoglobulinas (10%), albúmina (5%), lactoferrina (1%), lactoperoxidasa (1%), lisozima (1%) y factores de crecimiento como IGF-1, IGF-2 y TGF-beta, (1%). // Estas proteínas exhiben efectos benéficos sobre el organismo, mejorando la asimilación de las proteínas, favoreciendo el desarrollo muscular y estimulando el sistema inmunológico. // La mayoría de ellas se destruyen o inactivan por el calor a que es sometida la leche (pasteurización), por lo que los aislados de proteína de suero son una buena opción para recibirlos. Véanse Proteína del suero y Proteína láctea.

Microgramo (Ing. *Microgram*) Unidad de peso muy pequeña, cuya abreviatura es mcg. Es la millonésima parte de un gramo (0.000001 g). // En nutriología se utiliza para dosificar algunas vitaminas y minerales esenciales.

Microminerales (Ing. *Microminerals*) Véase Oligoelementos.

Micronutrientes (Ing. *Micronutrients*) Aquellos nutrientes que resultan necesarios en cantidades muy pequeñas; se miden en miligramos, microgramos o unidades internacionales (UI) y son las vitaminas y los minerales esenciales. // Los micronutrientes cumplen con funciones reguladoras y en algunos casos

(como el del calcio) también son estructurales.

Micronutrientes inorgánicos (Ing. *Inorganic micronutrients*) Véase Minerales esenciales.

Miel de abeja (Ing. *Honey*) Sustancia viscosa, de color dorado y muy dulce, elaborada por las abejas a partir del néctar de las flores. // Existen muy diversas variedades de miel y su tipo (consistencia, color, sabor, olor) depende de las flores que fueron libadas, del área geográfica, de las condiciones meteorológicas y hasta de la raza de las abejas. // Entre las mieles más apreciadas están la de azahar, de alfalfa, de algarrobo, de brezo, de encina, de espliego, de salvia, de tilo y de tomillo. // Químicamente es una solución a partes casi iguales de glucosa y fructosa, dos carbohidratos simples. Además, contiene 4.8% de dextrina, 1.7% de sacarosa, 0.7% de polen y 0.3% de ácidos orgánicos. // Demasiado concentrado en carbohidratos (82 g/100 g) y bajo en otros macronutrientes, fibra dietética y betacaroteno, no es un alimento recomendable por estar mal balanceado. // Ofrece algo de vitaminas B: tiamina (0.7 mg/100 g), riboflavina (0.7 mg/100 g), niacina (1.3 mg/100 g), ácido pantoténico (1 mg/100 g), piridoxina (0.6 mg/100 g). Es una muy buena fuente de ácido fólico (210 mcg/100 g). // Entre los minerales, destacan el potasio (175 mg/100 g) y el hierro (1.7 mg/100 g). // Contiene inhibinas, sustancias de tipo antibiótico que son responsables de que la miel actúe como un antiséptico en las heridas. // Algunas personas utilizan la miel de abeja como un sucedáneo del azúcar refinada. Sin embargo, ninguno de ellos es recomendable, pues ambos están repletos de calorías, tienen índice glicémico elevado y son carbohidratos altamente concentrados. Por lo tanto, la miel de abeja no es recomendable como edulcorante. // En medicina tradicional, la miel de abeja tiene aplicaciones que sí debemos aprovechar. Se le usa como emoliente, diurética, cicatrizante, antiséptica y antiulcerosa.

Mijo (Ing. *Millet*) Planta herbácea de la familia de las Gramíneas (Panicum miliaceum). Es uno de los siete cereales clásicos de la humanidad. // Originario de Asia, se le cultiva intensamente en el Viejo Mundo (especialmente en África), en donde sirve de alimento a millones de seres humanos. // Es rico en carbohidratos (73 g/100 g), no así en proteínas (9.5 g/100 g), fibra dietética y betacaroteno. // Aporta regular cantidad de vitaminas B: tiamina (0.7 mg/100 g), riboflavina (0.4 mg/100 g) y niacina (2.3 mg/100 g). // Abunda en sodio (478 mg/100 g) y es buena fuente de potasio (150 mg/100 g), magnesio (160 mg/100 g), hierro (1.4 mg/1200 g) y silicio (0.8 mg/100 g). // Con el mijo se pueden lograr unos germinados muy nutritivos.

Miligramo (Ing. *Miligram*) Unidad de peso muy pequeña cuya abreviatura es mg. Es la milésima parte de un gramo (0.001 g). // En nutriología se utiliza para dosificar las vitaminas hidrosolubles y algunos minerales esenciales.

Minerales esenciales (Ing. *Essential minerals*) Son los micronutrientes inorgánicos necesarios para mantenernos vivos y conservar la salud. También conocidos como nutrimentos inorgánicos. // Se reconocen al menos 16 minerales esenciales: calcio, fósforo, magnesio, sodio, cloro, flúor, potasio, azufre, hierro, cobre, zinc, manganeso, molibdeno, cromo, yodo y selenio. Probablemente también lo sean el silicio y el boro. // Los 11 primeros se necesitan en cantidades apreciables y se dosifican en miligramos; por ello, también se les conoce como macrominerales. Los cinco

Minerales esenciales

Dosificación en miligramos	Dosificación en microgramos
Calcio	Cromo
Fósforo	Selenio
Magnesio	Molibdeno
Sodio	Yodo
Potasio	
Cloro	
Hierro	
Cobre	
Zinc	
Manganeso	
Azufre	
Flúor	
Silicio	

restantes son necesarios en cantidades menores, se dosifican en microgramos y se les llama microminerales, oligoelementos o elementos traza. // En el organismo, los minerales cumplen con muy diversas funciones. Algunos son predominantemente estructurales (calcio, fósforo, azufre, otros forman parte de moléculas complicadas (azufre, hierro, cobalto), otros actúan como cofactores que activan enzimas (molibdeno, selenio, manganeso) u hormonas (yodo), otros actúan como electrolitos (sodio, cloro, potasio) y otros más son imprescindibles para la obtención de energía a partir de los alimentos (magnesio, fósforo). // Existe un número de minerales cuya importancia para la salud se viene sospechando, pero no se ha comprobado: níquel, estaño, vanadio y germanio. Véase Litio.

Minerales quelados (Ing. *Chelated minerals*) Aquellos minerales esenciales ligados a uno o más aminoácidos (o vitaminas), con objeto de mejorar su biodisponibilidad. // Un ejemplo de mineral quelado es el polinicotinato de cromo.

Miso (Ing. *Miso*) Es la cuajada de soya, resultado de fermentar esta última en agua y sal marina. Su fermentación de tipo láctico (con el hongo Aspergillus hatcho o con el Aspergillus oryzae) lo convierte en un probiótico // Se trata de una pasta color marrón, rica en proteínas incompletas (20%), consistencia cremosa y un sabor como a avellanas, que se consume habitualmente en Japón. Es bajo en grasa (8%) y medianamente alto en carbohidratos (21%). Es buena fuente de calcio, fósforo y hierro. // El color del miso se debe a la melanoidina, una sustancia antioxidante que confiere protección a los consumidores de miso (en especial contra las radiaciones). // Hay diversos tipos de miso: hatcho (de soya), komé (de soya y arroz) y mugi (de soya y cebada). // Se le puede desecar y conservar durante meses, como si fuese queso añejo.

Molibdeno (Ing. *Molibdenum*) Mineral esencial para la salud, de número atómico 42. // Es uno de los elementos menos abundantes en el cuerpo humano; con todo, forma parte de al menos tres enzimas, dos de las cuales son necesarias para la vida: la xantina oxidasa o XO (que coopera con el metabolis-

Molibdeno

Las mejores fuentes

Trigo sarraceno	485 mcg
Frijoles bayos	400 mcg
Germen de trigo	200 mcg
Hígado de res	200 mcg
Soya	180 mcg
Cebada	130 mcg
Lentejas	120 mcg
Avena	115 mcg
Garbanzos	110 mcg
Semillas de girasol	105 mcg
Corazón de res	75 mcg
Arroz integral	70 mcg
Elote dorado	55 mcg
Huevo entero	50 mcg

X 100 g

mo del hierro) y la aldehído oxidasa, necesaria para obtener energía a partir de las grasas. // Se dosifica en microgramos, y aunque aún no cuenta con un requerimiento mínimo diario, se estima que una ingestión diaria de 150 mcg basta para cubrir las necesidades de un adulto sano. // El molibdeno también ayuda a prevenir las caries, participa en la producción de sangre, protege contra el cáncer y ayuda a prevenir ciertas formas de impotencia sexual. // No se ha establecido un síndrome característico de la carencia de este mineral, pero la deficiencia podría favorecer la anemia, las caries y la disfunción eréctil.

Momordicina (Ing. *Momordicyn*) Fitonutriente extraído del melón amargo (Momordica charantia) que ayuda a regular los niveles de la glucosa sanguínea, lo que lo hace útil en el tratamiento de la diabetes de tipo II. // También incrementa la absorción intestinal y mejora la asimilación de nutrientes y medicamentos. A diferencia de la bergamotina, que produce este efecto inhibiendo el citrocromo P450, la momordicina aumenta la permeabilidad intestinal.

Monohidrato de creatina Véase Creatina.

Monolaurato de glicerol (Ing. *Glyceril monolaureate*) Es un lípido (monoglicérido) derivado de la glicerina y el ácido láurico. También se le conoce como monolaurina. // Al igual que otras grasas, es una fuente de calorías para el organismo, pero su mayor utilidad es como un agente antiviral. Se le ha utilizado para tratar gripe, infecciones por herpes, infecciones por el virus de Epstein-Barr y el síndrome de fatiga crónica. // Usado como complemento alimenticio, es activo contra docena y media de virus patógenos, entre ellos los virus del herpes (1, 2 y 6), de la influenza, el de Epstein-Barr y el citomegalovirus. // También hay evidencia de que eleva los niveles del HDL o colesterol bueno // Su uso es bastante seguro, y la dosis recomendada es de 300-600 mg diarios, en tres tomas, entre comidas. Véase Lisina.

Monolaurina (Ing. *Monolaurine*). Véase Monolaurato de glicerol.

Mora (Ing. *Blackberry*) Es el fruto de un arbusto de la familia de las Rosáceas (Morus nigra). // Las moras son pobres en macronutrientes y betacaroteno, pero ricas en fibra dietética (1.5 g/100 g). Escasas asimismo en vitaminas y minerales, a excepción de la niacina (0.6 mg/100 g) y el potasio (165 mg/100 g). // Abunda en fitonutrientes valiosos, como los ácidos elágico, fenólico, clorogénico y p-cumárico, el campferol, la cianidina, la delfinidina y el resveratrol.

Mora azul (Ing. *Blueberry*) Es el fruto de un arbusto de la familia de las Rosáceas (Vaccinium gaylussacia). // Aunque ofrecen algo de fibra dietética (1.2

g/100 g), las moras azules no se distinguen por su riqueza en macronutrientes, betacaroteno, vitaminas o minerales, a excepción de la niacina (0.7 mg/100 g) y el potasio (140 mg/100 g). // Es fuente excelente de fitonutrientes como los ácidos elágico, fenólico y p-cumárico, la mirtilina, el campferol, la cianidina, los antocianósidos, los flavonoides, el resveratrol y los inhibidores de las nitrosaminas.

Morinda royoc (Ing. *Morinda royoc*) Nombre científico de un arbusto de la familia de las Rubiáceas que crece silvestre en el Caribe. Popularmente se le conoce como curamaguey, garañón y paja de ratón. // Sus frutos se consumen crudos o en forma de agua de frutas, y en Cuba tienen fama de afrodisiacos. Comúnmente se utilizan para tratar problemas menstruales, hepáticos y digestivos.

Mostaza (Ing. *Mustard*) Planta herbácea de la familia de las Crucíferas (Brassica nigra), cuyas semillas molidas se utilizan para preparar el condimento del mismo nombre. // No tiene valor nutricional apreciable, pero en medicina tradicional se le considera diurética, colagoga, antirreumática y antiséptico local (contra la tiña y la sarna).

MSM Véase Metilsulfonilmetano.

Mucopolisacáridos (Ing. *Mucopolisaccharides*) Grupo de sustancias orgánicas complejas, de índole pegajosa y que desempeñan funciones estructurales y protectoras en el organismo. // Los principales mucopolisacáridos son el ácido hialurónico (que tiene propiedades lubricantes), los sulfatos de condroitina (muy importantes para el tejido conjuntivo, al que dan resistencia) y la heparina (un anticoagulante natural). // El cuerpo humano puede sintetizar a los diversos mucopolisacáridos, pero reacciona muy favorablemente cuando recibe condroitina a través de los alimentos o en forma de complementos alimenticios. En particular, esta última ha ganado popularidad como parte del tratamiento de diversas formas de artritis. // Los mucopolisacáridos han sido utilizados para mantener elásticas y resistentes las arterias, y como anticoagulantes en caso de infarto o embolia. Asimismo, hacen descender el colesterol y los triglicéridos elevados, y estimulan el sistema inmunológico. Véanse Glucosamina y Condroitina.

Mucuna pruriens (Ing. *Mucuna pruriens*) Véase Frijol de terciopelo.

Muérdago (Ing. *Mistletoe*) Arbusto de la familia de las Lorantáceas (Viscum album), de origen europeo. // Especie parásita, se le halla sobre sauces, álamos, olmos, manzanos y pinos. // De uso ancestral en Europa para tratar nerviosismo, epilepsia, arterioesclerosis e hipertensión. // Actualmente se le ha identificado como un muy buen inmunomodulador, útil contra artritis reumatoide, esclerosis múltiple y diversas formas de cáncer. Ayuda a evitar las metástasis (los marcadores tumorales disminuyen hasta en 42%). // Sus principios activos son los saponósidos triterpénicos y la viscotoxina (y otras lectinas). // Evítese durante el embarazo y la lactancia. La dosis usual de la tintura es de 5-10 ml diarios, en 1-2 tomas. Es mucho más efectivo en forma inyectable, pero requiere de control médico.

Muesli (Ing. *Muesli*) Mezcla de avena integral, nueces diversas, pasas, leche y fruta, popular entre los naturistas como desayuno nutritivo. // Aunque se le consume en Suiza desde hace siglos, fue el doctor naturista Bircher-Benner quien lo hizo famoso a principios del siglo xx. // La base de todo muesli es siempre la avena y la manzana, y se le puede agregar germen de trigo, almendras, avellanas, nueces del brasil, yogur, jugo de limón y miel de abeja.

Muira puama (Ing. *Muira puama*) Árbol de la familia de las Psicopetaliáceas (Psychopetalum olacoides), de origen sudamericano. También se le conoce como marapuama. // Su nombre significa "arbol de la potencia", y las tribus amazónicas han utilizado su corteza desde tiempos inmemoriales para tratar la falta de libido masculina y los problemas de erección. // Clínicamente ha demostrado utilidad en casos de disfunción eréctil y para obtener erecciones más firmes y duraderas. // Entre sus principios activos están el lupeol, el campesterol y los ésteres del ácido behénico. // No se ha evaluado su seguridad. La dosis usual es de 250 mg del extracto (6:1), tres veces al día.

Mukul (Ing. *Mukul*) Véase Guggul.

N

Nabo (Ing. *Turnip*) Es la raíz carnosa de una planta herbácea de la familia de las Crucíferas (Brassica napus). // El nabo es pobre en macronutrientes, fibra dietética y betacaroteno. Apenas fuente regular de vitamina C (17 mg/100 g) y potasio (186 mg/100 g).

NAC Siglas de N-acetilcisteína.

N-acetilcisteína (Ing. *N-acetylcisteine*) Sustancia orgánica azufrada que se deriva de la cisteína. También conocida como NAC, por sus siglas. // Es antioxidante, inmunomodulador, factor antitóxico (antídoto del acetaminofén), antihipertensivo, anticarcinógeno (bloquea la acción de ciertos carcinógenos sobre el ADN) y tratamiento alternativo contra el sida (puede duplicar el conteo de células T en dos años). También se ha utilizado contra la fibrosis pulmonar. // Su uso como complemento eleva los niveles de glutatión, un importante antioxidante corporal. Ayuda a reducir los niveles de lipoproteína (a), un factor de riesgo para los males cardiacos, y es útil contra la falla cardiaca congestiva. También produce buenos resultados en caso de otitis, sinusitis, colitis ulcerativa y enfermedad de Crohn. // En fisicoculturismo se utiliza para mejorar la respuesta al ejercicio, acelerar la recuperación, protegerse contra los radicales libres y repone el glutatión gastado. // La dosis comúnmente utilizada es de una cápsula con 500 mg 1-2 veces al día. Para reducir la lipoproteína (a), bastan 2000-4000 mg diarios, pero en algunos padecimientos (como el sida), pueden utilizarse hasta 3000-8000 mg al día. // No se ha establecido su inocuidad en embarazo y lactancia, y deberán evitarlo quienes padecen enfermedad ácido péptica.

NADH (Ing. *NADH*) Siglas de nicotinamida adenín dinucleótido, un derivado (metabolito) de la niacina. También conocido como coenzima 1. // La produce el organismo y funciona como una coenzima en la tarea de proveer energía a las células. También es un anti-oxidante y ayuda a fabricar dopamina, un neurotransmisor cerebral. // Empero, se ha visto que cuando se utiliza como complemento nutricional, el NADH produce beneficios sobre la salud. Mejora la claridad mental, y hay evidencia de que bajos niveles de NADH podrían favorecer los males de Alzheimer y de Parkinson. Estimula la reparación del ADN dañado. Además, combate la distimia (depresión leve), ayuda a superar el desfase horario (*jet lag*) y aumenta el rendimiento mental tras una noche sin dormir. // Surte muy buen efecto en el tratamiento del mal de Parkinson (aporta beneficios equivalentes a la L-dopa, pero sin sus efectos secundarios). Permite desacelerar el mal de Alzheimer y da buen resultado contra el síndrome de fatiga crónica. // Existe una forma de NADH de liberación prolongada disponible en Estados Unidos, cuyo nombre es Enada, y que tiene aplicaciones terapéuticas. // La dosis usual es de 5 mg al día (para aumentar la energía física), de 10 mg diarios (para la claridad mental o la distimia) o de una sola dosis de 20 mg para viajeros —al llegar a su destino—, si se tienen que atravesar varios husos horarios.

NaPCA Siglas en inglés de 2-pirrolidona-5-carboxilato de sodio. Es una sustancia naturalmente presente en la piel, en donde actúa como un humectante. El NaPCA se va perdiendo con el paso del tiempo, lo cual contribuye al resecamiento y arrugamiento típicos de la tercera edad. // Entre los nutrientes que contribuyen a su producción están las vitaminas A y C, y el zinc. // Es un ingrediente obligado de las mejores cremas y cosméticos antiarrugas, ya que aplicado localmente produce muy buenos resultados.

Naranja (Ing. *Orange*) Es el fruto de un árbol de la familia de las Rutáceas (Citrus sinensis). // Es más bien pobre en macronutrientes, betacaroteno y fibra dietética (0.5 g/100 g), pero alta en vitamina C (50 mg/100 g). Contiene un poco de niacina (0.4 mg/100 g) y de potasio (200 mg/100 g). // A cambio, ofrece una muy buena selección de fitonutrientes: ácido fenólico, hesperidina, miricetina, nobiletina, rutina, quercetina, sinensetina, flavonoides, pectinas, terpenos, limonoides, limoneno, criptoxantina.

Naranjo amargo (Ing. *Bitter orange*) Árbol de la familia de las Rutáceas (Citrus aurantium), de origen oriental. // Al igual que la naranja, su fruto es pobre en nutrientes, excepto la vitamina C (45 mg/100 g) y el potasio (137 mg/100 g). // Empero, es rico en flavonoides como la rutina, la quercetina, la hesperidina, la sinensetina, la sinefrina, la norsinefrina y la octopamina. // Estas últimas estimulan la termogénesis, y en forma purificada se usan en el control de peso, para favorecer la pérdida de grasa superflua y evitar la flacidez. // No se ha evaluado su seguridad durante el embarazo y la

lactancia. Evítese utilizarlo si se padece asma o males cardiacos, hepáticos o renales. La dosis usual es 100-300 mg de extracto (estandarizado al 6% de sinefrina) en 1-3 tomas, con alimentos. Asimismo, es importante ingerirlo durante no más de 10-12 semanas seguidas. Véase Sinefrina.

Naringina (Ing. *Naringine*) Flavonoide presente sobre todo en las uvas y en la cáscara de la toronja. Exhibe propiedades antioxidantes y anticancerosas. // Es termogénica (acelera el ritmo metabólico) y, por lo tanto, ayuda a deshacerse del exceso de tejido adiposo. También exhibe un efecto modulador de los estrógenos. // Su uso es seguro siempre y cuando no se estén recibiendo medicamentos. El consumo habitual de naringina (o de jugos de uva o toronja) podría potenciar la acción de estos últimos, en especial de inmunosupresores, ansiolíticos, antihistamínicos, bloqueadores del calcio, reductores del colesterol y estimulantes (como la cafeína). // Su seguridad durante el embarazo y la lactancia no ha sido evaluada. La dosis recomendada es de 50-200 mg diarios, en 2-4 tomas (con alimentos).

Nata de leche (Ing. *Cream*) Porción de la leche que precipita como una capa superficial por acción del calor y el reposo. // Contiene casi toda la grasa y una fracción de las proteínas (albúmina y globulina) de la leche. // Carece totalmente de fibra dietética, pero contiene tanto vitamina A como betacaroteno (620 UI/100 g). // Aporta algo de niacina (0.6 mg/100 g), ácido pantoténico (0.3 mg/100 g) y piridoxina (0.3 mg/100 g). // Es alta en potasio (225 mg/100 g), calcio (225 mg/100 g) y fósforo (165 mg/100 g).

Natto (Ing. *Natto*) Cuajada de soya fermentada y cocida al vapor. Se utiliza generalmente como aderezo o parte de una guarnición. // Es originario del Japón, en donde es un producto muy popular.

Neem (Ing. Neem) Véase Nim.

Neuroprotector (Ing. *Neuroprotector*) 1) Sustancia que facilita o mejora el desempeño de las neuronas. 2) Compuesto que inhibe, bloquea o previene daños en el nivel celular de las neuronas cerebrales. Ejemplos de neuroprotectores usados en fitoterapia son los extractos de ginkgo biloba, ginseng americano, fo ti tieng y espino blanco.

Neurotransmisor Sustancia natural que permite la comunicación entre neuronas (o entre una neurona y una célula especializada). // Se conocen más de 20 neurotransmisores, entre ellos la acetilcolina, la dopamina, la serotonina, la adrenalina y la noradrenalina. // Para su síntesis corporal se requieren vitaminas y minerales esenciales.

Niacina (Ing. *Niacin*) Vitamina hidrosoluble, miembro del complejo B y también conocida como ácido nicotínico, nicotinamida, niacinamida, vitamina B_3 y factor antipelagroso. En algunos países aún se le conoce como vitamina PP. // Se le aisló desde 1867, pero sólo hasta 1937 se demostró que era una vitamina. A su enfermedad carencial se le conoce como pelagra. // Sus formas activas son el dinucleótido de nicotinamida y adenina o NAD, y el dinucleótido de nicotinamida y fosfato de adenina o NADP. // Se dosifica en miligramos, y su requerimiento mínimo diario es de 20 mg para los adultos y de 12 mg para los niños. El embarazo, la lactancia y la actividad física incrementan tales necesidades. // La niacina interviene en el metabolismo de los carbohidratos, las grasas y las proteínas, y muy especialmente en el mecanismo productor de energía (véase NADH). Muestra una acción antitóxica, mejora la circulación sanguínea y ayuda a normalizar el colesterol. Es necesaria para la producción de hormonas sexuales y para mantener saludables la piel, la lengua y los órganos digestivos. Resulta vital para el funcionamiento del sistema nervioso y en especial el cerebro (eleva el ánimo y combate la depresión). Resulta más efectiva si se ingiere junto con el resto del complejo B y con la vitamina C. // Su uso como complemento durante la infancia podría ayudar a prevenir la diabetes de tipo I. // La niacinamida (nicotinamida) se tolera mejor que la niacina (ácido nicotínico); esta última, en megadosis, suele producir calor y enrojecimiento en la piel de personas sensibles (véase Ácido nicotínico). // La niacina es una de las pocas vitaminas que el organismo puede sintetizar. Lo hace a partir del aminoácido triptófano con la participación de tiamina, riboflavina y piridoxina como cofactores. Empero, tal conversión es tan ineficiente (60 mg de triptófano = 1 mg de niacina), que no garantiza cubrir las necesidades corporales. // La niacina puede ser útil en el tratamiento del acné, las migrañas (tomada al inicio del ataque), el insomnio, el colesterol y los triglicéridos elevados, la hipertensión, la mala digestión, la esquizofrenia, el trastorno por déficit de atención o TDAH, la depresión, la artritis (sólo la niacina y no la niacinamida) y la mala circulación en las piernas. // La carencia de niacina, cuando es grave, produce las llamadas tres "D": diarrea, dermatitis y demencia (tales son los síntomas clásicos de la pelagra). Deficiencias más leves suelen ocasionar debilidad, fatiga crónica, pérdida del apetito, depresión, insomnio, irritación en la lengua y trastornos digestivos. // La niacina es muy poco tóxica: se ha administrado a pacientes con padecimientos mentales en megadosis de hasta 3000 mg diarios (15000% del rmd) sin consecuencias adversas. Sin embargo, un exceso de esta vitamina durante tiempos prolongados (como cuando se utiliza para reducir los niveles elevados de colesterol) puede ocasionar daños hepáticos, por lo que se recomienda vigilancia médica. Véanse Niacinamida y NADH.

Niacina

Las mejores fuentes

Levadura de cerveza	100.0 mg
Polen	19.0 mg
Cacahuates	17.0 mg
Hígado de res	16.0 mg
Carne de pavo	13.0 mg
Carne de pollo	12.0 mg
Atún	12.0 mg
Carne de cerdo	8.7 mg
Salmón	6.8 mg
Semillas de girasol	5.6 mg
Sardinas	5.4 mg
Ajonjolí	5.4 mg
Carne de res	5.0 mg
Almendras	4.8 mg

X 100 g

Niacinamida (Ing. *Niacinamide*) Otro nombre de la vitamina B_3 (químicamente es la amida del ácido nicotínico). Véanse Niacina, Ácido nicotínico y Vitamina B_3.

Niacinógeno (Ing. *Niacinogen*) Véase Niacitina.

Niacitina (Ing. *Niacitin*) Forma química de la niacina en que se presenta en algunos cereales, como el maíz. También se le conoce como niacinógeno. // No resulta aprovechable para el organismo, a menos que el grano se procese con calcio en forma alcalina (nixtamalización, por ejemplo), para que la niacina sea liberada. Véase Niacina.

Nicotinamida (Ing. *Nicotinamide*) Otro nombre de la vitamina B_3 (químicamente es la amida del ácido nicotínico). Véanse Niacina, Ácido nicotínico y NADH.

Nicotinamida adenín dinucleótido

(Ing. *Nicotinamide adenine dinucleotide*) Véase NADH.

Nim (Ing. *Neem*) Árbol de la familia de las Meliáceas (Azadirachta indica), originario de la India. Actualmente se cultiva en otras partes del mundo, incluido México. // En la medicina ayurvédica se usa contra el paludismo, la fiebre y las enfermedades de la piel (acné, eczemas, infecciones). // Modernamente se ha comprobado que actúa como antiinflamatorio, antimicótico y vermífugo. Se utiliza en el tratamiento de la diabetes, los trastornos circulatorios y las úlceras diabéticas y varicosas. // Sus principios activos son las meliacinas (azadiractina, genudina, salanina y los nimbólidos A y B), la nimbina, la nimbidina, la nimbinina y el nimbinol. // Aunque se le considera atóxico, no se ha verificado su inocuidad durante la gestación y la lactancia. La dosis usual de las cápsulas de corteza pulverizada es una con cada alimento. De la tintura es de 2-4 ml diarios en 1-2 tomas.

Níquel (Ing. *Nickel*) Mineral posiblemente esencial para la salud, de número atómico 28. // Este elemento tiene funciones definidas en numerosos mamíferos, mismas que no han podido comprobarse en el ser humano. // La escasa evidencia existente apunta hacia una posible intervención en el metabolismo de las grasas, el hierro y algunas hormonas. // Se encuentra níquel en

Níquel

Las mejores fuentes

Frijoles negros	240 mcg
Lentejas	150 mcg
Habas	120 mcg
Plátanos	75 mcg
Pan integral de trigo	70 mcg
Apio	60 mcg
Ejotes	35 mcg
Papas	30 mcg
Peras	25 mcg
Chícharos	20 mcg
Brócoli	20 mcg
Sardinas	20 mcg
Col	18 mcg
Espinacas	16 mcg

X 100 g

grandes concentraciones en torno a los ácidos nucleicos y es posible que contribuya a estabilizarlos. // No se le ha establecido un requerimiento mínimo diario por razones obvias, pero las necesidades de este mineral —en caso de existir— parecen estar cubiertas por la dieta normal. // En los alimentos, el níquel resulta inofensivo. Pero en concentraciones elevadas (como a la que pueden estar expuestos trabajadores de la industria química o metalúrgica) o como parte del humo de tabaco, este mineral no sólo resulta tóxico sino carcinógeno (especialmente para los pulmones).

Níspero (Ing. *Níspero*) Es el fruto de un árbol de la familia de las Rosáceas (Nespilus germanica). // No abunda en macronutrientes o fibra dietética (0.5 g/100 g), pero es rico en betacaroteno (2 450 UI/100 g). // Contiene poca cantidad de vitaminas B; la menos escasa es la niacina (0.6 mg/100 g). De los minerales, sólo destaca el potasio (265 mg/100 g). // En medicina tradicional se usa como diurético y para tratar las inflamaciones de las vías urinarias.

Nitrosaminas (Ing. *Nitrosamines*) Compuestos nitrogenados altamente carcinógenos, procedentes de las carnes frías y los embutidos. // Se forman al reaccionar los nitratos y nitritos que se les agregan a dichos productos con las aminas de las proteínas cárnicas. Se les ha relacionado sobre todo con los cánceres de hígado, esófago y colon.

NO Véase Óxido nítrico.

Noni (Ing. *Indian mulberry o noni*) Arbusto de hoja perenne originario del sudeste asiático (Morinda citrifolia o M. officinalis), actualmente muy extendido en la Polinesia. // Durante milenios el fruto o su jugo se han utilizado para tratar la fiebre, las infecciones, las heridas y el reumatismo. En los últimos años ha ganado fama como complemento alimenticio y un tónico general. // Entre sus principios activos están la xeronina, la proxeronina, la proxeronasa, la escopolamina, la escopoletina, el damnacantal, el asperulósido, la morindina, el morindadiol y la morindona. Fue el doctor Ralph Heinicke, un investigador estadounidense, quien los aisló en el jugo del noni en 1981. // Se le asignan tantas propiedades curativas (en una sola publicación se mencionan más de 100),

que resulta difícil creer que las exhiba todas. Realmente ha transcurrido tan poco tiempo desde su redescubrimiento, que sería más sensato aguardar a que exista más evidencia científica al respecto, para darlas por ciertas. Empero, ello no debería limitar su empleo, si es que se desea probarlo. // Su uso es seguro, y la dosis usual es de 1-2 cucharaditas (5-10 ml) diarias del jugo en ayunas o con el estómago vacío. Si fuese necesario, puede elevarse la dosis a 3-5 cucharaditas (15-25 ml) diarias. Han llegado a utilizarse hasta 50 ml diarios sin problemas.

Nopal (Ing. *Nopal*) Nombre vulgar de diversas plantas de la familia de las Cactáceas (Opuntia sp.), muy popular como alimento en nuestro país. En España le llaman chumbera. // No es rico en macronutrientes ni en betacaroteno, pero aporta algo de fibra dietética (1 g/100 g). // Tampoco abunda en vitaminas o minerales, a excepción del potasio (156 mg/100 g). // Contiene fibra dietética soluble y principios hipoglucemiantes útiles para los diabéticos. // En medicina tradicional se le utiliza como diurético, laxante, demulcente, vermífugo, astringente, antidiabético y tónico cardiaco.

NPU Siglas en inglés de utilización neta de la proteína.

Nuez de cajú (Ing. *Caju nut*) Otro nombre para la nuez de la india.

Nuez de la india (Ing. *Indian nut*) Es el fruto de un árbol de la familia de las Anacardiáceas (Anacardium occidentale), también conocido como nuez de cajú. Al fruto del que procede se le conoce como marañón. // Es muy abundante en grasa (54 g/100 g) y aporta buena cantidad de proteínas incompletas (15 g/100 g) y fibra dietética (1.5 g/100 g). // No contiene betacaroteno, pero sí vitaminas B: tiamina (0.3 mg/100 g), niacina (0.9 mg/100 g), ácido pantoténico (0.9 mg/100 g), piridoxina (0.7 mg/100 g) y ácido fólico (77 mcg/100 g). // Entre los minerales, destacan el potasio (450 mg/100 g), el fósforo (380 mg/100 g), el magnesio (130 mg/100 g) y el hierro (3 mg/100 g).

Nuez del brasil (Ing. *Brazil nut*) Es el fruto de la juvia, un árbol de la familia de las Mirtáceas (Bertholletia excelsa), de origen sudamericano. // De las nueces, es la más abundante en grasa: (71 g/100 g). También aporta una buena cantidad de proteínas incompletas (17 g/100 g) y fibra dietética (1.8 g/100 g). // No contiene betacaroteno, pero sí vitaminas B: tiamina (0.2 mg/100 g), niacina (2.3 mg/100 g), ácido pantoténico (0.5 mg/100 g), piridoxina (0.3 mg/100 g) y ácido fólico (90 mcg/100 g). // Entre los minerales, destacan el potasio (320 mg/100 g), el fósforo (365 mg/100 g), el magnesio (170 mg/100 g) y el hierro (2.7 mg/100 g).

Nuez de castilla (Ing. *Castile nut*) Es el fruto de un árbol de la familia de las

Juglandáceas (Juglans sp.). // Es muy rica en grasa (65g/100 g), pero más bien baja en carbohidratos y en proteínas. Pobre asimismo en betacaroteno, contiene en cambio buena cantidad de fibra dietética (2.5 g/100 g). // Es buena fuente de vitaminas B: tiamina (0.7 mg/100 g), niacina (1 mg/100 g), ácido pantoténico (1.8 mg/100 g) y ácido fólico (25 mcg/100 g). // Es uno de los alimentos más ricos en potasio (600 mg/100 g) y magnesio (500 mg/100 g). Contiene una buena cantidad de fósforo (290 mg/100 g) y de hierro (2.5 mg/100 g). // En medicina tradicional la cáscara de nuez se usa como antianémica, hepática y antihemorrágica.

Nuez encarcelada (Ing. *Walnut*) Es el fruto de un árbol de la familia de las Juglándáceas (Carya sp.), también conocida como nuez de pecán o pacana. // Aunque muy similar a la de la nuez de castilla, su composición es algo distinta. Por ejemplo, es menos rica en grasa (53 g/100 g) y ofrece algo de betacaroteno. // Tiene una riqueza similar en vitaminas B: niacina (0.7 mg/100 g), ácido pantoténico (0.7 mg/100 g), piridoxina (0.6 mg/100 g) y ácido fólico (77 mcg/100 g). // Es uno de los alimentos más ricos en potasio (460 mg/100 g) y fósforo (460 mg/100 g). Ofrece buenas cantidades de magnesio (180 mg/100 g) y de hierro (4 mg/100 g). // Sus propiedades medicinales son similares a las de la nuez de castilla.

Nuez moscada (Ing. *Nutmeg*) Es la semilla de un árbol de la familia de las

Miristáceas (Myristica moschatella o M. fragans), originario de Indonesia. // Su cáscara o macis (de color rojo) se utiliza como condimento. Las semillas emanan un intenso aroma y tienen un sabor amargo. // Su aceite esencial es rico en principios activos como la miristina, la misticina, el safrol y el alfa pineno. // La nuez y su aceite son muy tóxicos y consumir apenas dos nueces puede producir la muerte. // En medicina tradicional la cascarilla pulverizada se utiliza como digestivo, aperitivo, carminativo, antiespasmódico, antidiarreico y somnífero. Antiguamente se le consideró afrodisiaco. // No debe utilizarse durante el embarazo (exhibe propiedades abortivas). // Dada su potencial toxicidad, tanto en infusión como en extracto fluido se utilizan apenas unas cuantas gotas. La dosis debe estar muy bien ajustada, ya que cualquier exceso puede ocasionar náuseas, dolores gástricos, mareos, taquicardia, ansiedad y —en casos extremos—, convulsiones y coma.

Nuez vómica (Ing. *Poison nut*) Es el fruto de un árbol de la familia de las Loganiáceas (Strychnos nux vomica). Contiene alcaloides muy peligrosos, por lo que su uso es exclusivamente medicinal. // Sus principios activos son la estricnina, la isoestricnina, la brucina, la diabolina y la loganina. // En medicina tradicional se le considera aperitiva, digestiva, antiespasmódica y laxante. Sin embargo, sus propiedades terapéuticas

están limitadas por su toxicidad. // Al igual que la nuez moscada, se trata de un vegetal potencialmente peligroso, y tanto en infusión como en extracto fluido se utilizan apenas unas cuantas gotas. Sólo debe usarse bajo estricta vigilancia médica.

Nutracéutico (Ing. *Nutraceutical*) Término con el que se designan diversas sustancias presentes naturalmente en los alimentos y que exhiben propiedades preventivas o curativas de las enfermedades (véase Fitonutrientes). // Lo acuñó en 1979 el médico estadounidense Stephen DeFelice, presidente de la Fundación para la Innovación de la Medicina.

Nutrientes (Ing. *Nutrients*) Sustancias o elementos que el organismo necesita ingerir para conservarse vivo y sano. También conocidos como nutrimentos. Se caracterizan por estar presentes en los alimentos y bebidas que constituyen nuestra dieta. // Se han identificado más de 80 nutrientes, si bien los más importantes a nivel práctico apenas pasan de 40: son las vitaminas, los minerales esenciales, los ácidos grasos esenciales y los aminoácidos esenciales. // El cuerpo humano puede sintetizar algunos de ellos (como la niacina y la vitamina D), pero la gran mayoría necesita recibirlos con la dieta. // Los nutrientes se pueden clasificar cualitativa y cuantitativamente. Desde el punto de vista cualitativo, existen seis clases: carbohidratos, lípidos, proteínas, vitaminas, minerales y agua. // Desde el punto de vista cuantitativo, se les divide en micronutrientes (como las vitaminas y los minerales) y macronutrientes (como los carbohidratos, los lípidos, las proteínas y el agua).

Nutrientes accesorios (Ing. *Accesory nutrients*) Sustancias o elementos que normalmente no se clasifican entre los nutrientes ni resultan imprescindibles para la salud, pero cuyo consumo acarrea beneficios, tanto preventivos como curativos. A algunos de ellos se les puede incluso considerar nutrientes condicionalmente esenciales o semiesenciales. // Entre los nutrientes accesorios están la lecitina de soya, la carnitina, la N-acetil carnitina, la coenzima Q_{10}, el inositol, el ácido lipoico, el ácido pangámico y el ácido orótico.

Nutrientes esenciales (Ing. *Essential nutrients*) Aquellos nutrientes que el organismo no puede sintetizar. También

llamados nutrientes indispensables (este último término es el más correcto). // Entre ellos están las vitaminas, los minerales, algunos ácidos grasos y aminoácidos esenciales. Véanse Ácidos grasos esenciales, Aminoácidos esenciales, Minerales esenciales y Vitaminas.

Nutrientes no esenciales (Ing. *Non essential nutrients*) Aquellos nutrientes que el organismo puede sintetizar. También llamados nutrientes dispensables (este último término es el más correcto). // Entre ellos se encuentran la glucosa, algunos aminoácidos y ácidos grasos. Véanse Aminoácidos, Carbohidratos, Lípidos y Proteínas.

Nutrimento (Ing. *Nutrient*) Véase Nutriente.

Nutrimentos inorgánicos (Ing. *Inorganic nutrients*) Otro nombre para los minerales esenciales.

Nutritivo (Ing. *Nutritive*) Que contiene sustancias alimenticias.

Ñ

Ñame (Ing. *Wild yam*) Planta herbácea de la familia de las Dioscoráceas (Dioscorea villosa o D. mexicana), originaria de México. Existen al menos otras 150

especies de ñame silvestre, aclimatadas en diversas regiones tropicales del mundo. No confundirlo con la D. batatas, que es la variedad comestible. // Su rizoma es rico en saponinas, especialmente en dioscina, dioscoretina, diosgenina y botogenina. // La diosgenina es químicamente muy similar a las hormonas femeninas, por lo cual se le ha utilizado como materia prima para sintetizar estrógenos, progesterona y cortisona. // Se sabe que su extracto es antioxidante, antiinflamatorio, antidiabético, que reduce los triglicéridos elevados y que aumenta el HDL (colesterol bueno). No se ha comprobado, en cambio, que el organismo pueda transformar la diosgenina en progesterona o en DHEA, y la evidencia de que utili-

zada por vía oral o transdérmica actúa como fuente de dicha hormona es inconsistente. Sin embargo, sus principios activos dan buen resultado en el tratamiento de la tensión premenstrual, los desarreglos menstruales y las molestias de la menopausia. // En medicina tradicional se le considera antitusiva, expectorante, antiespasmódica, antiemética y emenagoga. // No se ha establecido su seguridad durante el embarazo y la lactancia. La dosis usual es: raíz pulverizada (250-500 mg diarios); tintura (6-9 ml diarios, en 2-3 tomas) o 1-2 tazas diarias del té.

O

Octocosanol (Ing. *Octocosanol*) Sustancia orgánica liposoluble (ácido graso hidroxilado) que exhibe propiedades cuasivitamínicas. // Se le halla en granos, cereales, vegetales de hoja verde y en los germinados. Su fuente más rica es el aceite de germen de trigo. // Utilizado como complemento de la alimentación, el octocosanol mejora los reflejos, aumenta la resistencia física, optimiza la utilización del oxígeno en los tejidos y favorece la disponibilidad de energía en los músculos. También ayuda a normalizar el colesterol. // Como complemento alimenticio, la dosis usual es de 1-6 mg, en una sola toma, con alimentos.

Octopamina (Ing. *Octopamine*) Flavonoide que se extrae de la cáscara de la naranja amarga (Citrus aurantium) y que exhibe propiedades antioxidantes. // También es termogénico (acelera el ritmo metabólico) y, por lo tanto, ayuda a deshacerse del exceso de tejido adiposo. // Acelera la degradación de la grasa corporal amarilla activando los receptores celulares alfa y beta adrenérgicos, a la vez que estimula a la grasa parda. // Su seguridad aún no ha sido evaluada. No se recomienda su uso si se sufre de asma, hipertensión o padecimientos cardiacos, hepáticos o renales. La dosis recomendada es de 10-30 mg diarios, en 1-3 tomas. Véase Naranjo amargo.

2-O-GIV Siglas de 2-orto-glicosiliso-vitexina, un fitonutriente presente en los germinados de los cereales, también llamados "pastos" (como el pasto de trigo o el de cebada). // Es antioxidante, antiinflamatorio y bloquea las mutaciones celulares peligrosas.

OKG Siglas en inglés de ornitina alfa cetoglutarato.

Oleaginosas (Ing. *Oleaginous seeds*) Grupo de frutos y semillas con un alto contenido de lípidos. // Las principales son la soya, el cártamo, la colza, el algodón, el girasol, el cacahuate, el ajonjolí, el maíz, las nueces, las almendras, la avellana, los piñones, el cacao y el coco. // Son buena fuente de lípidos, proteínas incompletas, complejo B y de vitamina E.

Oleuropeína (Ing. *Oleuropein*) Fitonutriente presente en el olivo (Olea europaea), en sus frutos (las aceitunas) y en el aceite oliva. // Actúa como un vasodilatador, y ha dado muy buenos resultados en el tratamiento de la hipertensión arterial y la angina de pecho.

Oligodextrinas (Ing. *Oligodextrins*) Carbohidratos complejos que se extraen del almidón de avena o de arroz y que son un ingrediente común de algunos complementos alimenticios. // Químicamente son polímeros de glucosa de cadena media y larga, y producen esta última durante su digestión. // Al igual que las maltodextrinas, son so-

lubles en agua y tienen sabor agradable. Pero a diferencia de éstas, mejoran la digestión (son prebióticas) y modulan la motilidad intestinal. // Su índice glicémico es bajo, no descompensan la glucosa sanguínea y resultan una buena fuente de energía para atletas y deportistas. Véase Maltodextrinas.

Oligoelementos (Ing. *Oligoelements*) Nombre otorgado a ciertos minerales que son necesarios para la salud en cantidades muy pequeñas (menores a los 18 miligramos diarios): cobre, zinc, manganeso, hierro, molibdeno, yodo, flúor y selenio. También se les conoce como microminerales o elementos traza. Véase Minerales esenciales.

Olivas (Ing. *Olives*) Otro nombre para las aceitunas.

Onagra (Ing. *Evening primrose*) Otro nombre para la prímula.

ORAC Siglas en inglés de *oxygen radical absorbance capacity* (capacidad de absorbencia de los radicales del oxígeno). // Es un parámetro que permite medir la capacidad de diversas sustancias para neutralizar los radicales libres (es decir, su poder antioxidante). // Los seres humanos necesitan en promedio recibir el equivalente a 3500 unidades ORAC diariamente para neutralizar los radicales libres a que se expone. El problema es que con la alimentación actual recibe apenas 1000 de estas unidades cada día. // De los frutos comunes, los que tienen mayor capacidad ORAC son las moras, las frambuesas, los arándanos y las zarzamoras. En especial, las frambuesas negras (Rubus medicus elisa). Véase Poder antioxidante de los alimentos.

Orégano (Ing. *Wild marjoram*) Planta herbácea de la familia de las Labiadas (Origannum vulgare), utilizada ampliamente como condimento (inclusive en las pizzas). // Entre sus principios activos se cuentan el timol, el carvacrol, el borneol y el cariofileno. Sus principales fitonutrientes son los flavonoides y los ácidos clorogénico y rosmarínico. // En medicina tradicional se le utiliza como aperitivo, antiséptico, expectorante, emenagogo, antidiarreico, antitusivo y antiespasmódico. // No se aconseja el uso de su aceite esencial durante el embarazo y la lactancia.

Ornitina (Ing. *Ornithine*) Aminoácido no esencial y que tampoco forma parte de las proteínas corporales. // Es un metabolito normal del cuerpo humano y funciona como un intermediario de ciclos bioquímicos corporales —como el de la urea—, en donde ayuda a deshacerse del amoniaco. // La forma en que la utiliza el cuerpo humano es como L-ornitina. Se puede incrementar la producción de ornitina corporal ingiriendo arginina. // Se le puede considerar un anabólico natural e inofensivo, ya que cuando se le utiliza como complemento nutricional, puede estimular la secreción de la hormona de crecimiento hu-

mano (HGH) y ayudar a quemar el excedente de grasa. // Asimismo, contribuye a preservar la integridad del ADN y estimula la producción de poliamidas, que estabilizan la membrana celular. // Utilizadas como liberadoras de la HGH, lo mejor es no combinar la ornitina con la arginina. // Se le considera segura, y la dosis recomendada es de 5-10 g diarios, en 1-2 tomas. // Para asegurarse de obtener los beneficios buscados, los complementos de ornitina deben tomarse con agua, teniendo el estómago vacío y no ingiriendo ningún alimento en la hora previa y la posterior a la toma. Véase Arginina.

Ornitina alfa cetoglutarato (Ing. *Ornitine alpha cetoglutarate*) Sustancia orgánica utilizada por atletas y deportistas para prevenir la pérdida (catabolismo) muscular e incrementar la síntesis proteica. // En fisicoculturismo se usa para preservar la masa muscular y como un liberador de la hormona del crecimiento humano. // Químicamente es un derivado de la L-ornitina (un aminoácido no esencial) y el ácido alfa cetoglutárico (un anabólico natural). // También se le utiliza en el tratamiento de pacientes hospitalizados por heridas o quemaduras, para contrarrestar la pérdida de proteína y estimular la cicatrización. // Su seguridad aún no ha sido establecida. Para los deportistas la dosis recomendada es de 40-50 mg por kilogramo de peso corporal, y en pacientes hospitalizados, de hasta 100 mg/kg.

Orovale (Ing. *Ashwaganda*) Otro nombre para la ashwaganda.

Orozuz (Ing. *Licorice*) Planta herbácea de la familia de las Papilonáceas (Glycyrrhiza glabra), también conocida como regaliz. // Aunque tradicionalmente se le ha utilizado como saborizante de dulces, jarabes y goma de mascar, también forma parte de preparados medicinales para la digestión, los trastornos respiratorios y los problemas hormonales. // En medicina tradicional se le considera pectoral, expectorante, antitusivo, antiasmático, antiinflamatorio y carminativo. // Modernamente se le han hallado propiedades hepatoprotectoras (favorece la recuperación en caso de hepatitis, mejora el pronóstico en caso de cirrosis), antioxidantes, inmunomoduladoras (fomenta la producción de interferón y de las células T) y es un agente antiviral muy potente. También resulta útil contra la fatiga crónica, las alergias, la hipoglucemia y algunas afecciones de la piel (dermatitis, eczema y soriasis). Es mucho más efectivo que la cimetidina o la ranitidina en caso de úlcera gastroduodenal, en donde además ejerce una acción cicatrizante. // Sus principios activos son la glicirricina, el glicirretol, el ácido glicirrínico, la glabrona, la glabridina y la glabaninas. También contiene fitonutrientes como flavonoides, cumarinas, isoflavonas y fitosteroles. // Su consumo es seguro siempre y cuando se observen las recomendaciones de uso: no se aconseja su empleo prolongado, ni deben utilizarlo personas con hipertensión, diabetes, migrañas, cirrosis, edema, o vértigo. Tampoco durante el embarazo o la lactancia. No debe combinarse con antihipertensivos. Para un uso prolongado, se recomienda la variedad desprovista de glicirricina (desglicirrinizada). // La dosis usual del extracto es de 3000-5000 mg diarios. Lo más aconsejable es comenzar con dosis menores (500-1000 mg diarios) e irlas aumentado poco a poco. Existe en ungüento, para tratar el herpes. Véase Glicirricina.

Osteomalacia (Ing. *Osteomalacia*) Enfermedad carencial de la vitamina D en la adultez, consistente en el debilitamiento o deformación de los huesos por un depósito deficiente del fosfato cálcico en la matriz ósea.

Osteopenia (Ing. *Osteopenia*) Descalcificación y debilitamiento óseos que se consideran previos a la osteoporosis. // Es un trastorno multifactorial en el que tienen que ver factores como la nutrición, el sedentarismo, la herencia, los malos hábitos, etcétera.

Osteoporosis (Ing. *Osteoporosis*) Enfermedad caracterizada por una disminución en la densidad de los huesos, lo que conduce a su debilitamiento progresivo y a una propensión a las fracturas. // Existen al menos dos tipos de osteoporosis, y en ambos la nutrición tiene que ver con su prevención y su

>

---

tratamiento. Los nutrientes útiles en ambos casos son el calcio, el magnesio, el zinc, el cobre, el manganeso, el boro, el flúor, el silicio, el complejo B y las vitaminas D y K.

Ostiones (Ing. *Oysters*) Diversos moluscos bivalvos (Griphea sp.) utilizados por el hombre como alimento. // Aunque nutritivos, no lo son tanto como se cree: contienen poca cantidad de macronutrientes. // Del complejo B se distinguen la niacina (2.5 mg/100 g), el ácido pantoténico (0.5 mg/100 g) y la vitamina B_{12} (15 mcg/100 g). // Son una de las mejores fuentes de cobre (17 mg/100 g) y de yodo (93 mcg/100 g). Son menos abundantes en hierro (5.5 mg/100 g), fósforo (145 mg/100 g) y potasio (120 mg/100 g). // La ciencia parece haber validado por fin el poder afrodisiaco de los ostiones: abundan en mucopolisacáridos, nutrientes que aumentan el deseo sexual en el hombre. // No son tan ricos en colesterol como se dice (53 mg/100 g).

Óxido nítrico (Ing. *Nitric oxide*) 1) Es un gas incoloro, inodoro y normalmente inestable, pero que existe dentro del organismo humano en donde cumple funciones fisiológicas. También se le conoce como monóxido de nitrógeno o NO (por sus siglas en inglés). // Normalmente se halla en la sangre y los tejidos. Es un mediador químico, también conocido como factor de relajación del endotelio. Ayuda a regular el flujo sanguíneo, la transmisión de impulsos nerviosos, la coagulación sanguínea, la función inmunitaria, la relajación de los vasos sanguíneos y los músculos lisos (por esto último favorece las erecciones). // En el organismo se produce (en pequeñas cantidades) a partir de los aminoácidos arginina y citrulina.

P

PABA (Ing. *PABA*) Véase Ácido paraminobenzoico.

Pacana (Ing. *Pecan nut*) Otro nombre para la nuez encarcelada.

Palmitato de ascorbilo (Ing. *Ascorbyl palmitate*) Derivado liposoluble del ácido ascórbico o vitamina C (esta última es hidrosoluble). // Conserva tanto la actividad vitamínica como la antioxidante de la vitamina C, pero a diferencia de ésta es capaz de actuar en sustratos grasosos, bloqueando la oxidación de los lípidos. // Está disponible como complemento alimenticio y se le considera seguro.

Palmito sierra (Ing. *Saw palmetto*) Planta de la familia de las Palmáceas (Sabal serrulata o Serenoa repens), también conocida como palmito sierra o palmito serrucho. Es originaria de Norteamérica y de aplicación estrictamente medicinal. // De uso muy antiguo, en medicina tradicional se le considera tónico, diurético y sedante. // No confundirlo con el palmito comestible (Chamaerops humilis), originario de la región mediterránea. // Según antiguas crónicas, el extracto de sus frutos estimula la función y el crecimiento de las glándulas mamarias. Asimismo, se dice que tiene propiedades afrodisiacas. Empero, clínicamente sólo se ha comprobado su utilidad en el tratamiento de la hipertrofia prostática benigna o HPB, en donde actúa bloqueando la conversión de testosterona en dihidrotestosterona (DHT), la cual estimula el crecimiento prostático. Además, disminuye la inflamación y el edema. En esta aplicación, resulta más efectivo que el medicamento finasteride. // Su uso se considera seguro, pero no debe utilizarse junto con Tríbulo o Yohimbe. // La dosis usual en caso de HPB es de 80-160 mg diarios del extracto estandarizado, aunque algunos fitoterapeutas llegan a utilizar hasta 320 mg diarios. Véase Pigeo.

Palomitas de maíz (Ing. *Popcorn*) Son los granos de cierta variedad de maíz (el palomero) reventados por acción del calor. // Sin sal adicional, las palomitas son ricas en carbohidratos (55 g/100

g) y fibra dietética (1.7 g/100 g). // Son pobres en betacaroteno, pero aportan algo de niacina (1 mg/100 g). // De los minerales, sólo destacan el fósforo (190 mg/100 g), el potasio (210 mg/100 g) y el hierro (2.2 mg/100 g). // Su contenido natural de sodio es bajísimo (3 mg/100 g), pero una vez saladas, se eleva a 1000 mg/100 g, por lo que se les considera poco sanas. // La palomitas para horno de microondas también contienen exceso de grasas trans.

Pamplina (Ing. *Common chickweed*) Planta herbácea de la familia de las Cariofiláceas (Stellaria media), originaria de Europa. También se le conoce como alsine. // En medicina tradicional se le considera astringente, emoliente, antirreumática y antiinflamatoria. // Su uso interno es limitado, y se emplea más en forma de ungüento, contra eczemas, soriasis, úlceras, urticarias y dolores reumáticos.

Pan integral (Ing. *Whole wheat bread*) Es el producto de hornear la masa formada por harina integral de trigo, sal, agua, aceite vegetal y levadura. La receta puede variar y a veces no lleva grasa, pero sí especias u otros granos (como girasol, ajonjolí o linaza). // Aunque rezonablemente nutritivo, el pan integral puede resultar inconveniente si es que se le agregó a la masa manteca vegetal (un producto rico en grasas trans), en vez de aceites prensados en frío. Pero vale la pena buscar los panes que no la contienen. // Aporta un poco de proteínas incompletas (10.6 g/100 g) y fibra dietética (1.5 g/100 g). // No ofrece betacaroteno, pero sí niacina (2.4 mg/100 g), siendo ésta la única vitamina B en la que destaca. Tampoco es buena fuente de vitamina E (0.3 mg/100 g). // Contiene razonables cantidades de fósforo (230 mg/100 g), potasio (275 mg/100 g) y hierro (2.5 mg/200 g). Lamentablemente, también abunda en sodio (535 mg/100 g).

Pantenol (Ing. *Panthenol*) Es la provitamina B_5, también conocida como pantotenol y alcohol pantotenílico. El organismo lo puede convertir en la auténtica vitamina (ácido pantoténico). // Es ingrediente de diversos champús para la caída del cabello, pero su utilidad no ha sido comprobada. Véase Ácido pantoténico.

Pantetina (Ing. *Panthetin*) 1) Derivado del ácido pantoténico (4-fosfopantotenato) que se forma en el curso del metabolismo de esta vitamina. 2) Complemento nutricional que exhibe las propiedades del ácido pantoténico y algunas más, como normalizar el colesterol total, el colesterol malo (LDL), los triglicéridos elevados y elevar al mismo tiempo el colesterol bueno o HDL. Fomenta la síntesis corporal de ácidos grasos omega 3 y protege al organismo contra venenos y toxinas. // Se le ha utilizado en el tratamiento de arterioesclerosis, angina de pecho, cardiomiopatía, asma, alergias, colitis, enfermedad de Crohn, alcoholismo y males autoinmunes (lupus, soriasis). // Se le considera seguro, y la dosis recomendada es de 100-200 mg diarios en 1-2 tomas. En el tratamiento de algunos de los males enumerados se han llegado a utilizar hasta 900 mg diarios sin problemas.

Pantotenato de calcio (Ing. *Calcium pantothenate*) Sal cálcica del ácido pantoténico o vitamina B_5. // Contiene calcio, pero en cantidad insignificante. Por ello se le utiliza más como fuente del ácido pantoténico que de dicho mineral. // Se le prefiere sobre este último porque es más estable y tiene mayor vida de anaquel (en complementos y medicamentos).

Pantotenatos (Ing. *Panthotenates*) Nombre genérico de los derivados (sales) del ácido pantoténico. // Por extensión, se considera al pantotenato como sinónimo de la vitamina B_5. Véase Ácido pantoténico.

Papaína (Ing. *Papaine*) Enzima extraída de la papaya. Es proteolítico, es decir, actúa específicamente sobre las proteínas, disgregándolas. // En aplicaciones culinarias se le utiliza para ablandar las carnes. En forma de complemento, para mejorar la digestión de las proteínas (en especial de las carnes). Véase Enzimas.

Papas (Ing. *Potatoes*) Son los tubérculos de una planta herbácea de la familia de las Solanáceas (Solanum tuberosum).

// Las papas no tienen betacaroteno y aportan apenas un poco de fibra dietética (0.6 g/100 g). Tampoco abundan en proteínas ni en carbohidratos (21 g/100 g) // Son pobres en vitaminas B, a excepción de la niacina (1.7 mg/100 g), pero contienen vitamina C (20 mg/100 g). // Tampoco destacan en cuanto a minerales, pero su balance sodio-potasio es excelente: sodio (4 mg/100 g), potasio (500 mg/100 g).

Papaya (Ing. *Papaya*) Es el fruto de una planta de la familia de las Caricáceas (Carica papaya), también conocida como fruta bomba. // Es muy pobre en macronutrientes, pero aporta buena cantidad de fibra dietética (2 g/100 g) y betacaroteno (4000 UI/100 g). // Contiene tiamina (0.2 mg/100 g), riboflavina (0.5 mg/100 g), niacina (0.6 mg/100 g) y ácido pantoténico (0.4 mg/100 g). // Es más rica en vitamina C que algunos cítricos (100 mg/100 g) y abunda asimismo en potasio (470 mg/100 g). Prácticamente no tiene sodio (6 mg/100 g). // Sus principales fitonutrientes son el alfa caroteno, el betacaroteno, el gamma caroteno, la criptoxantina, la cantaxantina, la zeaxantina, los flavonoides, los antocianósidos, los monoterpenos y la bulatacina. // En medicina tradicional se le considera laxante y digestiva. Sus hojas y su látex se usan como antiasmáticos y antihelmínticos.

Pasas (Ing. *Raisins*) Son las uvas deshidratadas (de manera natural o artifi-

cial). // Son extremadamente ricas en carbohidratos, especialmente glucosa y fructosa (77.5 g/100 g). Modestas en cuanto a fibra dietética (0.9 g/100 g) y prácticamente carecen de betacaroteno. // Sólo tienen un poco de niacina (0.5 mg/100 g) y casi nada de vitamina C. Aunque pobres en sodio, abundan en potasio (760 mg/100 g).

Pasta (Ing. *Pasta* o *noodles*) Alimento hecho con harina de trigo y agua. A algunas variedades se les enriquece con yema de huevo o vitaminas y minerales. // Proporciona buena cantidad de carbohidratos (23 g/100 g) y casi nada de fibra dietética y betacaroteno. // Es pobre en vitaminas B (aun las pastas enriquecidas), a excepción de la niacina (0.4 mg/100 g). // De los minerales, sólo tiene un poco de fósforo (60 mg/100 g) y de potasio (45 mg/100 g). Véase Harina blanca.

Patatas (Ing. *Potatoes*) Otro nombre para las papas.

Pau d'arco (Ing. *Pink trumpet tree*) Árbol de la familia de las Bignoniáceas (Tabebuia impetiginosa o T. avellanedae), originario de Sudamérica. También se le conoce como lapacho. // Los nativos lo emplean desde tiempos inmemoriales como antiséptico y contra el cáncer. También se le han confirmado propiedades antibacterianas, antivirales y antimicóticas. Contra los hongos patógenos resulta más efectivo que el ketoconazol, y da muy buenos resultados contra la cándida. Para combatir infecciones actúa en el nivel digestivo, respiratorio y urinario. También se ha utilizado contra el lupus. // Sus principios activos son el lapachol, la beta-lapachona y el lapachenol. Estos compuestos no son hidrosolubles, por lo que las infusiones no resultan efectivas. // No es recomendable durante el embarazo y la lactancia. Aunque efectivo, exhibe una toxicidad respetable y es mejor emplearlo sólo bajo vigilancia médica.

Pavo (Ing. *Turkey*) Ave doméstica del orden de la gallináceas (Maleagris sp.), también llamada guajolote, cócono y pípila. Es originaria de México. // Su carne es una de las más ricas en proteínas completas (31.9 g/100 g), si bien contiene tanto colesterol como la carne de cerdo (86 mg/100 g). // Pero esto último no debe desalentarnos de consumir pavo: su contenido de colesterol es apenas 16 mg más alto que el de la carne de pollo. // La carne de pavo no abunda en vitaminas B, pero es rica en niacina (8 mg/100 g). // También aporta buena cantidad de hierro (4 mg/100 g), fósforo (320 mg/100 g) y potasio (365 mg/100 g).

PCA Otro nombre para el piroglutamato.

PCM Siglas de pectina cítrica modificada.

Pectina cítrica modificada (Ing. *Modified citric pectin*) Un derivado químico de las pectinas presentes en los cítricos, también conocido como PCM. // A diferencia de las pectinas comunes, la PCM se descompone en moléculas cortas fácilmente absorbibles. // Exhibe un notable poder anticanceroso a través de diversos mecanismos, entre ellos estimular el sistema inmunológico (en especial a las células asesinas naturales o NK). Resulta especialmente efectiva para limitar la formación de metástasis (hasta 50% menos). Al parecer, también interfiere con la angiogénesis (formación de vasos sanguíneos) tumoral. // Se ha usado con éxito en el tratamiento de los cánceres de piel (melanoma), de mama y de próstata. // Su uso es seguro, y las dosis usuales son de 10-15 g diarios, disuelta en agua y en 2-3 tomas.

Pectinas (Ing. *Pectins*) 1) Carbohidratos complejos a los que generalmente se agrupa dentro de las fibras dietéticas. 2) Fitonutrientes que existen de manera natural en muchos frutos, particularmente en la corteza blanca de los cítricos y en la pulpa de peras y manzanas. // Su uso principal es darles consistencia a jaleas y mermeladas, pero ya están disponibles como complemento alimenticio. // Usadas de esta última manera ayudan a normalizar el colesterol (inhiben su absorción intestinal), reducen el LDL (colesterol malo) y protegen contra el cáncer de colon. Asimismo, actúan como prebióticos, favoreciendo la buena flora intestinal.

Pectoral (Ing. *Pectoral*) Que favorece el funcionamiento de bronquios y pulmones.

Pelagra (Ing. *Pellagra*) Enfermedad carencial (avitaminosis) de la vitamina B_3 o niacina. // Se caracteriza por las llamadas tres "D": diarrea, dermatitis y demencia (son los síntomas clásicos, cuando la pelagra se ha agudizado al máximo). El desenlace final es la muerte. // Formas leves o subclínicas de pelagra ocasionan debilidad, fatiga crónica, insomnio, depresión y trastornos digestivos.

Peperina (Ing. *Piperine*) Fitonutriente extraído de la pimienta negra (Piper nigrum) que incrementa la absorción intestinal y mejora la asimilación de nutrientes y medicamentos. // La peperina actúa incrementando la permeabilidad intestinal. Otro fitonutriente —la bergamotina— exhibe el mismo efecto, pero a través de un mecanismo distinto: inhibe el citocromo P450. // En forma de complemento, la dosis usual es de 5-15 mg diarios, en 1-3 tomas, por periodos cortos. Su seguridad durante el embarazo y la lactancia no ha sido evaluada, y deberá evitarse su consumo de manera simultánea con medicamentos, ya que haría aumentar su potencia.

Pepino (Ing. *Cucumber*) Es el fruto de una planta herbácea de la familia de las Cucurbitáceas (Cucumis sativus). // Es pobre en macronutrientes, betacaroteno y fibra dietética (0.6 g/100 g). // Tampoco abunda en vitaminas y minerales, salvo el potasio (160 mg/100 g). // Destaca, en cambio, en fitonutrientes: ácido fenólico, ácido lipoico, cumarinas, cucurbitacinas, esteroles, flavonoides y carotenoides. También es buena fuente de clorofila. // En medicina tradicional se le considera laxante, diurético y depurativo.

Pepino de mar (Ing. *Sea cucumber*) Es un animal marino de la familia de los Equinodermos (Microchele nobilis), cuyo uso medicinal se remonta a la antigua China. // Contiene poderosas sustancias antiinflamatorias, por lo que está indicado en artritis reumatoide, osteoartritis, bursitis y otras enfermedades reumáticas y del tejido conectivo. Resulta más eficaz si se combina con aceite de pescado, glucosamina, condroitina, MSM y cetil miristoleato. // Se desconocen sus principios activos, pero contiene sustancias como los glucosaminoglicanos, que modifican favorablemente el balance corporal de prostaglandinas, así como de mucopolisacáridos y condroitinas. // Se considera seguro, pero no se ha evaluado su inocuidad durante la gestación y la lactancia. La dosis usual es de 1500-2000 mg diarios en dos tomas para empezar —e ir disminuyendo hasta 1000 mg diarios— la dosis de mantenimiento.

PER Siglas en inglés de relación de eficiencia proteínica.

Peras (Ing. *Pears*) Son el fruto de un árbol de la familia de las Rosáceas (Pyrus communis). // Tienen un poco de carbohidratos (15 g/100 g) y de fibra dietética (1.4 g/100 g), pero carecen de betacaroteno. // Son pobres en vitaminas B y C, y sólo aportan una modesta cantidad de potasio (130 mg/100 g).

Perejil (Ing. *Parsley*) Es una planta herbácea de la familia de las Umbelíferas (Petroselinum hortense), muy popular como condimento. // Es muy buena fuente de betacaroteno (3200 UI/100 g), niacina (1.8 mg/100 g) y vitamina C (150 mg/100 g). Su contenido de esta última vitamina supera incluso al de los cítricos. // Destaca también en contenido de fitonutrientes: ácido fenólico, ácido lipoico, monoterpenos, poliacetilenos, flavonoides, carotenoides y zeaxantina. // En medicina tradicional se le utiliza como diurético, colagogo y emenagogo.

Pescado (Ing. *Fish*) La carne de las variedades más comunes de pescado en México (mero, robalo, lisa, huachinango, dorado, sierra, mojarra, etc.) es rica en proteína completa (19.5 g/100 g), pobre en vitamina A y con un contenido de colesterol similar al de la carne de pollo (70 mg/100 g). // No abunda en tiamina, pero tiene algo de riboflavina (0.3 mg/100 g), ácido pantoténico (0.5 mg/100 g), piridoxina (0.4 mg/100 g) y vitamina B_{12} (10 mcg/100 g). // De los minerales, no abunda en hierro,

pero sí tiene algo de fósforo (220 mg/100 g) y es buena fuente de potasio (325 mg/100 g). // Los pescados de aguas cálidas y templadas (como los mencionados anteriormente) no son buena fuente de ácidos grasos omega 3. Estos últimos sólo se hallan en cantidades apreciables en pescados de aguas frías, como los arenques, las sardinas, el salmón, la trucha, el atún, el marlín y la macarela. También son buenas fuentes de las vitaminas A y D. Véanse Sardinas, Arenques y Pescados azules.

Pescados azules (Ing. *Blue fish*) Nombre genérico aplicado a los pescados marinos de aguas frías y profundas, entre ellos sardinas, arenques y macarela. Se les llama así por las escamas azuloso-plateadas que tienen algunos de ellos en su dorso. // En nutrición se les tiene entre las mejores fuentes de ácidos grasos omega 3.

Pfaffia Véase Suma.

Picnogenol (Ing. *Pycnogenol*) Nombre comercial de un extracto de la corteza del pino marítimo francés, formado por una mezcla compleja de flavonoides. // Su composición es similar a la del extracto de semilla de uva roja (abunda especialmente en catequinas). Exhibe una actividad antioxidante muy potente (ambos extractos superan a las vitaminas C y E) y también es un inmunomodulador. Ayuda a regular la expresión génica. // Sus principios activos son las catequinas, las antocianinas, las proantocianidinas y los ácidos cafeico y ferúlico. // Actúa en sinergia con la vitamina C, neutralizando radicales libres, protegiendo las membranas celulares y fortaleciendo los vasos sanguíneos. Mantiene la elasticidad e integridad del colágeno (inhibe a enzimas proteolíticas como la colagenasa y la elastasa). Combate la inflamación y conservan flexibles las articulaciones. Mejora la circulación periférica, especialmente en manos, pies y los capilares del ojo. // Se le ha utilizado en el tratamiento de várices, hemorroides, fragilidad capilar y para estimular la recuperación muscular tras un entrenamiento intenso. // Está disponible como complemento alimenticio, y aunque su uso se considera seguro, no se ha evaluado su inocuidad durante el embarazo y la lactancia. La dosis inicial es de 150-250 mg en 1-3 tomas, con alimentos. Al cabo de 7-10 días, se puede reducir la dosis a la mitad.

Picolinato de cromo (Ing. *Chromium picolinate*) Sustancia orgánica derivada de la acción del ácido alfa picolínico sobre el cromo trivalente. Es una buena fuente de cromo y se le utiliza comúnmente como complemento alimenticio. // El cromo es de difícil absorción y retención, pero esta presentación favorece una mayor biodisponibilidad. // Empero, se halla bajo sospecha de ser mutágeno (ocasionar mutaciones celulares), algo que sólo se ha observado

en cultivos de laboratorio. Por lo pronto, se sugiere mejor utilizar el polinicotinato de cromo, cuya seguridad sí se ha establecido. Véase Cromo.

Picolinatos (Ing. *Picolinates*) Sales que forma el ácido alfa picolínico al combinarse con distintos minerales. // Los picolinatos (como el de cromo y el de magnesio) se utilizan comúnmente como complementos alimenticios.

Pigeo (Ing. *Pygeum*) Árbol de la familia de las Meliáceas (Pygeum africanum). // De uso tradicional en el África ecuatorial como afrodisiaco y para tratar afecciones urinarias, la corteza de este árbol también resulta útil contra la hipertrofia prostática benigna. // Sus principios activos son los fitosteroles, los terpenos pentacíclicos y los ésteres del ácido ferúlico. // El extracto actúa al menos en tres niveles: bloqueo de los receptores prostáticos para la testosterona y la dihidrotestosterona; efecto antiinflamatorio local, y acción antiedema. Se dice que es tanto o más efectivo que el extracto de palmito sierra. // Se considera seguro, y la dosis usual del extracto estandarizado (al 13% de esteroles) es de 50-100 mg dos veces al día. Los efectos curativos demoran en presentarse varias semanas (ocasionalmente, meses).

Pimienta (Ing. *Pepper*) Fruto del pimentero, una planta herbácea de la familia de las Piperáceas (Piper nigrum), utilizado ampliamente como condimento. // Los tres tipos de pimienta (blanca, verde y negra) proceden de la misma planta; sus diferencias se deben al grado de madurez y al procesamiento de que han sido objeto. // En medicina tradicional se le considera digestiva. Últimamente ha sido objeto de estudio su principal fitonutriente, la piperina.

Pimiento (Ing. *Sweet pepper*) Es el fruto de una planta herbácea de la familia de las Solanáceas (Capsicum annum). // Los pimientos pueden ser verdes, amarillos (dorados), anaranjados y rojos. Estos últimos, llamados morrones, son los más gruesos y dulces de todos (pero los verdes son más nutritivos). // Son muy pobres en macronutrientes y betacaroteno, pero tienen algo de fibra dietética (1.4 g/100 g). // De las vitaminas B, sólo destaca la niacina (0.5 mg/100 g). Son ricos en vitamina C (128 mg/100 g), renglón en el que superan a los cítricos. // El único mineral importante es el potasio (210 mg/100 g). // Son, en cambio, ricos en fitonutrientes: ácido fenólico, flavonoides, cumarinas, rutina, hesperidina, monoterpenos, antocianósidos y carotenoides.

Pinole (Ing. *Pinole*) Harina de maíz tostada y adicionada con azúcar y canela molida. // Golosina tradicional mexicana, está cada vez más en desuso. No está balanceada nutricionalmente hablando: proteínas incompletas (10.7 g/100 g), carbohidratos (75.6 g/100 g). //

No abunda en vitaminas, excepto la niacina (1.5 mg/100 g). // En cambio, es alto en fósforo (360 mg/100 g), potasio (437 mg/100 g) y hierro (4.2 mg/100 g).

Piña (Ing. *Pineapple*) Es el fruto de una planta de la familia de las Aráceas (Ananas comosus), también conocida como ananás. // Aunque su jugosa pulpa es muy sabrosa, la piña es pobre en nutrientes. Casi no tiene fibra dietética, betacaroteno ni tampoco vitaminas B, y de los minerales sólo aporta algo de potasio (145 mg/100 g). // No obstante, contiene valiosos fitonutrientes: ácido clorogénico, flavonoides, antocianósidos, criptoxantina y zeaxantina. Es la mejor fuente de bromelina. // En medicina tradicional tiene una gran reputación como digestiva. Además se le considera hepática, diurética, antigotosa y antiinflamatoria (en especial de las vías urinarias).

Piñón (Ing. *Nutpine*) Es la semilla de diversas especies de coníferas (Pinus sp.) que se consume como golosina o en repostería. // Es rico en proteínas incompletas (21.5 g/100 g), grasa (58 g/100 g) y contiene algo de fibra dietética (1 g/100 g). // Ofrece algo de betacaroteno (450 UI/100 g) y de vitaminas B: tiamina (1.3 mg/100 g), riboflavina (0.25 mg/100 g), niacina (4.5 mg/100 g), ácido pantoténico (0.9 mg/100 g), piridoxina (0.6 mg/100 g) y ácido fólico (85 mcg/100 g). // No contiene vitamina C, pero sí vitamina E (50 mg/100 g). // Son muy buena fuente de hierro (5 mg/100 g), fósforo (625 mg/100 g), potasio (500 mg/100 g) y magnesio (225 mg/100 g).

Pipas (Ing. *Sunflower seeds*) Otro nombre para las semillas de girasol.

Pirámide alimentaria (Ing. *Food pyramid*) Ayuda didáctica para orientarse respecto de llevar una buena alimentación, diseñada originalmente en el Departamento de Agricultura de Estados Unidos en 1992. // Se basa en la clasificación de los alimentos por grupos, y la pirámide está dividida en pisos o estratos. Dentro de cada uno de ellos se coloca a determinado grupo (fuentes de carbohidratos, de grasas, de proteínas, etc.) y en cada piso se sugiere un número de raciones diarias. La intención es ilustrar las distintas proporciones que de cada grupo se deben ingerir diariamente. // La idea es buena, porque la silueta de la pirámide (amplia en la base y reducida en la cúspide) nos ilustra muy bien cuáles alimentos deben ingerirse en mayor y en menor cantidad. Lamentablemente, para estructurarla sólo se tomaron en cuenta la naturaleza y las cantidades, mas no las calidades de los alimentos. Por ejemplo, no todas las fuentes de carbohidratos son equivalentes (véase Índice glicémico). Asimismo, no resultan equivalentes los alimentos integrales y los procesados, y la proteína de las leguminosas no es igual a la de las carnes.

Piridoxal (Ing. *Piridoxal*) Una de las formas químicas de la piridoxina o vitamina B_6. Las otra es la piridoxamina. // El fosfato de piridoxal es la forma bioquímicamente activa de la citada vitamina. Véase Piridoxina.

Piridoxamina (Ing. *Piridoxamine*) Una de las formas químicas de la piridoxina. Al igual que el piridoxal, también exhibe actividad de vitamina B_6. Véase Piridoxina.

Piridoxina (Ing. *Pyridoxine*) Vitamina hidrosoluble, miembro del complejo B. // También se le conoce como vitamina B_6, piridoxal, piridoxamina, vitamina G y adermina. // Su forma activa es el fosfato de piridoxal. // Se dosifica en miligramos y su requerimiento mínimo diario es de 2 mg para los adultos, y de 0.6 a 1.2 mg en los niños, según la edad. // El embarazo, la lactancia, la exposición a radiaciones (como los rayos X),

Piridoxina

Las mejores fuentes

Levadura de cerveza	4.0 mg
Arroz integral	3.6 mg
Trigo	2.9 mg
Soya	2.0 mg
Centeno	1.8 mg
Lentejas	1.7 mg
Semillas de girasol	1.1 mg
Avellanas	1.1 mg
Germen de trigo	0.9 mg
Salmón	0.9 mg
Atún	0.9 mg
Hígado de res	0.9 mg
Salvado de trigo	0.8 mg
Nueces	0.7 mg

X 100 g

los padecimientos cardiovasculares y el uso de estrógenos (como la píldora anticonceptiva) aumentan las necesidades de piridoxina. // La piridoxina es necesaria para el correcto funcionamiento de al menos 100 enzimas. Esto la hace imprescindible para el metabolismo de carbohidratos, grasas y proteínas. Entre las enzimas que activa, están la ciclooxigenasa y la lipooxigenasa, de las que depende directamente la producción corporal de eicosanoides. La piridoxina también es fundamental para el funcionamiento nervioso y cerebral (permite la síntesis de neurotransmisores y facilita la conducción de los impulsos nerviosos). Participa en la producción de las células sanguíneas y de los anticuerpos, y previene el depósito de colesterol en las arterias. Es, asimismo, un protector hepático y pancreático (la carencia de piridoxina desencadena la producción de ácido xanturénico, un tóxico temible para el páncreas). // Esta vitamina es segura y muy poco tóxica. Se han utilizado dosis orales e intravenosas de hasta 300 mg diarios sin producirse reacciones adversas. Empero, el consumo prolongado de megadosis (100-200 mg diarios) puede desencadenar neuropatía sensorial (sensación de alfilerazos), falta de coordinación manual y mareos. Estos trastornos no son graves y desaparecen al descontinuar la vitamina. // Se le ha utilizado en el tratamiento de la arterioesclerosis, la angina de pecho, la pancreatitis y el cáncer de páncreas, el eczema, los cálculos re-

nales, la diabetes mellitus, la tensión premenstrual, la retención de líquidos, la depresión, la caída del cabello (alopecia) y ciertas formas de anemia. Utilizada junto con ácido fólico y vitamina B_{12}, evita la producción corporal de homocisteína. Durante el embarazo, y en combinación con el ácido fólico, ayuda a prevenir el labio leporino, el paladar hendido y otros defectos congénitos. // La deficiencia de piridoxina puede desencadenar hipoglucemia e intolerancia a la glucosa. También puede producirse depresión, irritabilidad, confusión e insomnio. Puede haber retención de líquidos, eczema, cálculos biliares y propensión a la diabetes. Asimismo, existe un tipo de anemia producido por la carencia de esta vitamina. En las mujeres encinta su deficiencia aumenta la frecuencia de malformaciones fetales y abortos espontáneos. // La piridoxina es más efectiva si se ingiere junto con las demás vitaminas B (especialmente la riboflavina), los ácidos grasos esenciales y la vitamina C.

Pirofosfato de tiamina (Ing. *Tiamine pyrophosphate*) Derivado de la tiamina o vitamina B_1 que el organismo produce para utilizarla en el metabolismo. Bioquímicamente es la cocarboxilasa o coenzima B_1. // La transformación de tiamina en cocarboxilasa puede estar disminuida o bloqueada en algunas personas, y por ello recibirla ya preformada (generalmente a través de inyecciones) produce beneficios.

Piroglutamato (Ing. *Pyroglutamate*) 1) Nombre común del ácido carboxílico 2-oxo-pirrolidona, también conocido como PCA. 2) Compuesto naturalmente presente en el cerebro y la sangre, utilizado como complemento. En los alimentos, se halla en la carne, la leche y algunos vegetales (en pequeñas cantidades). // Su estructura química es similar a la del ácido glutámico y puede mejorar la concentración y la agudeza mentales. Ayuda a superar la ansiedad. Permite superar los problemas de memoria derivados del consumo de alcohol y la demencia senil. // Como complemento generalmente se utiliza su derivado, el piroglutamato de arginina. // No se ha evaluado su seguridad. Debe evitarse durante el embarazo y la lactancia. La dosis usual es de 500-1000 mg diarios, en 1-2 tomas.

Piruvato (Ing. *Pyruvate*) Sales o derivados del ácido pirúvico. Químicamente, el ácido pirúvico es muy inestable, por lo que usualmente se utilizan sus sales, que son más estables. // A veces se utiliza el término *piruvato* como sinónimo de ácido pirúvico. Véase Ácido pirúvico.

Pistaches (Ing. *Pistachios*) Son el fruto de un árbol de la familia de las Anacardiáceas (Pistacia vera). // Son muy nutritivos: abundan en proteínas incompletas (21 g/100 g), grasas (53.5 g/100 g) y fibra dietética (1.7 g/100 g), aunque carecen de betacaroteno. // Aportan buena cantidad de tiamina (0.7 mg/100 g), niacina (1.4 mg/100 g) y ácido pantoténico (1.8 mg/100 g), así como un poco de piridoxina. // Antes de que se les sale, su balance sodio-potasio es excelente: sodio (0 mg/100 g) y potasio (975 mg/100 g). También son ricos en fósforo (500 mg/100 g).

Pitahaya (Ing. *Pitahaya*) Es el fruto del cacto del mismo nombre, de la familia de las Cactáceas (Hylocercus undatus). // Su pulpa jugosa no es muy rica en macronutrientes, fibra dietética o betacaroteno (pero sí en otros carotenoides). Tampoco se distingue por su contenido de vitaminas B y sólo aporta una pizca de niacina (0.4 mg/100 g). Tiene un poco de vitamina C (20 mg/100 g) y de potasio (120 mg/100 g). // No obstante, abunda en fitonutrientes: ácidos fenólico y p-cumárico, antocianósidos, cumarinas, gomas, mucílagos, pectinas y carotenoides. // En medicina tradicional se utiliza como diurético y antidiarreico.

Plantas tonificantes (Ing. *Toning herbs*) Son aquellos vegetales o sus derivados que ejercen una acción benéfica general sobre el organismo, combaten los efectos del estrés y aumentan su capacidad de resistencia. // Ejemplos de plantas tonificantes son el ginseng siberiano, la schisandra, la ashwaganda y la maca. Véase Adaptógenos.

Plátano (Ing. *Banana*) Es el fruto de diversas plantas de la familia de las

Musáceas (Musa sp). // Es rico en carbohidratos (22 g/100 g), pero pobre en fibra dietética (0.5 g/100 g) y en betacaroteno. // De las vitaminas B, sólo tiene un poco de niacina (0.7 mg/100 g) y de piridoxina (0.5 mg/100 g). Casi no tiene vitamina C, y entre los minerales, sólo destaca el potasio (370 mg/100 g), del cual es muy buena fuente. // Sus principales fitonutrientes son las cumarinas, los esteroles, las pectinas, los taninos, las saponinas, los inhibidores de las proteasas y los FOS. // En medicina tradicional se le considera un laxante suave.

PMF Siglas en inglés de flavonas polimetoxiladas.

Poder antioxidante de los alimentos (Ing. *Antioxidant capacity of foods*) Escala del poder neutralizador de la oxidación que provocan los radicales libres, desarrollada por el Departamento de Agri-

Poder antioxidante

Vegetales	Unidades/100 g
Ciruelas	5 770
Pasas	2 830
Arándanos	2 400
Moras	2 036
Col	1 770
Fresas	1 540
Espinacas	1 260
Col de bruselas	980
Brócoli	890
Betabel	840
Naranja	750
Cebolla	450
Berenjena	390
Manzanas	218

cultura de Estados Unidos en el año 2000. // Se obtiene mediante una técnica de análisis llamada ORAC (*oxygen radical absorbance capacity*) y se mide en unidades/100 g. Véase ORAC.

Polen (Ing. *Pollen*) Producto alimenticio que fabrican las abejas al reunir en pequeñas pelotitas las células reproductivas (microesporas) masculinas de las plantas con flores (fanerógamas). Cada bolita reúne entre 500 mil y 5 millones de células individuales. // Existen muy diversos tipos de polen, dependiendo de las plantas de donde proceden, el área geográfica, la época de la floración, etc. Pero en general puede decirse que el polen es muy rico en proteínas completas (36 g/100 g), carbohidratos (50 g/100 g), betacaroteno (17 000 UI/100 g) y en carotenoides como la luteína, la bixina, la cantaxantina, la zeaxantina, la criptoxantina y los carotenos. // Abunda en vitaminas B, C, E y K, así como en minerales esenciales, especialmente fósforo 480 mg/100 g) y potasio (625 mg/100 g), por lo que es un excelente complemento alimenticio. // En medicina tradicional se le reconoce como tónico, antialérgico y antidiabético // Se le ha utilizado como auxiliar en el tratamiento de la hipertrofia prostática benigna, y para combatir el acné, el asma, las várices, las hemorroides, la colitis crónica, el insomnio, la anemia y el colesterol elevado. También tiene propiedades antibióticas muy potentes. // Su uso es seguro, y a granel la dosis usual es de 1-3 cucharaditas diarias, repartido con las comidas. Debe estar lo más fresco posible y consumirse a la mayor brevedad, pues se degrada con rapidez. // En presentación comercial, búsquese la variedad estabilizada (liofilizada), de la cual se pueden ingerir 3-6 cápsulas diarias, junto con los alimentos.

Poliaminas (Ing. *Polyiamines*) Grupo de sustancias ricas en nitrógeno, como la putrescina, la espermina y la espermidina. // Como parte de la dieta, son importantes como factores protectores de las vías digestivas. Además, se les considera estimulantes del crecimiento celular —en especial el muscular—, razón por la cual se utilizan como complementos en fisicoculturismo. // En este aspecto la más potente es la putrescina, la que quizá actúa estimulando el IGF-1 a la vez que bloquea a la miostatina (proteína inhibidora del crecimiento muscular).

Policosanol (Ing. *Polycosanol*) Mezcla compleja de lípidos extraídos de la caña de azúcar, cuyo uso principal es como reductor del colesterol (hipocolesterolemizante). // Existe evidencia científica de que ningún otro producto nutricional puede proteger contra infartos y embolias mejor que el policosanol. Disminuye los niveles séricos de colesterol total y LDL (colesterol malo), a la vez que eleva los valores del HDL (colesterol bueno). Asimismo, protege al LDL contra la oxidación, bloquea la

sobreproducción de eicosanoides inflamatorios y de tromboxanos que favorecen coágulos peligrosos. Con todo, su efecto más notable es la elevación del HDL. // Se dice que no tiene efectos secundarios, pero se ignora si esto resulta aplicable también al uso prolongado. No se aconseja su uso en personas con niveles normales de colesterol (180-200 mg/dl), ya que podría recírselos demasiado. Tampoco debe utilizarse de manera simultánea con medicamentos anticolesterol (como las astatinas). // La dosis usual es de 10 mg diarios, pero algunas personas podrían necesitar el doble. Para obtener los mejores resultados, lo ideal es utilizarlo bajo vigilancia médica.

Polifenoles (Ing. *Polyphenols*) Grupo de fitonutrientes que pertenecen al grupo de los flavonoides. // Están presentes en el vino tinto, el jugo de uva, el café, el cacao, el chocolate y los tés verde y negro. // Son antioxidantes, inhiben la formación de carcinógenos y estimulan la producción de enzimas anticancerosas. Evitan la oxidación del LDL (colesterol malo).

Polinicotinato de cromo (Ing. *Chromium polinicotinate*) Una de las mejores fuentes de cromo orgánico, resultado de la combinación entre el ácido nicotínico y el cromo trivalente. // Su absorción, retención y utilización dentro del organismo es superior a la de otras sales de este metal, como el cloruro, el sulfato, el gluconato y el picolinato. // Aunque se le sintetiza para utilizarlo como complemento alimenticio, existe en la naturaleza. Sus mejores fuentes son el hígado (de diversas especies), la levadura de cerveza, las carnes rojas y blancas, la yema de huevo, los cereales integrales, la alfalfa y la leche. // Su uso es seguro, y la dosis utilizada es de 200-600 mcg diarios, divididos en 1-3 tomas (con alimentos). Véase Cromo.

Polisacárido K (Ing. *Polisaccharide K* o *PSK*) Es el principio activo más importante del hongo Coriolus versicolor. // Su principal efecto sobre el organismo es elevar los niveles de la enzima SOD, que resulta protectora contra los radicales libres. Asimismo, protege contra los efectos secundarios de las radiaciones o las quimioterapias utilizadas en el tratamiento del cáncer. Véase Coriolus.

Pollo (Ing. *Chicken*) Es el individuo joven de las aves de corral conocidas como gallo y gallina (Gallus sp.), a las que el hombre domesticó hace unos 6 mil años. // Su carne aporta buena cantidad de proteínas completas (26.5 g/100 g), un poco de vitamina A, nada de fibra dietética y ligeramente más colesterol (86 mg/100 g) que la carne de puerco. // Pero esto no debe disuadirnos de consumirla. Con excepción de la tiamina, es buena fuente de vitaminas B: riboflavina (0.4 mg/100 g), niacina (9.2 mg/100 g), ácido pantoténico (0.8 mg/100 g) y piridoxina (0.7 mg/100 g). //

Aporta buena cantidad de potasio (270 mg/100 g), fósforo (245 mg/100 g) y de hierro (1.8 mg/100 g). // Tradicionalmente, un buen caldo de pollo es la mejor medicina para el resfriado (existe evidencia científica de ello).

Pomelo (Ing. *Grapefruit*) Véase Extracto de semilla de pomelo.

Poro (Ing. *Leek*) Otro nombre del puerro.

Poroto (Ing. *Bean*) Otro nombre para el frijol.

Potasio (Ing. *Potassium*) Mineral esencial para la salud, de número atómico 19. // El potasio forma apenas el 5% del contenido de minerales del organismo, pero su importancia es fundamental. // Se le dosifica en miligramos. No

Potasio	
Las mejores fuentes	
Kelp	12000 mg
Levadura de cerveza	2 000 mg
Soya	1 740 mg
Alubias	1 310 mg
Chabacano seco	1 200 mg
Frijoles bayos	1 200 mg
Jugo de jitomate	1 180 mg
Perejil	1 000 mg
Chícharos	1 000 mg
Pistaches	980 mg
Germen de trigo	950 mg
Semillas de girasol	900 mg
Lentejas	810 mg
Almendras	770 mg

X 100 g

cuenta con un requerimiento mínimo diario, pero se estima que los adultos necesitan 2000-6000 mg (2 a 6 g) diarios, y los niños un tercio de esta cantidad. // Se le considera un electrolito y junto con el sodio ayuda a regular el balance hídrico del cuerpo. También es indispensable para mantener el equilibrio ácido-alcalino de la sangre y los tejidos, y estimula los impulsos nerviosos y la contracción muscular. Activa diversas enzimas, ayuda en la síntesis corporal de proteínas y estimula a los riñones para deshacerse de los desechos tóxicos. // El potasio está presente aún en cantidades modestas en casi cualquier alimento, razón por la cual su deficiencia no es muy frecuente. Esto es, a menos que se ingieran diuréticos o un exceso de sal (sodio) en los alimentos. Asimismo, la desnutrición crónica, el estrés y el abuso en el consumo de azúcar también pueden originar carencias de este mineral. Cuando éstas tienen lugar, puede producirse insomnio, estreñimiento, calambres, fatiga crónica, trastornos nerviosos y musculares, e incluso irregularidades cardiacas. // El potasio puede ser útil en el tratamiento de la deshidratación y la diarrea (en niños y adultos), en el tratamiento de la hipertensión, para estabilizar el ritmo cardiaco y contra las alergias (en especial las que ocasionan jaquecas). // El potasio es más efectivo si se ingiere junto con el complejo B, especialmente la piridoxina. // Existen complementos de potasio, pero de bajas dosis (menos a 100 mg por tableta). La razón es que en forma purificada resulta muy irritante para la mucosa gástrica. Por lo tanto, si se busca aumentar el consumo de potasio, hay que recurrir a los alimentos más ricos en él y consumirlos a lo largo del día.

PPG Véase Policosanol.

Prebióticos (Ing. *Prebiotics*) Nombre dado a los ingredientes alimentarios o complementos nutricionales que favorecen la proliferación y actividad de la flora intestinal beneficiosa en el ser humano (generalmente formada por bacterias y hongos). // Nuestro primer prebiótico es la leche materna y la leche de vaca constituye el más común, pero diversos tipos de fibra dietética (en particular los fructooligosacáridos o FOS) también favorecen a las bacterias lácticas. Véase Inulina.

Pregnenolona (Ing. *Pregnenolone*) Hormona esteroide (progestágeno) producida por el organismo, y de la cual se derivan la DHEA, la aldosterona, la testosterona y las hormonas femeninas. // Como a la DHEA se le considera la "hormona madre" de las demás hormonas esteroides, a la pregnenolona se le llama la "hormona abuela". // Al igual que menguan los niveles de DHEA con la edad y otros factores, así ocurre con los de pregnenolona, y algunos autores sugieren que sus bajos niveles podrían estar asociados al declive mental. // En ciertos aspectos, la pregnenolona se comporta como una sustancia adaptogénica, similar al ginseng. // Aunque se ha utilizado en el tratamiento de la artritis reumatoide, la osteoartritis, el lupus eritematoso, el asma, el deterioro mental y la esclerosis múltiple, la ventaja básica de la complementación sería aumentar los niveles circulantes de DHEA. // La dosis usual es de 10-50 mg diarios durante 20-30 días. No se ha evaluado su seguridad, y debe evitarse su uso durante el embarazo y la lactancia, o en personas que hayan padecido cáncer. // Tanto la pregnenolona como la DHEA deben usarse con precaución o bajo vigilancia médica. Véanse DHEA y Adaptógenos.

Prímula (Ing. *Evening primrose*) Planta herbácea de la familia de las Primuláceas (Oenothera biennis), también llamada primavera, onagra y hierba del asno. // Medra en forma silvestre, pero se le cultiva para extraer de sus semillas un aceite rico en ácido gamma linolénico (7-10%). // También es fuente de fitonutrientes como los primulósidos, los flavonoides, los taninos, el quercetol y el campferol. // En medicina tradicional se le usa para tratar el síndrome premenstrual (particularmente el dolor e hinchazón de los senos), las molestias de la menopausia y el eczema. También se le considera analgésica, expectorante, antirreumática, antiespasmódica y calmante. // Su aceite se utiliza como complemento alimenticio y se le considera

seguro. La dosis usual fluctúa entre 3 y 9 cápsulas diarias de 500 mg, dividida en tres tomas (con los alimentos). Véanse Borraja y Aceite de borraja.

Proantocianidinas (Ing. *Proanthocyanidins*) Fitonutrientes que pertenecen al grupo de los flavonoides (flavonoles). También conocidas como procianidolinas, proantocianidinas oligoméricas u OPCs, se le considera formas condensadas de las antocianidinas. // Las descubrió en 1947 el doctor Jack Masquelier, un investigador de la Universidad de París. // Se hallan en el vino tinto, el jugo de uva, las semillas de la uva roja y la corteza y las agujas del pino marítimo francés. // Son antiinflamatorias, antihistamínicas y antioxidantes (en este último aspecto se les considera 50 veces más potentes que la vitamina E y 20 veces más que la vitamina C). Mejoran la circulación, fortalecen los vasos sanguíneos y protegen al colágeno. // La dosis recomendada es de 30-90 mg diarios, en 1-3 tomas, entre las comidas. Se han utilizado hasta 300 mg diarios, sin problemas. Véase Extracto de semilla de uva roja.

Probióticos (Ing. *Probiotics*) Nombre que reciben los productos o alimentos que contienen microorganismos vivos capaces de modificar favorablemente la flora intestinal. Por extensión se suele llamar así a dichos microorganismos. // Tradicionalmente han cumplido con esta función el yogur casero ('búlgaros'), el jocoque, el kefir, el koumiss y otras muchas formas de leche fermentada que se producen desde hace miles de años en diversas partes del mundo. // Actualmente ya están disponibles productos comerciales como Actimel, Activia, LC-1, Yakul y en general las leches fermentadas no pasteurizadas. // La clave de los probióticos reside en la presencia de bacterias lácticas como el Lactobacillus acidophilus, el L. rhamnosus, el L. delbruecki, el L. johnsonii, el L. plantarum, el L. kefir, el L. buchneri, el Bifidobacterium bifidum, el B. longum, el B. breve, y el Streptococcus thermophilus, que son capaces de colonizar el tracto intestinal humano. // Para quienes no les agradan las leches fermentadas o no las toleran bien, existen como una opción cápsulas y tabletas con cultivos vivos de bacterias lácticas, en los que se garantiza la presencia de bacterias vivas. // Entre los beneficios reportados en la literatura por ingerir probióticos de manera cotidiana, están el mejoramiento de la digestión y de la tolerancia a la lactosa, la protección contra infecciones intestinales (Helicobacter pylori, rotavirus, salmonela, candida, E. coli 0157:H7, vibrión del cólera), la estimulación del sistema inmunológico (IgA, interferón y fagocitosis), la protección contra los procesos malignos (incluida la producción de carcinógenos), la estimulación del peristaltismo (combaten el estreñimiento), disminuye la producción intestinal de amoniaco, un mejor control de los niveles del co-lesterol sérico y la producción de vitaminas (vitamina K, ácido fólico, biotina). // De uso muy seguro, solo suelen producirse problemas si se es alérgico o intolerante a estos productos. // La dosis recomendada es de 1000-2000 millones de bacterias vivas diariamente, en lo posible acompañada de prebióticos. // Generalmente se les recibe a través de yogures o leches fermentadas comerciales que conservan los lactobacilos vivos, o de yogures caseros (búlgaros). Consumir 1-2 frasquitos diarios suele ser suficiente.

Procianidolinas (Ing. *Procyanidolines*) Véase Proantocianidinas.

Prolactina (Ing. *Prolactin*) Hormona producida por la glándula pituitaria en ambos sexos, también conocida como hormona lactógena. En la mujer, estimula y controla la producción de leche. // Su exceso en el varón la hace competir con la testosterona (hormona sexual masculina), disminuyendo la eficacia de esta última, lo cual puede desembocar en disfunción eréctil. Asimismo, su exceso podría ser un factor de riesgo para la hipertrofia prostática benigna (la prolactina facilita la entrada de la dihidrotestosterona o DHT en la próstata). // Existen diversos productos que ayudan a disminuir la sobreproducción de prolactina. Algunos son derivados naturales (crisina, pigeo, sauzgatillo) y otros son medicamentos (bromocriptina).

Prolina (Ing. *Proline*) Uno de los 20 aminoácidos presentes en los alimentos y que también forman a las proteínas corporales. // No se le considera esencial para el ser humano.

Propóleos (Ing. *Propolis*) Material gomoso hecho por las abejas a partir de las resinas que exudan los árboles. Tiene propiedades antisépticas, antibióticas, antivirales y antimicóticas. También estimula el sistema inmunológico. // Muy popular contra la gripe, la inflamación de garganta, la tos, los resfriados y la gingivitis. Es más eficaz que el aciclovir (un agente antiviral) en el tratamiento de las infecciones ocasionadas por el virus herpes símplex tipo I. Otros microorganismos patógenos contra los que resulta eficaz son la Helicobacter pylori (que ocasiona la enfermedad ácido péptitica), el estafilococo áureo y la Candida albicans. Quizá también sea útil en el tratamiento del cáncer. // Exhibe un efecto analgésico y antiinflamatorio similar al de la aspirina (bloqueo de las prostaglandinas inflamatorias) y en laboratorio ha mostrado ser anticarcinógeno. // Entre sus principios activos están el ácido cafeico, el ácido ferúlico, la sakuranetina, la pinostrobina, la pinocembrina y la pinobanksina. // De uso muy seguro, su única contraindicación es la existencia de alergia o hipersensibilidad // Las dosis recomendadas son de 500-1500 mg diarios, divididos en 1-3 tomas (o su equivalente en tintura líquida).

Prostaglandinas (Ing. *Prostaglandins*) Eicosanoides producidos por un amplio tipo de células corporales. Se les abrevia como PG más alguna letra del alfabeto y un subíndice numérico (por ejemplo, PGE_1). Se les considera mediadoras de diversas funciones fisiológicas, como la coagulación, la inflamación y la respuesta inmune. // Su acción es bloqueada por medicamentos antiinflamatorios no esteroides (como la aspirina). // El cuerpo humano las produce en minúsculas cantidades a partir de dos ácidos grasos esenciales, el ácido cis-linoleico y el ácido alfa linolénico. De ellos surgen tres familias de prostaglandinas que se conocen como "series": la 1, la 2 y la 3. // Las prostaglandinas de las series 1 y 2 tienen como precursor al ácido cis-linoleico, y las de la serie 3 se derivan del ácido alfa linolénico. // Aunque todas las prostaglandinas son necesarias para la salud, a veces se considera "malas" a las de la serie 2 por ser mediadoras del dolor y la inflamación. // Para evitar que se salgan de control, se suelen utilizar como complementos alimenticios los aceites de prímula (o borraja) y de pescado. Los dos primeros favorecen la producción de prostaglandinas de la serie 1, y el último, de la serie 3. Véanse Ácidos grasos esenciales, Aceite de borraja, Aceite de prímula, Aceite de pescado y Eicosanoides.

Proteína del suero (Ing. *Whey protein*) Es la proteína remanente en el suero de la leche tras la obtención de queso. También se le llama aislado o concentrado de proteína de suero. // Es rica en albúmina y globulina, dos proteínas completas. Generalmente se le deshidrata y se le expende como complemento nutricional. // Es un inmunomodulador muy potente, tanto en el nivel celular como en el humoral. Eleva los niveles corporales de glutatión e incrementa la síntesis proteica en el organismo. // Resulta muy útil para el fisicoculturismo, ya que incrementa la resistencia, favorece el crecimiento muscular, permite una mejor recuperación y promueve la retención del nitrógeno. Tiene una elevada biodisponibilidad y su efecto anticatabólico es el más potente de entre todas las proteínas alimenticias. // Tiene un muy elevado valor biológico: concentrado de proteína de suero (104) y aislado de proteína de suero (159). // En animales de laboratorio aumenta la duración de la vida hasta en 60%, y en los humanos podría resultar de utilidad para desacelerar la enfermedad de Alzheimer. // La dosis usual es de 2-4 g diarios (como complemento) y de 3-6 g varias veces al día (para fisicoculturistas). // Un inconveniente de utilizarla en megadosis (más de 30 g diarios) es que el organismo comienza a utilizarla como fuente de energía, en vez de aplicarla en la construcción de músculo. Véanse Caseína y Microfracciones.

Proteína A del timo (Ing. *Thymic protein A*) Es una de las proteínas producidas naturalmente por el timo y cuya función es estimular al sistema inmunológico (la inmunidad celular). // Ya existe como complemento nutricional, y su uso aumenta sobre todo la producción de los linfocitos T-4 (auxiliares) y T-8 (asesinos), que combaten virus y bacterias.

Proteína de soya (Ing. *Soy protein*) La proteína derivada de las semillas de esta planta. Deshidratada se suele expender como complemento alimenticio. // Aunque incompleta (es deficiente en metionina), se puede mejorar su perfil de aminoácidos mezclándola con otras proteínas, como la de suero, lo que —en este caso— además la enriquece en glutamina, arginina y aminoácidos ramificados. // La dosis usual es de 10-20 g diarios (como complemento) y de 30-40 g diarios (para fisicoculturistas).

Proteína láctea (Ing. *Milk protein*) Es la mezcla de proteínas presente en la leche de vaca. Básicamente la forman la caseína, la albúmina y la globulina (todas ellas proteínas completas). Deshidratada, se le utiliza como complemento alimenticio. // En términos de estimular el volumen muscular en los fisicoculturistas, la caseína es tan útil como la proteína del suero, pero más económica. Su absorción intestinal es más lenta, permitiendo una emisión continua de aminoácidos hasta por 6 horas. La proteína del suero, en cambio, sólo los libera durante 90 minutos. Empero, el efecto anticatabólico de ambas proteínas es muy similar. // A menos que exista alergia, su uso es muy seguro. La dosis usual es de 10-20 g diarios (como complemento) y de 30 g o más diariamente (para fisicoculturistas). Véanse Caseína, Microfracciones y Proteína del suero.

Proteínas (Ing. *Proteins*) 1) Sustancias orgánicas nitrogenadas compuestas por aminoácidos, y que son constituyentes universales e imprescindibles de las cé-

Proteínas

Las mejores fuentes (completas)

Espirulina	70.0 g
Levadura de cerveza	48.0 g
Queso parmesano	40.2 g
Carne de pavo	31.9 g
Salmón	27.0 g
Carne de pollo	26.5 g
Hígado de res	26.4 g
Sardinas	26.2 g
Riñones	25.7 g
Atún	25.2 g
Carne de res	25.0 g
Queso manchego	25.0 g
Camarones	21.2 g
Pescado de mar	19.5 g

Las mejores fuentes (incompletas)

Gluten	42.4 g
Soya	39.1 g
Semillas de calabaza	29.0 g
Germen de trigo	26.6 g
Cacahuates	26.3 g
Lentejas	25.0 g
Semillas de girasol	24.1 g
Habas	24.0 g
Pistaches	21.2 g
Garbanzos	20.5 g
Nueces	20.5 g
Almendras	18.5 g
Ajonjolí	18.0 g
Germinados	17.0 g

X 100 g

lulas. 2) Macronutrientes que proporcionan aminoácidos. Son la única fuente apreciable de nitrógeno y azufre con que cuenta el organismo. // Las proteínas están formadas por la unión de miles de aminoácidos y son moléculas más complejas que los carbohidratos o los lípidos. // Después del agua, las proteínas son los componentes más abundantes del cuerpo, y de ella están hechos todos los órganos y los tejidos (aun los huesos tienen 35% de proteína). // Para reponer el desgaste, el organismo necesita recibir proteínas con los alimentos, de preferencia proteínas completas. // Las necesidades varían con la edad, el sexo, el peso, la actividad física, el estado nutricional y los males que se padezcan, por lo que resulta complicado fijar un requerimiento mínimo diario para este nutriente. // No obstante, los organismos internacionales de salud recomiendan en los adultos la ingestión de al menos 0.8 g diarios de proteínas por kilogramo de peso. Empíricamente se obtiene una cifra cercana traduciendo a gramos de proteína los centímetros de sobran del metro en la estatura de las personas (por ejemplo, una persona que mida 1.70 m. necesitará 70 gramos diarios de proteína). // Nutricionalmente hablando, unas proteínas son mejores que otras, según incluyan o no los ocho aminoácidos esenciales A las proteínas que los tienen todos en las proporciones adecuadas se les considera completas, e incompletas a las que no cumplen este requisito. //

Generalmente las proteínas completas son las de origen animal (huevo, carne, leche, etc.). Las proteínas de origen vegetal casi siempre tienen uno o más aminoácidos limitantes, pero hay excepciones: la levadura de cerveza, el polen y la espirulina. Existen además otros criterios para evaluar a las proteínas, como son el Valor biológico, el NPU y el PER. // Las carencias de proteína suelen traducirse en debilidad, fatiga crónica, cicatrización lenta, debilitamiento del sistema inmunológico y anormalidades de los tejidos (en especial de la piel, el pelo, las uñas y los músculos). En los niños, suele haber retraso en el crecimiento, bajo rendimiento escolar y deportivo, y mayor susceptibilidad a las enfermedades infecciosas. // La ingestión de proteínas debe incrementarse durante el embarazo, la lactancia, el estrés prolongado o excesivo, cuando se hace ejercicio intenso, tras de una hemorragia o una operación, y en la convalecencia de enfermedades graves o prolongadas.

Proteínas completas (Ing. *Complete proteins*) Son aquellas que proporcionan los ocho aminoácidos esenciales en las proporciones adecuadas. Véanse Proteínas, Aminoácidos esenciales y Aminoácidos semiesenciales.

Proteínas incompletas (Ing. *Incomplete proteins*) Son aquellas que tienen uno o más aminoácidos limitantes. Véanse Proteínas, Aminoácidos esenciales y Aminoácidos semiesenciales.

Proteoglicanos (Ing. *Proteoglycans*) Un tipo especial de polisacáridos (carbohidratos complejos) presente en algunos vegetales. Usualmente se les extrae de la planta Convulvulus arvensis. // En forma de complemento nutricional, los proteoglicanos muestran una potente inhibición de la angiogénesis (formación de nuevos vasos sanguíneos), y se les utiliza en el tratamiento no medicamentoso de diversas formas de cáncer. Véase C-statin.

Provitamina A (Ing. *Provitamin A*) Es el betacaroteno, una sustancia de tipo carotenoide que el organismo puede transformar en vitamina A (retinol). // Otros carotenos, como el alfa y el gamma caroteno, también exhiben actividad provitamínica, pero es tan baja, que no se les suele tomar en cuenta. Véase Vitamina A.

Provitamina B$_5$ (Ing. *Provitamin B$_5$*) Es el pantenol, una sustancia orgánica que el organismo puede convertir en ácido pantoténico. Véase Vitamina B$_5$.

Provitamina D (Ing. *Provitamin D*) Existen al menos dos provitaminas D, que son el 7-dehidrocolesterol y el ergosterol. A ambas sustancias el cuerpo las puede convertir en vitamina D. // Al primero lo sintetiza el organismo y se transforma en vitamina D$_3$ en el nivel de la piel. Al segundo lo producen algunos vegetales inferiores, y se utiliza para obtener vitamina D$_2$ en laboratorios. Véase Vitamina D.

Provitaminas (Ing. *Provitamins*) Son sustancias orgánicas que el organismo puede transformar en auténticas vitaminas. // Algunas, como una de las provitaminas D, la produce el organismo, y otras, como la provitamina A, están presentes en alimentos.

PS Siglas en inglés de fosfatidilserina (*phosphatidylserine*).

Seudoginseng (Ing. *Pseudoginseng*) Planta herbácea de la familia de las Arialiáceas (Panax notoginseng) oriunda de Asia central, que sólo ofrece unas cuantas de las propiedades del ginseng coreano (de ahí su nombre). // Sus principales usos son como analgésico, antihemorrágico y para tratar males cardiacos, entre ellos la angina de pecho. // Aunque sus propiedades son similares a las del ginseng coreano, es menos potente que éste. // La dosis usual es de 30 gotas diarias (en 1-2 tomas) del extracto fluido. // En su uso deben seguirse las mismas precauciones que con las otras variedades de ginseng. Véase Ginseng coreano.

Psillium o psyllium Véase Zaragatona.
PSK Siglas de polisacárido K. Véase Coriolus.

Pu-erh (Ing. *Pu-erh*) También conocido como té rojo, es una infusión obtenida de la Camelia sinensis (de la cual también se producen los tés negro, verde y oolong). // Lo que diferencia al pu-erh de los otros (aparte de su color) es que éste se obtiene mediante una doble fermentación. Dicho tratamiento le elimina la cafeína, por lo que no es estimulante, como las otras variedades. // Conserva en cambio los teorrubígenos, fitonutrientes con propiedades diuréticas, antioxidantes y antifatiga. // Se dice que ayuda a eliminar la grasa superflua, quizá por medio de acelerar el proceso digestivo, y disminuir la absorción de las grasas. // Reduce la frecuencia cardiaca, acelera el metabolismo hepático y ayuda a normalizar el LDL (colesterol malo) y los triglicéridos. Aumenta la irrigación cerebral, tiene propiedades antidepresivas y es un diurético suave. // Su valor terapéutico es proporcional a su añejamiento. Debe tener un mínimo de dos años para resultar efectivo.

Purgante (Ing. *Cathartic*) Que estimula la evacuación intestinal de manera muy enérgica.

Q

Queilitis (Ing. *Queilitis*) Inflamación en los labios (particularmente en sus comisuras). Es uno de los signos característicos de la deficiencia de riboflavina. Puede o no ir acompañada de queilosis (fisuras verticales de los labios).

Quelación (Ing. *Chelation*) Formación de compuestos orgánicos complejos a partir de minerales y aminoácidos (u otros ácidos orgánicos). // Generalmente los minerales quelados se utilizan como complementos alimenticios, porque exhiben mayor solubilidad (en cualquier pH) y mejor biodisponibilidad que las demás presentaciones. Algunos se absorben hasta 400% más rápido que las sales inorgánicas equivalentes.

Queratomalacia (Ing. *Queratomalatia*) Reblandecimiento de la córnea y la conjuntiva oculares. Generalmente es un signo de deficiencia de vitamina A.

Quercetina (Ing. *Quercetin*) Fitonutriente que pertenece al grupo de los flavonoides. // Sus mejores fuentes son el propóleo, el brócoli, las colecitas de bruselas, las cebollas, el polen, las uvas rojas, la manzana, el rábano, la pera, la calabaza y los espárragos. // Es un poderoso antiinflamatorio y antihista-

mínico (tan eficaz como el cromolín sodio, pero sin sus efectos indeseables). Resulta necesario para la salud de los vasos sanguíneos y protege contra los males cardiovasculares. Reduce la síntesis de eicosanoides proinflamatorios (leucotrienos) y ayuda a evitar la formación de coágulos peligrosos. Inhibe al factor kappa-beta nuclear, un mediador de la inflamación potencialmente peligroso (cuyo exceso se ha ligado con padecimientos crónico degenerativos, entre ellos el cáncer). Además, interfiere con la etapa de iniciación de los tumores. // Se le ha utilizado en el tratamiento del asma, las alergias y ciertas formas de cáncer (particularmente el colorrectal). // Se dosifica en miligramos, y puesto que no es esencial para la salud, no tiene un requerimiento mínimo diario. // Se le considera segura, sin embargo no es recomendable si se padece de hipotiroidismo o se están recibiendo fármacos para la tiroides. Las dosis usuales son de 50-250 mg diarios. Han llegado a utilizarse 1200 mg diarios o más. Busque complementos que ofrezcan quercetina hidrosoluble.

Queso (Ing. *Cheese*) Es el cuajo de la leche, una vez sometido a deshidratación, moldeado y madurado. De acuerdo con el procesamiento que recibe, cada queso presenta características propias, y se conocen más de 200 (entre ellos el manchego, el camambert, el roquefort, el gouda, el provolone, el mozzarela, el gruyère y el parmesano). // Los más comunes en México son los quesos panela, oaxaca, chihuahua, asadero, añejo, cotija y de cincho. // La riqueza nutricional de un queso fresco es distinta de la de un queso seco o procesado; sólo son similares en su contenido de vitaminas. // Los quesos son buena fuente de proteínas completas: quesos frescos (13.5 g/100 g); quesos secos (25 g/100 g). En ambos casos están desprovistos de fibra dietética y son pobres en vitamina A (curiosamente, contienen tanto esta última como betacaroteno).

// En cuanto a vitaminas, los quesos añejos son más ricos que los frescos: riboflavina (0.4 mg/100 g) *vs* (0.3 mg/100 g); niacina (0.2 mg/100 g) *vs* (0.1 mg/100 g). // Lo mismo ocurre con los minerales esenciales: calcio (705 mg/100 g) *vs* (90 mg/100 g); fósforo (680 mg/100 g) *vs* (175 mg/100 g) y sodio (1320 mg/100 g) *vs* (290 mg/100 g). // El contenido de colesterol también se eleva de 6 mg/100 g a 105 mg/100 g.

Quinonas (Ing. *Quinones*) Grupo de sustancias orgánicas liposolubles al cual pertenecen la vitamina K y la coenzima Q_{10} (ubiquinona). Véase Lípidos.

Quitosana (Ing. *Chitosan*) Véase Chitosán.

R

Rábano (Ing. *Radish*) Es una planta herbácea de la familia de las Crucíferas (Raphanus sativus), cuya raíz de sabor picante se utiliza como alimento. // Es pobre en macronutrientes, fibra dietética, vitaminas (la menos escasa es la C: 25 mg/100 g) y minerales esenciales, a excepción del potasio (240 mg/100 g) y el hierro (1.8 mg/100 g). // Contiene fitonutrientes únicos, como el rafanol y la rafanina, además de indoles, tiocianatos y antocianósidos. // En medici-

na tradicional se usa como aperitivo, diurético, colagogo, colerético, carminativo, antiséptico y pectoral.

Radicales libres (Ing. *Free radicals*) Especies químicas muy inestables y capaces de propagar su inestabilidad a otras sustancias, incluyendo algunos componentes celulares. Esto generalmente conlleva la destrucción o inactivación de las sustancias afectadas. // Están presentes en el medio ambiente (esmog, humo de tabaco), pero también se producen durante el metabolismo de los alimentos y de algunos medicamentos, así como cuando nos exponemos a radiaciones (luz solar, rayos X). // Los radicales libres más comunes son el superóxido, el oxígeno singuleto, los peróxidos y el hidroxilo. // El organismo produce enzimas antioxidantes para controlarlos, entre ellas la superóxido dismutasa, la glutatión peroxidasa y la catalasa. // Pero también participan en dicha labor una serie de antioxidantes nutricionales, como las vitaminas C, E, el betacaroteno y numerosos fitonutrientes (véase Antioxidantes nutricionales). // Por el del daño acumulativo e irreversible que producen los radicales libres en las células y su material genético, se les responsabiliza de la producción de cataratas, debilitamiento del sistema inmunológico, arterioesclerosis, cáncer, pérdida de eficiencia en los diversos órganos y sistemas y otros trastornos característicos del envejecimiento.

Raíz del maral (Ing. *Maral root*) Véase Leuzea carthamoides.

Raquitismo (Ing. *Rickets*) Es la forma en que se presenta en los niños el síndrome carencial por vitamina D. Al faltar este nutriente, hay un depósito insuficiente de calcio y fósforo en el tejido óseo. // Se caracteriza por la falta de calcificación de los huesos, la deformación de éstos y una mayor susceptibilidad a las infecciones respiratorias. //

La enfermedad equivalente en los adolescentes es el raquitismo tardío, y en los adultos es la osteomalacia.

Refrescante (Ing. *Refreshing*) Que satisface la sed y proporciona sensación de frescura.

Regaliz (Ing. *Licorice*) Otro nombre para el orozuz.

Reishi (Ing. *Reishi mushroom*) Hongo medicinal originario de Oriente (Ganoderma lucidum). Presenta seis distintos colores, pero el rojo es el más abundante. // Se le considera tanto un tónico general como un sedante nervioso, y resulta muy eficaz contra la fatiga y el agotamiento. Es un inmunomodulador (eleva el conteo de macrófagos y linfocitos T), un antiinflamatorio y ayuda a normalizar el LDL (colesterol malo) y los triglicéridos elevados. // En estudios clínicos realizados en Japón y China ha resultado útil en el tratamiento de la diabetes, la hipertensión arterial, las arritmias cardiacas, la angina de pecho, la hepatitis, la úlcera gástrica, las alergias, la rinitis, el asma, el insomnio y la distrofia muscular. // Sus principios activos son diversos polisacáridos, triterpenos y los ácidos ganodéricos. // Se considera seguro en su uso. Empero, su inocuidad durante el embarazo y la lactancia no ha sido evaluada. // Las dosis usuales son: extracto seco (100 mg diarios); hongo deshidratado (1.5-9 g diarios); hongo pulverizado (1-1.5 g diarios); tintura (1 ml diario). Evítese usarlo por tiempos prolongados (más de tres meses seguidos) o en combinación con anticoagulantes.

Relación de eficiencia proteínica (Ing. *Protein efficiency relation* o *PER*) Índice que evalúa la calidad de una proteína basándose en la ganancia de peso observada por la cantidad de proteína consumida. // Se obtiene dividiendo la ganancia de peso (en gramos) entre la cantidad de proteína (en gramos) consumida en el mismo periodo por un animal en crecimiento.

Remineralizante (Ing. *Remineralizing*) Que aporta gran cantidad de minerales esenciales (nutrientes inorgánicos).

Remolacha (Ing. *Beet*) Otro nombre para el betabel.

Ren shen (Ing. *Ren shen*) Nombre chino del ginseng coreano.

Repollo (Ing. *Cabbage*) 1) Variedad de la col. 2) Planta herbácea de la familia de las Crucíferas (Brassica oleracea). // Su contenido nutricional es muy similar al de la col. Es bajo en macronutrientes, fibra dietética y vitaminas, a excepción de la vitamina C (40 mg/100 g). // De los minerales esenciales, sólo destaca el potasio (250 mg/100 g). // En medicina tradicional se le considera vermífugo y pectoral.

Requerimiento mínimo diario (Ing. *Minimum daily requirement* o *MDR*) Tam-

bién conocido por las siglas RMD, es la cantidad mínima que se necesita ingerir de cada uno de los nutrientes esenciales que requiere el organismo para conservarse sano. // Los requerimientos nutricionales varían con la edad, el sexo, el peso, la actividad física, el estado de salud y el estado fisiológico (crecimiento, embarazo, lactancia, convalecencia). // Sin embargo, los organismos de salud manejan RMD fijos para cada nutriente esencial, estandarizados por grupo (niños de ciertas edades, adolescentes, adultos, hombres, mujeres, embarazadas, mujeres lactando). // El término RMD ha caído en desuso y se tiende más a utilizar el término valor diario o VD.

Requesón (Ing. *Pot cheese*) Porción del suero de la leche que precipita cuando se le calienta. Su aspecto y consistencia es similar al del queso fresco. // Es pobre en carbohidratos y lípidos, pero aporta buena cantidad de proteína completa (17 g/100 g), especialmente caseína. // Al igual que la nata y el queso, no es muy rico en vitamina A (500 UI/100 g). Tampoco abunda en vitaminas B, excepto la niacina (3.3 mg/100 g). // Ofrece en cambio buenas cantidades de potasio (250 mg/100 g), fósforo (195 mg/100 g) y calcio (260 mg/100 g). Véase Proteína del suero.

Resveratrol (Ing. *Resveratrol*) Fitonutriente que pertenece al grupo de los flavonoides y que es antimicótico y antioxidante. // Evita la oxidación del LDL o colesterol malo, ayuda a normalizar el colesterol total e inhibe la formación de coágulos peligrosos. Bloquea la producción de carcinógenos químicos y fomenta la producción de enzimas protectoras. // Exhibe un gran poder anticanceroso, ya que interfiere con la transformación de células premalignas en malignas, y puede frenar el desarrollo de los vasos sanguíneos que nutren a los tumores. // Se halla presente en las uvas rojas y negras, el vino tinto, el jugo de uva, la mora azul, la fresa, los arándanos y los cacahuates. // En frutas como las uvas y los arándanos, el resveretrol se concentra en la cáscara, por lo que ésta no debe desperdiciarse. // En complementos, la dosis recomendada es de 1 mg diario, con alimentos.

Retinal (Ing. *Retinal*) Derivado químico del retinol (11-cis-retinal). Es la forma en que la vitamina A participa en el mecanismo visual. // El retinal se une a una proteína —la opsina— para formar la rodopsina, el pigmento de la retina que hace posible la visión y la adaptación a la oscuridad.

Retinoides (Ing. *Retinoids*) Grupo de sustancias pertenecientes al grupo de los carotenoides y que exhiben actividad de vitamina A. // Los más conocidos son el retinol, el retinal y el ácido retinoico.

Retinol (Ing. *Retinol*) Nombre químico de la vitamina A. // El retinol es exclu-

sivo de los alimentos de origen animal; en los vegetales sólo está presente la provitamina A o betacaroteno. // El exceso de retinol puede originar toxicidad, no así el de betacaroteno.

Riboflavina (Ing. *Riboflavin*) Vitamina hidrosoluble, miembro del complejo B. // También conocida como vitamina B_2, lactoflavina y vitamina Q. // Se le conoce desde 1913, y sus formas activas son el flavín-mononucleótido, o FMN, y el flavín-adenín-dinucleótido, o FAD. // Se dosifica en miligramos y su requerimiento mínimo diario es de 1.8 mg para los adultos, y 1 mg o menos para los niños. El embarazo, la lactancia y la actividad física aumentan tales necesidades. // Se le considera no tóxica, y cualquier exceso de ella pasa rápidamente a la orina (la cual se tiñe de amarillo). // Interviene en el metabolismo de los carbohidratos,

Riboflavina

Las mejores fuentes

Levadura de cerveza	10.0 mg
Hígado de res	4.1 mg
Jalea real	1.9 mg
Riñones	1.9 mg
Alfalfa	1.8 mg
Polen	1.7 mg
Almendras	0.9 mg
Germen de trigo	0.7 mg
Queso fresco	0.5 mg
Carne de pollo	0.4 mg
Champiñones	0.3 mg
Queso manchego	0.3 mg
Sardinas	0.3 mg
Soya	0.3 mg

X 100 g

los lípidos y las proteínas, y su papel es tan importante que se halla presente en todas las células del organismo. Mantiene saludables los ojos, la piel, las uñas y el pelo. Es necesaria para el metabolismo del hierro y favorece la función antitóxica del hígado. // La riboflavina existe en dos formas metabólicamente activas: flavín-mononucleótido (FMN) y flavín-adenín-dinucleótido (FAD); ambas actúan como coenzimas. // La deficiencia de riboflavina puede manifestarse bajo la forma de grietas o ulceraciones en las comisuras de los labios, como enrojecimiento de la lengua, ardor y vascularización (venitas rojas) en los ojos, fotofobia, fatiga crónica, caída del cabello y retraso en el crecimiento infantil. // Se cree que la carencia prolongada de esta vitamina puede favorecer el desarrollo de cataratas y ciertos cánceres. // La riboflavina es más efectiva si se ingiere con el resto del complejo B y la vitamina C. // Se le ha utilizado en el tratamiento de la diabetes, la artritis, los retrasos en el crecimiento infantil y afecciones de la piel como el acné y la dermatitis.

Ribonucleato sódico (Ing. *Sodium ribonucleate*) Derivado del ácido ribonucleico (ARN) que se utiliza como complemento alimenticio y para mejorar el desempeño del sistema inmunológico. Véase Ácidos nucleicos.

Ribosa (Ing. *Ribose*) Carbohidrato simple que el organismo produce a partir de la glucosa (proceso muy lento). Luego lo utiliza como un intermediario en los ciclos bioquímicos (vía de las pentosas). En la célula es el precursor del ATP. Además, forma parte de la molécula de una vitamina, la B_2 o riboflavina. // La forma que utiliza el cuerpo humano es la D-ribosa. // Empleada como complemento alimenticio, promueve la regeneración del ATP a mediano y largo plazo, facilitando un mejor rendimiento físico en los atletas (aumenta la energía muscular, retrasa la aparición de fatiga y acelera la recuperación). Normalmente, el organismo se tarda hasta 72 horas en reponer sus niveles de ATP tras un esfuerzo sostenido, pero el uso de ribosa como complemento permite reducir ese plazo a 12 horas. // Usado en combinación con otros complementos (como la creatina, la carnitina y el piruvato), aumenta la efectividad de éstos // Administrado a los pacientes cardiacos, les ayuda a mejorar el funcionamiento del corazón. // Su uso es bastante seguro, y se recomiendan 2.5-5 g diarios en una o dos tomas. Las megadosis (15-20 g diarios) no son aconsejables, y pueden desencadenar trastornos gastrointestinales. Véanse Ácidos nucleicos y ATP.

Riñones (Ing. *Beef kidney*) Órgano de diversos mamíferos utilizado como alimento, sobre todo los de res, ternera y cerdo. // Todos ellos son muy nutritivos. El de res abunda en proteína completa (33.7 g/100 g), si bien su aporte de vitamina A es modesto (190 UI/100 g). // De las vitaminas del complejo B, ofrece tiamina (0.6 mg/100 g), riboflavina (5 mg/100 g) y niacina (11 mg/100 g). // Es muy buena fuente de minerales esenciales: potasio (330 mg/100 g), fósforo (255 mg/100 g) y hierro (13.5 mg/100 g). // Al igual que el hígado, los riñones son ricos en colesterol y purinas. El organismo puede transformar estas últimas en ácido úrico, por lo que se recomienda evitarlas a quienes padezcan de gota o ácido úrico elevado.

Robasina (Ing. *Robasine*) Compuesto (alcaloide) extraído de la planta herbácea Rauwolfia serpentina, de origen hindú. // A la Rauwolfia se le ha usado en la medicina ayurvédica desde hace milenios para tratar el insomnio, la hipertensión y las enfermedades mentales. // La robasina estimula la irrigación cerebral, y se le utiliza para corregir problemas de atención, concentración y memoria, especialmente en la tercera edad. // La dosis usual es de 10-20 mg diarios, en 3-4 tomas. Su seguridad no ha sido evaluada, y no debe utilizarse durante la gestación y la lactancia.

Rodhiola (Ing. *Rodhiola*) Planta herbácea de la familia de las Rodioláceas (Rodhiola rosea), de origen ruso y a la que también se conoce como hierba dorada. // Usada como complemento, funciona como adaptógeno, quizá mejor que el ginseng coreano. Asimismo, es un inmunomodulador que eleva la producción de las células asesinas naturales o NK (células blancas que combaten virus y bacterias). // Incrementa la circulación sanguínea, la irrigación cerebral y ayuda a normalizar el ritmo cardiaco. Bloquea las mutaciones celulares y mejora la actividad de las reparasas (enzimas que ayudan a conservar intactos los ácidos nucleicos). También exhibe propiedades antidepresivas. // En fisicoculturismo se utiliza para movilizar las grasas, aumentar el tamaño de los músculos y mantener la masa muscular (también aumenta el VO_2 máximo). // Sus principios activos son el rocín, el rosalín, el rosavín y el salirósido. // Su seguridad durante el embarazo y la lactancia aún no ha sido evaluada. La dosis usual es de 100-300 mg diarios en 1-3 tomas.

Romero (Ing. *Rosemary*) Planta herbácea de la familia de las Labiadas (Rosmarinus officinalis L.) utilizada como condimento y planta medicinal. // Como ingrediente de recetas de cocina, ayuda a mejorar la digestión y mejora el apetito. Combate la flatulencia y protege al hígado y la vesícula biliar. // Modernamente se ha encontrado que exhibe un poder antiinflamatorio (inhibe a la enzima COX-2) y anticarcinógeno (bloquea la etapa de iniciación tumoral). // Sus principios activos son el alcanfor, el canfeno, el pineno, el borneol y el cineol. También aporta fitonutrientes como el rosmanol, la rosmaricina, los ácidos rosmarínico y ursólico, e inhibidores de la colinesterasa. // Por esta última razón (al normalizar los niveles de acetilcolina), podría resultar útil para preservar la agudeza mental y combatir la demencia senil. // En medicina tradicional se le considera aperitivo, digestivo, carminativo, colerético, antiespasmódico, antiséptico, emenagogo y expectorante. // La dosis usual de la infusión casera es de 1-3 tazas diarias. Del extracto, se utilizan 100 mg diarios, en una toma. Evítese el uso del aceite esencial, por irritante. Aun la planta misma no es recomendable durante el embarazo y la lactancia.

Rooibos (Ing. *Rooibos*) Planta herbácea de la familia de las Leguminosas (Aspalathus linearis o Cyclopia genistoides), de origen sudafricano, también conocido como té de arbusto. // En Sudáfrica se usa para preparar una infusión muy popular como opción al té negro (el rooibos no contiene cafeína). // Es digestivo, estomáquico, nutritivo, antibacteriano, antiviral y antihistamínico. // Sus principios activos son la ciclopina y la oxiciclopina. // La dosis usual es 1-3 tazas diarias de la infusión.

RRR-alfa tocoferol (Ing. *RRR-alpha tocopherol*) Uno de los nombres químicos de la vitamina E natural. Véase Alfa tocoferol.

Ruibarbo (Ing. *Rhubarb*) Planta herbácea de la familia de las Poligonáceas (Rheum officinale), muy popular en la antigüedad como laxante. No confundirlo con el ruibarbo chino (Rheum palmatum), más potente. // Sus principios activos son las antraquinonas (emodina, áloe-emodina y rheína), la palmidina y el ácido gálico. // En medicina tradicional se le considera aperitivo, digestivo, colagogo, laxante, purgante, antiséptico y astringente. Es capaz de inhibir el crecimiento intestinal de la Candida albicans (un hongo patógeno). // No es recomendable su uso prolongado, o durante el embarazo o la lactancia. Evítese ingerirlo si se sufre diarrea o dolor abdominal. Descontinúese su uso si aparece diarrea. Su ingestión puede teñir de rojo o amarillo la orina.

Rutina (Ing. *Rutin*) Fitonutriente que pertenece al grupo de los flavonoides. Es antiinflamatoria, antiviral y fortalece las paredes de los vasos capilares y sanguíneos. Actúa como antioxidante, hipotensor y limita la formación de coágulos peligrosos. Desactiva sustancias tóxicas y carcinógenas, acelerando su expulsión del organismo. // Su fuente alimentaria más abundante es el trigo sarraceno, pero también la aportan los cítricos (pulpa blanca), el fruto del rosal, la acerola y las uvas. // Se le ha utilizado en el tratamiento de várices, hemorroides, asma, alergias y contra la enfermedad pariodontal. Junto con la vitamina C ayuda a prevenir el aborto habitual, los ataques de asma y cierta variedad de cataratas. Da excelentes resultados en el tratamiento de la laberintitis, la úlcera gástrica sangrante y la artritis reumatoide. // Se dosifica en miligramos, y dado que no es esencial, no cuenta con un re-

querimiento mínimo diario. // Se le considera segura en su uso, y las dosis usuales son de 50-200 mg diarios en una o más tomas, con alimentos.

S

Sábila (Ing. *Aloe vera*) Otro nombre para la sávila.

Sacarina (Ing. *Saccharine*) Edulcorante 300 veces más dulce que la sacarosa. Es el más antiguo de los edulcorantes sintéticos, ya que se le descubrió en 1878. // A pesar de resultar económica, no es muy popular porque deja un resabio amargo tras paladearla. // Durante un tiempo estuvo prohibida por ocasionar cáncer de vejiga en ratas de experimentación, pero se trata de un carcinógeno muy débil para el ser humano. Véase Edulcorantes.

Sacarosa (Ing. *Sacarose*) Véase Azúcar.

S-adenosil metionina (Ing. *S-adenosyl metionine*) Véase SAMe.

Sagú (Ing. *Sago*) Es el almidón extraído de una planta del mismo nombre, perteneciente a la familia de las Palmáceas (Metroxylon sagu), el cual se utiliza de manera análoga a la maicena. // Buena fuente de carbohidratos, pero en gene-

ral es pobre en macronutrientes, vitaminas y minerales esenciales.

Sal de mesa (Ing. *Salt*) Uno de los condimentos más comunes que comunica a los alimentos el sabor salado y que químicamente es el cloruro de sodio. // Es la fuente más concentrada de sodio en la alimentación, por lo que no conviene abusar de ella; favorece la retención de líquidos y la hipertensión (en personas susceptibles). // Por ley, la sal comercial debe contener yodo agregado. Pero la sal marina ya lo contiene naturalmente, junto con muchos otros minerales esenciales más.

Salmón (Ing. *Salmon*) La carne de esta variedad de pez (Salmo salar) es rica en proteínas completas (31 g/100 g), pobre en vitamina A y con un contenido de colesterol semejante al de la carne de pollo (70 mg/100 g). // No abunda en vitaminas B, excepto la niacina (10 mg/100 g). Sus minerales más abundantes son el fósforo (435 mg/100 g), el potasio (485 mg/100 g) y el hierro (1 mg/100 g). // Además, es una de las mejores fuentes alimentarias de ácidos grasos omega 3 (2 g/100 g).

Salsifí (Ing. *Salsify*) Planta herbácea de la familia de las Compuestas (Trapogon porrifolius), cuya raíz comestible tiene un sabor semejante al espárrago. // Es muy pobre nutricionalmente hablando.

Salvado (Ing. *Bran*) Es la cascarilla de los granos de los cereales. Hay diferentes salvados: de trigo, de arroz, de avena, etc. // Durante el procesamiento del grano de trigo para convertirlo en harina blanca, tanto el salvado como el germen le son retirados, despojándolo así de la mayor parte de su fibra dietética, vitaminas y minerales.

Salvado de avena (Ing. *Oat bran*) Es la cascarilla que recubre a los granos de avena (Avena sativa), presente en la harina integral de este cereal y en sus derivados, pero ausente en los productos refinados. // Abunda en carbohidratos complejos (17 g/100 g) y fibra dietética (8.5 g/100 g). // También abunda en vitaminas B: riboflavina (0.2 mg/100 g), niacina (11 mg/100 g), ácido pantoténico (3.7 mg/100 g), piridoxina (0.8 mg/100 g) y ácido fólico (240 mcg/100 g). // Sus minerales más abundantes son: fósforo (625 mg/100 g), potasio (245 mg/100 g), sodio (652 mg/100 g), hierro (0.7 mg/100 g) y cobre (1.3 mg/100 g). // Su consumo regular contribuye a regular el colesterol sanguíneo (quizá debido a su riqueza en glucanos). 55 g de avena integral o 10 g de salvado de avena al día, pueden reducir el colesterol en 5-10%. Véanse 1,3-Beta glucano y 1,6-D-glucano.

Salvado de trigo (Ing. *Wheat bran*) Es la cascarilla que recubre a los granos de trigo (Triticum sativum). Está presente en la harina integral de trigo y en sus derivados, pero no en la harina blanca. // Se le expende de manera aislada, como complemento alimenticio. Contra lo que pudiera pensarse, es muy nutritivo: eleva los niveles de HDL (colesterol bueno) y actúa como un prebiótico. // Abunda en carbohidratos complejos (24 g/100 g) y fibra dietética (9 g/100 g). // Es alto también en vitaminas B: riboflavina (0.2 mg/100 g), niacina (20.5 mg/100 g), ácido pantoténico (3.5 mg/100 g), piridoxina (1.6 mg/100 g) y ácido fólico (225 mcg/100 g). // Sus minerales más abundantes son: fósforo (1355 mg/100 g), potasio (1277 mg/100 g), sodio (1220 mg/100 g), hierro (3.8 mg/100 g) y cobre (2.8 mg/100 g). // Algunas de las propiedades terapéuticas del salvado de trigo (efecto laxante, bloqueo de la absorción del colesterol, cambios favorables en la flora intestinal, regular los niveles de estrógeno, protección contra la diabetes, cáncer de colon y la enfermedad diverticular) se deben a su riqueza en fibra dietética y fitonutrientes. // En especial manifiesta un poder protector contra los pólipos colorrectales y los tumores de colon y de mama.

Salvia (Ing. *Sage*) Planta herbácea de la familia de las Labiadas (Salvia officinalis), muy popular como condimento y para aromatizar habitaciones. Asimismo, su versatilidad curativa ha hecho que se le incluya como remedio de muy diversos males. // Muestra un efecto estrogénico y puede utilizarse en el tratamiento de los trastornos de la menopausia y para tratar desórdenes menstruales. Sus principios activos son la alfa y beta tujonas, el carnosol, el ácido carnosólico, el ácido labiático, la salvigenina, la luteolina, la salviatanina. // En medicina tradicional se utiliza como tónico, astringente, antirreumático, antigripal, antipalúdico, antiséptico, emenagogo y hepático. // Su uso durante periodos cortos es seguro, pero debe evitarse durante el embarazo y la lactancia.

SAMe (Ing. *SAMe*) 1) Siglas de S-adenosil metionina (*S-adenosyl metionine*). 2) Derivado (metabolito) del aminoácido metionina que cumple con diversas funciones: antiinflamatorio, ayuda a la producción de proteína, donador de metilos, protege al ADN, favorece la síntesis de glutatión y melatonina, es antagonista de la homocisteína. // En forma de complemento, se utiliza como un antidepresivo natural y exento de efectos secundarios. A diferencia de la hierba de san Juan, el SAMe resulta eficaz aún en la depresión profunda. También resulta eficaz contra la artritis reumatoide, la fibromialgia y la demencia senil. // Se le considera seguro. La dosis que se recomienda es de 400 mg diarios, en una sola toma. Se han llegado a utilizar hasta 1500 mg diarios.

Sandía (Ing. *Watermelon*) Es el fruto de una planta herbácea de la familia de las Cucurbitáceas (Citrullus vulgaris), muy apreciada por su pulpa, roja, dulce y muy jugosa. // Es más bien pobre en macronutrientes, fibra dietética, betacaroteno y vitaminas B, a excepción del ácido pantoténico (0.3 mg/100 g). // Baja asimismo en minerales, el menos escaso de ellos es el potasio (65 mg/100 g). // Tampoco abunda en fitonutrientes, pero los que contiene justifican su consumo frecuente: licopeno, glutatión, gamma caroteno, cantaxantina y cucurbitacinas. Véase Semillas de sandía.

Sardinas (Ing. *Sardines*) Nombre genérico de una variedad de peces comestibles del Atlántico (Sardina sp.), mismos que se venden enlatados, en agua, en aceite o en salsa. // Son un alimento muy nutritivo. Abundan en proteínas completas (26 g/100 g) y ácidos nucleicos (600 mg/100 g). // Son pobres en vitamina A, pero ricas en ácidos grasos omega 3 (1.7 g/100 g) y colesterol (170 mg/100 g). // También aportan vitaminas B: niacina (7 mg/100 g), ácido pantoténico (0.5 mg/100 g) y vitamina B_{12} (12 mcg/100 g). // Son excepcionalmente ricas en minerales esenciales: fósforo (880 mg/100 g), calcio (525 mg/100 g), potasio (560 mg/100 g), sodio (1000 mg/100 g) y hierro

(5 mg/100 g). // Las sardinas enlatadas en agua son más sanas que las enlatadas en aceite (tienen menos calorías y conservan sus ácidos grasos omega 3). Véase Aceite de pescado.

Saúco (Ing. *Elder*) Planta herbácea de la familia de las Caprifoliáceas (Sambucus nigra L.) // No es una especie comestible, sino exclusivamente medicinal. En medicina tradicional se le utiliza como antitusivo, expectorante, diaforético, antialérgico y demulcente. // Sus principios activos más importantes son la sambucina, los sambunigrósidos y los ácidos cafeico y clorogénico. // Componente casi imprescindible de los jarabes naturistas para la tos, el saúco es un remedio muy antiguo contra la tos, los resfriados y las alergias. Se le ha demostrado una gran eficacia contra toda una serie de virus respiratorios (virus de la gripe, adenovirus, rinovirus, coronavirus, influenza A y B, parainfluenza y sincitial). // Las propiedades que aquí se describen son válidas para el Sambucus nigra. No confundirlo con una especie similar de saúco, el S. canadensis.

Sauzgatillo (Ing. *Chaste berry*) Planta herbácea de la familia de las Verbenáceas (Vitex agnus-castus), también conocida como vítex y agno-casto. // Es originario de Europa y tiene una acción directa sobre la glándula pituitaria: estimula la producción de la hormona luteinizante (LH) y de la estimulante de los folículos (FSH). De esta manera,

ayuda a regular los niveles hormonales (especialmente de la progesterona) en la mujer. También regula la producción de prolactina (mejorando la fertilidad). Se puede utilizar para tratar los desarreglos menstruales, el síndrome premenstrual y la ausencia de regla (amenorrea secundaria). También es útil contra los quistes mamarios benignos, la displasia cervical y la endometriosis. En la etapa de la menopausia, es eficaz para controlar los bochornos y otras molestias, incluyendo palpitaciones, ansiedad, depresión e insomnio. Puede usarse sobre una base de largo plazo, y se sabe que protege la densidad ósea frente a la osteoporosis. // Empero, su acción no es rápida. En ocasiones se tarda 4-6 meses en comenzar a surtir efecto (síndrome premenstrual o menorragia), y hasta 12-18 meses si hay infertilidad o amenorrea. Pero vale la pena tenerle paciencia. // Sus principios activos son la casticina, el agnósido y la aucubina. // En medicina tradicional se le considera sedante, antidepresivo, antiespasmódico y modulador estrogénico. // Su uso es seguro, salvo durante el embarazo y la lactancia (descontinúese su uso en cuanto se confirme la gestación) . En mujeres sensibles puede ocasionar dolores de cabeza. No se combine con tratamientos hormonales (píldora anticonceptiva, terapia de reemplazo hormonal, etc.). // La dosis usual del extracto seco es de 100-200 mg diarios, en una toma, por la mañana. Si se utiliza el extracto fluido, la dosis es de 40 gotas en un vaso de agua, por la mañana.

Sávila (Ing. *Aloe vera*) Planta herbácea de la familia de las Liliáceas (Aloe vera o Aloe barbadensis), también conocida como sábila, zábila y áloe vera. // La sávila puede usarse externamente sobre la piel lastimada (raspones, heridas, quemaduras), e internamente, para los trastornos gastrointestinales. // También se le utiliza en el tratamiento del estreñimiento, diversas formas de colitis y diarreas, hemorroides e infecciones de las vías digestivas (como la que causa la H. pylori). En combinación con el psyllium ayuda a combatir alergias alimentarias. Al parecer, también exhibe un efecto inmunomodulador que podría ser útil contra el cáncer y el sida. // Sus principios activos son una serie de glicósidos como la aloína, barbaloína e isobarbaloína. También aporta fitonutrientes como los esteroles, las saponinas, el acemanán y el glucomanán. // Sus propiedades alcalinas y cicatrizantes son de utilidad en el tratamiento de la gastritis, la úlcera gastroduodenal, la diverticulosis y la colitis ulcerosa. // En medicina tradicional se utiliza como laxante, purgante, astringente, emoliente, colerético, emenagogo, antiinflamatorio, antiséptico, antiespasmódico, antiulceroso y cicatrizante. // Aunque se le considera segura, no se recomienda ingerirla durante temporadas largas, ni tampoco utilizarla durante el embarazo y la lactancia. La dosis usual es: jugo estabilizado (300 ml diarios, en tres tomas); extracto en cápsulas equivalente a 2500 de mg de producto fresco (1-3 cápsulas diarias, en

tres tomas). Una sobredosis puede ocasionar gastritis, diarrea o nefritis. Descontinúe su uso si presenta dolor abdominal o diarrea.

Saw palmetto Véase Palmito sierra.

Schisandra (Ing. *Schizandra*) Planta herbácea de la familia de las Poligonáceas (Schisandra sinensis o S. chinensis) de origen chino y cuyas bayas son comestibles. // Sus principios activos son la schizandrina, la deoxischizandrina y la gomisina. Sus fitonutrientes son los fitosteroles y los lignanos. // En la medicina tradicional china se le considera un tónico y un afrodisiaco excepcional; actualmente se le reconoce como un adaptógeno. // Permite enfrentar situaciones de estrés y superarlas, así como recuperarse de esfuerzos físicos y mentales. Combate la fatiga crónica, el insomnio, la depresión y la ansiedad. // Es un magnífico regenerador del hígado, por lo que se le utiliza en el tratamiento de la cirrosis, las hepatitis y el hígado graso. // También se ha utlizado contra las infecciones respiratorias y la enuresis (incontinencia urinaria) infantil. // Su uso se considera seguro, pero no se ha evaluado su inocuidad durante el embarazo y la lactancia. // La dosis usual es de 3-6 g diarios de bayas deshidratadas y pulverizadas, en dos tomas, o su equivalente en cápsulas o tintura.

Secretagogos (Ing. *Secretagogues*) Véase Liberadores de la HGH.

Sedante (Ing. *Sedative*) Que tranquiliza los nervios.

Selenio (Ing. *Selenium*) Mineral esencial para la salud, de número atómico 34. // Aunque se le considera tóxico en dosis elevadas, el selenio es imprescindible para diversas funciones corporales. // Se dosifica en microgramos, y aunque no se le ha establecido un requerimiento mínimo diario, se estima que entre 50 y 100 mcg diarios son suficientes en los adultos. // El selenio activa a la enzima glutatión peroxidasa, y a través de ella actúa como un antioxidante muy poderoso, que protege los tejidos contra los radicales libres. Trabaja en sinergia con la vitamina E, y ambos estimulan al sistema inmunológico. El selenio también es importante para mantener elásticos la piel, las mucosas y los vasos sanguíneos; para ayudar al organismo a expulsar metales tóxicos como el cadmio y el mercurio, y como agente protector contra el cáncer. Al parecer, también favorece el buen funcionamiento de la glándula tiroides. // Sus principales fuentes alimentarias son la levadura de cerveza, el hígado, el ajo, la yema de huevo, las algas marinas y los hongos. // No se le conocen manifestaciones carenciales, pero se ha visto que la baja ingestión de este mineral favorece trastornos cardiacos y es directamente proporcional a una alta incidencia de cáncer. // Se le ha utilizado en el tratamiento de la angina de pecho y diversas formas de cáncer, y resulta más efectivo si se combina con las vitaminas C y E. // De acuerdo con las últimas evidencias, la toxicidad del selenio se ha exagerado. Se han utilizado dosis de 200-300 mcg diarios (especialmente con fines terapéuticos) sin mayores problemas. Los primeros síntomas de sobredosis surgen al recibir 1000 mcg diarios durante cierto tiempo. // Su seguridad durante el embarazo y la lactancia no ha sido evaluada.

Selenio

Las mejores fuentes

Huevos	21 mcg
Arenques	16 mcg
Semillas de girasol	14 mcg
Carne de pavo	12 mcg
Carne de pollo	10 mcg
Pan integral	8 mcg
Ajo	7 mcg
Queso añejo	6 mcg
Vegetales de hoja	4 mcg
Frijoles pintos	3 mcg
Frutas	3 mcg
Frijoles negros	2 mcg
Leche de vaca	1 mcg

X 100 g

Sello de oro (Ing. *Goldenseal*) Planta herbácea de la familia de las Ranunculáceas (Hydrastis canadiensis) y originaria de Canadá. También se le conoce como hidrastis. // De uso muy antiguo entre los nativos pieles rojas para tratar infecciones y males gástricos y de la piel. // En la actualidad se ha comprobado que es un muy buen antiséptico, antibiótico, antimicótico, hipertensor, antihemorrágico y antiparasitario. Es eficaz en los aspectos digestivo, respiratorio y urinario. Asimismo, actúa como un inmunomodulador. // Sus principios activos son una serie de alcaloides isoquinolínicos, como la berberina, la berbasterina, la hidrastina y la canadina. // Debe evitarse durante el embarazo y la lactancia, así como su empleo en hipertensos o por periodos prolongados (no más de 2-3 semanas). Dosis elevadas pueden producir convulsiones y parálisis temporal. Véase Berberina.

Semillas de calabaza (Ing. *Pumpkin seeds*) Son las semillas de una planta herbácea de la familia de las Cucurbitáceas (Cucurbita maxima), mismas que se utilizan como alimento y como remedio casero. // Son muy nutritivas y abundan en proteínas incompletas (29 g/100 g), grasa rica en ácidos grasos esenciales (42 g/100 g) y fibra dietética (1.9 g/100 g). // Aunque pobres en betacaroteno, las semillas de calabaza son buena fuente de niacina (11 mg/100 g). // Son, asimismo, uno de los alimentos más ricos en fósforo (1150 mg/100 g) y en hierro (11 mg/100 g). Son altas en zinc (4 mg/100 g) y tienen un excelente balance sodio-potasio: sodio (48 mg/100 g), potasio (580 mg/100 g). // Sus principales fitonutrientes son los fitosteroles, las cucurbitacinas y los inhibidores de las proteasas. // En medicina tradicional se les considera pectorales, febrífugas y sudoríficas.

Semillas de girasol (Ing. *Sunflower seeds*) Son las semillas de una planta herbácea

de la familia de las Compuestas (Heliantus annus) que se utilizan para obtener aceite comestible y para alimentar mascotas. Son tan nutritivas, que valdría la pena incluirlas en la dieta diaria. // Aportan buena cantidad de proteínas incompletas (24 g/100 g), grasa rica en ácidos grasos esenciales (40 g/100 g) y fibra dietética (1.6 g/100 g). // Son bajas en betacaroteno, pero altas en vitaminas B: tiamina (3.6 mg/100 g), niacina (27 mg/100 g) y ácido pantoténico (0.9 mg/100 g). // Excelente fuente de fósforo (835 mg/100 g), y muy buena de hierro (7 mg/100 g) y cobre (1.8 mg/100 g). Su balance sodio-potasio es excelente: sodio (30 mg/100 g), potasio (520 mg/100 g).

Semillas de pomelo (Ing. *Grapefruit seeds*) Son las semillas de una planta de la familia de los Cítricos (Citrus paradisi), cuyo extracto es rico en sustancias de tipo antibiótico, antiviral, antimicótico y antiparasitario. // Estas propiedades fueron descubiertas en 1980 por el doctor Jacob Harich, un médico e investigador estadounidense. // Sus principios activos son el pineno, el limoneno, el aldehído cítrico, el linalool, la didimina, la rhoifolina y la apigenina. // Es activo contra unas 800 cepas de bacterias y virus, 100 de hongos y dos docenas de parásitos unicelulares, y conserva su actividad aun en diluciones 1:1000. Esto lo hace un antimicrobiano aún más potente que el ajo. // La dosis recomendada del extracto (a 20-33%) es de 30-45 gotas diarias diluidas en agua, en 2-3 tomas. Dado el sabor intensamente amargo del extracto, para disimularlo, puede disolverse en limonada o jugo de naranja. Externamente, se pueden aplicar directamente 3-5 gotas dos veces al día en las partes afectadas (uñas con hongos, dedos con pie de atleta).

Semillas de sandía (Ing. *Watermelon seeds*) Son las semillas de una planta herbácea de la familia de las Cucurbitáceas (Citrullus vulgaris). // Generalmente se desechan al consumir sandía, pero valdría la pena consumirlas por su valor nutricional. // Son buena fuente de proteínas incompletas (12 g/100 g), de grasa rica en ácidos grasos esenciales (36 g/100 g) y de fibra dietética (1.2 g/100 g). // Aunque pobres en betacaroteno, son fuente de vitaminas B: tiamina (0.9 mg/100 g), niacina (1.9 mg/100 g) y ácido pantoténico (0.5 mg/100 g). // Sus minerales más importantes son el fósforo (385 mg/100 g), el hierro (2 mg/100 g) y el potasio (335 mg/100 g). // En medicina tradicional se usan como vermífugas y para tratar padecimientos renales.

Serina (Ing. *Serine*) Uno de los 20 aminoácidos presentes en los alimentos y que además forman parte de las proteínas corporales. // No se le considera esencial para el ser humano.

Serpentaria (Ing. *Black cohosh*) Planta herbácea de la familia de las Ranunculáceas (Cimífuga racemosa), también conocida como cimífuga y cohosh negro. Es oriunda de Norteamérica y ya fue utilizada como remedio por los nativos pieles rojas. // Reduce los niveles de la hormona luteinizante (HL), que se asocia con las molestias típicas del síndrome premenstrual y la menopausia. Asimismo, ayuda a balancear los niveles de estrógeno, y por ello resulta útil para tratar el síndrome premenstrual y los trastornos de la menopausia (ayuda a aliviar los bochornos, dolor de cabeza, depresión y el malestar general). Resulta una excelente opción a la terapia de reemplazo hormonal medicamentosa. // Sus principios activos son la cimifugósida, el cimigenol, la acteína, el acteol, el acetilacteol y el 27-desoxiacteol; el más importante es la 27-desoxiacteína. // En medicina tradicional se le considera antirreumática, antiinflamatoria y sedante. // La dosis recomendada es de 200 mg diarios del extracto estandarizado (al 2.5%), comenzando con 40 mg diarios y elevando la dosis de manera gradual. Para tratar calambres menstruales y cólicos uterinos, se emplean 40 mg, 3-4 veces al día. Contra el síndrome premenstrual, 40 mg, 1-2 veces diarias, suele ser suficiente. // Evítese su uso durante el embarazo y la lactancia, así como emplearla simultáneamente con anticonceptivos orales.

Sésamo (Ing. *Sesame*) Otro nombre para el ajonjolí.

Sesquióxido de germanio (Ing. *Germanium sesquioxide*) Véase Germanio.

Shiitake (Ing. *Shiitake mushroom*) Hongo comestible y medicinal originario de Oriente (Lentinus edodes). // Después del champiñón es el hongo de mayor consumo en el mundo. // Estudios clínicos hechos en Japón han mostrado su utilidad para normalizar el colesterol y estimular el sistema inmunológico. También es útil en el tratamiento de males cardiovasculares, infecciones virales, diabetes, hepatitis, alergias, hipertensión, diversas formas de cáncer y el sida. // Entre sus principios activos están el lentinano, la eritadenina, el polisacárido KS-2 y el AC2P, todos ellos inmunomoduladores. El lentinano purificado ya existe como complemento. // Puesto que es un componente normal de la dieta japonesa, se le considera inofensivo. Normalmente se utilizan 100 mg diarios del extracto seco, en 1-2 tomas, o 100 g del hongo fresco. Véase Extracto del micelio de shiitake.

Silicio (Ing. *Silicon*) Mineral esencial para la salud, de número atómico 14. // Existe evidencia de que participa en la calcificación de huesos y dientes, en los que regula la mineralización. Inhibe la actuación de los osteoclastos (las células que destruyen el tejido óseo) y activa una enzima que estimula la formación de colágeno en el hueso. Según algunos autores, resulta imprescindible en la prevención de la osteoporosis. // Asimismo, contribuye a la integridad de la piel y las articulaciones, y en la formación del tejido co-

Silicio

Las mejores fuentes

Avena integral	425 mg
Cebada integral	190 mg
Perejil	12 mg
Ejotes	10 mg
Centeno integral	9 mg
Trigo integral	8 mg
Plátanos	8 mg
Grosellas negras	3 mg
Frambuesas	3 mg
Pepinos	3 mg
Alverjones	3 mg
Grosellas rojas	2 mg
Fresas	2 mg
Rábanos	2 mg

X 100 g

nectivo (estimula la formación de colágeno, elastina y glucosaminoglucanos, y estabiliza las redes que forman estos últimos en dicho tejido). También contribuye a la función cardiaca, la salud de los vasos sanguíneos y a retardar el proceso del envejecimiento (y a proteger contra la hipertensión). También podría contribuir a proteger contra el mal de Alzheimer. // Entre sus mejores fuentes alimenticias están las algas marinas, los cereales integrales, sus respectivos salvados y la mayoría de las frutas y verduras. En estas últimas, el silicio se concentra en la cáscara. Las fuentes no alimenticias son el extracto de bambú o de cola de caballo. // No existe aún un requerimiento mínimo diario para el silicio, pero se supone que el consumo habitual de cereales integrales, salvado y vegetales fibrosos contribuye a satisfacer las necesidades de este mineral (que podrían ascender a los 20 mg diarios). // No se han identificado manifestaciones carenciales del silicio, pero algunos autores señalan que la orzuela, las uñas débiles y quebradizas, la demora en sanar de las fracturas óseas y la propensión a la osteoporosis podrían deberse a la falta del mismo. // No confundir al silicio con el silicón utilizado en los implantes mamarios. // Su uso como complemento es seguro. Los mejores complementos de silicio son los que aportan ácido ortosilicícico en solución estabilizada al 2%. La dosis usual es de 6-10 gotas diarias (1 mg cada una), divididas en 2-3 tomas.

Silibinina (Ing. *Silibinin*) Fitonutriente presente en el cardo mariano y que exhibe un potente efecto hepatoprotector. Es un flavonoide y forma parte (junto con la silidianina y la silicristina) de la mezcla conocida como silimarina, a la cual se responsabiliza de la mayor parte del poder terapéutico del cardo mariano. // La silibinina es el principio activo más potente de los tres, y ayuda a prevenir males renales, pancreáticos, cardiovasculares y cancerosos. También se le utiliza como parte del tratamiento de tumores malignos (como el de próstata). // Ya existe en forma de complemento alimenticio. Se le considera seguro, si bien no se ha evaluado su seguridad durante el embarazo y la lactancia. // La dosis usual es de 125-250 mg diarios, en 1-2 tomas. En algunos pacientes con cáncer se han uti-

lizado hasta 1500 mg diarios, repartidos en tres tomas. Véase Silimarina.

Silimarina (Ing. *Silymarin*) Mezcla de fitonutrientes presente en el cardo mariano, a la que se atribuye su poder protector y regenerador del hígado. Lo forman tres flavonoides: la silibina, la silidianina y la silicristina. // Resulta especialmente útil en el tratamiento de las diversas formas de hepatitis (incluida la hepatitis C), cirrosis, degeneración grasa del hígado y cáncer hepático. Es un antiinflamatorio (inhibe la enzima COX-2) y se ha utilizado contra los cánceres de próstata, piel y mamas. Eleva la producción corporal de glutatión hasta en 35%. // Ya existe en forma de complemento alimenticio. Se le considera seguro, inclusive durante el embarazo y la lactancia. // La dosis usual es de 30-60 mg diarios de silimana pura, en 1-2 tomas (o bien, 400 mg de un extracto de cardo mariano estandarizado al 70-80%). Para el tratamiento de enfermedades, se utilizan 100-200 mg diarios de silimarina, en 1-2 tomas. Véase Silibinina.

Simbióticos (Ing. *Symbiotics*) Productos alimenticios que combinan las propiedades de los prebióticos y los probióticos. // Un buen ejemplo de simbiótico son las leches fermentadas (yogur, kefir, yakult, etcétera.).

Simmondsin (Ing. *Simmondsin*) Nombre comercial de un extracto de los frutos de la jojoba, un arbusto desértico originario de Norteamérica. // Contiene sustancias que al ser ingeridas reducen el apetito. Actúa estimulando la producción de la hormona digestiva colecistoquinina (CCK), la cual normalmente desencadena la sensación de saciedad tras ingerir alimentos. // Se le considera confiable, si bien no se ha evaluado su seguridad durante el embarazo y la lactancia. // La dosis usual es de 100-500 mg diarios, en 1-3 tomas.

Síndrome metabólico (Ing. *Metabolic syndrome*) También conocido como síndrome X, es el conjunto de problemas de salud que incluyen la resistencia a la insulina, el colesterol y los triglicéridos elevados, la hipertensión y la obesidad. // Fue caracterizado y bautizado así por el doctor Gerald Reaven (un endocrinólogo e investigador de la universidad norteamericana de Stanford) en 1988. // Los investigadores lo achacan al consumo indiscriminado de carbohidratos refinados durante años, y con frecuencia lo diagnostican aun cuando el paciente sólo presente dos o tres de los trastornos arriba indicados (consideran que sólo es cuestión de tiempo para que aparezcan los faltantes). Obviamente, también es un factor predictivo para la diabetes de tipo II. // Se calcula que tan sólo en Estados Unidos, el 40-55% de la población padece este síndrome.

Síndrome X (Ing. *Syndrome X*) Véase Síndrome metabólico.

Sinergismo entre nutrientes (Ing. *Nutrient synergism*) Situación en la que un

nutriente mejora la absorción, la asimilación o la función de otro. // Existe sinergismo entre las distintas vitaminas del complejo B; entre el calcio y el fósforo; y entre el hierro y la vitamina C.

Sinergismo entre proteínas (Ing. *Protein synergism*) Situación en la que la ingestión de dos o más proteínas incompletas al mismo tiempo produce resultados nutricionales superiores a los de cada proteína por separado. // Generalmente hay sinergismo entre las proteínas de los cereales y las de las leguminosas. Ésta es la base de las llamadas mezclas proteicas

Sinefrina (Ing. *Synefrine*) Flavonoide que se extrae de la cáscara de la naranja amarga (Citrus aurantium) y que exhibe propiedades antioxidantes. // También es termogénico (acelera el ritmo metabólico) y, por lo tanto, ayuda a deshacerse del exceso de tejido adiposo. Para ello actúa sobre los receptores celulares beta 3 adrenérgicos (se dice que una vez en el organismo, la sinefrina puede convertirse en noradrenalina). Al mismo tiempo, preserva la masa muscular. // Su seguridad aún no ha sido evaluada. No se recomienda su uso si se sufre de asma, hipertensión o de padecimientos cardiacos, hepáticos o renales. La dosis recomendada es de 10-50 mg diarios, en 1-3 tomas. Véase Naranjo amargo.

Sitosteroles (Ing. *Sitosterols*) Fitonutrientes pertenecientes al grupo de los esteroles y cuya estructura química es muy semejante a la del colesterol. // Sus mejores fuentes alimenticias son la soya, las calabacitas, el brócoli, la coliflor, los jitomates, las berenjenas, los pimientos y el camote. // Usados como complemento de la alimentación reducen la absorción del colesterol, y con ello contribuyen a normalizar sus niveles sanguíneos. El más eficaz en esta función es el beta sitosterol. // Su uso es seguro. La dosis recomendada es de 1-3 g diarios, en 1-3 tomas, con los alimentos.

Sheng jiang Nombre chino del jengibre.

SOD (Ing. *SOD*) Siglas de superóxido dismutasa.

Sodio (Ing. *Sodium*) Mineral esencial para la salud, de número atómico 11. // La mayoría de las funciones del sodio se llevan a cabo en combinación con el potasio y el cloro. Con el potasio, coopera para mantener tanto el balance hídrico como el ácido-alcalino del organismo. // Junto con el cloro, el sodio regula el volumen, la presión osmótica y la carga eléctrica del fluido extracelular (en donde es el principal catión). Interviene, tanto con el potasio como con el cloro, en la contracción muscular, la conducción nerviosa y la absorción de algunos nutrientes. // El sodio ayuda al organismo a deshacerse del anhídrido carbónico, y al estómago para producir ácido clorhídrico (del jugo gástrico). // En fisiología se conocen al sodio, el potasio y el cloro como electrolitos, en

Sodio

Las mejores fuentes

Sal de mesa	39 000 mg
Kelp	4 000 mg
Camarones	1 590 mg
Jamón cocido	875 mg
Morcilla	650 mg
Salvado de trigo	636 mg
Queso manchego	630 mg
Pan (blanco o integral)	530 mg
Sardinas en agua	426 mg
Avena	219 mg
Levadura de cerveza	120 mg
Huevo entero	120 mg
Ostiones	95 mg
Apio	75 mg

X 100 g

alusión a su capacidad para mantener el balance de los fluidos corporales. // El sodio se dosifica en miligramos. No tiene un requerimiento mínimo diario, porque las necesidades varían en función del peso corporal, la actividad física, la sudoración, el estado de salud de los riñones y la ingestión de líquidos. La mayoría de los adultos ingiere 3-7 g de sodio al día, cantidad que se considera más que suficiente. // En la dieta común, la fuente más rica de sodio es la sal de mesa, de la cual los alimentos procesados generalmente contienen un exceso. Por ello, no es necesario utilizar complementos, salvo en caso de deshidratación. // A menos que exista diarrea, vómito, sudoraciones profusas o deshidratación intensa, las carencias de sodio no son comunes, pero se remedian bebiendo suero oral.

Soja (Ing. *Soy*) Otro nombre para la soya.

Somnífero (Ing. *Somniferous*) Que induce el sueño o ayuda a conciliarlo. También se usa el término *hipnótico*.

Soya (Ing. *Soy*) Planta herbácea de la familia de las Leguminosas (Glycine max), cuyas semillas han servido de alimento a los pueblos de Oriente desde tiempos inmemoriales. // Muy nutritiva, la soya es uno de los alimentos más equilibrados en cuanto a su contenido de nutrientes. // Es rica en proteínas (casi) completas (39 g/100 g), grasas ricas en ácidos grasos esenciales (22 g/100 g) y carbohidratos (33 g/100 g). // Pobre en betacaroteno, aporta fibra dietética (5 g/100 g) y vitaminas B: tiamina (0.9 mg/100 g), niacina (2.3 mg/100 g), ácido pantoténico (1.9 mg/100 g) y piridoxina (0.6 mg/100 g). // Destaca su contenido de minerales esenciales: potasio (1826 mg/100 g), fósforo (610 mg/100 g), hierro (8.8 mg/100 g), calcio (210 mg/100 g), magnesio (245 mg/100 g), cobre (1.3 mg/100 g) y casi nada de sodio (1 mg/100 g). // Por si fuera poco, aporta fitonutrientes como el ácido fenólico, la diosgenina, las saponinas, los fitatos, los esteroles, los tocotrienoles y las isoflavonas. Algunos de ellos son exclusivos de la soya: genisteína, genistina, daidzeína, daidzina y estigmasterol. // En Oriente se preparan a base de la soya una serie de derivados alimenticios como el go, el miso, el tempeh, el tofu, el kinako, el natto, la okara y la leche de soya.

Stack Nombre coloquial en inglés para designar productos comerciales que incorporan diversas combinaciones de nutrientes o medicamentos con diversos fines (del inglés *Stack*, "amontonar, apilar"). // Uno de los más populares en Estados Unidos es el ECA Stack, formado por efedra, cafeína y aspirina, e ideado para adelgazar.

Sucedáneos de la sal (Ing. *Salt substitutes*) Son las sustancias de sabor más o menos salado destinadas a reemplazar la sal de mesa. Los emplean las personas que deben seguir una dieta baja en sodio o que desean limitar su consumo de sal. // Los sucedáneos más comunes están hechos a base de cloruro de potasio o de algas marinas como el fuco o el kelp.

Sucedáneos del café (Ing. *Coffee substitutes*) Diversas preparaciones hechas a base de vegetales tostados y pulverizados que se emplean para reemplazar el café; todas ellas están desprovistas de cafeína. // Los sucedáneos más comunes se preparan con cebada, con centeno, con achicoria o con raíz de diente de león. Véase Inka.

Sucralosa (Ing. *Sucralose*) Edulcorante semisintético derivado de la sacarosa, que es 650 veces más dulce que esta última. // No se absorbe a nivel intestinal, por lo que no tiene valor calórico y sus posibles efectos secundarios se ven minimizados. // Se expende comercialmente bajo el nombre Splenda. Véase Edulcorantes.

Sudorífica (Ing. *Sudorific*) Que favorece o produce la sudoración.

Suero de la leche (Ing. *Whey*) Es el líquido que queda al retirar el cuajo de la leche (durante la fabricación de queso). // Cuando este suero se calienta se obtiene el requesón, el cual es rico en proteínas (albúminas y globulinas) y vitaminas del complejo B. Véase Proteínas del suero.

Sulfato de condroitina (Ing. *Condroitin sulphate*) Carbohidrato complejo (mucopolisacárido) que entra en la composición del cartílago. Forma parte, junto con el colágeno, de la sustancia fundamental que mantiene la integridad de los tejidos. // El organismo puede sintetizarlo, pero su uso como complemento ha demostrado gran efectividad para combatir el dolor y la inflamación propios de la artritis reumatoide. Hay indicios de que también podría normalizar el colesterol elevado. // Para utilizarlo como complemento, se aísla del cartílago de ternera, de tiburón y del caparazón de los cangrejos. // Su uso es seguro, y las dosis usuales son de 500-1500 mg diarios (con alimentos). Se han llegado a consumir hasta 5000 mg diarios (bajo vigilancia médica) sin problemas. No se recomienda consumirlo durante el embarazo o la lactancia. Véase Glucosamina.

Sulfato de glucosamina (Ing. *Glucosamine sulphate*) Véase Glucosamina.

Sulfato de vanadilo (Ing. *Vanadyl sulphate*) Sal orgánica del vanadio, también conocida como vanadil sulfato. Suele emplearse como complemento alimenticio. // Las sales inorgánicas de este mineral son poco solubles y absorbibles, pero el sulfato de vanadilo muestra una gran biodisponibilidad. Véanse Vanadio y BMOV.

Sulfato ferroso (Ing. *Ferrous sulphate*) Compuesto que contiene hierro y es utilizado en el tratamiento de la anemia ferropénica. // Si se está ingiriendo vitamina E, evítese recibir de manera simultánea sulfato ferroso, pues este último destruye a la primera. // Fuentes opcionales de hierro, y con una mayor biodisponibilidad, son el hígado (fresco o desecado), los riñones, las carnes rojas, la levadura de cerveza, el germen de trigo, las semillas de calabaza y las de girasol. Véase Hierro.

Sulfolípidos (Ing. *Sulpholipids*) Fitonutrientes presentes en el alga espirulina. // Bloquean la adhesión de los virus a las membranas celulares, impidiendo que penetren a ellas. Al menos en laboratorio, son bastante activos contra el VIH (virus del sida). // Un sulfolípido en especial, el espirulano, inhibe a los virus del catarro, el sarampión, las paperas, el herpes 1 y 2, y el VIH-1.

Sulforafano (Ing. *Sulphoraphane*) Fitonutriente azufrado que se halla en la cebolla, la zanahoria y que abunda en los vegetales crucíferos. // Ejerce una protección anticancerosa excepcional (fomenta la producción de las enzimas protectoras de fase II que protegen contra los carcinógenos). // Ya existe como complemento, y la dosis recomendada es de 200-400 mg diarios, en 1-2 tomas, con alimentos.

Suma (Ing. *Suma*) Planta herbácea de la familia de las Amarantáceas (Pfaffia paniculata), de origen sudamericano. También se le conoce como el "ginseng brasileño". // Los nativos amazónicos la tienen en alta estima para combatir la fatiga, aumentar la resistencia y tratar la infertilidad y las infecciones. // Actualmente se le reconoce como un tónico y un adaptógeno. Ayuda a regular los niveles de glucosa. Es inmunomodulador y aumenta los conteos de los macrófagos, los linfocitos B y T, y las células asesinas naturales (NK). // Sus principios activos son los pfaffósidos y los nortriterpenoides. // La suma se ha utilizado para tratar el síndrome premenstrual, los trastornos de la menopausia, la infertilidad femenina, la disfunción eréctil, la diabetes, el colesterol elevado, la mononucleosis infecciosa, artritis reumatoide y diversas formas de cáncer. // No se ha evaluado su seguridad, y se recomienda no utilizarla durante el embarazo y la lactancia. La dosis usual es de 500-1500 mg diarios en 1-3 tomas.

Superóxido dismutasa (Ing. *Superoxide dismutase*) Enzima antioxidante que contiene zinc, cobre y manganeso como activadores. Es la enzima antioxidante más poderosa del organismo y también se le conoce por las siglas SOD. // El organismo la sintetiza para combatir los radicales libres (especialmente el radical superóxido), y para ello necesita recibir los tres minerales citados. // La SOD del citosol sólo contiene zinc y cobre, y la de las mitocondrias contiene zinc y manganeso. Con el paso del tiempo, la producción corporal de SOD va decayendo. // Entre las fuentes naturales de SOD están el brócoli (y demás crucíferas), las espinacas, el pasto de trigo y de cebada, y los germinados. También están disponibles complementos alimenticios de SOD, pero existen dudas sobre la eficiencia del cuerpo para absorberla.

Suplemento nutricional (Ing. *Food supplement*) Véase Complemento alimenticio.

Surimi (Ing. *Surimi*) Pasta alimenticia hecha a base de pulpa de pescado, que se consume como tal o como sustituto económico de camarones o cangrejos. // Es de origen japonés y existen diversos tipos de surimi (dependiendo del pescado con que se hayan elaborado) que pueden ser más o menos nutritivos. // En general, el surimi es rico en proteínas completas (36 g/100 g). No es rico en vitamina A y tiene cantidades modestas de vitaminas B: niacina (1.2 mg/100 g), ácido pantoténico (0.3 mg/

100 g) y vitamina B$_{12}$ (8 mcg/100 g). / / Es rico en fósforo (346 mg/100 g), potasio (520 mg/100 g) y hierro (1.8 mg/100 g).

T

Tamarindo (Ing. *Tamarind*) Es el fruto de un árbol de la familia de las Papilonáceas (Tamarindus indica), originario de Madagascar. // Su pulpa de sabor ácido se utiliza como saborizante de dulces, nieves y paletas, o para preparar bebidas refrescantes. // En medicina tradicional se le considera digestivo, laxante, vermífugo, astringente y hepático.

Tamarindo de Malabar (Ing. *Malabar tamarind*) Véase Garcinia cambogia.

Taninos (Ing. *Tannins*) 1) Fitonutrientes del grupo de los polifenoles que actúan como antioxidantes, estimulan la producción de enzimas protectoras y protegen a los vasos sanguíneos. 2) Sustancias orgánicas presentes sobre todo en el café, el té negro, el té verde, el vino tinto, la cocoa y la cerveza oscura que interfieren con la absorción del hierro de la dieta.

Taumatinas (Ing. *Thaumatin*) Proteínas derivadas del katemfe, una fruta africana de la familia de las Marantáceas (Thaumatococcus danielli). // Son entre 1600 y 2000 veces más dulces que la sacarosa. Empero, tienen aplicaciones limitadas como edulcorantes, porque su dulzura tiende a persistir en la lengua más de 30 minutos. Véase Edulcorantes.

Taurina (Ing. *Taurine*) Aminoácido que no forma parte de las proteínas corporales, pero sí de las sales biliares (las cuales ayudan a la absorción intestinal de la grasa). Es un compuesto sulfónico derivado del aminoácido cisteína. // Es un antioxidante, un lipotrópico, un agente antitóxico (protege contra los venenos ambientales) y un estimulante del sistema inmunológico (incrementa el número, la actividad de los fagocitos y regula su actividad). Aumenta la resistencia a las infecciones por Candida (un hongo patógeno). Favorece el buen funcionamiento de la retina y podría ayudar a prevenir la degeneración macular (afección ocular que produce ceguera irreversible). Protege al corazón, lo ayuda a conservar potasio y a prevenir arritmias. Es esencial para el sistema nervioso y, al menos en los niños, es necesario para el buen funcionamiento cerebral. En sinergia con el magnesio, actúa como un tranquilizante, un ansiolítico y un somnífero natural. Simula los efectos de la insulina y disminuye sus requerimientos en los diabéticos. Los fisicoculturistas la utilizan como un agente anticatabólico. // Aunque el organismo la produce, recibirla como complemento a menudo produce beneficios como ayudar a controlar la presión arterial, tratar la insuficiencia cardiaca, combatir la depresión y el edema, regular la glucosa sanguínea y ayudar a conciliar el sueño. En los epilépticos actúa como un anticonvulsivo natural. Se ha usado en el tratamiento de la distrofia muscular, la hiperquinesia, la hipoglicemia y el síndrome de Down. // Sus mejores fuentes alimentarias son los huevos, el pescado, la leche y las carnes rojas. Los vegetales no la contienen, por lo que los vegetarianos pueden llegar a necesitar un complemento. // Su uso se considera seguro, y la dosis recomendada es de 100-500 mg diarios, divididos en 1-3 tomas, con alimentos. Se han llegado a utilizar 1500-3000 mg diarios, sin problemas. // Su uso da mejores resultados si se combina con el betacaroteno, la coenzima Q_{10} y las vitaminas C y E.

TCM Siglas de triglicéridos de cadena media.

Té (Ing. *Tea*) Es la infusión aromática producida con las hojas secas de una planta herbácea de la familia de las Teáceas (Camellia sinensis). // Existen dos variedades principales: el té verde, que se prepara con hojas simplemente desecadas, y el té negro, en el que se utilizan hojas previamente fermentadas. Existe una variedad menos conocida, llamada oolong, en la que no se deja completar la fermentación. // Contiene buenas cantidades de vitaminas B, las cuales se reducen al preparar la infusión. Es la mejor fuente de flúor en la alimentación. // Aunque tanto el té verde como el té negro contienen cafeína, los diferentes tratamientos que reciben hacen que ambos difieran en el tipo y concentraciones de las sustancias activas (taninos, bioflavonoides, teofilina, polifenoles, catequinas). // Algunos de sus fitonutrientes, como las catequinas y las epigalocatequinas, se han revelado como potentes protectores contra diversas formas de cáncer. // En medicina tradicional se le considera estimulante, antioxidante, diurético y astringente. // Su uso es seguro, mas debe evitarse en caso de insomnio, ansiedad o enfermedad ácido péptica. Durante el embarazo su consumo debe ser muy moderado. Véanse Teanina y Té negro.

Teanina (Ing. *Theanine*) Es un aminoácido exclusivo del té (Camella sinensis), también conocido como L-teanina. Lo contienen todas las variedades del té: verde, negro y oolong. Actúa como un tranquilizante inofensivo (aumenta la concentración cerebral de GABA y dopamina). // Experimentos llevados a cabo en animales de laboratorio muestran que podría mejorar las capacidades cognoscitivas (memoria y aprendizaje), además de incrementar el poder de concentración. A diferencia del kava kava, no causa somnolencia. // También se ha hallado que ayuda a normalizar la presión arterial y que podría proteger contra los procesos degenerativos cerebrales. // Su uso es seguro, y normalmente se utilizan 100-400 mg diarios. Se ha llegado a utilizar hasta 1 g diario. Se ignora si resulta inofensivo durante el embarazo y la lactancia.

Té de arbusto (Ing. *Bush tea*) Véase Rooibos.

Té del mormón (Ing. *Mormon tea*) Tisana antigripal estadounidense hecha con la hojas de una variedad americana de efedra, la Ephedra nevadensis. // Comparte con la efedra (E. sinensis) algunos de sus alcaloides activos, pero en escasa cantidad.

Tejocote (Ing. *Tejocote*) Es el fruto de un arbusto de la familia de las Rosáceas (Crataegus mexicana), cuya pulpa es mucilaginosa y levemente dulce. // No abunda en macronutrientes ni en micronutrientes, y sólo aporta una pizca de niacina (0.6 mg/100 g) y de potasio (135 mg/100 g). // No obstante, contiene fitonutrientes valiosos: ácido clorogénico, ácido fenólico, cumarinas, mucílagos, pectinas, flavonoides y carotenoides. // En medicina tradicional se le

considera pectoral y antitusígeno.
Té mate (Ing. *Paraguay tea*) Véase Mate.

Tempeh (Ing. *Tempeh*) Son los granos de soya fermentados a la usanza de Indonesia (utilizando hongos Aspergillus). // Es tan nutritivo como el miso, y un poco más que el tofu (platillos también confeccionados con granos de soya).

Té negro (Ing. *Black tea*) Es la infusión preparada con hojas de té (Camellia sinensis) que previamente sufrieron fermentación. De las diversas variedades de té, es el más rico en cafeína (25 mg por taza). // Al igual que las demás variedades de té (verde y oolong), es rico en fitonutrientes valiosos: flavonoides, taninos, polifenoles, catequinas. // Se le produce generalmente en la India, Sri Lanka y Kenia. Véanse Té y Té verde.

Teorrubígenos (Ing. *Teorubigens*) Fitonutrientes exclusivos del té rojo o pu-erh. // Son flavonoides con propiedades diuréticas, antioxidantes y antifatiga. // Su uso es bastante seguro.

Tepezcohuite (Ing. *Tepescohuite*) Arbusto de la familia de las Mimosáceas (Mimosa tenuiflora), también conocido como árbol de la piel y originario de América tropical. // Su corteza pulverizada se utiliza para tratar quemaduras, especialmente las de tercer grado. Por extensión, también se emplea en heridas, úlceras (varicosas y diabéticas), eczema, soriasis y acné. Favorece la regeneración de los tejidos dañados. //

En medicina tradicional se le considera calmante, analgésico, antiinflamatorio y antiséptico. // Su uso debe ser exclusivamente tópico (externo); no debe ingerirse.

Termogénesis (Ing. *Termogenesis*) 1) La generación y desprendimiento de calor corporal. 2) Aumento del metabolismo basal con fines de adelgazamiento. Véase Termogénicos.

Termogénicos (Ing. *Termogenics*) Compuestos o productos que fomentan la termogénesis (y con ello el deshacerse del exceso de tejido adiposo). // Ejemplos de termogénicos aislados son la cafeína, la guaranina, la efedrina, el extracto de té verde, la sinefrina y la octopamina. Combinados en forma de producto comercial, están el ECA stack y el Xenadrine. Véase ECA stack.

Té rojo Véase Pu-erh.

Terpenos (Ing. *Terpenes*) Fitonutrientes presentes en los cítricos como el limón, la naranja, la toronja y la mandarina. // Normalizan el LDL (colesterol malo) y fomentan la producción de enzimas protectoras contra el cáncer.

Tés de hierbas (Ing. *Herbal teas*) Son infusiones preparadas con hojas, frutos, semillas, cortezas o raíces de muy diversas variedades botánicas, hierbas principalmente. // Si bien la palabra *té* designa expresamente a la infusión de la Camellia sinensis (véase Té), en México se califica de tés a todo tipo de infusiones herbales. // Tradicionalmente se atribuye a cada té propiedades curativas o calmantes para determinados padecimientos. // Los tés más populares en México son los siguientes: alfalfa (digestivo y estimulante); anís (sedante y carminativo); azahar (sedante e hipnótico); boldo (hepático y colagogo); borraja (diurético y sudorífico); canela (digestivo y antigripal); cedrón (digestivo y somnífero); cuasia (digestivo y hepático); damiana (diurético y afrodisiaco); diente de león (diurético y antirreumático); fruto del rosal (diurético y vitamínico); gordolobo (pectoral y antiespasmódico); hierbabuena (digestivo y antiespasmódico); hinojo (antigripal y carminativo); jazmín (antiespasmódico); linaza (laxante); manzanilla (carminativo y antiespasmódico); pingüica (diurético y astringente); romero (sedante y analgésico); ruda (emenagogo); salvia (digestivo y hepático); sasafrás (tónico y antigripal); saúco (sudorífico y antitusivo); simonillo (hepático y colagogo); limón (digestivo y sedante); tila (pectoral y sedante); toronjil (estimulante) y valeriana (sedante y antiespasmódico).

Té verde (Ing. *Green tea*) 1) Las hojas de té (Camellia sinensis) desecadas y que no sufrieron fermentación. 2) La infusión preparada con estas últimas. // Como infusión o como extracto seco, el té verde es un antioxidante muy poderoso y un anticarcinógeno. Este último efecto lo produce al menos por dos vías: bloquea radicales libres, y estimula la producción de enzimas protectoras. Previene la formación de coágulos anormales, normaliza la presión arterial y reduce el colesterol total (a la vez que aumenta el HDL o colesterol bueno). Todo esto se traduce en una notable reducción en los males cardiovasculares entre los bebedores de té verde. // Además, el extracto de té verde exhibe otros efectos interesantes. Actúa como un termogénico, si bien sólo activa el metabolismo en 4% 24 horas después de su ingestión. También presenta un efecto inhibidor de la aromatasa (una enzima que convierte las hormonas masculinas en femeninas), permitiendo elevar los niveles de testosterona circulante. // Tiene menos cafeína que el té negro y mayor cantidad de fitonutrientes, entre ellos ácido clorogénico, ácido cafeico, flavonoides, taninos, polifenoles, catequinas, galocatequinas (GCG) y epigalocatequinas (EGCG). // Su uso es seguro, y para beneficiarse con los efectos previamente descritos, hay que beberse 4-8 tazas diarias del té. O bien, usar el extracto estandarizado. La dosis recomendada es de una cápsula 1-3 veces al día (con alimentos). La estandarización puede ser a 50-100 mg de EGCG o 150-300 mg de polifenoles por cápsula, o bien, al 35% de catequinas y 10% de EGCG. Véase Extracto de semillas de uva roja.

Tiamina (Ing. *Thiamin*) Vitamina hidrosoluble, miembro del complejo B. //

También conocida como vitamina B_1, aneurina y vitamina antiberiberi. // Su forma activa es el pirofosfato de tiamina. Se dosifica en miligramos, se le aisló en 1923 y su requerimiento mínimo diario es de 1.5 mg para los adultos, y la mitad o menos para los niños, dependiendo de la edad. // El embarazo, la lactancia, el ejercicio físico, el consumo de alcohol y el uso de diuréticos aumentan tales necesidades. // Se le considera no tóxica y cualquier exceso se elimina rápidamente por la orina. // La tiamina es imprescindible para obtener energía a través de los carbohidratos. El metabolismo de estos últimos es muy complejo, y la tiamina participa al menos en tres distintas etapas del mismo. Además, resulta esencial para el buen funcionamiento nervioso, cardiaco y cerebral. Participa en la producción corporal de ácidos nucleicos, acetilcolina y hormonas sexuales. Actúa como un estimulante de la memoria, y

Tiamina

Las mejores fuentes

Germen de trigo	2.0 mg
Semillas de girasol	2.0 mg
Levadura de cerveza	1.6 mg
Ajonjolí	0.9 mg
Polen	0.9 mg
Pistaches	0.8 mg
Nueces	0.8 mg
Chícharos	0.8 mg
Carne de cerdo	0.7 mg
Frijoles negros	0.7 mg
Alverjones	0.7 mg
Trigo sarraceno	0.6 mg
Avena	0.6 mg
Avellanas	0.6 mg

X 100 g

mejora la concentración y la retención. // Es más efectiva si se ingiere con el resto del complejo B, las vitaminas C y E, y manganeso. // Algunos alimentos, como los ostiones y las almejas crudas tienen una enzima, la tiaminasa, que destruye esta vitamina. // La carencia grave de tiamina produce beriberi —su enfermedad carencial—, que se caracteriza por trastornos cardiacos, respiratorios y digestivos, así como neuritis y depresión. Carencias más leves pueden ocasionar falta de apetito, irritabilidad, fatiga, mala memoria, estreñimiento y confusión mental. // Carencias subclínicas —que no producen manifestaciones claras— prolongadas pueden dañar irreversiblemente ael corazón y el sistema nervioso. // La tiamina ha sido utilizada para tratar la esclerosis múltiple, la taquicardia, el ensanchamiento cardiaco y algunas anormalidades en el electrocardiograma. También es útil para combatir la fatiga, la depresión, el edema, la hipersensibilidad al dolor, el herpes zoster y el bajo rendimiento escolar. Véase Tiaminasa.

Tiaminasa (Ing. *Thiaminase*) Enzima presente en pescados y mariscos crudos —como el ceviche, el sashimi, el surimi y las ostiones en su concha— que inactiva a la vitamina B_1 o tiamina. // El calor destruye esta enzima, por lo que los productos del mar ya cocinados son seguros en este aspecto.

Tiramina (Ing. *Tyramine*) Compuesto derivado del aminoácido tirosina (quí-

Tiramina

Las mejores fuentes

Quesos madurados*
Vino tinto
Cerveza
Levadura de cerveza
Salsa de soya
Sidra
Col en salmuera
Arenques ahumados
Vísceras
Chocolate
Yogur
Pasas

*Roquefort, cheddar, mozzarella, gruyère, parmesano, gorgonzola

micamente es una amina vasopresora) que se halla de manera natural en algunos alimentos y que puede producir elevaciones de la presión o desencadenar dolores de cabeza en personas sensibles. // Lo contienen especialmente aquellos alimentos que han sufrido fermentaciones (cerveza, vino tinto, sidra, quesos madurados). // Durante estas últimas, algunos microorganismos (Lactobacillus, Streptococcus, Microbacterium) transforman la tirosina de las proteínas en tiramina. // Apenas 5 mg ocasionan crisis leves; 10 mg dolores de cierta intensidad y 15-25 mg dolores muy intensos, con posibles hemorragias.

Tirosina (Ing. *Tyrosine*) Uno de los 20 aminoácidos presentes en los alimentos y que además forman a las proteínas corporales. También conocida como L-tirosina, es un aminoácido no esencial.

Puede ser condicionalmente esencial si no se reciben en la dieta cantidades suficientes de fenilalanina // La piel utiliza la tirosina para sintetizar melanina, el pigmento que da color a la piel y al pelo. En el cerebro es precursora de tres importantes neurotransmisores: la dopamina, la adrenalina y la noradrenalina. También es utilizada por la tiroides para producir sus hormonas (triyodotironina y tiroxina). // Estimula la transmisión nerviosa y facilita la función cerebral, especialmente bajo condiciones de estrés. Ayuda a superar la falta de sueño, y se le ha utilizado en el tratamiento del mal de Parkinson. // En fisicoculturismo, aumenta la energía, favorece la contracción de las fibras del músculo y produce un aumento en el volumen y la potencia musculares. // Aunque su uso es seguro, no se recomienda ingerirla si se padece de cáncer de la piel, se sufre de migraña, hipertensión, males cardiacos o se están tomando medicamentos del tipo de los inhibidores de la MAO (antidepresivos). En exceso, la tirosina pura puede elevar la presión arterial. El ingerirla por la noche podría producir insomnio. // La dosis recomendada es de 500-1000 mg diarios, entre comidas y en 1-2 tomas (lo mejor es comenzar con dosis pequeñas e irlas incrementando). No superar los 2000 mg diarios, porque pueden producirse insomnio, ansiedad, hipertensión o migraña.

Tocoferoles (Ing. *Tocopherols*) Grupo de ocho sustancias orgánicas liposolubles que exhiben actividad de vitamina E. Todas ellas son antioxidantes, aunque sólo una se considera imprescindible para la salud: el alfa tocoferol o vitamina E. // Usualmente se les divide en cuatro tocoles y cuatro tocotrienoles. El más activo de todos ellos es el alfa tocoferol. // Los tocoferoles siempre están juntos en la naturaleza y alcanzan sus mayores concentraciones en los aceites vegetales prensados en frío. // El aceite de germen de trigo es el que los contiene en mayor cantidad. // Algunos complementos nutricionales los ofrecen todos juntos bajo el nombre de tocoferoles mixtos.

Tocotrienoles (Ing. *Tocotrienols*) Grupo de sustancias orgánicas liposolubles que pertenecen al grupo de los tocoferoles. Son muy similares a la vitamina E y muestran propiedades cuasivitamínicas. Los cuatro tocotrienoles identificados hasta ahora son el d-alfa, el d-beta, el d-gamma y el d-delta tocotrienol. // Sus mejores fuentes naturales son las mismas de la vitamina E: germen de trigo y su aceite, aceites de salvado de arroz y de palma roja, ajonjolí, girasol y canola. También están presentes en nueces y semillas (girasol, almendras, avellanas, nuez de castilla) y en cereales integrales (trigo, avena, cebada y sus respectivos salvados). // Los tocotrienoles ya existen en forma de complemento nutricional, y utilizados en tal presentación resultan útiles como antioxidantes (40-60 veces más potentes que la vitamina E), ayudan a normalizar los niveles de triglicéridos y de colesterol (en especial el HDL), son auxiliares para disolver las placas arteriales de colesterol (y así destapar arterias). // Se les considera seguros en su uso, y la dosis recomendada depende de la fuente. Si se utilizan tocoferoles mixtos, se sugieren 100-200 mg diarios en 1-2 tomas, con alimentos. Si se emplean los tocotrienoles aislados (como el d-alfa tocotrienol o el d-gamma tocotrienol), entonces 40-50 mg diarios son suficientes.

Tofu (Ing. *Tofu*) Cuajada o queso de soya. Puede utilizarse para sustituir a las carnes en diversos platillos. // Es de origen japonés y se hace "cortando" la leche de soya con vinagre, jugo de limón o sulfato de magnesio. // Aunque menos nutritivo que el go (de donde procede), el tofu es un buen alimento bajo en calorías. // Es bajo en macronutrientes, pero contiene cantidades moderadas de calcio (100 mg/100 g) y de hierro (5.2 mg/100 g). Si la leche de soya fue "cortada" con sulfato de magnesio, el tofu contendrá cantidades adicionales de este mineral. Aunque bajo en proteína incompleta (7.8 g/100 g), ésta tiene una UNP de 65, lo que lo coloca a la par de la proteína del pollo.

Tomillo (Ing. *Thyme*) Es una planta herbácea de la familia de las Labiadas (Thymus vulgaris), también conocida como serpol o menta de campo, y utilizada comúnmente como condimento. //

Sus principios activos son el timol, el cineol y el carvacrol. También contiene fitonutrientes como los ácidos cafeico y rosmarínico, naringenina, taninos y flavonoides. // En medicina tradicional se utiliza como digestivo, antiséptico, antitusivo, antiespasmódico, carminativo y en el tratamiento de la gingivitis. // No se use por tiempo prolongado, ya que puede llegar a ser tóxico.

Tónico (Ing. *Tonic*) Que produce una sensación de bienestar general.

Tónico cardiaco (Ing. *Heart tonic*) Que tonifica o fortalece al corazón.

Toronjil (Ing. *Balm gentle*) Planta herbácea anual de la familia de las Labiadas (Melissa officinalis), también conocida como citronela. Es utilizada popularmente como aderezo en las comidas. // Sus principios activos son el citral a y b, el linalool y el cariofileno. Contiene fitonutrientes como los ácidos cafeico y rosmarínico, flavonoides y taninos. // En medicina tradicional se le considera sedante, sudorífico, carminativo y antidiarreico. // El extracto de toronjil aplicado tópicamente ayuda a aliviar las lesiones ocasionadas por el herpes símplex (que ocasiona los fuegos labiales). Por vía interna, podría inhibir el crecimiento tumoral.

Tortillas (Ing. *Omelettes*) Son obleas de masa de maíz nixtamalizado. // Alimento tradicional mexicano, básica-

mente rico en carbohidratos (45.5 g/
100 g) y fibra dietética (3.7 g/100 g). //
Contienen aceptables cantidades de
tiamina (0.4 mg/100 g), niacina (1.2
mg/100 g), ácido pantoténico (0.2 mg/
100 g) y piridoxina (0.2 mg/100). //
Entre los minerales, destacan el fósforo (221 mg/100 g), el potasio (145 mg/
100 g), el hierro (1.8 mg/100 g) y el calcio (155 mg/100 g). // Estas cifras son
válidas para las tortillas obtenidas de
masa nixtamalizada y son menores si
se utiliza para prepararlas harina de maíz
industrializada.

**Toxicidad de los remedios vegeta-
les** (Ing. *Toxicities of the herbal remedies*)
Las plantas medicinales y los compuestos fitoterapéuticos gozan de una fama
de inocuidad que no siempre corresponde con la realidad. Algunos remedios de
la herbolaria o la fitoterapia pueden ocasionar efectos indeseables en personas
susceptibles o cuando se sobrepasa la
dosis o el tiempo de empleo. // Entre
ellas están las siguientes: chaparral (toxicidad hepática), consuelda (toxicidad
hepática), efedra (ansiedad, alta presión),
enebro (toxicidad renal, convulsiones),
equinácea (dermatitis), espino blanco
(baja presión), fitolaca (toxicidad hepática), ginkgo biloba (dolores de cabeza), ginseng (ansiedad, insomnio, depresión, alta presión), hierba de san Juan
(fotosensibilidad), kava kava (dermatitis), lobelia (náuseas, vómitos, dolor de
cabeza), orozuz (alta presión), pasionaria (baja presión, convulsiones), pau

d'arco (náuseas, vómitos, anemia), sasafrás (toxicidad hepática), sávila (diarrea,
náuseas, vómito), sello de oro (náuseas,
vómitos, falla respiratoria), serpentaria
(náuseas, vómito, contracciones uteri-
nas), valeriana (toxicidad hepática),
yohimbe (ansiedad, alta presión, alucinaciones). // Esta advertencia no necesariamente significa que deban evitarse tales plantas, pero sí que se evite
su abuso o se descontinúe su uso al
presentarse trastornos. Véase Interacciones entre hierbas y medicamentos.

Trans grasas (Ing. *Trans fats*) Véase
Grasas trans.

Trébol rojo (Ing. *Red clover*) Planta herbácea de la familia de las Leguminosas
(Trifolium pratense), también conocido como heno o grama de olor. // Su
contenido de fitoestrógenos ayuda a
balancear los niveles sanguíneos de
estrógenos en la mujer. Tiene utilidad
en el tratamiento del síndrome premenstrual, la menopausia, la endometriosis, los miomas uterinos, el asma y
la bronquitis. // Sus principios activos
son la biochanina A, la formononetina,
la daidzeína y la genisteína. También
contiene fitonutrientes como las cumarinas e isoflavonas. // En medicina tradicional se le utiliza como sedante,
expectorante, antiespasmódico y agente estrogénico. // Se le considera seguro en su uso, pero no se recomienda en
mujeres embarazadas. La dosis usual es
de 100-300 mg diarios del extracto es-

tandarizado, comenzando con una dosis baja (40 mg diarios) y elevándola de manera gradual.

Treonina (Ing. *Treonine*) Uno de los 20 aminoácidos presentes en los alimentos y que también forman a las proteínas corporales. Se le considera esencial para el ser humano. // La treonina es necesaria para la síntesis del colágeno, la elastina y el esmalte dental. // Utilizada purificada en forma de complemento alimenticio, activa el metabolismo de las grasas y auxilia al hígado en sus funciones.

Tríbulo (Ing. *Tribulus*) Planta herbácea de la familia de las Poligonáceas (Tribulus terrestris), de origen hindú. También se le conoce como abrojo o espigón. // Aumenta la producción de la hormona luteinizante (LH), que a su vez eleva los niveles de testosterona circulante en los hombres, y de estrógenos en las mujeres. Con base en esto se dice que muestra un efecto anabólico natural en los varones y ayuda a formar músculo y quemar grasa superflua. // Asimismo, se dice que aumenta la libido y mejora el desempeño sexual en los hombres, pero no hay suficientes estudios al respecto. // Sus principios activos son las saponinas del furostanol, entre ellas la protodioscina. Los productos más recomendables ofrecen un mínimo de 45% de esta última. // La dosis usual es de 100-125 mg diarios en una sola toma, o dos tomas diarias de 50-60 mg (mañana y noche). La mejor

forma de utilizarlo es ingerirlo cinco días seguidos por dos de descanso, a lo largo de ocho semanas. No es recomendable para quienes tengan antecedentes de cáncer o hipertrofia prostática.

Triglicéridos de cadena media (Ing. *Medium-chain triglycerides*) Triglicéridos que se caracterizan porque las moléculas de sus ácidos grasos son menos largas que las del común de los triglicéridos (de ahí su nombre); también conocidos como TCM o MCT (siglas en inglés). // No abundan en los alimentos, y sus mejores fuentes son la mantequilla y el aceite de coco. // Cuando el cuerpo humano recibe triglicéridos de cadena media, suele metabolizarlos de manera distinta del resto de las grasas. No engordan ni aumentan los niveles de colesterol. En cambio, se absorben y convierten en energía con mayor rapidez, y exhiben un efecto termogénico. Asimismo, proporcionan sólo 8.3 calorías por gramo (contra 9 calorías por gramo de las demás grasas). // Los fisicoculturistas suelen utilizarlos en complementos para economizar carbohidratos y proteínas, y como una fuente adicional de energía (media a una cucharadita al día). // La dosis usual es de 1-2 cucharaditas (8-20 g) diarios en 1-2 tomas, con alimentos. // No se recomienda su empleo en pacientes con hepatitis, cirrosis, diabetes o colesterol alto; tampoco deben ingerirse con el estómago vacío. Las megadosis (30+ g diarios) podrían elevar el LDL (colesterol malo).

Trigo (Ing. *Wheat*) Planta herbácea de la familia de las Gramíneas (Triticum sativum) y uno de los siete cereales clásicos que han servido de alimento a la humanidad. // De sus granos molidos se obtiene la harina integral, muy nutritiva. Cuando esta harina se somete a industrialización, se convierte en harina blanca, mucho menos nutritiva. // El trigo ofrece una buena cantidad de proteínas incompletas (12.8 g/100 g), de carbohidratos (72 g/100 g) y de fibra dietética (1.5 g/100 g). // No contiene betacaroteno ni vitamina C, pero sí tiamina (0.5 mg/100 g), niacina (4 mg/100 g), ácido pantoténico (1 mg/100 g) y piridoxina (0.3 mg/100 g). // Es alto en fósforo (370 mg/100 g), tiene algo de hierro (3 mg/100 g) y su balance sodio-potasio es excelente: sodio (2 mg/100 g) y potasio (370 mg/100 g). Véanse Harina blanca, Harina integral y Salvado.

Trigo sarraceno (Ing. *Buckwheat*) Planta herbácea de la familia de las Poligonáceas (Polygonum fagopyrum), también conocida como alforfón. A pesar de su nombre, no es un cereal ni está emparentado con el trigo común. // Aunque muy nutritivo, se utiliza casi exclusivamente como forraje, y cuando se emplea para hacer pan, generalmente se asocia a otros granos. // Es alto en carbohidratos (67 g/100 g), y mucho menos abundante en proteínas incompletas (11.5 g/100 g). No contiene betacaroteno ni vitamina C, pero

supera al trigo en fibra dietética (1.6 g/100 g). // También lo supera en vitaminas B: tiamina (0.6 mg/100 g), ácido pantoténico (1.5 mg/100 g) y piridoxina (0.6 mg/100 g). No así en niacina (2.9 mg/100 g). // Su balance sodio-potasio [sodio (1 mg/100 g) *vs* potasio (650 mg/100 g)] es comparable al del trigo, pero supera a éste en su contenido de hierro (5 mg/100 g). Su contenido de fósforo, empero, es algo menor (350 mg/100 g). // En cuanto a fitonutrientes, el trigo sarraceno es una de las fuentes alimentarias más concentradas de rutina (420 mg/100 g), razón por la cual se le ha utilizado en el tratamiento de las várices y las hemorroides. También mejora la circulación y fortalece los vasos capilares y sanguíneos. Ayuda a normalizar la presión arterial elevada y protege contra las hemorragias de la retina. Véase Rutina.

Trimetilglicina (Ing. *Trimethylglycine*) Véase Clorhidrato de betaína.

Triptófano (Ing. *Tryptophan*) Uno de los 20 aminoácidos presentes en los alimentos y que además forman a las proteínas corporales. Resulta esencial para el ser humano. // También conocido como L-triptófano, es necesario para la producción cerebral de serotonina, un neurotransmisor que mejora el ánimo, induce el sueño y estimula el soñar. // Utilizado como complemento de la alimentación, actúa como somnífero, antidepresivo y tranquilizante natural. // En

1989, un lote contaminado de cápsulas de triptófano ocasionó efectos indeseables en cientos de usuarios en Estados Unidos, y fue sacado del mercado norteamericano (si bien el problema lo ocasionaron algunas impurezas y no el aminoácido en sí). Al año siguiente surgió el 5-HTP como una opción más confiable. // El triptófano ha sido utilizado en el tratamiento del insomnio, la artritis, la migraña y los dolores musculares crónicos. También atenúa el síndrome de abstinencia de la nicotina. // Dado que resulta difícil de hallar triptófano purificado como complemento alimenticio, puede utilizarse su precursor, el 5-HTP.

Tunas (Ing. *Tunas*) Son el fruto de diversas especies de nopal (Opuntia sp.). // Existen tunas verdes, blancas, amarillas, rojas y moradas, y todas ellas son muy ricas en azúcares. // No abundan en vitaminas, a excepción de la niacina (0.6 mg/100 g) y la vitamina C (20 mg/100 g). // Entre los minerales, sólo destaca el potasio (165 mg/100 g). // En medicina tradicional se les considera laxantes.

U

Ubiquinona (Ing. *Ubiquinone*) Otro nombre para la coenzima Q_{10}.

UI (Ing. *IU*) Abreviatura de unidades internacionales

Unidades internacionales (Ing. *International units*) También conocidas por su abreviatura UI, se trata de unidades utilizadas para medir la actividad biológica (potencia) de diversas sustancias orgánicas, entre ellas las vitaminas liposolubles y el betacaroteno. // Cada vitamina liposoluble tiene diferentes equivalencias entre las UI y las unidades de peso (microgramos, miligramos).

Por ejemplo, cada UI de vitamina E natural (d-alfa tocoferol) equivale a 1.5 miligramos de la misma. En cambio, en la vitamina E sintética (dl-alfa tocoferol), 1 UI = 1 mg. Véanse Equivalentes de alfa tocoferol y Equivalentes de retinol.

UNP (Ing. *Net protein utilization* o *NPU*) Siglas de utilización neta de las proteínas.

Uña de gato (Ing. *Cat's claw*) Planta trepadora de la familia de las Rubiáceas (Uncaria tomentosa). Existe una planta homónima, la Ononis spinosa o gatuña, con la que nada tiene que ver. // Se ha usado desde tiempos inmemoriales en la selva peruana para tratar reumatismo, disentería y para controlar la natalidad. Modernamente se han confirmado tales aplicaciones y se le han hallado otras (tratar infecciones virales como la gripe, la hepatitis, el herpes y el sida; gastritis y úlceras gástricas y alergias; artritis reumatoide y osteoartritis; hipertensión y colesterol elevado; diversas formas de cáncer). // Sus principios activos son la hirsutina, la rincofilina, la mitrafilina y la isopterodina. Su acción antiinflamatoria la produce inhibiendo la citocina NF-kB. // En medicina tradicional se usa como antiséptica (antibacteriana y antiviral), antiinflamatoria e inmunoestimulante. // No debe utilizarse durante el embarazo y la lactancia. La dosis recomendada de su extracto es de 1-3 cápsulas de 500 mg diarios, en 1-3 tomas.

Utilización neta de la proteína (Ing. *Net protein utilization* o *NPU*) Proporción del nitrógeno ingerido que retiene el organismo. Es uno de los criterios para calificar la calidad de las proteínas alimenticias. // Se calcula multiplicando el valor biológico de una proteína por su digestibilidad.

Uvas (Ing. *Grapes*) Son el fruto de la vid (Vitis vinifera). // Su coloración va desde el blanco hasta el púrpura, pasando por varias tonalidades de verde y rojo. Todas tienen un contenido nutricional similar. // Entre los macronutrientes sólo destacan los carbohidratos (15.7 g/100 g). No contienen betacaroteno, ni abundan en fibra dietética (0.6 g/100 g). // Sus principales vitaminas son la niacina (0.3 mg/100 g) y la piridoxina (0.1 mg/100 g). Su único mineral significativo es el potasio (160 mg/100 g). // En medicina tradicional se usan como laxantes y antiespasmódicas.

Uva ursi (Ing. *Uva ursi*) Planta herbácea de la familia de las Ericáceas (Arctostaphylos uva-ursi), también conocida como gayuba y madroño rastrero. // Ha ganado popularidad en el tratamiento de infecciones urinarias, como la cistitis, la uretritis y la pielitis. También es eficaz para trastornos visuales, como retinopatías, degeneración macular y glaucoma. Se dice que también ayuda contra la miopía y las cataratas. // Sus principios activos son la arbutina y la metil arbutina. // En medicina tradicional se le usa como diurético, antiinflamatorio, vasomotor, astringente y antiséptico urinario. // La dosis usual del extracto seco estandarizado (al 25% de antocianósidos) es de 250-500 mg diarios, en 1-2 tomas. Del extracto líquido, la dosis es de 2-4 ml diarios, en 1-2 tomas. // Evítese utilizarla durante el embarazo. No recomendable para uso prolongado, ni en pacientes con colitis, enfermedad ácidopéptica, o trastornos renales graves.

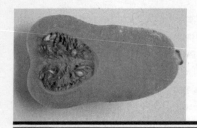

V

Vainilla (Ing. *Vanilla*) Planta herbácea de la familia de las orquidáceas (Vanilla planifolia), de cuyos frutos en forma de vaina se extrae el saborizante del mismo nombre. // Sus principios activos son la vanillina, el vanillósido y el aldehido vanílico. // En medicina tradicional se le considera digestiva, colerética, estimulante y febrífuga. // Aunque se considera segura, evítese utilizar su extracto durante el embarazo, la lactancia o en menores de 6 años.

Valeriana (Ing. *Valerian*) Planta herbácea de la familia de las Valerianáceas (*Valeriana officinalis*), de olor intenso y desagradable. // Desde tiempos inmemoriales se le ha utilizado por su poder relajante, sedante y somnífero. Actualmente se sabe que también es analgésica, antiinflamatoria, ansiolítica y antidepresiva (ligera). Incrementa la síntesis cerebral del GABA. A diferencia de los somníferos comunes, la valeriana no produce somnolencia posterior al sueño o dolor de cabeza. // Sus principios activos son los ácidos valérico y valeriánico, el valepotriato, la valeranona y el valerial. // En medicina tradicional se le considera sedante, somnífero, anal-

gésico, hipotensivo, antiespasmódico y antimigrañoso. // La dosis recomendada es de 150-300 mg de un extracto estandarizado al 0.8% de ácido valérico o 500-1000 mg de un extracto estandarizado al 0.42% de ácidos sesquiterpénicos, con la cena o media hora antes de irse a dormir. // Su uso es seguro si no se mezcla con somníferos o tranquilizantes medicamentosos. Tampoco debe utilizarse durante el embarazo, la lactancia o en menores de 5 años. Comience con la dosis menor y váyase aumentando si resulta necesario. Evítese su uso prolongado.

Valina (Ing. *Valine*) Uno de los 20 aminoácidos presentes en los alimentos, y que además forman a las proteínas corporales. Se le considera esencial para el ser humano. // Junto con otros dos aminoácidos (la leucina y la isoleucina) juega un papel importante en la regulación de la glucosa sanguínea. // Utilizado como complemento alimenticio, aumenta el vigor muscular y mejora el rendimiento durante las pruebas atléticas. Previene asimismo la hipoglucemia durante esfuerzos o cuando se está a dieta. Véase Aminoácidos ramificados.

Valor biológico de diversas proteínas

Proteína de suero	104
Huevo (clara)	92
Huevo (yema)	89
Leche de vaca	84
Queso fresco	82
Carne de cerdo	79
Carne de pollo	78
Carne de pescado	76
Carne de res	75
Alubias	75
Arroz integral	68
Soya	65
Leche de soya	65
Harina de trigo	54
Levadura de cerveza	50
Semillas de calabaza	47

X 100 g o ml

Valor biológico (Ing. *Biologic value*) También conocido como VB o coeficiente de utilización de las proteínas, es un factor que se usa para calificar a las proteínas alimentarias. Entre más alta es dicha cifra, más beneficios procura dicha proteína. // Se le define como la cantidad de nitrógeno que el organismo retiene en relación con la cantidad que absorbe.

Vanadil sulfato (Ing. *Vanadyl sulphate*) Véanse Sulfato de vanadilo y BMOV.

Vanadio (Ing. *Vanadium*) Mineral probablemente esencial para la salud, de número atómico 23. // Es cofactor de diversas enzimas, y se cree que en los seres humanos podría ser necesario para tener huesos y dientes sanos y (al menos en los diabéticos) para controlar la glucosa sanguínea. También se afirma que puede ser útil para mantener normales los niveles de colesterol y triglicéridos, pero no existe suficiente evidencia. // Su presencia en forma de vanadatos inhibe la bomba de sodio, lo que favorece la retención de sodio y de agua (lo cual mejora el desempeño en atletas y deportistas). En forma de vanadilos, el vanadio imita la acción de la insulina, incrementando la estabilidad de la glucosa sanguínea. Por ello, el sulfato de vanadilo podría ser de ayuda para los diabéticos de tipo II. También se ha visto que ayuda a reducir los niveles de colesterol y triglicéridos en estos pacientes. // Una dieta balanceada provee en promedio unos 15-30 mcg diarios de vanadio. Dado que se estima que —de haberlas— las necesidades corporales son del orden de 10 mcg diarios, es improbable que existan carencias de este mineral. // No se ha estudiado la

Vanadio

Las mejores fuentes

Kelp	530 mcg
Aceites vegetales	340 mcg
Camarones	170 mcg
Avena integral	110 mcg
Perejil	79 mcg
Nueces	70 mcg
Eneldo	14 mcg
Carne de res	10 mcg
Carne de pollo	8 mcg
Rábano	5 mcg
Lechuga	2 mcg
Sardinas	1 mcg

X 100 g

toxicidad del vanadio, pero un exceso del mismo podría empeorar el desorden bipolar. Tampoco se ha establecido su seguridad durante el embarazo y la lactancia. // La dosis usual para diabéticos de tipo II es de 100 mg diarios de sulfato de vanadilo en una sola toma y con alimentos. Las personas sanas no deberían ingerir más de 20 mg diarios. Los fisicoculturistas llegan a utilizar hasta 300 mg diarios, pero no se aconseja hacerlo sin vigilancia médica. No se debe combinar el vanadio con antidepresivos. Véase BMOV.

Vasoconstrictor (Ing. *physiol*) Que reduce el diámetro de los vasos sanguíneos (y con ello dificulta la circulación, a veces también elevando la presión arterial).

Vasodilatador (Ing. *physiol*) Que aumenta el diámetro de los vasos sanguíneos (y con ello facilita la circulación).

Vasomotor (Ing. *physiol*) Que estimula la circulación a nivel periférico (de todo el cuerpo).

Veneno de abeja (Ing. *Bee venom*) Líquido urticante que inocula dicho insecto al picar. // Es la base del sistema curativo denominado apiterapia, que se vale de la picadura directa de las abejas (o del veneno una vez purificado) para tratar diversos males. // Sus principios activos son la melitina, la apamina y la fosfolipasa-A$_2$. // La melitina es antibiótica, antimicótica, antiviral y actúa

como un poderoso antiinflamatorio (más potente aún que la hidrocortisona). La apamina actúa como anticoagulante y antiinflamatorio, y la fosfolipasa-A$_2$ es vasodilatadora, hipotensora y radioprotectora. // Comúnmente se le utiliza contra la artritis reumatoide, la neuritis, las neuralgias, el cáncer y males autoinmunes, como el lupus eritematoso.

Verdolaga (Ing. *Purslane*) Planta herbácea de la familia de las Portuláceas (Portulaca oleracea). // Muy popular en ensaladas, tiene una reputación infundada de riqueza nutricional. // Es pobre en macronutrientes, fibra dietética, vitaminas y minerales, a excepción del potasio (110 mg/100 g). // En medicina tradicional se le considera hepática y antihelmíntica.

Vegetales crucíferos (Ing. *Crucipherous vegetables*) Aquellas plantas comestibles que pertenecen a la familia botánica de las Crucíferas: col, coliflor, colecitas de bruselas, brócoli, brocoflor, rábanos. // En términos generales no son muy nutritivos, pero contienen fitonutrientes únicos y muy valiosos, como la quercetina, el sulforafano, el I3C, el FEITC y diversos indoles y tiocianatos. // Aunque en general excelentes para la salud, su consumo no es recomendable si se padece de la tiroides o se están recibiendo medicamentos para esta glándula.

Vermífugo (Ing. *Vermifuge*) Que extermina o ayuda a expulsar los parásitos intestinales (lombrices). También se utiliza el término antihelmíntico.

Vinagre (Ing. *Vinegar*) Solución acuosa de ácido acético para uso alimenticio. Generalmente es el producto de la fermentación acética de diversos líquidos azucarados o alcohólicos. // Se le puede producir a partir de jugos de frutas, vinos, jarabes, melazas y cereales; el más conocido es el vinagre de sidra o de manzana. // En general, el vinagre es muy pobre en nutrientes. El de sidra contiene algo de potasio.

Vincapervinca (Ing. *Lesser periwinkle*) Planta herbácea de la familia de las Apocináceas (Vinca minor) de origen europeo. No confundirla con la pervinca (V. Major) o con la vinca (V. Rosea). // Muy útil en el tratamiento de fallas circulatorias cerebrales y demencia senil, así como la falta de irrigación coronaria. En medicina tradicional se le considera sedante, analgésica, hipotensora y antihemorrágica. // Sus principios activos son la vincadina, la vincamina, la vincarrubina, la vincina y la minovincina. // Es muy efectiva, pero de empleo delicado. Se sugiere utilizarse bajo supervisión médica. Véase Vinpocetina.

Vinpocetina (Ing. *Vinpocetine*) Compuesto semisintético derivado del ácido apovincamínico, uno de los alcaloides de la pervinca (Vinca minor). // Mejora la irrigación cerebral y su producción de energía, así como la oxigenación y el metabolismo neuronal. Todo esto lo hace sin disminuir la circulación en el resto del cuerpo. // Sus propiedades son similares a las del ginkgo biloba, y se le ha usado en el tratamiento de la demencia senil, el mal de Alzheimer, la degeneración macular y las secuelas de la apoplejía (de hecho, ayuda a prevenir esta última). // La dosis usual es (durante los primeros 30 días) 10 mg diarios, con alimento. Los siguientes 30-60 días la dosis se reduce a 5 mg diarios. // Es muy efectiva, pero de uso delicado. Su seguridad durante el embarazo y la lactancia no han sido evaluados. Se sugiere emplearse bajo supervisión médica. Véase Vincapervinca.

Vino (Ing. *Wine*) Es el producto de la fermentación alcohólica del jugo de uva. // Hay vinos blancos, rosados y tintos; estos colores tienen que ver con su procesamiento. Para producir vino blanco se utiliza exclusivamente la pulpa de la uva. En la obtención del vino tinto, en cambio, se utiliza la uva completa. // Todos los vinos tienen un poder nutricional comparable (y más bien bajo). // Son escasos en macronutrientes, y no contienen betacaroteno o vitamina C; sólo pequeñas cantidades de vitaminas B. Otro tanto es válido para los minerales.

Vino tinto (Ing. *Red wine*) Es el vino obtenido a partir de la uva roja. Durante su procesamiento se utilizan pulpa, jugo, cáscara y semillas de la uva, lo cual le da su color característico. // Además, lo enriquece en fitonutrientes exclusivos del vino tinto, como el resveratrol, la delfinidina, los polifenoles, las catequinas y las proantocianidinas. // Evítese su consumo en personas que padecen migrañas. Véase Resveratrol.

Viosterol (Ing. *Viosterol*) Otro nombre para la vitamina D_2. // Es el ergosterol irradiado, también conocido como ergocalciferol.

Vitámeros (Ing. *Vitamers*) Compuestos de naturaleza vitamínica que tienen diferente estructura química, pero que cumplen con las mismas funciones biológicas. // Las vitaminas B_3, B_6, B_{12}, C, D, E y K tienen diversos vitámeros. // Ejemplo de vitámeros son la piridoxina, el piridoxal y la piridoxamina; todos ellos tienen actividad de vitamina B_6.

Vitamina (Ing. *Vitamin*) Nombre dado a los compuestos orgánicos presentes en los alimentos y necesarios para la salud en cantidades muy pequeñas. Junto con este requisito, para catalogar a una sustancia de vitamina, también deben producirse manifestaciones carenciales cuando no se les recibe en cantidad suficiente, y (con algunas excepciones) que el organismo no las pueda sintetizar. // Las excepciones las constituyen la vitamina D (que se produce en la piel bajo la acción de los rayos solares), la niacina (sintetizada en escasa cantidad por el hígado, a partir del aminoácido triptófano) y la biotina y la vitamina K, que

Vitaminas

Hidrosolubles	Liposolubles
B_1	A
B_2	D
B_3	E
B_5	K
B_6	
B_{12}	
Ácido fólico	
Biotina	
Colina	
C	

son producidas por las bacterias intestinales (y solucionan parcialmente los requerimientos). // Generalmente se les divide en vitaminas solubles en agua, o hidrosolubles (complejo B, vitamina C), y solubles en grasa, o liposolubles (vitaminas A, D, E, K, colina). // Las vitaminas liposolubles usualmente se dosifican en unidades internacionales (UI), microgramos (mcg) o equivalentes, y las hidrosolubles en miligramos (mg) o microgramos (mcg). // Hasta 1998 existían 13 vitaminas: A (retinol), B_1 (tiamina), B_2 (riboflavina), B_3 (niacina), B_5 (ácido pantoténico), B_6 (piridoxina), B_{12} (cobalamina), biotina, ácido fólico, vitamina C, vitamina D, vitamina E y vitamina K. Pero en ese año, la Academia de Ciencias de Nueva York (EUA) le reconoció nuevamente categoría de vitamina a la colina. // Algunos autores agregan a la lista de vitaminas sustancias como el inositol, el ácido paraminobenzoico (PABA) y los bioflavonoides, pero no se ha reunido suficiente evidencia para respaldarlo. // Las vitaminas, junto con los minerales esenciales, forman el grupo de los micronutrientes.

Vitamina A (Ing. *Vitamin A*) Vitamina liposoluble, presente exclusivamente en el reino animal. En el reino vegetal existe su precursora, la provitamina A o betacaroteno. // También conocida como retinol y axeroftol. Su forma activa es el 11-cis-retinal. // Se dosifica tanto en unidades internacionales (UI) como en equivalentes de retinol (ER). También se expresa su potencia en microgramos. Un microgramo = 7.14 UI y una UI = 0.140 mcg. // Se descubrió en 1914 y su requerimiento mínimo diario es de 5000 UI (700 mcg) para los hombres y 4300 UI (600 mcg) para las

Vitamina A

Las mejores fuentes

Hígado de res	33 300 UI
Hígado de ternera	27 000 UI
Hígado de pollo	24 000 UI
Queso manchego	13 750 UI
Queso gruyere	4 000 UI
Yema de huevo	3 400 UI
Hígado de cerdo	2 700 UI
Mantequilla	2 520 UI
Sardinas	2 130 UI
Marlín	2 100 UI
Leche de vaca	1 500 UI
Quesos	1 300 UI
Huevo entero	1 200 UI
Crema de leche de vaca	1 000 UI

X 100 g o ml

mujeres. Los niños requieren entre 2000 (300 mcg) y 3500 UI (500 mcg) diarios, según la edad. // El embarazo, la lactancia, las enfermedades infecciosas, las operaciones, las fracturas y el tabaquismo aumentan tales necesidades. // Aunque tradicionalmente se le considera potencialmente tóxica, el cuerpo tiene gran tolerancia hacia ella (es necesario ingerir 50 000 UI diarias durante 2-3 meses antes de que aparezcan síntomas de sobredosis). // La vitamina A se almacena en los tejidos grasos del organismo, en el hígado, los riñones, y la retina. A nivel metabólico existen tres formas activas de esta vitamina: retinol, retinal y ácido retinoico. // Es esencial para una serie de funciones fisiológicas, todas muy importantes. En el ojo hace posible la función visual y aumenta su agudeza en condiciones de baja iluminación. Es necesaria para la fabricación de proteínas y ácidos nucleicos, lo que la torna muy importante para la piel, las mucosas y la sangre. Tiene propiedades antiinfecciosas e inmunoestimulantes. Es necesaria para huesos y dientes fuertes, así como para una buena digestión. Tanto el retinol como el betacaroteno son excelentes protectores contra el cáncer. // La vitamina A es más efectiva si se ingiere junto con las vitaminas C, D E y zinc. // El organismo puede transformar el betacaroteno en retinol, pero esta conversión no es muy eficiente (1 UI de betacaroteno = 0.33 UI de retinol). La transformación es aún más ineficiente en los diabéticos. // La carencia de vitamina A produce piel reseca, pérdida del olfato y del gusto y susceptibilidad a las infecciones, así como resequedad ocular (xerosis). // Carencias pronunciadas o prolongadas desembocan en fatiga, diarrea, ceguera nocturna, úlcera de la córnea y aun ceguera. // La vitamina A ha sido utilizada en el tratamiento de enfermedades oculares como visión borrosa, ceguera nocturna, cataratas, miopía y retinitis pigmentosa. También es efectiva contra enfermedades infecciosas —especialmente del aparato respiratorio— y abrevia la duración de afecciones infantiles, como sarampión, escarlatina, varicela y tos ferina. También es útil en el tratamiento del asma, la dermatitis, el enfisema, la gastritis, la nefritis, el tinnitus (zumbidos en los oídos) y el colesterol elevado. Externamente ayuda contra el acné, el impétigo, las úlceras cutáneas y las quemaduras. Véanse Betacaroteno y Equivalentes de retinol.

Vitamina antianemia perniciosa Es la vitamina B_{12} o cianocobalamina.

Vitamina antiesterilidad Es la vitamina E o alfa tocoferol.

Vitamina antihemorrágica Es la vitamina K en cualquiera de sus formas (filoquinona, menaquinona o menadiona).

Vitamina antineurítica Es la vitamina B_1 o tiamina.

Vitamina antipelagra También llamada vitamina antipelagrosa, es la vitamina B_3 o niacina (también la niacinamida es activa contra la pelagra).

Vitamina antirraquítica Es la vitamina D en cualquiera de sus formas (ergocalciferol o vitamina D_2, y colecalciferol o vitamina D_3)

Vitamina antiulcerosa Otro nombre para la vitamina U.

Vitamina B₁ (Ing. *Vitamin B₁*) Otro nombre para la tiamina.

Vitamina B₂ (Ing. *Vitamin B₂*) Otro nombre para la riboflavina.

Vitamina B₃ (Ing. *Vitamin B₃*) Otro nombre para la niacina o ácido nicotínico.

Vitamina B₄ (Ing. *Vitamin B₄*) Nombre otorgado originalmente a la adenina, una de las bases que forman a los ácidos nucleicos. // Es liposoluble, se le descubrió en 1930 y aunque ya no se le considera una vitamina, el organismo reacciona favorablemente a su administración tras sufrir radioterapias y quimioterapias o padecer trastornos sanguíneos (como la agranulocitosis).

Vitamina B₅ (Ing. *Vitamin B₅*) Otro nombre para el ácido pantoténico.

Vitamina B₆ (Ing. *Vitamin B₆*) Otro nombre para la piridoxina.

Vitamina B₇ (Ing. *Vitamin B₇*) Nombre dado originalmente al inositol, y ahora en desuso.

Vitamina B$_8$ (Ing. *Vitamin B$_8$*) Nombre dado originalmente a la biotina, y ahora en desuso.

Vitamina B$_9$ (Ing. *Vitamin B$_9$*) Nombre dado originalmente al ácido fólico, y ahora en desuso.

Vitamina B$_{12}$ (Ing. *Vitamin B$_{12}$*) Vitamina hidrosoluble, miembro del complejo B. // También conocida como cobalamina, cianocobalamina, hidroxicobalamina, factor antipernicioso, factor extrínseco y eritrotina. // Se le aisló en 1948 a partir del hígado de res, y se dosifica en microgramos. Su forma activa es la cobamida. // Su requerimiento mínimo diario es de entre 1.5 y 5 mcg para los adultos, y de la mitad o menos para los niños. Las necesidades de vitamina B$_{12}$ aumentan con el crecimiento, el embarazo y la lactancia. // Esta vitamina es

Vitamina B$_{12}$

Las mejores fuentes

Hígado de res	86 mcg
Hígado de pollo	37 mcg
Sardinas	34 mcg
Riñones	31 mcg
Ostiones	20 mcg
Arenques	13 mcg
Jaibas	9 mcg
Conejo	9 mcg
Trucha	7 mcg
Salmón	5 mcg
Atún	5 mcg
Pulpo	3 mcg
Carne de cerdo	3 mcg
Carne de res	2 mcg

X 100 g

exclusiva de los alimentos de origen animal, y los vegetarianos estrictos que no la reciben a través de complementos pueden sufrir carencias, a veces graves. // No se le considera tóxica, y las dosis masivas (5000 mcg o más) suelen ser bien toleradas. // La vitamina B$_{12}$ es necesaria para el funcionamiento del sistema nervioso y participa en el metabolismo de los carbohidratos, las grasas y las proteínas, junto con el ácido fólico. Resulta fundamental para la síntesis de ácidos nucleicos, y por ende para la reproducción celular. Es asimismo imprescindible para la producción de mielina, la sustancia protectora de las neuronas. // La vitamina B$_{12}$ es más efectiva si se ingiere junto con el resto de las vitaminas B, la vitamina C y el potasio. // La carencia de esta vitamina produce nerviosismo, neuritis, debilidad de brazos y piernas, dificultad al caminar y al hablar, y lentitud de reflejos. Todas estas son asimismo manifestaciones de la anemia perniciosa, su enfermedad carencial. // La vitamina B$_{12}$ ha sido utilizada en el tratamiento de la bursitis, la osteoporosis, la osteoartritis, la depresión, el insomnio, la confusión mental y la falta de concentración. // Algunas personas no absorben muy bien esta vitamina. Para ellas, sería mejor utilizar tabletas sublinguales o inyecciones de vitamina B$_{12}$.

Vitamina B$_{13}$ (Ing. *Vitamin B$_{13}$*) Nombre dado originalmente al ácido orótico, y ahora en desuso (porque no es una auténtica vitamina).

Vitamina B$_{15}$ (Ing. *Vitamin B$_{15}$*) Otro nombre para el ácido pangámico (que no es una vitamina en realidad).

Vitamina B$_{17}$ (Ing. *Vitamin B$_{17}$*) Otro nombre para el laetrile o amigdalina (que no es una vitamina en realidad).

Vitamina B$_t$ (Ing. *Vitamin B$_t$*) Nombre con el que se conoció originalmente a la carnitina (y a la cual ya no se considera una vitamina).

Vitamina B$_x$ (Ing. *Vitamin B$_x$*) Nombre con el que se conoció originalmente al ácido paraaminobenzoico o PABA (y al cual ya no se considera una vitamina). Véase Vitamina H$_2$.

Vitamina C (Ing. *Vitamin C*) Vitamina hidrosoluble, también conocida como ácido ascórbico. // Se le aisló en 1932,

Vitamina C

Las mejores fuentes

Fruto del rosal	3 000 mg
Cereal acerola	1 100 mg
Guayaba	242 mg
Grosella negra	200 mg
Perejil	170 mg
Pimientos verdes	120 mg
Col rizada	120 mg
Kiwi	120 mg
Coles de bruselas	80 mg
Berros	80 mg
Fresas	60 mg
Frambuesas	60 mg
Brócoli	57 mg
Naranja	50 mg

X 100 g

aunque ya se le conocía desde 1907, y tan atrás en el tiempo como 1757 se utilizaron cítricos para curar el escorbuto, su enfermedad carencial. // Se dosifica en miligramos, y aunque el requerimiento mínimo diario es de 60 mg para los adultos y la mitad o menos para los niños, las necesidades reales pueden oscilar entre 150 y 200 mg diarios. // El estrés, las enfermedades infecciosas, el ejercicio intenso, las operaciones, el respirar esmog y el tabaquismo elevan aún más los requerimientos. // Aunque no se le considera tóxica (se han utilizado dosis terapéuticas de hasta 25 000 mg (25 g) diarios), a dosis mayores de 500 mg no la toleran bien quienes padecen de la enfermedad ácido péptica, y puede producir diarrea en personas susceptibles. // La vitamina C es necesaria para el metabolismo del ácido fólico, el hierro y el calcio. Protege de la oxidación a las vitaminas A, E y a las del complejo B, junto con el betacaroteno. // Es asimismo imprescindible para la producción de colágeno, una de las proteínas más importantes del organismo. Actúa como un antioxidante nutricional y es antitóxica, antiinfecciosa y antialérgica. Favorece la circulación sanguínea y es necesaria para la cicatrización de heridas y fracturas. Ayuda a prevenir el cáncer, especialmente en los fumadores. // La carencia grave de vitamina C produce el escorbuto, una afección casi desconocida hoy en día. Más común es la hipoascorbemia, síndrome originado por el bajo consumo

278

de esta vitamina. // La vitamina C es más efectiva si se ingiere con las vitaminas A y E, los bioflavonoides y el selenio. // La vitamina C ha sido utilizada en el tratamiento de infecciones, en especial de las vías respiratorias. También es útil contra el asma y las alergias, para promover la cicatrización y para disminuir la inflamación en los artríticos. Favorece la normalización del colesterol y ayuda a proteger contra medicamentos y tóxicos ambientales (monóxido de carbono, plomo y mercurio). Contribuye a prevenir cataratas y glaucoma. Protege contra el estrés, ayuda a prevenir cálculos biliares y en megadosis es útil contra la gota.

Vitamina D (Ing. *Vitamin D*) Vitamina liposoluble, también llamada colecalciferol (D_3) y ergocalciferol (D_2). // Se le aisló en 1924 y su forma activa es el 1,25 dihidroxicolecalciferol. // Se dosifica tanto en microgramos como en unidades internacionales. 1 UI = 0.025 mcg de vitamina D. 1 mcg = 40 UI. // El requerimiento mínimo diario para los adultos es de 400 UI y de 100 UI para los niños. Las necesidades aumentan con el embarazo, la lactancia y la menopausia. // A grandes dosis la vitamina D puede ser tóxica, pero tales niveles deben ser muy altos: entre 30 000 UI y 300 000 UI diarias, durante varios meses. Los síntomas de un exceso de esta vitamina pueden ser: náuseas, vómitos, diarrea, mareos, pérdida de calcio y fósforo en la orina, y calcificación de los tejidos blan-

Vitamina D

Las mejores fuentes

Aceite de hígado de bacalao	10 000 UI
Arenques	1 000 UI
Caballa	950 UI
Salmón	500 UI
Atún	410 UI
Sardinas	385 UI
Margarina	270 UI
Yema de huevo	170 UI
Hongos	150 UI
Camarones	150 UI
Leche de vaca (enriquecida)	120 UI
Semillas de girasol	90 UI
Hígado de res	50 UI
Huevo entero	48 UI

X 100 g

dos. // Su principal función es ayudar a la absorción del calcio y el fósforo en el intestino, así como facilitar su metabolismo y su posterior fijación en el tejido óseo. Por ello, resulta vital durante el crecimiento y para impedir la osteoporosis en la adultez. Ayuda asimismo en los procesos fisiológicos que requieren de calcio: transmisión nerviosa, funcionamiento muscular y nervioso, y la coagulación de la sangre. // Existen al menos dos formas metabólicamente activas de la vitamina D: el 25-hidroxicalciferol y el 1,25-hidroxicalciferol (calcitriol). // La carencia de vitamina D desemboca en la desmineralización de los huesos. En la infancia, esto conduce al raquitismo y en la adultez a la osteomalacia. Ambas son las enfermedades carenciales clásicas de la vitamina D. Deficiencias menos marcadas pueden afectar a la glándula tiroides, reduciendo su producción hormonal. Hay indicios de que también puede presentarse o agudizarse la miopía en ausencia de esta vitamina. // La vitamina D es más efectiva si se recibe junto con las vitaminas A, C y colina, así como con fósforo y calcio. // La vitamina D ha sido utilizada para prevenir y curar el raquitismo y la osteomalacia, así como en el tratamiento de la osteopenia, la osteoporosis, la gastritis, la miopía, la conjuntivitis, la falta de desarrollo infantil y algunas formas de cáncer. // Al actuar sobre la provitamina D de la piel, los rayos ultravioletas solares producen vitamina D. Empero, no se debe confiar exclusivamente en esta fuente de la vitamina, y preocuparse por recibirla con los alimentos, o a través de complementos. Véase Calcitriol.

Vitamina E (Ing. *Vitamin E*) Vitamina liposoluble, también conocida como d-alfa tocoferol (vitamina E natural) y dl-alfa tocoferol (vitamina E sintética). Otras formas de esta vitamina son el acetato de alfa tocoferilo y el succinato de alfa tocoferilo. // Se descubrió en 1922, se dosifica tanto en unidades internacionales (UI) como en equivalentes de alfa tocoferol (ET). // Su requerimiento mínimo diario es de 15 UI para los adultos y 10 UI o menos para los niños. Según algunos autores, las necesidades reales podrían oscilar entre 100 y 200 UI diarias. // La vitamina E es un antioxidante nutricional que ayuda a los tejidos a utilizar el oxígeno sin ser dañados por la radicales libres que éste pro-

Vitamina E
Las mejores fuentes

Germen de trigo	238 UI
Aceite de germen de trigo	200 UI
Semillas de girasol	52 UI
Trigo integral	44 UI
Almendras	34 UI
Avellanas	34 UI
Nueces	31 UI
Cacahuates	29 UI
Aceite de hígado de bacalao	29 UI
Aceite de oliva virgen	14 UI
Col	11 UI
Nueces del brasil	10 UI
Pistaches	10 UI
Camote amarillo	6 UI

X 100 g

duce. También funciona como un estabilizador de membrana en las células, fortaleciendo especialmente a los glóbulos rojos y las paredes de los vasos capilares. Participa en el metabolismo de los eicosanoides, evitando la sobreproducción de factores que favorecen la inflamación y la coagulación (como el tromboxano). Protege de la oxidación a otros nutrientes como las vitaminas A, C, complejo B y ácidos grasos esenciales, así como a enzimas, hormonas y ácidos nucleicos. Actúa como un vasodilatador natural y como modulador de la coagulación. Ayuda a la cicatrización y protege contra el ozono y otros oxidantes del esmog. // Normalmente las vitaminas E natural y sintética suelen equipararse, pero algunos estudios achacan a la primera propiedades que la segunda no exhibe, como prevención de abortos, favorecer la fertilidad, tratamiento de quistes mamarios benignos, etc.). // La vitamina E está desprovista de toxicidad (se han administrado dosis terapéuticas diarias de hasta 2000 UI), pero en personas susceptibles las megadosis pueden elevar la presión arterial. Lo mejor es comenzar con 100 UI diarias o menos, e ir aumentando progresivamente hasta llegar a la dosis de mantenimiento. // No existe una enfermedad carencial de la vitamina E, pero en su ausencia se presenta una marcada fragilidad de los glóbulos rojos, misma que puede desembocar inclusive en hemólisis (especialmente en los recién nacidos). // La vitamina E es más efectiva si se ingiere con las vitaminas A, C, betacaroteno y el mineral selenio. // La vitamina E ha sido utilizada en el tratamiento del colesterol elevado, la arterioesclerosis y diversos males cardiovasculares (especialmente angina de pecho, claudicación intermitente y tromboflebitis). También es eficaz contra el síndrome premenstrual, los desarreglos menstruales, los quistes mamarios benignos y los trastornos de la menopausia. Resulta excelente para prevenir las complicaciones de la diabetes y en el tratamiento de várices y hemorroides. Véanse Equivalentes de alfa tocoferol, Tocoferol y Tocotrienoles.

Vitamina E natural (Ing. *Natural vitamin E*) Es la vitamina E presente en los alimentos que la contienen. Químicamente es el d-alfa tocoferol. Véanse Vitamina E y Tocoferoles.

Vitamina E sintética (Ing. *Synthetic vitamin E*) Es la vitamina E obtenida por el hombre mediante síntesis en laboratorios. Químicamente es el dl-alfa tocoferol. Véanse Vitamina E y Tocoferoles.

Vitamina F (Ing. *Vitamin F*) Nombre con el que se conoció originalmente a los ácidos grasos esenciales (linoleico y linolénico). La "F" proviene de la palabra inglesa *fat*, que hace alusión a la naturaleza grasosa de tales ácidos. // Se les dejó de reconocer como vitaminas por no satisfacer uno de los requisitos para serlo: que se les requiera en pequeñas cantidades (del orden de los miligramos, o menos). El requerimiento mínimo diario de los ácidos grasos esenciales es de varios gramos. Véanse Ácido linoleico y Ácido linolénico.

Vitamina G (Ing. *Vitamin G*) Otro nombre para la riboflavina o vitamina B_2.

Vitamina H (Ing. *Vitamin H*) Otro nombre para la biotina, una vitamina del complejo B.

Vitamina H$_2$ (Ing. *Vitamin H$_2$*) Nombre con el que se conoció originalmente al ácido paraminobenzoico o PABA. Se le retiró tal reconocimiento porque no resulta esencial para el ser humano. Véase Vitamina B$_x$.

Vitamina J (Ing. *Vitamin J*) Otro nombre para la colina, una vitamina del complejo B. Véase Colina.

Vitamina K (Ing. *Vitamin K*) Vitamina liposoluble, de la cual existen tres variedades: filoquinona o vitamina K_1, que es la producida por las plantas; menaquinona o vitamina K_2, producida por las bacterias intestinales, y menadiona o vitamina K_3, que es sintética. // Se le dosifica en microgramos y su requerimiento mínimo diario es de 70-85 mcg para los adultos, y la mitad o menos para los niños, según su edad. // Las necesidades aumentan en caso de sangrado profuso, operaciones, afecciones hepáticas, hipertensión o el uso continuo de medicamentos antihemorrágicos. // La vitamina K es necesaria para la formación de diversas sustancias indispensables para la coagulación de la sangre (factores II, VII, IX y X); en especial la protrombina, o factor II. Es indispensable para la producción de una proteína

Vitamina K

Las mejores fuentes

Queso cheddar	2 000 mcg
Col verde	500 mcg
Espinacas	350 mcg
Coliflor	300 mcg
Brócoli	210 mcg
Lechuga	200 mcg
Berros	200 mcg
Coles de bruselas	150 mcg
Carne de cerdo	95 mcg
Tomates verdes	80 mcg
Té verde	60 mcg
Avena	49 mcg
Espinacas	33 mcg
Soya	30 mcg

X 100 g

ósea llamada osteocalcina (que fortalece los huesos frente a la osteoporosis), y participa en el proceso metabólico de producción de energía llamado fosforilación oxidativa. Es necesaria para el buen funcionamiento hepático y ayuda a evitar la calcificación de los tejidos suaves (como las arterias). Asimismo, protege contra la sobreproducción corporal de interleucina-6, una citocina potencialmente tóxica. // La carencia de vitamina K interfiere con la coagulación, aumentando el tiempo de sangrado. Si la carencia se prolonga o es muy pronunciada, pueden producirse hemorragias espontáneas en el aparato digestivo, la médula espinal o el cerebro. El síntoma usual de esta carencia es el sangrado nasal persistente. // Asimismo, las carencias de vitamina K debilitan los huesos y favorecen el establecimiento de la osteoporosis. Las deficiencias leves, pero prolongadas, permiten la calcificación de tejidos blandos y podrían favorecer afecciones autoinmunes. // Se considera que la buena flora intestinal satisface —al menos en parte— las necesidades de vitamina K, ya que la produce en los intestinos (Véanse Prebióticos y Probióticos). // La vitamina K ha sido utilizada como factor antihemorrágico en cirugía y en la metrorragia (excesivo sangrado menstrual). También resulta útil para tratar sangrados nasales y oculares. // Grandes dosis de vitamina K inyectada pueden resultar tóxicas. Si se aplican a los bebés, pueden originar una forma de anemia —kernicterus del recién nacido—, así como daños neurológicos y pulmonares. // Fármacos como el dicumarol y la cumadina (warfarina) inhiben a la vitamina K, y el uso prolongado de estos anticoagulantes agota las reservas corporales de esta vitamina. De manera indirecta (al eliminar la buena flora intestinal), los antibióticos orales también pueden producir deficiencias de esta vitamina. // En dosis iguales o menores a su requerimiento mínimo diario y por vía oral, la vitamina K resulta segura en adultos sanos.

Vitamina M$_i$ (Ing. *Vitamin M$_i$*) Nombre dado al calcio aminoetanol fosfato o fosfato de colamina. // No es una auténtica vitamina. Véase calcio AEF.

Vitamina P (Ing. *Vitamin P*) Nombre con el que se conoció originalmente a los bioflavonoides. La "P" proviene de la palabra inglesa *permeability*, en alusión a que favorecen la permeabilidad capilar. También se les llamó vitamina C$_2$. // Se les dejó de reconocer como vitaminas porque no resultan esenciales para el ser humano. Véase Citrina.

Vitamina PP (Ing. *Vitamin PP*) Otro nombre, ya en desuso, para la niacina o vitamina B$_3$. // La "PP" alude a que se trata de una sustancia preventiva de la pelagra.

Vitamina T (Ing. *Vitamin T*) Sustancia liposoluble con actividad cuasivitamínica, también conocida como termitina, torulitina y factor de la semilla de ajonjolí. // Al parecer no se trata de una, sino de varias sustancias que mejoran la coagulación, promueven el crecimiento y corrigen cierto tipo de anemia. También mejoran la memorización. // Sus mejores fuentes son la yema de huevo y el ajonjolí. // La vitamina T (que no es una auténtica vitamina) ha sido utilizada en el tratamiento de la anemia, la mala memoria y la hemofilia.

Vitamina U (Ing. *Vitamin U*) Sustancia liposoluble con actividad cuasivitamínica que protege a la mucosa gástrica. También se le conoce como vitamina antiulcerosa (aún cuando no es una auténtica vitamina). // Está presente en la lechuga, el apio, el perejil, la zanahoria, el jitomate y —sobre todo— en la col. // Si desea beneficiarse con ella, debe consumir los vegetales (o sus jugos) crudos y frescos: la vitamina U es muy susceptible al oxígeno del aire, y el calor de la cocción la destruye.

Vitaminas naturales (Ing. *Natural vitamins*) Son las vitaminas naturalmente presentes en los alimentos no industrializados. // A menudo se ha insistido en que las vitaminas naturales y las sintéticas son enteramente iguales, lo cual es cierto químicamente hablando, pero biológicamente no lo es tanto: algunas vitaminas naturales (como la E) son más activas que la versión sintética. Otras (como la vitamina C) actúan mejor en presencia de los factores que las acompañan en las frutas, como son los bioflavonoides. Otras más (como el betacaroteno) son retenidas durante más tiempo por el organismo. E inclusive las hay (como la vitamina E) que son mejor absorbidas en el medio graso en el que se presentan (como el aceite de germen de trigo).

Vitamínico (Ing. *Vitaminic*) 1) Producto o alimento que contiene una o varias vitaminas en abundancia. 2) Complemento nutricional que aporta una o más vitaminas. Si son muchas, se le llama multivitamínico.

Vítex (Ing. *Chaste berry*) Véase Sauzgatillo.

W

Wheatgrass (Ing. *Wheatgrass*) "Pasto de trigo" en español. Nombre dado a los germinados de trigo por la doctora Ann Wigmore en los años sesenta. // Wigmore padeció cáncer, atribuyó al wheatgrass su curación y se dedicó a darlo a conocer instalando clínicas alrededor del mundo. // El wheatgrass deshidratado tiene más proteínas que la carne (45%), es bajo en grasas (3.2%), en carbohidratos (2.3%) y, al igual que otros germinados de cereales, contiene un fitonutriente muy interesante, el 2-0-GIV.

Wobenzym (Ing. *Wobenzym*) Nombre comercial de un complejo de enzimas con propiedades antiinflamatorias. Contiene

(en proporción descendente) pancreatina, papaína, bromelina, tripsina, lipasa, amilasa, quimotripsina y rutina. // Resulta de utilidad en el tratamiento de la artritis reumatoidea, la osteoartritis, las articulaciones inflamadas y las lesiones musculares. // Aunque su uso es seguro, no debe emplearse en el embarazo y la lactancia. La dosis usual es de 6-9 grajeas diarias, entre comidas y en tres tomas.

Wu wei zi o Wu wei tzu Nombre chino de la Schisandra.

Wu zhu yu (Ing. *Evodia*) Nombre chino de la E. rutaecarpa. Véanse Evodia y Evodiamina.

X

Xantofilas (Ing. *Xantophyls*) Grupo de fitonutrientes intensamente coloreados,

perteneciente a la familia de los carotenoides. // Químicamente son formas oxidadas de los carotenos, y al igual que éstos son muy insaturadas (pobres en hidrógeno), lo que les confiere sus vivos colores y permite que actúen —casi sin excepción— como antioxidantes. // Abundan en frutas y verduras y se les encuentra también en las grasas de origen animal (procedentes de los vegetales ingeridos en vida). // Ejemplos de xantofilas son la luteína, la zeaxantina, la capsantina, la cantaxantina, la criptoxantina y la fucoxantina.

Xenoestrógenos (Ing. *Xenoestrogens*) Sustancias químicas sintéticas cuya estructura química es semejante a la de los estrógenos u hormonas sexuales femeninas (*xenos* = raro, extraño, en griego). Las células del organismo pueden confundir a los xenoestrógenos con las auténticas hormonas. Generalmente se presentan como contaminantes en agua, leche y alimentos, y resultan dañinos para el ser humano. // Los envases de plástico liberan xenoestrógenos. Los descubrió la doctora Ana Soto, de la universidad de Tufts, cuyos cultivos de células malignas crecían más rápido si se les colocaba en vasijas de plástico.

Xeroftalmia (Ing. *Xerophtalmia*) Afección ocular caracterizada por la sequedad de la conjuntiva, opacidad de la córnea y la degeneración del cristalino del ojo. // Se origina en una fuerte carencia de vitamina A.

Y

Yakult (Ing. *Yakult*) Nombre comercial de una leche fermentada que actúa como probiótico, gracias a la presencia del microorganismo Lactobacillus casei shirota. Véase Probióticos y Prebióticos.

Yerba mate (Ing. *Paraguay tea*) Véase Mate.

Yodo (Ing. *Iodine*) Mineral esencial para la salud, de número atómico 53. // Se dosifica en microgramos y el requerimiento mínimo diario de los adultos es de 100 mcg para las mujeres y 150 mcg para los hombres. En los niños es suficiente un microgramo por kilo de peso. Las necesidades aumentan con el embarazo y la lactancia. // Se le considera no tóxico, pero las megadosis pueden afectar las funciones de la glándula tiroides. // Su principal función en el cuerpo humano es formar parte de la molécula de dos hormonas de la tiroides, la T_3 (triyodotironina) y la T_4 (tiroxina). De manera indirecta, a través de dichas hormonas, el yodo ayuda a re-

Yodo

Las mejores fuentes

Kelp	55 800 mcg
Sal yodatada	9 000 mcg
Aceite de hígado de bacalao	755 mcg
Camarones	755 mcg
Mejillones	130 mcg
Bacalao	125 mcg
Langosta	100 mcg
Semillas de girasol	70 mcg
Salmón	46 mcg
Ostiones	44 mcg
Queso fresco	40 mcg
Zanahorias	38 mcg
Sardinas	33 mcg
Lechuga	30 mcg

X 100 g

gular el metabolismo y la producción de energía. También promueve el crecimiento en niños y adolescentes, y ayuda a mantener la línea. El yodo también es necesario para tener uñas, piel y pelo sanos, así como para la absorción intestinal de los carbohidratos y la conversión de betacaroteno en vitamina A. Al menos en los niños mejora el funcionamiento mental. // La carencia de yodo produce una hipertrofia (agrandamiento) de la glándula tiroides, condición a la que se conoce como bocio. Deficiencias prenatales pueden originar retraso mental en el producto. En la infancia, la carencia origina el cretinismo (deficiencia grave en el desarrollo físico y mental). Deficiencias menos pronunciadas pueden dar lugar a sobrepeso, fatiga crónica, falta de concentración, piel reseca, uñas quebradizas, taquicardia e irritabilidad. // Algunos alimen-

tos como la col, las nueces, los nabos y la leche pueden interferir con la absorción del yodo. // Este mineral ha sido utilizado en la prevención y el tratamiento del bocio, la arterioesclerosis, la angina de pecho y la gota. // Suele agregarse yodo (en forma de yodato) a la sal de mesa para compensar la escasez de este elemento en los alimentos.

Yogur (Ing. *Yogurt*) Alimento líquido producido a partir de la fermentación bacteriana de la leche. Existen diversas versiones de leches fermentadas similares, como el kefir, el koumiss, el jocoque y la leche búlgara. // La fermentación es obra de diversas cepas de microorganismos, una de las cuales (Streptococcus bulgaricus) dio nombre a los bacilos búlgaros y a la leche búlgara. // El yogur puede fabricarse con leche de vaca o de otras especies. Para ello se puede utilizar indistintamente leche entera, semidescremada o descremada (pero no la deslactosada). Una vez producido, el yogur conserva las propiedades nutricionales de la leche, pero es de más fácil digestión (especialmente para quienes padecen de intolerancia a la lactosa). // La variedad hecha en casa es la mejor, pues conserva intactos los bacilos, mismos que modifican favorablemente la flora intestinal. Los yogures comerciales generalmente están pasteurizados y ya no tienen lactobacilos vivos. Una excepción son marcas comerciales como Actimel, Activia, LC-1 y Yakult. //A pesar de lo que se cree, el yogur no abunda en macronutrientes. No contiene fibra dietética ni betacaroteno, y su contenido vitamínico es muy bajo, con excepción de la riboflavina (0.2 mg/100 g) y la niacina (0.1 mg/100 g). // Entre los minerales sólo destacan el potasio (145 mg/100 g) y el calcio (120 mg/100 g). // Clínicamente se ha visto que el consumo habitual de yogur combate el estreñimiento, protege contra la candidiasis, ayuda a reducir el colesterol, es inmunoestimulante, tiene una actividad anticancerosa (especialmente en el colon) y contiene sustancias antibióticas que previenen y corrigen la diarrea.

Yohimbe (Ing. *Yohimbe*) Árbol de la familia de las Rubiáceas (Pausinystalia yohimbe o Coryanthe yohimbe) de origen africano. // En la medicina tradicional africana se utiliza contra la fiebre, la tos, la alta presión y la lepra. Pero su mayor fama la ha ganado como afrodisiaco. // Clínicamente se ha comprobado esta propiedad; es un vasodilatador genital muy efectivo (su efecto es similar al del Viagra), así como el hecho de ayudar a combatir la depresión. // Sus principios activos son la ajmalina, la yohimbilina y la yohimbina (un alcaloide que bloquea los receptores alfa-2 adrenérgicos, inhibe a la enzima monoamina oxidasa (MAO) y estimula la producción de noradrenalina). // Su uso es delicado, y las sobredosis frecuentes pueden ocasionar náuseas, mareos, taquicardia, ataques de ansiedad, hipoten-

sión, alucinaciones y priapismo. Si se combina con alimentos ricos en tiramina, puede producir ataques de hipertensión. No se debe asociar con el medicamento clonidina, ni emplearse en pacientes con ansiedad, afecciones renales, hepáticas, males de la retina o enfermedad ácidopéptica, ni durante el embarazo y la lactancia. // La dosis usual es de 15-20 mg de yohimbina pura al día —en 1-3 tomas—, o 5-10 gotas de la tintura. Evítese las megadosis (30+ mg diarios) o su uso durante más de 10 semanas seguidas.

Yuca (Ing. *Yucca*) Planta de la familia de las Euforbiáceas (Yuca schidigera), de origen norteamericano (no confundirla con la mandioca). // Los nativos pieles rojas tenían docenas de aplicaciones para la yuca, entre ellas tratar hemorragias, inflamaciones y males cutáneos. // Actualmente se ha establecido que la yuca y sus extractos resultan útiles para tratar la artritis reumatoidea y la osteoartritis. También exhiben una actividad antiinflamatoria y fomentan la producción de cartílago nuevo. Experimentalmente han resultado efectivos contra ciertas formas de cáncer (melanoma). // Sus principios activos son los yucósidos (de la A a la E), el protoyucósido C y una serie de saponinas esteroides. // Aún no se ha establecido su seguridad, y debería evitarse su uso en el embarazo y la lactancia. La dosis recomendada es de 1-2 cápsulas diarias de yuca pulverizada, o de saponinas estandarizadas. En casos rebeldes de artritis se han utilizado hasta 4 cápsulas diarias sin problemas.

Z

Zábila (Ing. *Aloe vera*) Otro nombre para la sávila.

Zanahoria (Ing. *Carrot*) Planta herbácea de la familia de las Umbelíferas (Daucus carota), cuya raíz carnosa es muy popular como alimento y para extraerle su jugo. // Debe su coloración anaranjada al betacaroteno, el cual contiene en abundancia (11 000 UI/100 g). // La zanahoria es baja en macronutrientes, pero aporta un poco de fibra dietética (1 g/100 g). Tampoco abunda en vitaminas o minerales, salvo el potasio (340 mg/100 g) y el yodo (38 mcg/100 g). // Además de betacaroteno, contiene otros fitonutrientes muy valiosos: glutatión, ácido fenólico, ácido p-cumárico, astaxantina, cantaxantina, monoterpenos, flavonoides, cumarinas, FOS, inhibidores de las nitrosaminas y otros carotenoides. // En medicina tradicional se utiliza como depurativa, galactógena y alcalinizante. Su riqueza en betacaroteno la hace protectora contra el cáncer.

Zapallo (Ing. *Pumpkin*) Otro nombre para la calabaza.

Zapote negro (Ing. *Black zapote*) Es el fruto de un árbol de la familia de las Ebenáceas (Dyosphiros ebensater). // De sabor delicadamente dulce, tiene una buena cantidad de carbohidratos (11 g/100 g), fibra dietética (0.8 g/100 g) y niacina (0.7 mg/100 g). // Entre los minerales, solo destaca el potasio (170 mg/100 g). // En medicina tradicional se utiliza el jugo de la fruta verde contra la sarna y el salpullido.

Zaragatona (Ing. *Psyllium*) Planta herbácea de la familia de las Plantagináceas (Plantago psyllium), originaria de la India. También se le conoce como psilio. Es muy rica en fibra soluble (gomas y mucílagos). // En medicina tradicional se utiliza como laxante, demulcente, depurativa, hipoglucemiante y normalizadora del colesterol. // Es uno de los mejores remedios contra el estreñimiento, pero también resulta útil en caso de colon irritable, colitis ulcerosa, enfermedad ácido péptica y hemorroides. Contribuye asimismo a regular los niveles sanguíneos de glucosa y de colesterol (disminuye los niveles altos del LDL o colesterol malo hasta en un

12%). // En cuanto se humedece se vuelve gelatinosa, y debe ser deglutida de inmediato, acompañada de uno o más vasos de agua. // Evítese ingerirla junto con vitamínicos, complementos nutricionales o medicamentos, pues interfiere con la absorción de estos.

Zarzamora (Ing. *Blackberry*) Es el fruto (drupa) de un arbusto de la familia de las Rosáceas (Rubus fruticosus). // Este fruto es globoso, de sabor ácido y puede ser negro o rojo. // Es alta en carbohidratos (13.6 g/100 g) y fibra dietética (3 g/100 g), no así en vitaminas, excepto la vitamina C (25 mg/100 g). // Entre los minerales, el menos escaso es el potasio (168 mg/100 g).

Zarzaparrilla (Ing. *Sarsaparilla*) Planta herbácea de la familia de las Liliáceas (*Smilax officinalis*), originaria de Europa y de la cual se conocen unas 200 variedades. // Es rica en esteroles similares a la testosterona, razón por la cual se le achacan propiedades anabólicas y afrodisiacas. Estos efectos aún están por comprobarse, sin embargo sí se le ha detectado cierta capacidad adaptogénica (protección contra los efectos del estrés). También se le usa para tratar el acné, el eczema y la soriasis. // Sus principios activos son el ácido sasárpico, la sarsapogenina y la esmilagenina. // Su valor nutricional es mínimo, pero en medicina tradicional se usa su raíz como depurativo, sudorífico, febrífugo antirreumático, afrodisiaco y para combatir la gota y el herpes.

Zearalenona (Ing. *Zearalenone*) Fitonutriente que pertenece al grupo de los fitoestrógenos. // Se halla presente en la soya, la linaza, el chícharo, la lenteja, el garbanzo y las habas. // Exhibe un efecto estrogénico similar al de los estrógenos conjugados, aunque sin presentar sus efectos indeseables. // Si se recibe durante la menopausia, ayuda a reducir trastornos típicos, como bochornos, dispaurenia y vaginitis. Asimismo, contribuye a prevenir la osteoporosis y probablemente protege contra el cáncer de seno, colon y recto.

Zeaxantina (Ing. *Zeaxanthin*) Fitonutriente del grupo de los carotenoides, de color amarillo. Se le considera un antioxidante que puede proteger a la retina y al cristalino del ojo de la radiación ultravioleta (reduciendo así el riesgo de sufrir degeneración macular y cataratas). // Se halla en el elote amarillo, el pimiento dorado, el melón chino, la acelga, la espinaca, el berro, la escarola y el hibisco. // Ingerir este carotenoide de manera regular con la dieta puede reducir la incidencia de degeneración macular (afección visual degenerativa que produce ceguera irreversible) hasta en un 42%. // Ya está disponible en forma de complemento alimenticio, y el uso de éste durante al menos un mes puede ayudar a restaurar la densidad en el pigmento macular de los seres humanos. // Su uso es muy seguro, y la dosis recomendada en personas sanas es de 5 mg diarios, ingeridos con alimentos. En pacientes con degeneración macular, la dosis puede ser de 10-15 mg diarios, divididos en tres tomas, con alimentos.

Zinc (Ing. *Zinc*) Mineral esencial para la salud, de número atómico 30. // La importancia de este mineral la da el hecho de que, después del hierro, es el oligoelemento más abundante en el organismo (1.8 g). // Se dosifica en miligramos y el requerimiento mínimo diario es de 15 mg para los adultos y la mitad o menos para los niños. El desarrollo, el embarazo y la lactancia aumentan las demandas corporales de zinc. // Se le considera libre de toxicidad, pero el consumo prolongado de dosis mayores a 50 mg diarios puede aumentar la excreción corporal de cobre y vitamina A, así como deprimir al sistema inmunológico. // Su función más importan-

Zinc

Las mejores fuentes

Ostiones	160.0 mg
Arenques	110.0 mg
Germen de trigo	14.0 mg
Salvado de trigo	13.3 mg
Carne de pavo	12.5 mg
Ajonjolí	10.0 mg
Levadura de cerveza	9.9 mg
Semillas de calabaza	7.4 mg
Hígado de res	7.2 mg
Soya	6.7 mg
Semillas de girasol	6.6 mg
Nueces	5.4 mg
Carne de pollo	4.8 mg
Carne de res	4.6 mg

X 100 g

te es ayudar a la síntesis de ácidos nucleicos. Por ello dependen tanto del zinc los tejidos de rápida reproducción (piel, uñas, pelo, mucosas, espermatozoides). También es imprescindible para la activación de más de 70 enzimas. Se le requiere para la cicatrización de las heridas y fracturas, así como para la activación de la insulina. Ayuda a la digestión de los carbohidratos, al metabolismo del fósforo y al buen funcionamiento de la próstata. // El zinc es más efectivo si se ingiere con vitamina A, calcio, fósforo y cobre. // Sus principales antagonistas son el alcohol y el cadmio. También lo antagonizan —en menor grado— el cobre y los anticonceptivos orales. // La deficiencia de zinc retarda el crecimiento y la madurez sexual de los niños. Tanto en menores como en adultos interfiere con la cicatrización de heridas y fracturas, produce fatiga, susceptibilidad a las infecciones y confusión mental. También puede haber esterilidad, y en los varones maduros, ensanchamiento de la próstata (hipertrofia prostática benigna). // El zinc se ha utilizado para tratar la cirrosis, la diabetes, la leucemia, la arterioesclerosis y la infertilidad (en ambos sexos). También resulta útil contra la prostatitis y para acelerar la curación de heridas, quemaduras y fracturas. Su uso como complemento puede acortar la duración de la gripa en 42%.

Zingibereno (Ing. *Zingiberene*) Uno de los fitonutrientes que se hallan en la cúrcuma. // Es antioxidante, antiinflamatorio y fomenta la producción de enzimas anticancerosas.

ZMA Nombre comercial de un complemento alimenticio norteamericano que contiene vitamina B_6, aspartato de magnesio y aspartato de monometionina de zinc. // Se le considera una fuente mucho más biodisponible de tales nutrientes. // Experimentalmente se ha visto que aumenta los niveles de hormonas anabólicas (testosterona, HGH e IGF-1), por lo cual es un complemento popular entre los fisicoculturistas. // La dosis recomendada es de 2-3 cápsulas antes de irse a dormir.

Índice analítico

Nota: los números con tipo negritas indican la página en donde se desarrolla específicamente el término, y cuando van acompañados por una "c" indica que hay un cuadro descriptivo del tema.

ALA, **39**
alanina, **39**
albahaca, **40**
albaricoque, **40,** 80
albaricoques, 98
ALC, **40**
alcachofa, **40**, 41, 82, 126, 161
alcaravea, **40**
alcaucil, **41**
alcalinizante, 288
alcaloide, 104
alcaloides, 205
alcifidiol, 108
alegría (Amarantus sp), **40**, 45
alfa, 80, 82
alfa caroteno, **40**, 74, 82, 111, 128, 144, 214
alfa cetoglutarato, **40**
alfa cetoglutarato de ornitina, **40**
alfa tocoferol, **41**, 263, 280
alfalfa, 32, **41**, 85, 119, 120, 225
alfa-GPC, **40**, 175
alga clorela, 84, 114
alga espirulina, 135
alga marina, 166, 169
algarrobo, **42**
algas marinas, 21, **42**, 119, 129, 247, 254
algodón, 208
alholva, **42**
alimento chatarra, **42**
alimentos
    de diseño, **42**
    funcionales, **42**, 121
    naturales, **42**
    orgánicos, **42**
    procesados, **43**
    transgénicos, **43**
alitame, **43**
almejas, **43**
almendras, **44**, 140, 176, 208, 263
almidón, **44**, 70, 71, 136, 183
almidón animal, **44**, 136
aloevera gel, **44**, 245
alquilgliceroles, 17
alsine, 212
altramuz, **44**,
aluminio, **44**
amaranto, 40, **44**, 140

amargón, **45**
amigdalina, **45**, 169
aminoácido, 53
    arginina, 95
    arginina (AKIC), 79
    cisteína, 257
    esencial, 21, 26, 45, 83, 129, 134, 150
    fenilalanina, 99, 117
    glicina, 95
    isoleucina, 150
    leucina, 155
    metionina, 95, 244
    no esencial, 155
    tirosina, 262
    triptófano, 150, 201, 274
aminoácidos, **45**, 46, 54, 83, 83, 114, 116,
    150, 191, 206, 229, 230, 231, 234,
    266, 267, 270
    azufrados, **45**, 57, 157
    esenciales, **46c**, 46, 75, 89, 116, 173, 178,
        191, 205, 206, 231, 232
    no esenciales, 45, 138, 163, 173, 230, 232
    ramificados, **46**, 72, 95
    semiesenciales, **47**
amla, **47**
anabólicas, 103
anabólicos, **47**, 96
analgésica, 71, 186, 187, 227, 270, 273
analgésicas, 166, 148, 179, 186
analgésico, **47**, 63, 97, 229, 233, 260, 270
analgésicos, 131, 162
ananás, **47**
anemia ferropriva, **47**, 152, 153
anemia perniciosa, **48**, 115
aneurisma, **48**
angélica, **48**
anís, **48**
anís estrella, **48**
ansiolítica, 154, 270
ansiolítico, 26, 151
antagonista del zinc, 87
antagonistas nutricionales, **48**
antiagregantes plaquetarios, 162
antialérgica, 186, 278
antialérgico, 223, 245
antianémico, 41, **48**, 185, 204
antiarrítmico, 111

305

zapote negro, **288**
zaragatona, 163, **288**
zarzamora, 50, **289**
zarzaparrilla, **289**
zearalenona, **289**
zeaxantina, 80, 82, 111, 217, 285, **289**

zinc, 23, 24, 25, 26, 27, 28, 44, 50, 66, 68,
108, 120, 130, 147, 148, 193, 208,
211, 248, 256, 275, **290c**
zingibereno, **290**
zingiberina, 162
ZMA, **291**

Alimentos Saludables de la A a la Z
Erwin Möller
Se imprimió en los talleres
de Grupo Gráfico Editorial, S.A. de C.V.,
con domicilio en Calle B No. 8,
Parque Industrial Puebla 2000,
C.P. 72220, Puebla, Pue.,
el mes de septiembre de 2006.
El tiraje fue de 2,000 ejemplares.